탈경계 시대의 지구화와 지역화

* 이 학술총서는 정부(교육과학기술부)의 재원으로 한국학술진흥재단의 인문한국지원사업 지원을 받아 발행되었음(KRF-2007-361-AL0015).

탈경계
인문학
학술총서 4

탈경계 시대의 지구화와 지역화

| 이화인문과학원 편 |

이화여자대학교출판부

탈경계 시대의 지구화와 지역화

펴낸날 1판 1쇄 2010년 6월 30일
엮은이 이화인문과학원
펴낸이 최민숙 | **펴낸곳** 이화여자대학교출판부
주소 서울특별시 서대문구 대현동 11-1(우 120-750)
등록 1954년 7월 6일 제9-61호
전화 02) 3277-2965, 362-2966(편집)
02) 3277-3164, 362-6076(영업)
팩스 02) 312-4312 | **전자우편** press@ewha.ac.kr
인터넷서점 www.ewhapress.com
디자인 정혜진
찍은곳 한영문화사

ISBN 978-89-7300-872-8 94300
ISBN 978-89-7300-834-6(세트)

값 16,000원

| 발간사 |

〈탈경계인문학 학술총서〉는 이화인문과학원이 수행하고 있는 한국학술진흥재단 인문한국(HK) 지원사업인 '탈경계인문학의 구축과 확산'을 위해 기획된 출판 사업이다. 이화인문과학원은 기존의 인문학이 오늘날의 사회문화적 변화를 해석하고 새로운 비전을 제시하는 데 한계가 있음을 비판적으로 성찰하면서, 새로운 인문학의 방향으로 '탈경계인문학'이라는 개념을 제안했고, 한국학술진흥재단 2007년 선정 인문한국연구소로서 '탈경계인문학'을 구축하고 확산시키는 프로젝트를 수행하고 있다.

오늘날 우리는 그 어느 때보다 문화적 경계들이 빠르게 해체되고 재편되는 변화의 시대를 살고 있다. 국가를 넘나드는 사람들의 언어와 문화 간에는 다양한 교차와 혼종이 이루어지고 있으며, 디지털 기술에 기반을 둔 매체의 발전은 시간과 공간의 제약을 뛰어넘어 새로운 언어와 상상력의 공유를 가능하게 하고 있다. 이런 변화의 주체 역시 '중심'에서 '주변'의 다중성으로 확대됨으로써, 이제 기존의 경계를 넘어서는 탈경계적 문화 변동은 우리 삶의 중요한 근간이 되었다.

탈경계인문학은 이러한 시대적 문화 변동 과정에서 탈경계 문화 현상 속의 인간과 인간의 관계를 탐구하는 학문으로서, 구체적으로는 세계, 인간, 언어의 측면에서 지구지역성glocality, 젠더gender, 다매체multimedia에 대한 연구를 촉진하며 소통 · 공존 · 융합을 추구하는 인문 지식을 생산하고 있다. 방법론적으로는 대립과 갈등을 야기하는 '경계짓기'를 반성적으로 성찰하고, 인문학과 타학문, 학문과 일상을 잇는 모델을 개발하는 것을 목표로 한다.

이를 위해 탈경계인문학은 인문학 내 여러 학문 분과들의 유기성을 강화할 뿐만 아니라 인접 학문들, 즉 사회과학 분야, 예술 분야, 나아가 자연과학 분야의 학문들과도 유기성을 강화해 나가고 있으며, 기존의 인문학 연구 대상을 확장시켜 문화 전반을 연구 대상으로 삼고, 주변자와 소수자의 다양한 시각을 확보하여 탈경계의 지점들을 연구하고 있다. 또한 빠르게 변화하는 매체 환경에 대응하고 인간과 기술의 조화로운 발전 방안을 모색하고 미래 인간학 모형을 개발하고 있으며, 나아가 인문 지식의 현실성과 실용성을 강화하고 대중화와 현장화를 추구함으로써 학문과 삶을 연결해 나가고자 한다.

이러한 목표를 가지고 진행되는 탈경계인문학 연구의 성과를 학술총서로 출간하되, 이 학술총서는 매년 세 권의 책을 10년 동안 출판할 계획이다. 해마다 출판되는 세 권의 책은 각각 탈경계인문학의 핵심 주제인 '지구지역성', '젠더', '다매체'를 주제로 다루며, 각 주제는 10년 동안 연구를 발전시켜 나가면서 10권의 책으로 완성될 것이다.

〈탈경계인문학 학술총서〉가 새로운 인문학의 방향을 제시할 뿐 아니라 창조적이며 미래 지향적인 인문학을 선도하고 학문적 완성도를 발전시켜 나갈 수 있기를 기대하며, 〈탈경계인문학 학술총서〉 출판에 참여해 주신 모든 연구자의 노고에 감사드린다.

2009년 7월

이화인문과학원장 오정화

| 차례 |

제2부 경계의 해체와 재구성

제3부 디아스포라와 문화 혼종성

| 서문 |

탈경계 시대의 지구화와 지역화

세계화를 추구하면서 동시에 현지 국가의 기업 풍토를 존중하는 경영 방식의 현지화, 토착화의 의미로 생성된 경제적 용어였던 글로벌global과 로컬local의 합성어 글로컬리티glocality(지구지역성)는 이제 경제적인 부분만이 아니라 세계의 문화 변동을 이해하기 위한 주요 단어로 자리 잡았다. 이것은 신자유주의 물결이 세계 각 지역에까지 흘러 들어가면서 일방적인 세계화/지구화를 넘어 지역이 적극적으로 자신의 문화 등을 드러내고 서로 소통하고 공존하고자 하는 상호 문화의 시대가 도래하고 있음을 보여 주는 것이다.

지구지역성은 기존의 국민국가라는 단위로 경계지어진 공간만이 아니라 급속도로 확산되는 이주라는 형태의 인간의 이동, 매체와 정보의 이동 등 실제로 목격할 수 있는 문화 현상의 탐구뿐 아니라, 세계적인 것과 지역적인 것 사이의 역동성과 혼종성, 세계와 인간의 관계를 가장 잘 성찰할 수 있게 해 주는 개념이기도 하다. 21세기적 세계화는 다양한 형태의 이주를 발생시킴과 동시에 기존과는 다른 방식의 인간의 '만남'을 만들어 내고 있다. 이러한 현상 속에서 '소통'은 오늘날 주요 화두가 되었다.

지구지역성과 문화 소통이라는 문제 의식을 공유한 이 책의 연구들은 다음과 같은 연구 방향에 따라 진행되었다.

첫째는 탈경계인문학연구단 지구지역성 분과의 1차 연도 '지구화의 확산과 문화 경계의 재검토' 연구의 심화라 할 수 있다. 1차 연도 지구지역성을 키워드로 하여 세계 문화 변동을 이해하고 분석했던 연구들을 확장해 중심/지구와 주변/지역의 관계를 좀 더 심도 있게 고찰하고, 그 속에서 중심 문화의 일방향성에 대한 극복과 상호문화성, 문화의 연관성을 중심에 두고 지역성locality의 역동성을 모색하는 담론을 제시해 지역의 정체성을 재정립하고자 했다. 즉 기존의 의식, 체제에 대한 의문을 제기하며 새로운 담론을 형성하고자 했다.

둘째는 '인문학 텍스트로서의 탈경계' 지구지역성 심층 연구를 목표로 텍스트 중심의 문화 연구에서 나아가 현재 문화, 사회 변동을 하나의 인문학 텍스트로 삼아 연구를 진행시키고자 했다. 그러므로 단순히 탈경계적 문화 현상과 문화 경험에 대해 활자화된 자료들만을 분석 대상으로 삼은 것이 아니라 현재 진행되고 있는 현상 그 자체를 연구 대상으로 삼아 현시대의 문화 현상들을 적극적으로 분석, 현장성을 강화하는 한편 대안을 구체적으로 모색하고자 했다. 이와 같은 방향에서 진행된 연구 결과물을 모두 3부로 엮었다.

제1부 '탈/경계의 담론'에서는 세계화가 진행됨에 따라 중심-주변의 관계에서 파생된 로컬리티 담론을 적극적으로 개진하고 있다. 나아가 기존의 근대 정치 체계 안에서 작동되는 기제들이 21세기 지구화 과정에서 나타나는 이주민들의 정치로부터의 배제 문제를 해결하기 위해 제시되는

'정치' 개념의 한계를 밝혀내고자 했다. 그리고 신자유주의 경제 체제의 근원적이고도 현실적인 대안으로 경제의 '지역화', 화석 연료에 기초한 현 인간 문명으로부터의 탈피, 생태 경제로의 문명사적 전환을 제시하는 새로운 담론과 자의식의 문제들을 고찰하며, 21세기 중심과 주변의 경계, 인간과 인간, 인간과 자연의 경계를 넘어 새로운 관계들을 사유, 성찰하고자 했다.

김수환의 "전체성과 그 잉여들: 정치철학과 문화기호학을 중심으로"는 전체로서의 체계와 그것이 남긴 잉여의 관계라는 문제 의식을 통해 로컬리티의 문제를 다시 생각해 보려는 연구다. 잉여는 전체의 관점에서 봤을 때 불필요한 것으로 간주되는 체계의 부분을 뜻한다. 동시에 그것은 모든 것을 통합하는 유기적인 전체성이라는 관념을 내부로부터 흩어놓는 어떤 불가능성의 자리, 전체라는 개념을 통해 포괄되지 않는 어떤 잔여의 경험을 적시하면서 동시에 전체성의 언어 자체를 되묻지 않을 수 없게끔 하는 본연적 반성의 계기를 가리키는 이름이기도 하다. 이 글에서는 이와 같은 잉여의 개념이 철학적으로 전유되는 양상, 특히 그것이 '정치'를 재사유하기 위한 핵심적인 계기로서 랑시에르Jacques Rancière, 바디우Alain Badiou, 아감벤Gergio Agamben 등의 동시대 철학자들에 의해 탐구되는 과정을 살펴본다. 또한 이 고찰의 과정에서 러시아의 문화기호학자 로트만Yuri M. Lotman의 이론, 특히 체계의 메타언어 및 대화의 메커니즘에 관한 후기의 사유를 주요한 참조점으로 삼는다. 로트만의 사유는 정치의 차원에 집중된 앞선 논의를 보충하면서, 전체성과 잉여의 메커니즘을 상징적(기호) 체계 일반의 그것으로 확장하는 데 도움을 줄 것이다. '잉여'의 개념과 연관된 (탈)전체화 과정의 체계적이고 위상학적인 측면을, 현대 정치철학과 문화기호학 이론을 중심으로 살펴봄으로써, '중심-주변'의 프레임을 '전체-잉여'의 프레임을 통해 재고해 보고, 이를 단순 전복과 재중심화의 곤궁에 봉착한 로컬리티의 딜레마 극복을 위한 '다른' 상상의 자극체로 삼고자 했다.

진은영의 "숭고의 윤리에서 미학의 정치로: 윤리 담론의 세계화에 대한 비판적 고찰"은 합의 또는 치안治安으로서의 정치 개념이 갖는 한계를 검토하는 글이다. 이미 확립된 법적 절차에 따라 권력을 분배하는 과정을 의미하는 정치 개념은 이제 국민국가의 틀을 넘어서 다양한 형태로 존재하는 많은 이의 경계적 실존을 담아내기에는 너무 협소한 측면이 있다. 이 때문에 그는 정치를 감각적 분배를 다루는 미학의 문제로 사유해야 한다는 랑시에르의 논의를 검토하면서 세계화 시대의 새로운 정치적 가능성을 모색하고 이에 장애가 되는 현실적 흐름들에 대해서도 아울러 살펴본다. 이를 위해 먼저 이 글에서는 칸트Immanuel Kant의 미 개념을 바탕으로 미의 정치를 주장하는 아렌트Hannah Arendt와 숭고 개념에 기반해 숭고의 미학과 숭고의 윤리를 개진하는 리오타르Jean-François Lyotard의 견해를 고찰한다. 랑시에르는 미의 미학이 내포한 조화와 합의의 사유를 비판하는 리오타르의 관점을 인정하지만 그의 이론이 지닌 위험과 한계를 간과하지도 않는다. 랑시에르에 따르면 9 · 11테러 이후 지배적 윤리로 부상한 인도주의와 그것을 철학적으로 뒷받침하는 리오타르의 '타자의 권리' 개념은 불일치로서의 정치 활동을 제거하는 결과를 가져올 수 있다. 또한 리오타르의 숭고의 미학은 예술을 윤리화시킴으로써, 저항의 기획과 미적 혁명의 기획이라는 미학의 두 계기 사이에 존재하는 본질적 긴장 관계를 해소시키는 경향이 있다. 그의 글은 미학의 정치에 대한 랑시에르의 논점을 짚어가면서 세계화 담론에 윤리적 표상이 개입되었을 때 발생할 수 있는 비정치적이고 부정적인 효과를 우리에게 환기시켜 준다.

장윤재는 "아담아(사람아), 네가 어디에 있느냐?"(창세기 3 : 9) : 기후 변화와 신학적 응답" 연구에서 모든 유형의 '경계짓기'는 신학적 이원론으로 귀결되는 점을 강조하며, 분리와 대립을 야기하는 '경계짓기'는 신/인간, 인간/자연, 신/자연을 나누는 신학적 이원론에서 그 꽃을 피운다고 보고 있다. 그러나 이원론적 세계관이 본래 기독교적 세계관이었던 것은 아니었다. 하지만 기독교가 그리스·로마 세계로 전파되면서 기독교 신학사상은 영/육, 정신/물질, 선/악을 이항 대립적으로 보는 이원론적 세계관을 자신의 것으로 받아들였다. 오늘날 우리가 알고 있는 이른바 '정통' 기독교 신학은 이러한 그리스적 세계관 위에 세워진 것이다. 이 이원론적 세계관으로 인해 기독교 신학 사상 안에서는 육체와 물질 그리고 자연에 대한 경멸적 사고가 시작됐다. 미국의 과학사가科學史家 린 화이트 2세Lynn White, Jr.는 여기서 파생된 기독교의 '지독한 인간중심주의'가 바로 오늘날 생태 파괴의 주범이라고 지목한 바 있다. 이 글에서는 먼저 기후 변화로 대표되는 오늘날의 생태적 위기를 고찰하고 지난 번 월가의 금융 위기로 시작된 최근의 경제적 위기에 대해서도 나름대로 심도 있게 분석했으며, 지금까지 두 서로 다른 것으로 간주되었던 '생태' 위기와 '경제' 위기를 하나의 동일한 위기로 인식하면서 총체적인 대안을 모색하고 있다. 그리고 이러한 문명사적 대안으로 지탱할 수 있는 새로운 신학적 구성을 제안했다. 이 광활한 우주 안에서 우리 인간이 서야 할 새로운 '신학적 자리'를 제안해 보고자 한 것이다. 이 글에서 저자가 기대하는 것은 인문학으로서의 신학이 그동안 '교회 안의 학문'으로 축소되어 온 신학의 경계를 허물고 생태 위기와 경제 위기와 같은 현실의 문제로 나아가는 것이다. 사람들은 보통 영적인 문제를 다루는 신학은 물질적 문제를 다루는 경제학과 완전히 다른 것이라고 생각하는 경향이 있다. 하지만 신학은 영적인 문제를 다룸과 동시에 세상과 소통하고 변화를 이끌어 가는 공공의 담론이기도 해야 한다고 그는 믿는다. 그리고 이러한 신학의 고담적 경계 허물기는 곧바로 모든 '경계짓기'의 원형이라고 할 수 있는 신학적 이원론을 극복하는 길이기도 하다고 확신한다. 신학적 이원론을 넘어서는 일은 탈경계인문학연구단이 추진하는 중요한 연구 사업의 하나, 즉 인간중심성을 극복하고 인간과 자연, 역사와 자연, 지구와 우주, 그리고 생명과 물질의 교호성의 가치를 추구하는 연구에 기여해, 오늘날 전 지구적 생태·경제 위기에 대한 인문학적 성찰과 응답을 내놓는 데 일조할 수 있을 것으로 기대한다.

제2부 '경계의 해체와 재구성'에서는 근대 이후 강하게 형성된 갖가지 경계들, 국가/민족/시장 그리고 그러한 경계를 강화하고 확장시키기 위해 발생한 폭력적 양상의 하나인 전쟁 등을 고찰해 경계 강화의 기제가 갖고 있는 배제의 논리를 고찰했다. 그리고 근대 이후 강조되었던 '우리'와 '너희'의 경계짓기 현상의 폐쇄성, 대립성의 한계점이 드러나면서 21세기를 이끌어갈 새로운 패러다임이 등장할 필요성이 제기되었다. 이런 필요성은 이미 역사적으로 '경계'가 다양한 형태로 해체되면서 새롭게 구성되는 모습이 나타났으며, 이러한 고찰은 새로운 사회의 모습에 대한 단초를 열어 주고 있다. 그리고 그 안에서 지역성은 중심/지구성에 종속되는 것이 아니라 상호작용하는 것임이 드러났다. 제2부에서는 이처럼 기존에 경계지어진 배제의 문제를 국가와 민족 경계에 가두지 않고 이를 넘어 지역적으로 연대하기 위한 방안을 적극적으로 제시하고자 했다.

고유경의 "그것은 역사다. 고향의 역사이자 세계의 역사다!" : 뷜 반핵운동에 나타난 지구지역성" 연구는 제2차 세계대전 이후의 냉전 구도가 만들어 낸 경계와 불가분의 관계에 있는 원자력 발전의 해악에 대한 비판에서 탄생한 서독 반핵운동의 사례를 통해, 인간과 자연의 조화로운 공존을 모색하는 환경운동이 내포하는 지구지역성의 한 면모를 살펴보려는 시도에서 출발했다. 특히 19세기 민족주의를 모태로 탄생한 민족사 서술에 대한 대안으로서 트랜스내셔널 역사 서술의 사례인 이 글은 국민국가의 구성 요소인 '영토'가 아닌 대안적 공간으로서 국민국가의 지배가 미치지 못하는 초국가적 공간이나 국민국가의 간섭 내지 통제를 거스르면서 자율적으로 작동해 온 지역적 공간에 주목한다. 1970년대에 진행된 독일, 프랑스, 스위스 3국의 경계 지대에 위치한 마을 '빌'의 원전 건설을 저지하려는 지역 주민의 초국가적 연대는 국경을 넘은 '알레만'이라는 공동의 고향을 발견하는 과정으로 발전했다. 이 글에서는 특히 알레만어라는 지역어를 매개로 하여 '빌 숲 시민대학'과 새로운 지역사 서술, 빌 반핵운동의 노래들을 통해 새로운 알레만 정체성이 만들어지는 양상에 주목했다. 빌 반핵운동 과정에서 나타난 초국가적 양상 중에서도 주목할 점은 독일 민족주의의 오랜 상징이었던 라인 강이 역사적으로 적대 관계에 있었던 독일과 프랑스의 '경계'가 아닌 '유럽을 연결하는 수로'라는 새로운 의미를 부여받았다는 사실이다. 이처럼 빌 반핵운동은 복합적이며 중층적인 공간성의 생산을 통해 국가를 초월하거나 연결하는 행위집단으로서 지역이 갖는 의미를 재고하게 함으로써, 전 지구적 상호의존성과 문화적 혼종성을 함축하는 '지구지역성'의 양상을 드러내 준다.

김수자의 "대한민국 국적법 제정과 '국민' 경계 설정"은 대한민국 국적법의 시초라 할 수 있는 미군정기 '국적에 관한 임시조례'의 제정 과정을 통해 국가 수립 전前 조선인이라 지칭되는 '내부'의 국민을 어떻게 점검하고자 했는지를 살펴보고자 한 연구다. 그리고 대한민국 정부 수립 직후 제정된 '국적법'의 제정 과정에서 논의되었던 남성 중심의 혈통주의를 강조하는 국적법의 원칙과 단일민족성을 유지하기 위해 '외부인'이 대한민국 국민이 되는 조건에 어떠한 장치를 마련하고자 했는지, 그리고 그 속에 '국민'과 '민족'을 일치시키기를 요구하는 세력과 그렇지 않은 세력

간의 입장을 적극적으로 드러내고자 했다. 근대 국민국가들은 국가 형성 과정에서 '국민'의 경계를 분명히 설정하기 위해 국적법을 제정, 적극 활용했다. 국적법을 통해 실질적으로 '국민'에게 국가의 구성원이 될 수 있는 자격을 부여하고 국민과 비국민의 경계를 분명히 함으로써 내부적 통합을 꾀했다. 식민지 시기 '민족'으로만 존재했던 조선인도 해방이 되자 국가 건설을 위해 '국민'을 만들기 위한 수순을 밟아 나갔다. 그러나 한국의 경우 국적법의 필요성은 '내부'에서보다 '외부' 세력 즉 미군정에 의해 제기되었다. 그럼에도 국적법 제정 과정은 당시 한국이 안고 있었던 친일파 청산과 자주국가 수립이라는 시대적 과제 해결과 민족정체성 확립 등에 대한 고민들을 잘 보여 준다. 그리고 그 과정은 대한민국의 국민이 되는 요건 속에 한국의 민족주의가 작동될 가능성이 내재해 있음을 보여 준다. 즉 외국인이 대한민국 국민이 되는 것은 단순히 '국민'이 되는 것만을 의미하는 것이 아니라 대한민국에 동화되어 한민족이 되기를 요구하는 것과 맞물려 있었던 것이다. 그는 이러한 논의들은 일제 시기에 형성된 저항적 민족주의를 일정 부분 계승하는 것으로, 미군정기 이후 형성되고 있었던 보수 우익 주도의 반공적 민족주의 담론과 차별화되는 면을 간과할 수 없음 또한 지적한다.

차옥숭은 "전쟁 · 폭력 · 여성 : 오키나와 전장의 기억을 중심으로" 연구에서 "우리는 때때로 심리적 외상外傷을 준 사건이나 사고를 기억의 해법이 아니라 망각의 해법으로 풀려고 한다. 그러나 그것을 잊는다고 해서 잊히는 것이 아니다. 그것을 철저히 기억해서 다시는 그런 일이 없도록 하는 기억의 해법이 제대로 된 해법이다. 그래야만 부서진 신뢰가 회복되고 현실을 받아들이고 파괴되었던 인간 공동체의 의미를 되살리게 된다"는 글을 인용하며 오키나와에 거주했던 위안부 조선 여성들과 오키나와 여성들의 참혹한 전쟁의 기억을 통해 어떻게 여성이 폭력의 대상으로 타자화되어 가는지를 살펴보고 있다. 이것은 여성들이 겪은 체험의 진상을 규명함으로써 봉인되고 수탈당해 온 여성의 역사를 되찾는 작업이라고 생각하는 그의 연구 태도를 보여 주는 것이다.

이러한 작업을 통해 얻을 수 있었던 결론, 즉 평화주의는 막연한 추상적인 개념이 아니라 "사람들이 더 이상 살고 싶어하지 않는 그런 조건에 대항하는 투쟁이라는 것"과 진정한 여성 인권 확보는 반전 평화운동 속에서 가능하다는 것, 그리고 아시아 여성 문제 해결을 위해서는 국가나 민족적 경계에 갇히지 않고 국가와 민족을 초월해 유사한 식민지 경험을 한 국가 여성들과의 연대 활동의 필요성이 절실히 요청된다는 점을 그는 강조하고 있다.

강성윤의 "정보재 가치 논쟁 : 특별잉여가치와 지대에 관한 쟁점"은 지구지역성 분과 1차 연도 학술총서『지구지역 시대의 문화경계』에 수록된 "디지털 정보상품의 가치와 가격: '버전 단위의 가치'는 성립 가능한가?"의 후속 연구다. 디지털 정보상품은 재생산에 필요한 노동이 0에 가깝다는 특성상 그 가격이 맑스Karl Marx가 '가치 또는 생산가격과 무관하게 결정되는' 것으로 규정한 독점가격으로 판매된다. 그러나 '정보재 가치 논쟁'에 참가한 상당수의 논자들은 이 점을 받아들이지 않고, 특별잉여가치나 지대 등의 개념을 사용해 디지털 정보상품이 추가적인 가치 기초를 가지고 있음을 보이려고 시도했는데, 이 글은 이 시도들을 비판적으로 검토하고 있다. 그에 따르면, 우선 특별잉여가치를 디지털 정보상품의 가치 또는 가격의 일반적 구성 요소로 포함시키려는 주장은 개념적으로 성립할 수 없다. 그리고 일부 소프트웨어 기업이 얻는 초과 이윤이 높은 생산성에 기인한 특별잉여가치라는 주장 또한, 버전 단위의 가치 개념을 전제하더라도 그 근거가 매우 불충분하며, 카피 단위의 가치를 받아들일 경우에는 아예 성립할 수 없다. 또한 토지 소유와 무관한 영역으로 지대 개념을 확장하는 것은 그 근거를 맑스에게서 찾을 수 없으며, 지대 규정 자체를 변형함으로써 디지털 정보상품의 가치와 가격을 설명하려는 시도는 독점가격 또는 독점이윤으로 설명할 수 있는 대상에 지대 개념을 적용함으로써 자기 모순에 빠진다고 주장한다. 이 연구는 '정보혁명'이 초래한 자본주의 경제의 일견 새로운 것처럼 보이는 현상들을 맑스가 정립한 노동가치이론에 입각해 설명하기 위해 기존 개념에 대한 새로운 해석이나 개념의 확장을 필요로 하는지 비판적으로 검토하는 것이다. 이 글은 이 '새로운' 해석들이 맑스주의 노동가치이론과 양립할 수 없는 무리한 시도임을 확인하는 한편, 독점가격 개념을 사용해 어떻게 디지털 정보상품의 가격을 설명할 수 있는지를 더욱 적극적으로 제시해야 한다는 과제를 설정하고 있다.

제3부 '디아스포라와 문화 혼종성'에서는 친숙한 곳을 떠나는 초국적 이주자들, 세계의 국경을 넘는 이민자들이 날로 증가하고 있는 현상이 21세기적 현상만은 아님을 강조한다. 그리고 유대인의 디아스포라를 언급하면서 문학 텍스트에 나타난 디아스포라를 텍스트와 콘텍스트의 관계, 이주민의 정체성, 종교를 매개로 한 중심문화의 지역문화로의 전파 과정 등을 통해 고찰하고 있다.

김연수의 "카프카의 「재칼과 아랍인」에서 읽는 디아스포라 문제"는 지구화 현상으로 국가 간의 교류가 활성화되고 상품과 자본 및 노동력의 이동이 빈번해지면서 근대적인 국민국가에 대한 성찰 및 초국가적 transnational 현상에 관한 논의가 활기를 띠는 오늘날 중요한 논쟁점으로 부각되는 '디아스포라'의 문제 의식에서 우화적인 카프카의 문학 텍스트를 분석한 연구다. 디아스포라의 전형적인 사례인 유대인의 이야기이자, 종교적 · 문화적 · 민족적 · 정치적으로 충돌하는 중동 팔레스타인 분쟁

지역을 연상시키는 카프카의 우화적인 동물 이야기를 분석하면서, 유대인과 아랍인의 역사적인 갈등 관계, 즉 팔레스타인으로 되돌아오던 유대 디아스포라들이 팔레스타인에 정주해 온 아랍인들에게 새로이 폭력적으로 이산離散을 강요하는 역사의 패러독스를 읽어내고 있다. 즉 텍스트와 콘텍스트 분석으로 '내적인 식민화'의 전형적인 구조를 밝힘으로써, 20세기 초에는 시오니즘Zionism이라는 당시 생성문화 콘텍스트에서 "디아스포라 유대의 다큐멘터리"로 읽혔던 이 동물 이야기가 21세기 독자의 수용 콘텍스트에서는 한 세기를 사이에 두고 완전히 역전된 유대인과 아랍인의 관계를 의미하는 이야기로 읽히는 현상을 고찰했다. 이로써 초국가적인 현상이 논의될 수 있는 한 사회 안에서 다양한 소수민족이나 이주자, 이주노동자 등 타문화권자들이 이른바 주도문화 내지 지배문화에 대해 갖는 비대칭적인 관계, 즉 (식민)지배와 피지배의 관계와 유사한 구조적 특성을 보이는 경우들이 이 동물 이야기에서 읽힐 수 있음을 살펴보았다.

이선주의 "패싱, 동화와 디아스포라 : 이창래의 『제스처 인생』"은 이주와 국적의 이동에 의해 정체성의 혼동을 겪는 한 동양계 노인의 마치 제스처와 같은 인생에서 탈경계의 문화적 경험을 고찰한다. 이창래의 소설 『제스처 인생』은 처음에는 뉴욕의 안락한 교외에 사는 은퇴한 동양인 노인의 일상과 과거에 대한 정적인 이야기로 보인다. 일본계 미국인 독신 남자인 프랭클린 하타Franklin Hata는 친절과 봉사로 의료기기 상회를 성공적으로 운영하다 은퇴한 경제적으로 여유로운 노인이다. 소설 앞부분에서는 70대 은퇴 노인의 단조로운 일상 이야기에서 어떤 소설적 긴장과 변모가 있을 수 있을까라는 의문이 들 정도로 범상한 이야기가 진행된다. 이 소설은 평온하고 순응적인 이야기가 진행되다가 점점 예상치 않은 놀라운 사실이 드러나는 구조를 가지고 있다. 온화하고 품위 있는 일본계 노인의 잔잔한 회상은 태평양전쟁과 위안부 언급이 시작되면서 점점 더 경악스러우면서 흡입력 있는 과거를 드러낸다. 일본인으로 패싱한 조선인을 주인공으로 설정함으로써 작가가 탐구하려는 것은 무엇인가? 개인의 정체성이란 무엇이고 패싱passing과 동화同化에 의한 정체성은 어떠한 형상을 하는가? 하타가 패싱을 계속하기 위해, 또 동화를 완벽하게 하기 위해 주변 사람에게 어떠한 희생과 강요를 하게 되나? 과거의 그릇된 행위에 대한 자신의 연루와 책임을 인정하는 하타는 마지막에 어떠한 방식으로 자신이 디아스포라임을 인정하는가? 이러한 점을 살피기 위해 이 연구는 '제국국가로의 패싱', '백인 주도문화로의 동화', '디아스포라로의 커밍아웃"이라는 세 부분으로 나누어 논의를 펴나가고 있다.

백소영의 "19세기를 사는 21세기의 그녀들 : 개신교 도시 미혼 여성의 젠더 의식과 문화 혼종성" 연구는 21세기 문화 상황에서 새롭게 세계 질서를 구축하고자 하는 정치적 · 경제적 · 사회문화적 담론들 가운데 눈에 띄게 활발한 운동성을 보이고 있는 '가족 이데올로기' 담론의 재등장과 국제적 운동을 통해 이 담론을 선두에서 전달하는 복음주의적 개신교 집단을 주목한다. 근대적 기획 속에 이성애적 핵가족의 이상과 담론이 핵심적 기능을 담당했으나, '전문 기계들의 자유시장 내 무한 경쟁'이라는 21세기적 문화 조건이 낳은 개인화가 이러한 형태의 가정을 와해시키는 상황에 당면해 결국 담론 차원의 가족 이데올로기를 재구축할 필요성을 느끼는 '제국'의 전략을 고발하며, 특히 이 복고풍 회복운동에는 기독교 신우파들이 긴밀히 연결되어 있고, 전 지구적 네트워킹 가운데 한국의 대형교회들이 이 가정회복운동에 동참하고 있음을 지적한다. 이러한 시점에서 '동질적 기획으로서의 19세기적 가정, 젠더 질서의 회복운동'이라는 제국적 전략이 결혼이라는 선택지를 당면한 도시 개신교 미혼 여성의 의미망 안에 얼마나 내면화되어 영향을 미치는지를 연구 참여자 52명과의 질적 인터뷰 자료를 기초로 연구, 분석한 글이다. 연구 참여자들이 보여 준 것은 '19세기적 젠더 질서의 21세기적 내면화'가 지배적인 현장이었다. 동질화된 복음의 제국적 포섭이 소수의 표본 집단 내에서도 확연하게 드러나고 있었는데, 가장 보수적인 성윤리, 수동적 여성성과 적극적 리더십의 남성성을 보편으로 여기는 전통적 젠더 역할 이해, '모성은 천성이요 육아는 신적 소명'이라는 복음적 신앙 고백과 젠더 역할 사이의 결합이 지배적으로 드러났다.

하지만 한편으로 신앙적으로는 복음적이면서도, 젠더 의식에서 합리적, 양성 평등적 의식을 보여 주는 혼종적 사례들도 발견되었다. 그는 비록 현재에는 사회적 힘이 미미하나 이 혼종성 안에서 제국을 전복시킬 새로운 젠더 담론의 가능성을 엿본다. 아울러, 메를로 퐁티Maurice Merleau-Ponty의 '공동체적 시선', 예수의 하나님 나라 운동과 초대교회적 이상이 보여 준 '대조사회로서의 공동체적 이상'을 윤리적 판단 기준으로 하여, 양성 평등적 젠더 질서를 기독교적 '보편' 질서 안에 포함시킬 수 있는 새로운 담론과 운동을 촉구하며 글을 맺고 있다.

위의 연구들의 장기 목적은 지구 · 지역 간의 대립과 충돌을 극복 · 치유하기 위한 문화 소통의 인문학적 패러다임을 개발하는 데 있다. 이에 1차 연도에 이어 2차 연도에는 구체적으로 탈/경계 담론을 고찰하고, 지구화 시대 민족/국가/국민/시장, 전쟁의 문제, 디아스포라와 문화 경계, 문화 혼종성, 지구지역성 등에 대한 인문학적 성찰을 시도했다.

세계화가 진전됨에 따라 전 지구적 상호 연관성은 점차 증가하고 있는 것이 현실이다. 이 책의 연구들은 세계화의 불균등한 일방향성의 '강요', 국제 경쟁력 강화 등의 문제를 되돌아보며 특수성 · 구체성을 보편적으로 읽어 내려는 작업을 병행했다고 할 수 있다. 그리고 문화와 문화 사이의 개별적이지만 상호 이해의 가능성을 높이려 했으며, 그런 가운데 소통 가능한 지점들을 찾고자 했다. 아무쪼록 이러한 작업이 새로운 문화 소통의 패러다임을 구축하는 데 단초를 제공할 수 있기를 기대한다.

2010년 5월

저자들을 대표하여

김수자 씀

제1부

탈/경계의 담론

전체성과 그 잉여들:
정치철학과 문화기호학을 중심으로*

김수환

1. 전복의 딜레마: 중심-주변에서 전체-잉여로

로컬리티의 개념을 둘러싼 핵심 주제 중 하나는 중심 혹은 중앙과의 관계를 어떻게 볼 것인지의 문제다. 이 문제는 로컬이라는 말 자체에 이미 담겨 있다고 할 수 있는데, 가령 그것은 지역이라는 말과 비교해 볼 때 금방 드러난다. 지역region이 가치 중립적이고 수평적인 공간 개념을 뜻한다면, 로컬local이라는 용어는 국가 내지는 중앙과의 관계에서 보는 지방이나 주변을 가리키는 수직적 개념이다. 로컬의 문제 의식은 그러한 규정이 중심-주변의 고정된 이원적 관계를 암묵적으로 상정하게 될 인식론적 위험성을 지님에도 불구하고 중앙과의 관계를 '염두에 두고자' 한다. 그래야만 하는 이유는 물론 그 위험성과 직접 '대면'함으로써 그것을 '극

* 이 글은 『사회와 철학』 제18호(2009년 10월호)에 게재된 논문을 수정 · 보완한 것이다.

복'하기 위해서일 것이다. 한마디로 로컬리티의 자의식은 이중적이라 할 수 있는데, 한편으로는 중앙에 대한 '의식'을 전제하면서, 다른 한편으로는 그것을 넘어설 것을 지향한다.

결국 이것이 의미하는 바는 중심-주변의 이분법을 낳은 저 근원적 체계 자체와 온전히 대결하지 않고서, 로컬이나 로컬리티의 독자적 고유성을 확보할 수 없다는 점일 것이다(글로컬라이제이션이라는 편리한 합성어가 이를 해결해 줄 거라 믿는 것은 더욱 순진한 환상일 것이다). 주변성의 극복 문제는 그것의 전개 과정에서 '헤게모니'의 이동, 즉 '전복'의 딜레마를 만나게 마련이다. 중심을 비판하고 주변을 재인식하려는 지향은 흔히 중심과 주변의 전위轉位를 꾀하려는 욕망, 혹은 기존의 중심이 아닌 또 다른 중심(가령, 국가를 대신하는 글로벌)에 의한 인정을 추구하려는 욕망에 의해 인도되기 쉽다. 하지만 우리가 잘 알고 있듯이, 위계의 전복은 중심과 주변을 가르는 틀 자체를 향한 좀 더 근본적인 반성이 동반되지 않을 때, 흔히 끔찍한 '반복'만을 가져올 뿐이다.

그렇다면 중심-주변 모델이 빠져 있는 곤궁, 헤게모니의 변경을 통한 위계의 전복이라는 이 곤궁으로부터 빠져나올 방법은 있는가? 헤게모니의 공간 내부에서 옮겨다니는 것이 아니라 (비록 일시적으로나마) 그 메커니즘 자체를 중지시키는 것이 가능한가? 분명한 사실은 국가 단위의 틀을 벗어나 로컬을 새로운 독자적 단위로 정립하려는 지향은 국가라는 중심화 체계의 '바깥'이 아니라 '안쪽'으로부터 시작할 필요가 있다는 점이다. 즉 기존의 중심을 대체(하거나 보완)할 다른 중심(혹은 바깥)을 모색할 것이 아니라 중심화하는 체계 자체를 내부로부터 탈중심화할 수 있는 방안을 모색해야 한다. 그러기 위해서는 중심화하는 체계 내부에서 그것을 내파內破할 수 있는 힘, 즉 '탈중심화'의 계기들을 발견해 낼 수 있어야 하고, 나아가 그것을 '새로운 보편성'의 자리로서 적극적으로 재사유할 수 있어야만 할 것이다.

이런 문제 의식 속에, 이어지는 짧은 글에서 주목하려 하는 것은 이른바 '총체' 혹은 '전체'로서의 체계와 그것이 남긴 '잉여'의 문제다. 잉여는 전체의 관점에서 봤을 때 불필요한 것으로 여겨지는 체계의 부분을 뜻한다. 그것은 체계 속에서 주변화되기보다는 부정(비非인정)되는 어떤 것이기에, 엄밀히 말해 '부분이 아닌' 부분에 해당한다고 말할 수 있다. 즉 부차적인 것으로 취급되는 것이 아니라 아예 식별identify되지를 않는다는 점에서, 잉여는 주변과도 다르고, 부분과도 같지 않다. 오늘날 잉여의 문제는 전지구화에 따른 급격한 사회 변동의 결과 양산된 '잉여적 실존'의 문제와 관련해 비판 사회학의 주요 관심사가 되었다. 가령, 사회학자 지그문트 바우만Zygmunt Bauman은 '유동적 근대liquid modernity'의 가장 두드러진 특징으로 잉여와 여분의 인간들, 즉 '인간 쓰레기들'의 양산을 지적하는데, 그에 따르면, 잉여는 정상에서 벗어난 비정상의 상태가 '일시적인' 것이 아니라 '영원히 지속되는' 일상적인 것이라는 암시를 내포한다. 즉 잉여로 간주된다는 것은 그냥 버려지는 것이 아니라 "버려져도 무방하기 때문에 버려졌다는 것"을 의미하는 것이다(바우만, 2008: 31). 그러나 반드시 지적할 것은 체계와 전체성의 관점에서 잉여적 존재론의 함의는 사회학적 차원을 넘어서는 훨씬 더 근본적인 의미를 갖는다는 점이다.

잉여는 완전하고 조화로운 질서, 즉 모든 것을 통합하는 유기적인 전체성이라는 관념을 내부로부터 흩어놓는 어떤 불가능성의 자리, 그것으로 인해 완벽한 재현이 실패하게 되는 어떤 내적 계기를 가리킨다. 전체에 의해 '셈'해지지 않은 채 누락되어 버린 자리, 그 '텅 빈' 공백의 지점은 전체라는 개념을 통해 포괄되지 않는 어떤 '잔여'의 경험을 적시한다. 누락되었지만 완전히 사라지지는 않은, 그래서 마치 '유령'처럼 현전하는 그 자리는, 따라서 전체성의 언어 자체를 되묻지 않을 수 없게끔 하는 본연적 반성의 계기를 가리키는 이름이기도 하다.

이어지는 글에서는 이와 같은 '잉여'의 개념이 철학적으로 전유되는 양상, 특히 '정치'를 재사유하기 위한 핵심적 계기로서 자크 랑시에르Jacques Rancière, 알랭 바디우Alain Badiou, 조르조 아감벤Gergio Agamben 등의 동시대 철학자들에 의해 탐구되는 과정을 개략적으로 살펴볼 것이다. 그들에게서 잉여의 자리를 가리키는 개념과 용어는 무엇인지, 그 자리의 위상학적 특징은 무엇인지, 그리고 거기서 전체와 부분, 특수성과 보편성의 관계는 어떻게 사유되고 있는지를 고찰하는 것이 핵심이다. 한편, 이 고찰 과정에서 러시아의 문화기호학자 유리 로트만Yuri M. Lotman의 이론, 특히 체계의 메타언어 및 대화의 메커니즘에 관한 후기의 사유가 주요한 참조점이 될 것이다. 로트만의 이론적 사유는 주로 정치의 차원에 집중된 앞선 철학적 논의를 보충하면서, 전체성과 잉여의 메커니즘을 상징적(기호) 체계 일반의 그것으로 확장하는 데 도움을 줄 것이다.

요컨대, 이 글의 목적은 '잉여'의 개념과 연관된 (탈)전체화 과정의 체계적이고 위상학적인 측면들을, 현대 정치철학과 문화기호학 이론을 중심으로 살펴보는 것이다. '중심-주변'의 프레임을 '전체-잉여'의 프레임으로 바꿔보는 일, 혹은 다르게 말해 후자를 통해 전자를 재고再考해 보는 일은 무의미하지 않을 것이다. 이 시도가 앞서 지적한 로컬리티의 딜레마, 단순 전복과 재중심화의 곤궁을 극복하기 위한 '다른' 상상을 자극할 수 있는 계기가 될 수 있기를 기대한다.

2. 전체성과 통합의 논리: '치안'과 '국가'

구체적인 분석에 앞서, 우선 체계의 전체성에 관한 기본적인 이해를 짚고 넘어가자. 체계의 전체성이란 무엇보다도 '잉여' 혹은 '잔여'를 전혀 남기지 않는 통합의 논리를 뜻한다. 완전히 포괄하는 '전체'라는 관념이 의미하는 것은, 체계 내부의 모든 요소가 각자의 '자리'를 차지한 채 투명하게 '식별'된다는 것, 다시 말해 그것들이 (말 그대로의 의미에서) 전체의 '부분들'로서 존재한다는 것이다. 이 때 만일 체계의 문법에 의해 명확하게 식별되지 않는 요소가 존재한다면, 그것은 체계 속에서 자기 '자리'를 갖지 못한, 그렇기 때문에 존재하기는 하되 재현되지는 않는 어떤 것이 될 것이다. 결국 이 부분(아닌 부분)이 '잉여'로서 간주되는 것이다.

여기서 유의할 점은 이런 통합의 논리가 '차이' 없는 균질적 전체성을 뜻하지 않는다는 점이다. 오히려 그것은 전체로서의 체계 내부를 채우는 수많은 '정체성'을 각자의 '자리'에 배치하고 '기능'을 할당하는 배분의 메커니즘이다. 즉 이 때의 정체성이란 전체 체계, 정확하게는 그 체계를 기술하는 '문법'의 관점에서 봤을 때 '가치'를 지니는 요소들의 자리와 기능을 일컫는 이름이다. 한마디로, 여기서 확인되는 것은 정체성의 내적 원칙에 의거해 그 부분들이 투명하게 식별될 수 있는, 그런 종류의 전체성이다.

이런 전체성의 상황이 오늘날의 후기자본주의적 현실과 매우 밀접하게 대응되는 것이라는 점은 쉽게 짐작할 수 있다. 일견 모순된 것처럼 보이는 두 가지 사태, 그러니까 자본주의의 상품 형태를 통해 추동되는 '추상적 보편성'의 전 지구적 관철 상황과, 차이의 정치와 다문화주의적 관용을 골자로 하는 '상대주의적 특수성'의 번성이라는 오늘날의 상황은 (표면상의 대립 구도와는 달리) 서로가 서로를 지탱하는 거울 관계에 놓여 있다. 가령 바디우에 따르면, '가짜 보편성', 즉 금융 자본의 전 지구화와 그에 따른 추상적 동질화의 과정과 개별자의 특수한 차이와 권리를 보장하는 '상대적 특수주의'는 오늘날 나란히 활개를 치고 있다. "탐욕스러운 투자 자본에 여성들, 동성애자들, 장애인들, 아랍인이—승인과 이른바 문화적 개별성을 요구하는 공동체의 형태로—출현하는 것은 이 얼마나 무궁무진한 잠재력인가! (……) 자본은 자신의 운동 원리로 하여금 자본의 실행 공간을 동질화하도록 하기 위해 주체적 · 영토적 정체성들의 끊임없는 창조를 요구한다"(바디우, 2008 : 26).

분명, 오늘날의 우리는 '역사의 종말'과 함께 도래한 '외부 없는 세계'를 살아가고 있지만(이는 결국 '잔여'를 전혀 남기지 않는 완전한 통합의 상황에 다름아닐 것이다), 그 통합의 세계란 동시에 모두가 정체성의 이름 아래 사회 구조 내부에서 자신의 고유한 '자리'를 주장하고 있는 세계이기도 하다. 포스트모던 '정체성 정치'의 담론이 횡행하고 있는 그 세계란, 결국 '바깥을 상실'했기에 더 이상 '해방의 정치학'을 말할 수 없게 된, 외부 없는 단일 세계의 이면裏面이다. 추상적 보편성과 상대주의적 특수성은 그렇게 대립적 공모 관계를 맺은 채 서로를 지탱하고 있다.

동시대의 철학이 정치를 새롭게 사유하고자 할 때, 무엇보다 먼저 문제 삼는 것이 바로 이와 같은 완벽한 통합의 상태, 사실상 '정치가 소멸'되어 버린 상황이다. 이제 정치는 사회를 구성하는 상이한 이익집단 간의 이해관계를 조정하고 관리하는 전문가들의 업무로 전락했다. 정치의 고유 공간은 더 이상 공장이나 거리가 아니라 의회, 정부, 법 기관이 되었다.

사회적 건축물의 모든 존재를 그룹으로 분할하고 그들의 기능과 자리를 조직화해 배분하는 과정을 일컫기 위해 랑시에르가 도입하는 용어는 '치안police'이다. 랑시에르는 고대 그리스어인 폴리테이아politeia의 번역어가 '정치politique'일 뿐 아니라 '치안police'이기도 하다는 점에 착안해, 사람들이 흔히 정치라고 인식하는 분배의 절차가 실은 정치가 아니라 치안의 일임을 지적한다. 치안은 사회적 신체를 잘 정의된 서로 다른 부분으로 끊임없이 분할하려는 의지를 갖는다. 그리고 그와 같은 분배란 언제나 사회의 한 '부분'으로 이미 인정받은 사람들이 다소간 평등한 방식으로 공동체로부터 자신의 '몫'을 찾아가는 활동에 불과하다. 치안으로서의 정치란 전체성 내부에 위치한 정치적 존재가 치안에 의해 지시된 주어진 '자리'를 점유함으로써 '의미화'되는 것, 그리고 그 위치에 따라서 다른 존재들과의 관계가 결정됨으로써 고유한 '정체성'을 획득하게 된다는 것을 뜻한다.

랑시에르에 따르면, 치안은 "사회적 기능이 아니라 사회적인 것의 상징적 구성을 말한다"(랑시에르, 2008a : 247). 그가 "감각적인 것에 대한 나눔(감성의 분할)"이라 부르는 독특한 분할의 작용을 본질로 삼는 그 구성은 "지각 방식을 규정함으로써 참여/몫을 가짐의 형식을 규정" (랑시에르, 2008a : 248)한다. 랑시에르에게 세계 안에 각자의 자리를 부여하는 과정, 즉 몫을 가짐의 형식을 규정하는 과정은 보이는 것과 보이지 않는 것, 말과 소음, 공적인 것과 사적인 것 등을 구별하는 지각 방식의 규정, 즉 '감각적인 것의 나눔le partage du sensible'과 직결돼 있는 바(랑시에르, 2008b), 그것은 정치와 미학의 공통 분모를 이룬다(김수환, 2009). 그런데 이 때 중요한 것은 이런 상징적 분배의 작용에서 반드시 누락되는 존재들이 있다는 점이다. 상징적 구성으로서의 치안의 논리가 항상 존재하는 것처럼, 그에 의한 누락, 사회체의 상징적 몫 분배에서 셈해지지 않는 '몫 없는 자들'은 언제나 생기게 마련이다. 자신의 몫을 지니지 않기에 사회의 식별 가능한 부분에 포함되지 못하는 (그래서 결국은 '셈해지지 않는') 이런 잉여의 존재들은, 사회라는 구성체 내부에서 치안의 논리에 따라 자동적으로 '존재하지 않는 것'으로 치부된다.

그렇다면, 치안과 구분되는 정치, 랑시에르가 말하는 고유한 정치란 무엇일까? 능히 짐작할 수 있듯이, 그것은 치안의 논리가 '없다고' 여기는 것들을 있다고 말하는 것, 더 나아가 보여지지 않고 들려지지 않는 그것들을, 보이고 들리게끔 만드는 일이다. 그가 말하는 정치는 "사회의 부분들에 대한 모든 셈과 비교해 스스로를 잉여로서 기입하는 보충적 주체들"(랑시에르, 2008a : 243)의 행위다. 이 잉여의 주체들은 사회적 셈의 논리에 비춰볼 때 일종의 '공백'이자 '보충'에 해당하는 바, 정치와 치안의 결정적인 차이는 이 공백과 보충에 대한 태도에 달려 있다고 할 수 있다. 만일 치안이 몫 없는 자들의 몫은 '존재하지 않는다'고 주장한다면, 정치는 언제나 몫 없는 자들의 몫이라는 보충 또는 공백이 '존재한다'고 주장하는 것이다.

이렇듯, 아무런 잔여도 식별하지 않는 자족적인 전체성으로 '정치적인 것'을 축소하려는 경향은 우리 시대의 정치가 처해 있는 일반적 상황이다. 랑시에르가 그 상황을 치안이라는 말로 지칭했다면, 바디우에게 그것은 '상태state'라는 명칭을 얻는다. 상태는 바디우가 '상황situation'이라 부르는 것을 '하나로 셈하는' 임무를 맡은 모종의 메타 구조를 뜻한다. 상태의 개념을 이해하려면 집합론에 근거한 바디우의 독특한 존재론을 알 필요가 있는데 (자세한 논의 대신) 그의 존재론의 핵심을 한마디로 요약하자면, 존재의 근원적 자질은 '일자one'가 아니라 '불안정한 다수성'(Badiou, 2005 ; Barker, 2002)이라는 것이다.

바디우에 따르면, 이런 불안정한 다수성이 현시되기 위해서는 반드시 '하나로 셈해져야'만 한다. 다시 말해 모든 존재하는 것은 '일자로서 존재하는 것'이 아니라 이미 '하나로 셈해진' 것으로서 현시되는 것이다. 이런 구조화된 현시, 즉 셈하기에 의해 일차적으로 구조화된 어떤 것이 바로 바디우가 '상황'이라고 부르는 것이다 (여기서 알 수 있는 것은 상황의 불안정한 다수성이란 오직 사후적으로만, 어떤 특수한 '사건'을 통해 '하나로 셈하기'가 붕괴됐을 때만 드러나게 된다는 것이다). 하지만 '하나로서 셈해진' 이 상황은 아직까지 특정한 규정에 의해 구성된 것으로는 볼 수 없다. 이 상황이 특정한 어떤 것으로서 '규정'되려면 그것은 또다시 셈해져야만 한다. 그리고 이미 셈해진 것에 대한 셈, 구조에 대한 이런 다시 셈하기를 일컫는 말이 바로 '상황 상태state of situation'다. 즉 '상황'에 의해 '현시presented'되는 어떤 것이 다시 '상황 상태'에 의해 재再현시될 때, 비로소 그것은 '재현represented'된다고 말할 수 있다(서용순, 2005 : 110-111).

흥미로운 것은 바디우가 상황 상태의 예로 들고 있는 것이 다름아닌 '국가'라는 점이다(당연히, 여기서 바디우는 '사물들의 상태'이기도 하면서 동시에 정치적 의미에서의 '국가'이기도 한 'state'라는 용어의 모호성을 활용하고 있다). 상태는 국가와 연결됨으로써 명백한 정치적 함의를 얻게 되는바, 상황 상태로서의 국가는 집단을 셈하는 역할을 맡는, 넓은 의미에서의 재현 체계인 것이다(랑시에르의 치안이 사회적인 것의 '상징적 구성'이었음을 기억하라). 국가가 재현의 체계라는 것은 그것이 셈하는 것이 개인이 아니라 집단이라는 점과도 깊게 연관된다. 국가는 항상 부분집합, 즉 특정한 규정성을 통과한 개인과 집단만을 상대한다. "국가가 상대하는 개인은 언제나 '규정된' 개인, '특정한 지위'로 환원된 개인인 것이다"(서용순, 2006)(이를 랑시에르 식으로 바꿔 말한다면, '치안'의 논리는 주어진 각자의 '자리'를 점유한 채 '몫을 가진' 부분들만을 인정한다는 뜻이 될 것이다).

문제의 핵심은 (앞선 랑시에르의 경우에서 그랬듯이), 재현 체계로서의 국가는 결코 자신에게 속한 상황 전체를 재현하지는 않는다는 점이다. 상황 상태로서의 국가는 언제나 어떤 구체적인 집단의 성원들을 셈으로부터 누락시킨다. 국가의 셈은 비록 상황에 속하기는 하지만 그럼에도 불구하고 그것에 의해 헤아려지지는 않는, 그것 속에 고유하게 포함되지 않는 요소—바디우는 이를 수학 용어를 사용해 "정원 외적 요소*élément surnuméraire*"(지젝, 2005 : 227)라고 부른다—를 반드시 내포한다. 사회적 상황 속의 이 '비통합된' 요소들은 비록 현시되기는 하지만 국가라는 체계에 의해 재현되지는 않는 잉여의 존재들이다. 그리고 여기에서도 재현성과 존재성의 일치는 온전히 작동한다. 즉, 재현되지 않는 것은 곧바로 존재하지 않는 것의 동의어가 되는 것이다. 충분히 예측할 수 있듯이, 바디우 또한 (혁명적) 정치를 바로 이런 국가의 셈에서 벗어나는 것, 다시 말해 "국가가 행하는 부분집합의 셈을 거부하고 그 셈에서 누락된 대중의 현실을 직접 셈하는 것"(서용순, 2008)으로서 바라본다.

이렇듯 랑시에르와 바디우에게서 공통적으로 확인할 수 있는 것은 체계의 전체성으로부터 탈구된 존재자, 전체성의 셈과 몫으로부터 누락된 '비非부분'을 향한 비상한 관심이다. 이런 잉여적 실존의 '위상학적 역설'(속해 있으면서 동시에 빠져 있음)을 해명하는 문제와 더불어 제기되는 것은 그것의 '구성적' 성격의 문제, 다시 말해 잉여나 잔여를 체계의 구성적 본질로 만드는 전체화 공정 자체에 대한 일반 이론적 정식화다. 치안이나 국가가 상징적 구성이나 재현 체계라 할 때, 문제삼지 않을 수 없는 것은 체계 내의 모든 부분을 '하나로 셈할 수' 있도록 만드는 통합 기제 자체의 본질일 것이다. 이에 관한 로트만의 논의를 살펴보자.

3. 통합의 공정: 메타언어적 '자기 기술'과 '예외 상태'

로트만에 따르면, (문화를 포함한) 여하한 기호적 체계는 자신의 내적 공간을 조직화하는 과정에서 반드시 '자기 스스로를 기술하는' 국면을 거치게 된다. 체계가 그 자신을 기술하기 시작하는 단계, 이는 해당 체계의

"문법이 쓰여지는 단계이며 관습과 법률이 코드화되는 시기"다. 실제 문화사에서 확인되는바, 이는 결국 체계의 '구조적 장' 내부를 순환하는 다수의 하부 그룹 중 어느 하나가 돌출되어 해당 체계 자체의 기술을 위한 '메타언어'가 되는 경우에 해당한다. "우리가 언어를 다루건 정치나 문화를 다루건 기본 메커니즘은 모두 같다. 기호계의 한 부분(……)이 자기 기술의 과정에서 그 자신의 문법을 만든다. (……) 그리고 나서 이 규범들을 기호계의 전 영역으로 확장시키는 것이다"(Lotman, 1990: 128). 그것은 자연스럽게 기호적 공간 내부의 특권적 위치(대개 중심)를 차지하게 되고, 메타언어로서 체계 전체의 이상적인 모델, 가령 해당 문화의 '신화적 이미지'나 '이데올로기적 자화상'을 구축하게 된다.

중요한 것은 바로 이와 같은 메타언어를 통해 비로소 기호적 공간 내부를 채우는 상이한 체계와 언어들이 '하나로 셈해질 수' 있게 된다는 점이다. 즉 그것은 임의의 구조적 장을 구조적 전체성으로 조직화하는 보편화된 언어인 것이다(바로 그런 의미에서 그것은 '문법'이 된다). 말하자면 그것은 체계를 '1인칭'으로 만드는 내부화의 과정에 해당하는 바, 메타언어의 자기 기술을 통해 비로소 체계는 '자기동일적이고 동종적인 구조적 총체'로서 스스로를 재현할 수 있게 되는 것이다. 여기서 강조할 것은, 일단 기호적 공간이 내부화와 중심화를 통한 이와 같은 전체성을 경험한 이후에는, 그것을 구성하는 수많은 하부 체계들의 의미가 '기호성에 대한 전제', 다시 말해 그것들이 중심의 메타적 코드화 메커니즘에 의해 기술될 수 있는지의 여부에 따라 측정된다는 점이다. 그에 따른 실제적 결과는 기호적 공간 내부에서 자기 기술의 관점에서 봤을 때 식별되지 않는 모든 요소가 곧 잉여적인 것으로 간주되어 버려진다는 것이다(Lotman, 1990: 129).

이런 과정이 단순한 주변화나 배제가 아니라 원칙적인 '비존재화'의 메커니즘이라는 점에 주목해야 한다. 이 점을 이해하기 위해서는 인간의 자연언어가 갖는 체계성을 설명하기 위해 페르디낭 드 소쉬르Ferdinand de Saussure가 들었던 '체스판의 비유'를 떠올려보는 것으로 충분하다. 자연언어 체계의 개별 요소가 갖는 '가치'는 오직 그것이 체계 내의 다른 요소와 맺는 관계(정확하게는 구조적 '차이')에서 비롯되며, 따라서 가치와 관련해 고려되어야 할 것은 장기판 위 체스말의 '위치'와 그에 따른 '기능'일 뿐(가령, 졸인가 킹인가), 그것의 '물질적 측면'(가령, 상아로 만들어진 것인지 나무로 만들어진 것인지)이 아니다. 원칙상, 그것의 물질적 양태는 고려 대상에서 제외되며 따라서 '식별되지 않는' 것이다(소쉬르, 2006: 153-154).

메타언어로서의 자기 기술이 갖는 이런 배제의 속성은 결국 다음과 같이 요약할 수 있다. '가치'를 지니지 않는 것, 그러니까 자기 기술의 구조적 총체 내에서 '자리'를 발견하지 못한 것들은 중요하지 않으며 또한 부적절하다. 따라서 그것은 그저 존재하지 않는 것과 마찬가지다.

그런데 한편 이런 배제의 원리는 자기 기술의 문법에 부여되는 '보편적 번역 가능성'을 뜻하는 것이기도 하다. 즉 여기서 말하는 자기 기술의 문법은 구조적 장 내부의 모든 여타 요소를 '번역'하는 '일반적 등가물'의 위상을 획득한다. 모든 것은 그것을 기준으로 번역 가능하며, 만일 번역되지 않는다면 그것은 존재하지 않은 것과 마찬가지인 것이다. 이 대목에서 우리가 마르크스가 말한 화폐의 속성을 떠올리게 되는 것은 지극히 자연스럽다. 다른 모든 것과의 '일반적 등가물'이자 '가치의 결정화된 형식'인 화폐 유통의 연금술이 바로 그것이다. 피에르 부르디외Pierre Bourdieu는 언어와 화폐 간의 이런 동형성을 지적한 바 있다. "하나의 언어가 시장에서 지배적이 되면, 그것은 다른 표현 양태들의 값이 매겨지는 기준이 된다. 그리고 그와 더불어 각종 '언어' 능력들의 가치가 정의되는 것이다"(Bourdieu, 1977: 152). 화폐로 번역될 수 없는 것이 무용하고 부적절한 것으로서 상품 체계 밖으로 추방되듯이, 자기 기술의 메타언어의 관점에서 번역되지 않는 것은 기호적 공간에서 축출된다. 결국 '동종적인 구조적 총체'라는 말이 의미하는 것은, 체계 내부를 순환하는 모든 개별 요소의 의미가, 그 어떤 잉여도 없이, 자기 기술의 메타언어를 통해 온전히 식별[번역]될 수 있는 가능성에 의해 결정된다는 것이다. 이런 상태, 보편적 번역 가능성을 전제한 채로 그 어떤 잉여도 인정하지 않는 상태가 바로, 자크 데리다Jacques Derrida식으로 말해 '타자가 불가능해지는' 상태일 것이다.

하지만 앞서 살펴보았듯이, 체계 내의 비非부분들, 식별되지 않는 잉여는 존재하지 않는 것이 아니라 다만 존재하지 않는 것처럼 여겨질 뿐이다. 엄연히 존재하지만 재현되지는 않는 그것들은 (마치 유령이 된 것처럼) '비가시성'의 영역으로 내몰려 있을 뿐이다. 이러한 비존재화와 관련된 로트만의 예는 잉여적 실존의 위상학적 양태를 드러내 보여 준다는 점에서 매우 흥미롭다. 헌신적 봉사, 순결, 예의 따위의 이른바 궁정식 사랑의 문법을 꼼꼼하게 기술해 놓은 책 『사랑론*De amore*』을 쓴 작가 앙드레르 샤플랭Andre Le Chapelain은 독자들에게 "농부 아가씨들의 경우에는 설사 폭력에 의존했다 할지라도 자신의 행위를 부끄러워할 필요가 없다"고 충고했다. 로트만에 따르면, 이런 충고는 쉽게 이해될 수 있는데, 왜냐하면 시골 농부 처녀는 오직 '자연적 사랑'에만 해당되기 때문에 궁정식 사랑의 체계 내에서 그녀는 마치 존재하지 않는 것과 같았다는 것이다(앞선 체스판의 비유를 떠올려 보라). 즉 그런 유형의 인간을 대상으로 하는 행위(가령 강간) 또한 마찬가지로 존재하지 않는 것으로 간주될 수 있었던 것이다(로트만, 2008: 186-187).

여기서 주목할 것은 체계 내의 한 특정 부분이 비존재화되고 있을 뿐 아니라 그 존재하지 않는 비非부분을 상대로 한 '행위' 또한 존재하지 않는 것으로 간주되고 있다는 점이다. 그 행위는 분명 있었지만, 없었던 것으로 간주해도 좋은 어떤 것, 작가가 구축해 놓은 사랑의 문법의 관점에서 봤을 때는 '셈할' 필요가 없는 것이다. 한마디로 그것은 무시해도 좋은 잉여, 기껏해야 '예외'에 불과한 것이다. 체계 바깥으로 밀려나 있기보다는 오히려 체계의 (문)법에 의해 '유기되어 있는abandoned' 상태, 여기서 떠올리지 않을 수 없는 것은 물론 아감벤이 말한 예외적 실존의 상태, 즉 '호모 사케르*Homo Sacer*'다.

앞선 예에서 시골 농부 아가씨는 결코 '포착될 수 없는' 어떤 절대적인 타자로서 체계가 미치는 힘의 장 밖으로 외재화되어 있는 것이 아니다. 그녀는 단지 체계의 자기 기술의 문법에 의해 '버려져' 있을 뿐이며, 바로 그렇기 때문에 더욱 더 철저하게 그 힘의 상황에 '맡겨져' 있다. 아감벤이 '호모 사케르'라고 부른 '벌거벗은 삶'의 상황은 "노모스의 외부에 위치하는 것이 아니라 반대로 (……) 모든 의미에서 근본적이라 할 계기로서 노모스 속에 포함된다"(아감벤, 2008 : 96). 즉 그것은 체계 밖으로 외재화된 상태가 아니라 일종의 '포함적 배제'의 상태로 존재하는 것이다. 단순히 경계 바깥으로 배제되거나 내부로 포함되는 것이 아니라, 안에 있으면서 동시에 바깥에 있는 것, 혹은 바깥으로 밀려나 있으면서 동시에 안에 붙들려 있는 것이 포함적 배제다. 바로 이런 상태가 '예외적 권력', 법의 효력을 중지시킬 수 있는 '비상 사태'를 선포할 권리를 행사하는 주권자의 상태이면서 동시에 그 주권 행사의 대상인 호모 사케르가 처해 있는 상황이다.

간과하지 말아야 할 것은 이런 예외 상태가 그리는 위상학적 구조가 이중적 배제의 구조이자 이중적 포획의 구조라는 점이다. 그것은 "무언가를 배제시킴으로써만 그것을 포함하는 극단적인 형태의 관계"인바, "예외란 진정 어원대로 '끄집어 내어진excaptum'(밖에서 포획된ex-capre)이라는 의미이지 단순히 배제됨을 의미하지 않는다"(아감벤, 2008: 61). 호모 사케르는 법질서에서 배제되어 있지만, 바로 그렇기 때문에 누구보다 강하게 법질서에 붙들려 있다. 바깥으로 내몰림으로써 오히려 그것에 붙들려 있는 이런 상황이 바로 예외 상태의 위상학적 구조인 것이다. 주지하다시피, 아감벤은 이런 예외 상태를 근대적 주권의 본질 자체로 간주했으며(즉 주권이란 본질상 예외를 통해 작동하는 체제인바, 예외적 관계 구성이 곧 주권의 활동 자체다), 나아가 "오늘날 예외 상태가 바로 근본적인 정치 구조로서 점점 더 전면에 떠오르고 있으며, 궁극적으로 규칙이 되어가고 있다"(아감벤, 2008: 63)고 단언한 바 있다. 그가 제시한 법과 주권성의 아포리아는 '포함적 배제'가 규범이 되는 세계, 도달하는 곳마다 수용소가 되며 우리 모두가 잠재적인 호모 사케르가 되는 세계를 향한 극단적 비전을 보여 준다.

우리가 아감벤의 극단적 비관론에 동의하든 그렇지 않든, 그의 명제에서 확인할 수 있는 분명한 사실 하나는 다음과 같다. 그것은 체계의 잉여 존재가 그것을 배제하고자 하는 정치적 공간의 경계선상(즉, 안도 밖도 아닌 곳)에 제거 불가능한 어떤 것으로서 항상 존재한다는 사실이다. 문제의 핵심은 체계의 메타 구조가 누락시키고 있는 이런 자리들, 상황에서 빠져 있지만 여전히 그에 속해 있는 그 존재들을 어떻게 바라볼 것인지에 달려 있다. 만일 전체화된 정치적 장 내부에 의미화나 정체성을 갖지 못한 일련의 정치적 존재들이 실존한다는 사실이 확증될 수 있다면, 그리고 그런 존재들이 그저 '예외'가 아니라 전체화 과정 자체에 의해 열리고 또 닫히는 구성적 요소로서의 어떤 '틈'에 해당하는 것이라면, 해방의 정치학이 기반해야만 할 잠재력의 처소 또한 바로 그곳일 것이다. 탈전체화의 진정한 가능성을 모색해야 할 지점, 뛰어야 할 '로두스 섬'은 바로 그곳인 것이다.

4. 탈정체화: '아무것도 아닌 것'에서 '모두의 것'으로

지금껏 살펴보았듯이, 세 명의 철학자를 묶어 주는 가장 중요한 특징은 정치적 장의 잔여들, 체계의 식별 불가능한 잉여들에 주목하고 그와 적극적으로 관계하려는 지향이다. 그들의 공통된 관심은 치안, 상태(/국가), 주권 권력이라는 사회적 신체의 분할 법칙에서 비껴나 있는 존재, 그럼으로써 그것이 가정하는 통합의 원리에 대해 일종의 '공백'을 형성하는 존재들을 향해 있다. 그렇다면, 결국 관건은 정치적 통합의 이 잔여들을 어떻게 해방의 정치학을 위한 (잠재적) 작인으로서 새롭게 사유할 수 있을 것인지에 달려 있을 것이다. 이들 배제된 잉여 존재는 어떻게 자신들의 배제를 정치적 역량으로 전화함으로써, 바로 그 배제에 기반하고 있는 사회 질서 자체에 혁명적 영향력을 줄 수 있게 되는가?

여기서 반드시 염두에 둬야 할 것은 해방의 정치학을 단순한 '전복'의 언어로, 가령 안과 밖이 자리를 바꾸거나 주변이 중심을 차지하는 식으로 이해해서는 안 된다는 점이다. 물론 그것은 잉여의 존재가 사회 정치적 장 속에서 새롭게 식별되는 것, 자신의 자리를 갖게 됨으로써 정체성을 획득하게 되는 것을 뜻하지도 않는다. 가령 랑시에르에 따르면, '무엇이 이들을 정치적 주체로 만드는가'라는 물음에 대해 우리는 단연 그들이 "지배 질서에 따라 정해지는 자리와 정체성의 분배에서 단절하기를 명시"(랑시에르, 2008c)하기 때문이라고 답해야 한다. 기존 질서에 자신들을 포함시키는 정체성으로부터 스스로를 분리함으로써만, 즉 정치적 장 속에서 모든 인식 가능한(적법한) 재현의 형식으로부터 스스로를 '탈정체화' 함으로써 그들은 정치적 주체화의 과정에 진입한다.

랑시에르에게 '데모스demos'의 행위가 정치적 실천의 원형을 구성하는 이유가 바로 거기에 있다. 통치를 위한 아무런 자격도, 그 어떤 적법한 속성(자질)도 가지지 못한 폴리스의 빈민들(데모스)이 '민주주의'의 이름 아래 자신들의 존재를 현시하면서, 공동체를 완전히 새로운 원리(평등)에 입각해 새롭게 재구성하도록 강제하는 행위, 바로 거기에 정치의 원형이 담겨 있다. 따라서 랑시에르가 말하는 "정치는 아르케 논리와의 특정한 단절이다. 그것은 '정상적인' 위치 분배와 단절하는 것을 전제할 뿐만 아니라, 이 위치들에 '고유하게' 만드는 자질들에 대한 관념과도 단절하는 것이다"(랑시에르, 2008a: 238). 정치적 장의 잉여들이 고유한 이름과 확립된 정체성을 갖지 않는다는 바로 그 사실이 그들의 행위를 치안의 논리로부터 구별해 주며, 그들을 정치적 주체로 만든다. "치안은 '정확한' 이름을 원한다. 정치는 '고유하지 않은/적합하지 않은' 이름들, 곧 잘못된 명칭들의 문제다"(랑시에르, 2008a: 143). 다시 말하건대, 그들이 치안 질서의 셈법을 흐트러뜨릴 수 있는 것은 이들 '몫 없는 자들의 몫'이 사회의 질서 잡힌 전체성에 입각해 볼 때 언제나 잉여적일 뿐만 아니라 정원 외적인 것이기 때문이다. "인민의 정치는 자리와 기능에 대한 치안적 분배를 (방)해한다. 왜냐하면 인민은 언제나 그 자체[의 자리와 기능]보다 더 많거나 더 적기 때문이다. 그것은 치안 질서를 혼란에 빠뜨리는 하나 더un-en-plus의 힘이다"(랑시에르, 2008a: 137).

결국 분명해지는 것은 여기서 말하는 정치적 주체가 어떤 확정된 집합을 의미하지 않는다는 것이다. 그들은 잉여의 이름들, 누가 셈에 포함될 것인가에 대해 질문하고 논쟁하는 이름들이다. 무언가를 박탈당한 존재는 정치적 특성이 없다. 그리고 바로 이 지점, 정치적 '우리'가 정체성의 '꽉 참'이 아니라 '텅 빔'으로 옮겨가는 이 지점이 잉여의 존재가 '아무것도 아닌 것'을 넘어(혹은 아무것도 아닌 동시에) '전체'인 것으로 나아가게 되는 순간이다.

랑시에르에게 이 '전체'의 문제는 정치적 주체화 과정의 두 번째 본질적 측면과 관련된다. 정치적 주체화란 무엇인가? 그것은 "더 이상 사회의 일부에게만 한정된 능력이 아니라 모두('아무나')가 가진 능력이 되는 능력을 주장하는 것이다"(랑시에르, 2008c). 이 '모두tous'는 물론 전체의 부분들 안에서 셈해지지 않는 어떤 집단에 의해 구현되지만, 동시에 그 집단은 (자신을 인정하지 않는 자들까지를 포함하는) '공통의common 무대'를 구축한다. 어떤 점에서, 비부분 즉 사회 속에 고유하게 정의된 어떤 자리도 갖지 않는 사회의 부분을 전체(즉, 보편자)와 동일화하는 것은 모든 정치화의 기본적 제스처다. 슬라보예 지젝Slavoj Žižek에 따르면 그것은 "모든 위대한 민주주의적 사건 속에서 식별 가능한 바, 가령, 프랑스 혁명기의 제3계급은 귀족 계급 및 성직자에 맞서 스스로를 국민 그 자체와 동일한 것이라고 선언했던 것이다"(지젝, 2005 : 304). 하지만 이런 공통의 무대는 결코 셈해지지 않는 자들을 셈하는 것, 다시 말해 덧셈의 형태로 이루어지지 않는다. 전체임을 선언한 몫이 없는 자들, 공통의 무대를 만드는 '부적합한' 그들은 "정체성의 셈을 빼는(/제거하는) 공통의 형상을 발명하는 자들"이다. 이런 '감산적subtractive 탈정체화'를 통한 공통 세계의 구축을 설명하기 위해 랑시에르가 즐겨 드는 예는 프랑스 68혁명 당시 학생들이 내걸었던 구호 "우리는 모두 독일의 유대인들이다"다. 당시 학생들은 자신들이 독일의 유대인들이라고 선언함으로써 스스로의 정체화를 불가능한 것으로 만드는 동시에 무한한 (잠재적) 타자들과의 '함께 있음'의 가능성을 만들어 냈다. 반면, 체제의 일원으로 받아들여 줄 것을 요구하는 행위, 즉 공동체의 구성원으로서 사회라는 전체에 기여하는 자신들의 존재를 인정받고자 하는 욕망에서 출발한 행위는 모두에게 열린 주체적 범주로 탈바꿈할 수 없다. 2005년 방리유Banlieue 사태가 결여했던 것은 바로 그것이었다.

'아무것도 아닌 것'에서 '모두의 것'을 창안하는 잠재력을 보고자 하는 랑시에르의 이런 생각은 분명 모든 차이를 횡단하는 새로운 '보편성'을 정초하려는 바디우의 기획과 맞닿아 있는 것처럼 보인다. 바디우는 어떻게 "보편적인 사유가 세계에 퍼져 있는 타자성들(유대인, 그리스인, 여자들, 남자들, 노예들, 자유인들 등등)로부터 동일성과 평등(더 이상 유대인도 그리스인도 없다)을 산출하는가를"(바디우, 2008 : 210) 그가 '보편성의 최초의 이론가들' 중 하나로 명명한 사도 바울의 예를 통해 생생하게 보여 준 바 있다. 거기서 주체화의 논리는 "주체를 세속적인 명칭들에 대해, 즉 특수한 부분집합에 술어와 위계적 가치를 부여하는 것에 대해 무관심하도록 만드는 데서" 정점에 달한다. 바디우의 바울이 말해 주는 것은 특수한 정체성에의 "순응이 아니라 보편성을 주장하는 것이 바로 주체"라는 것, 그리고 "내재적 예외 안에 있는 것만이 보편적"(바디우, 2008 : 213)이라는 사실이다. 이른바 '유적인 것'에 관한 바디우의 생각은 이 문제와 직결된다. 그는 "다양을 상황의 하위종으로 분류할 수 있게 해 줄 그 어떤 특수한 속성들도 가지고 있지 않은 상황 내의 다양을 '유적generic'이라고 규정하는데, 이 때 '유적' 다양은 상황에 속하지만, 상황의 하위종으로서 그 속에 적절하게 포함되지 않는다. 상황 속에 맞아 들어가지 않고 불쑥 돌출해 나오는 상황의 다양한 요소/부분은, 정확히, 그것이 상황의 존재 그 자체를 직접 체현하는 한에서 유적이다. 그것은 상황의 보편성을 직접 체현함으로써 상황을 전복"하는 것이다(지젝, 2005 : 233-234).

랑시에르와 바디우가 사용하는 개념 간의 일정한 거리와 철학을 대하는 태도의 상이함에도 불구하고 그들을 묶어 주는 공통 분모는 분명 존재한다. 그것은 정체성과 차이의 모든 실현된 표현을 근본적으로 심문에 부칠 수 있게 하는 그 어떤 '사건적' 잠재력에 대한 믿음일 것이다. 해방의 정치학의 원동력이 될 그것은 모든 주어진 정체성과 차이를 넘어서, 혹은 그것들에도 불구하고 '함께-할 수' 있는 언제나 새롭게 갱신되는 잠재력에 다름아니다.

그렇다면, 여기서 다시 궁금해 하지 않을 수 없는 것은 이들 '사건적' 존재의 위상학적 특징이다. '유예된suspending 실존', 바디우의 용어를 빌리자면 '불안정한inconsistent' 실존이라 부를 만한 이들의 존재론적 상황은 그들의 위상학적 비결정성과 어떻게 연결되는가? 기존의 사회 질서가 할당한 정체성을 비워 내는 '공백'이자 그것이 인정하려 들지 않는 불가피한 '보충'으로서, 그들이 거하는 장소는 물론 '사이'의 공간일 수밖에 없다. 정치적 주체의 장소는 틈새 혹은 균열인 바, 그들은 이름, 정체성, 그리고 문화 '사이의' 존재인 것이다. 랑시에르에 따르면, "주체는 사이에 있는 것in-between, 둘 사이에 있는 것un entre-deux이다. 프롤레타리아는 그들이 (……) 사이에 있는 한에서 함께 있기도 한 사람들이 평등을 현실태로 만드는 것이다. 그것은 하나의 집단이나 계급의 이름을 셈 바깥인 것의 이름과 잇는 이름들 (……) 이러한 이름들의 교차에 바탕을 둔 정체성들의 교차인 것이다"(랑시에르, 2008a : 141). 사이 공간, 그것은 또한 바디우가 '사건의 자리'라고 칭한 바 있는, '공백의 가장자리au bord du vide'에 해당할 것이다(서용순, 2006 : 100). 바로 거기서 상황을 급진적인 재조직화에 열려 있도록 만드는 근본적인 공백이 출현하는 것이다.

요컨대, 잉여의 존재론적 비결정성은 그것의 위상학적 역설(안이면서 밖이고, 이것이면서 저것인 상태)에 대응된다. 주변과 맺는 관련성이 '양가적인' 것으로 남아 있는 곳, 외부성을 향한 열린 반응hospitality이 나타나는 어떤 '사이 지대'가 바로 정치적 주체들의 처소다. 그들은 이런저런 주체성에 스스로를 동일시하는 선택지에 머무는 대신에 그들 사이의 '경계'에 위치함으로써, 그런 선택지를 가능하게 한 분할의 방식 자체를 문제삼는다(가령, 인권의 주체를 논할 때 이 점은 잘 드러난다. 랑시에르에 따르면, "정확히 요점은 하나의 삶으로부터 다른 삶을 가르는 경계를 어디에 그을 것인지의 문제다. 정치란 바로 이 경계에 관한 것이다. 즉 정치는 그것을 다시금 문제삼는 활동인 것이다. (……) 바로 이것이 내가 불화라 부르는 것이다. 그것은 하나의 동일한 세계에 두 세계를 집어넣는 것이다. 정치적 주체란, 내가 이해하기에 그와 같은 불화의 장면들을 무대화할 수 있는 능력을 말한다"(Rancière, 2004 : 303-304). 그의 입장에서 볼 때, 이런 경계적 실존의 열린 가능성은 결코 아감벤 식의 '벌거벗은 삶'의 상태로 환원될 수 없다).

이렇게 볼 때, 메타언어적 자기 기술을 통한 전체화 메커니즘의 본질을 날카롭게 지적했던 로트만이 학문적 삶의 후반기에 이를수록 점점 더 깊게 천착했던 주제가 다름아닌 '경계'의 문제였음은 매우 의미심장하다. 로트만은 경계의 개념을 기호적 공간의 내/외부를 가르는 '대립적 분할'의 원리로부터, 경계를 사이에 둔 상이한 세미오시스 간의 불가피한 섞임과 쌍방적 변형을 가정하는 '이중언어적 교환의 메커니즘'으로 바꿔놓기 위해 부단한 노력을 기울였다(김수환, 2008). 거기서 말하는 경계란 명확하게 식별되는 단일한 선분이 아니라 오히려 다층위적인 복잡한 공간, 일종의 '이중언어 지대bilingual belt'로서 나타난다. 기호계의 경계는 기호학적 적극성이 최고조에 달한 기호학적 과정의 가장 뜨거운 지점이다. 경계는 언제나 변경을 맞댄 두 문화, 인접한 두 기호계 모두에 속하며, 이 점에서 본질상 "이중언어적이고 복수언어적"(Lotman, 1990 : 137)인 것이다.

경계는 두 기호계가 변경을 맞댄 '이중언어 지대'라는 점에서 결국 각각의 '주변'이 공유하는 공통 공간에 다름아니다. 주변은 중심의 논리, 즉 메타적 자기 기술의 언어가 '존재하지 않는 것'으로 치부해 버린 잉여들이 (아직) 미결정된 채로 쌓여 있는 장소다. 그곳, 이 주변적 사이 지대에서 가동되는 것은 메타적 구조를 통한 완벽한 번역(가능성)이 아니라 "번역 불가능성의 상황에서의 번역"이다. 힘겹고 부정확한 번역을 창출하는 이 과정은 반드시 번역되지 않는 여분의 잔여를 전제하게 된다. 바로 이 여분, 번역되지 않는 잔여가 새로운 (부적당하지만 똑같이 정당한) 번역이 시작되는 지점이다. 로트만에 따르면, 이 부정확한 번역을 통과한 이후에는 결코 본래의 텍스트를 가역적으로 되돌릴 수 없다.

로트만은 새로운 의미의 발생을 수반하는 이런 비가역적 번역의 메커니즘을 가리키기 위해 '대화'라는 용어를 도입한다. 이 때의 대화란 이미 확립된 정체성들이 기존의 언어와 코드를 사용해 서로 소통하는 과정을 가리키는 것이 아니다. 그 반대로 대화는 주어진 모든 언어와의 관계에서 기호적 선차성을 지닌다. "소통 없는 의식이란 불가능하며 이런 점에서 대화는 언어에 선행하며 그것을 생성한다고 말할 수 있다"(Лотман, 1992: 19). 말하자면 대화란 모든 가능한 정체성과 차이들의 표현이 발생하는 장소이면서 동시에 그 모든 것이 끊임없이 의문에 부쳐지는 장소이기도 하다. 로트만에게, 대화의 이와 같은 해방적 능력은 이른바 '주변적 경계 지대'의 본질적 속성이라 할 의미의 비결정성 및 복수언어주의 poliglotism에 직접적으로 연결되어 있다. 대화 속에서 공유되는 것은 코드나 언어가 아니다. 오직 네 것도 내 것도 아닌 것만이 공유될 수 있다. 말하자면 그것은 (잠재적으로) 우리들 각자를 우리 자신과 다른 것으로 만드는 어떤 것, 즉 무언가 '부적당한' 동시에 '공통적인' 어떤 것에 다름아니다. 대화 속에서 각각의 언어는, 결국 언어 그 자체의 중대한 변화를 이끌어 낼 촉매제가 될 모종의 잠재성들의 공유 공간에 노출된다. 거기서 소통의 가장 중요한 측면은 메시지의 정확한 전송이 아니라 새로운 의미와 언어의 '생성'인 것이다.

체계의 주변적 잉여가 대화의 생성적 원칙과 만나는 이 지점, 로트만 기호학의 후기를 특징짓는 이 사유는 체계의 비부분(잉여)에 기초해 해방의 정치학을 새롭게 사유하고자 하는 현대 철학의 관심과 생산적으로 소통해 볼 가치가 있다고 생각된다. 앞선 논의는 이를 위한 선행 작업, 즉 가능한 소통의 중심 라인을 그려보는 작업에 해당할 것이다.

5. 로컬리티와 잉여: 본원적 반성의 근본적 계기

우리는 지금까지 '잉여'의 개념과 연관된 탈전체화의 과정이 현대 정치철학과 문화기호학 이론에서 전유되는 양상을 개략적으로 살펴보았다. 전체의 셈에서 누락되는 잉여의 자리는 완전하고 조화로운 통합의 질서, 유기적인 전체성이라는 관념을 내부에서 흩어놓는 내적 계기이자 전체성의 언어 자체를 근본적으로 되묻게 하는 물음의 장소였다. 그렇다면, 잉여의 개념을 둘러싼 이런 논의는 로컬리티 개념의 정초 작업에 어떤 시사점을 줄 수 있을까?

무엇보다 강조하고 싶은 것은 로컬리티의 퍼스펙티브에 잠재해 있는 내파적 역량이다. 로컬리티의 지향이 로컬 고유의 가치를 재발견함으로써 상대적인 독자성을 확보하는 데 그치지 않는다고 할 때, 그것의 문제 의식은 (중심과 주변을 분할하고 그 위계를 영속화하는) 기존의 세계 질서 자체를 본원적으로 반성하게끔 하는 어떤 근본적 계기로서 자리매김할 필요가 있다. 하지만 이를 위해 먼저 필요한 것은 기존 지배 질서에 따라 정해지는 자리와 정체성의 분배로부터 단절하려는 단호한 의지가 아닐까.

기존의 재현 체계로는 명명(식별) 불가능한 '잉여'의 자리들, 국가의 셈에서 누락된 단독성의 자리들과 적극적으로 관계하며, 그 자신이 공백과 보충이 되어 그것을 낳은 세계 질서 자체의 논리를 드러내는 일, 바로 그것이 로컬리톨로지localitology의 출발점이 되어야 하지 않을까.

로컬이 자신의 잉여성, 그 내재적 예외성의 의미를 비판적으로 의식할 때, 비로소 '아무것도 아닌 것'이 '모두의 것'으로 열리는 진정한 '공통의 무대'를 기대할 수 있지 않을까.

참고 문헌

김수환, 「'경계' 개념에 대한 문화기호학적 접근」, 『기호학연구』 23, 2008.

_____, 「랑시에르와 미학의 정치 : 가능성들의 열린 지형학」, 『계간 문학들』, 2009 여름호.

랑시에르, 자크, 『정치적인 것의 가장자리에서』, 양창렬 옮김, 길, 2008a.

_____, 『미학 안의 불편함』, 주형일 옮김, 인간사랑, 2008b.

_____, 「동시대 세계의 정치적 주체화 형태들」, 중앙대학교 강연문, 2008c. 12.4.

로트만, 유리, 『기호계: 문화연구와 문화기호학』, 김수환 옮김, 문학과지성사, 2008.

바디우, 알랭, 『사도 바울』, 현성환 옮김, 새물결, 2008.

바우만, 지그문트, 『쓰레기가 되는 삶들: 모더니티와 그 추방자들』, 정일준 옮김, 새물결, 2008.

서용순, 「철학의 조건으로서의 정치: 알랭 바디우(Alain Badiou)의 진리 철학을 중심으로」, 『철학과 현상학 연구』 27, 2005.

_____, 「바디우 또는 철학에 의해 다시 사유되는 정치」, 『진보평론』 35, 2008 봄.

_____, 「바디우 철학에서 공백(vide)의 문제」, 『라캉과 현대정신분석』 8-2, 2006.

소쉬르, 페르디낭 드, 『일반언어학 강의』, 최승언 옮김, 민음사, 2006.

아감벤, 조르조, 『호모 사케르: 주권 권력과 벌거벗은 생명』, 박진우 옮김, 새물결, 2008.

지젝, 슬라보예, 『까다로운 주체』, 이성민 옮감, 도서출판 b, 2005.

천정환, 「지역성과 문화정치의 구조」, 『사이間SAI』 4, 2008.

Badiou, A., *Being and Event*, Translated by Oliver Feltham, London, New York: Continuum, 2005.

Barker, J., *Alain Badiou: A Critical Introduction*. London: Pluto Press, 2002.

Bourdieu, P., "The Economics of Linguistic Exchanges," *Semioitics*, Volume II. London: Sage Publications, 1977.

Lotman, Y., *Universe of The Mind*, Translated by Ann Shukman, Indiana University Press, 1990.

Rancière, J., "Who Is the Subject of the Rights of Man?" *The South Atlantic Quarterly* 10: 2/3, Spring/Summer 2004, Duke University Press.

Лотман,Ю.М.,"О семиосфере," Избранные статьи в трех томах. Т.1. Таллинн, 1992.

숭고의 윤리에서 미학의 정치로:
윤리 담론의 세계화에 대한 비판적 고찰*

진은영

1. 정치와 미학

통념상 정치는 정치 권력을 소유하기 위한 투쟁이나 이러저러한 정치 체제를 선택하는 문제로 이해되곤 한다. 정치 체제는 공동체의 구성원이 그들의 정치적 요구를 관철시키고 그 공동체의 사안을 결정하는 절차나 형식이다. 현대의 의회민주주의 체제에서 정치는 의회에서 얼마나 많은 의석을 점유할 것인가의 문제이며, 의석의 점유를 통해 정책 결정에 힘을 행사하고 자기 집단의 이해 관계에 복무하는 정치적 의제를 제기하는 것을 주요 목표로 삼는다. 그러나 이런 의미의 정치는 21세기의 급속한 세계화 과정에서 발생하는 문제들을 해결하기에는 많은 한계를 가지고 있다. 현재 급증하고 있는 다양한 종류의 이주민처럼 국민국가의 틀 안에서

* 이 글은 『한국철학사상연구』 제20권 3호(2009년 가을호)에 게재된 논문을 수정 · 보완한 것이다.

참정권을 비롯한 어떤 법적 권리도 갖지 못한 사람들은 근본적으로 정치의 영역에서 배제될 수밖에 없기 때문이다. 이들의 권리를 보장하기 위해 취할 수 있는 최선의 행동은 인도주의와 같은 윤리적 수준에서의 호소 그 이상이 되기는 어렵다. 따라서 이 문제들을 적극적으로 사유하고 해결하기 위해서는 새로운 정치 개념의 모색이 필요할 것이다. 최근에 많은 이들이 자크 랑시에르Jacques Rancière가 제안하는 미학의 정치에 주목하는 이유도 이와 무관하지 않다. 랑시에르는 정치와 미학의 본질적 연관 속에서 정치 체제의 문제로 축소되지 않는 정치 개념에 대한 연구를 수행해 왔다.

랑시에르는 그리스어 '폴리테이아politeia'가 정치politique와 치안police이라는 두 가지 번역 용례를 가진다는 점에 주목하면서 두 용례의 구별을 분명히 할 것을 주장한다. 통념적인 의미에서 정치 활동은 후자, 즉 기존의 질서를 유지하고 관리하는 것을 목적으로 하는 치안의 논리를 따른다. 치안의 논리를 넘어서는 새로운 정치 활동으로서의 미학의 정치에 대해 그는 다음과 같이 설명한다. "정치의 논리는 자리들의 나눔(분배)을 흐트러뜨리는 동시에 전체의 셈, 그리고 가시적인 것과 비가시적인 것의 나눔을 흐트러뜨린다. 정치의 논리는 욕구들[이 지배하는] 어두운 삶에만 속해 있는 것으로 셈해지던 자들을 말하고 생각하는 존재들로 보이게 만든다. 정치의 논리는 어두운 삶[에서 새어나오는] 소음으로밖에 지각되지 않았던 것을 담론으로 들리게 만든다. 바로 이것이 내가 '몫 없는 자들의 몫', 또는 '셈해지지 않은 것들을 셈하기'라고 불렀던 것들이다"(랑시에르, 2008e). 특정한 정치 체제는 특정한 집단에 속한 사람들의 발화만을 인간의 언어로 인정하고 그들에게 합당한 정치적 자리와 몫을 할당하는 반면, 그 집단 외부의 사람들의 목소리는 인간의 언어가 아니라 동물이 내는 소음으로 간주하며 그들에게 어떤 몫도 할당하지 않으려 한다. 이것은 정치 체제가 존재의 가시화와 비가시화를 분배하고 결정하는 방식이다.

랑시에르는 어떤 분배의 형식 속에서 제 몫을 전혀 갖지 못한 이들이 그 분배의 방식 자체에 이견을 제기하고 새로운 셈의 방식을 만들어 내기 위해서는 적어도 두 가지에 주의해야 한다고 본다. 첫째, 정치를 특정 정치 체제 안에서 권력을 소유하는 문제로 파악해서는 안 된다. 둘째, 몫을 갖지 못한 자들에게 몫을 부여하는 새로운 분배 형식을 찾아가는 활동을 하나의 정치 체제에서 다른 정치 체제로의 이행 문제로 축소해서는 안 된다. 여기서 랑시에르의 정치 개념의 특징이 나타난다. 정치는 '일치consensus'를 넘어선 '불일치dissensus'의 분배 활동이라는 것이다.

특정 정치 체제는 그 체제 구성원들의 합의를 통해 구성되고 유지된다는 점에서 일치의 체제이지만, 정치는 이러한 합의 체제 안에서 권력을 점유하는 일이 아니라 그 합의의 체제를 넘어 새로운 분배의 방식을 모색하는 일이라는 점에서 불일치의 활동이다. 이 불일치의 활동은 기존의 합의 체제 안에서 작동하는 것이 아니라 그 합의 체제 자체에 대해 의문을 제기한다. 다시 말해 형식적 합의, 즉 법적인 체제를 통해서만 작동하는 절차적인 활동을 넘어서서 물질적인 공동 영역의 차원에서 새로운 분배 방식을 출현시키려고 한다. 불일치와 그것을 통한 새로운 공동 세계의 형성 활동은 감각적인 것의 분배 방식 전체에 대해 이루어진다.

'감각적인 것의 분배le partage du sensible'란 칸트적 의미를 지닌 것으로서 우리의 삶을 형성하는 사회적인 또는 사적인 시간과 공간의 분배 방식을 함의하며, 이 점에서 '미학의 정치'다. 여기서 '미학'은 단순히 예술을 성찰하고 연구하는 근대적 학문 분과의 이름이 아니라 칸트의 용법처럼 감각적인 것이 수용되는 시간과 공간 표상을 다루는 감성론Ästhetik을 뜻한다. 그러므로 미학의 정치는 몫을 갖지 못한 자들이 감각적 영역 전체에 작동하는 기존의 분배 방식에 불일치의 견해를 제기하고 공동의 세계를 형성하는 활동을 의미하게 된다. 이런 점에서 랑시에르에게 진정한 감각적 혁명은 왕정을 와해시킨 프랑스혁명이라기보다는 "생산과 재생산의 '사적' 영역에 노동자들의 자리를 지정하는 식의 감각적인 것의 분배를 전복시키는" 19세기 프랑스 노동자들의 해방적 활동에서 찾아볼 수 있다. "이 노동자들에게 해방이란 낮을 노동자들이 노동하는 시간으로, 밤을 그들이 휴식하는 시간으로 한정하는 감각적인 것의 분배를 파괴하는 것을 의미했다. 해방의 단초는 밤 시간을 더 많이 활용하기로 한 그들의 결정이었다. 잠자는 대신 쓰고 읽고 생각하고 토론하기! 처음에 해방은 노동자들 자신의 실존을 다시 구성함을, 즉 노동자로서의 정체성, 노동자의 문화, 노동자의 시간과 공간과 절연함을 의미했다"(Rancière, 2005: 293).

정치 활동의 이러한 확장은 그동안 미학이 다루어 왔던 예술의 문제를 다시 불러들이는 경향이 있다. 정치가 감각적인 것의 분배와 관련된 것으로 이해되는 한, 정치 활동은 예술 활동과 연관될 수밖에 없다. 예술이야말로 감각적인 것에 대한 합의된 분배 방식에 이견을 제기하고 새로운 분배 방식을 만들어 내는 활동이기 때문이다. 따라서 랑시에르는 미학/감성론의 차원에서 예술 영역을 고찰하고 예술 활동이 어떻게 미학의 정치로 작동하는지를 드러내려고 한다.

물론 이러한 작업은 랑시에르에 의해 처음으로 시도된 것은 아니다. 이미 한나 아렌트Hannah Arendt는 『칸트의 정치철학 강의』에서 예술 작품에 대한 우리의 취미 판단을 모델로 하여 정치 활동의 가능성을 모색했다. 칸트의 취미 판단은 미리 전제된 보편 개념의 규정을 받는 인식 판단과 달리 보편 개념으로부터 자유로운 특성을 가지고 있다. 아렌트는 이런 취미 판단이 가능하다는 점을 독단적인 진리 개념을 벗어나 다양한 의견을 교환하고 일치에 이를 수 있는 정치적 활동의 인간학적 근거로 본다.

그러나 취미 판단이 구현하는 자유로운 일치 가능성으로부터 인간의 정치적 합의 능력을 찾는 정치학은 자칫 절차 환원주의에 빠질 위험성을 내포하고 있다. 미의 미학은 상이한 능력들의 조화와 일치를 의미하는 미적 공통 감각에 바탕을 둔 것이다. 따라서 미의 미학에 기반한 미의 정치학은 상이한 세력들의 조화와 일치, 즉 합의 과정의 문제로 환원하는 경향을 보일 수 있다. 장-프랑수아 리오타르Jean-François Lyotard는 정치의 이러한 환원주의에 반대하면서 '숭고' 개념에 내재한 이성과 상상력의 불일치를 새롭게 추구되어야 할 미학의 특징으로 제안한다. 이것이 바로 '숭고의 미학'이라 불리는 것이다.

랑시에르는 합의주의적 정치를 극복하려는 숭고의 미학의 문제 의식을 받아들이면서도 그것이 갖는 난점을 지적한다. 그에 따르면, 숭고의 미학은 미학의 가면을 쓴 윤리학으로서 예술과 정치의 윤리적 전환을 통해 오히려 양자를 제거하는 결과를 낳을 수 있다. 특히 그는 숭고의 미학에서 비롯된 철학이 세계화 담론을 윤리화시키며 정치적 쟁점을 희석시키거나 특정한 방식으로 고착화하는 과정을 면밀하게 고찰한다. 윤리화에 대한 그의 이러한 고찰은 특히 9 · 11테러 이후 국제 정치 속에서 정치 담론에 윤리 담론이 기입되는 특정한 방식을 이해하고 그것이 가져 온 문제점을 파악하는 데 큰 도움을 준다.

2. 미의 미학과 숭고의 미학

아렌트의 미의 미학

질 들뢰즈Gilles Deleuze의 설명에 따르면,[1] 칸트Immanuel Kant의 철학에

서 인간의 능력은 지성, 이성, 감성, 상상력, 네 가지로 분류될 수 있다. 이 네 가지 능력이 서로 힘을 모아서 일치를 이룰 때 판단이 가능해진다. 그런데 네 가지 능력 중 어느 능력이 입법자로서 활동하느냐에 따라 판단의 성격이 달라진다. 가령 인식 판단은 지성이 입법자로 활동하면서 다른 능력과 조화 또는 일치를 이룰 때 일어난다. 이 때 생겨나는 네 능력의 조화를 들뢰즈는 논리적 공통 감각sensus communis이라고 부른다. 우리가 윤리적 판단을 내릴 때 입법자로 활동하는 것은 이성이다. 이성의 입법하에 능력이 일치를 이룰 때 도덕적 공통 감각이 발생한다.

흥미로운 것은 미적 판단, 즉 미적 공통 감각이 발생하는 경우다. 여기서는 네 능력 중 어떤 능력도 입법하지 않는다. 능력은 어떤 규제도 받지 않은 채 자유롭게 활동하면서 조화를 찾고 결국 일치를 이룬다. 아렌트가 칸트의 철학에 매료되었던 점은 바로 이것이다. 그녀는 칸트의 '취미 Geschmack'에 내포된 자유로운 일치 가능성에 주목하면서 그로부터 자유롭고 조화로운 정치공동체 형성의 기반을 이끌어 내려 한다.

취미 또는 취향이라고 불리는 것은 일반적으로 자의적이고 주관적인 것으로 이해되어 왔다. 개인마다 미적이라고 느끼는 것은 다를 수 있기 때문에 심미적 사안은 이성의 영역은 물론 정치의 영역 외부에 존재하는 것으로 여겨진다. 예컨대 입맛(취미)의 문제에 대해 논쟁할 수 없다는 것은 자명해 보인다. 어떤 사람이 굴을 싫어한다면 어떤 논증을 통해서도

1 칸트의 철학에 대한 들뢰즈의 입장은 랑시에르의 견해와 많은 상관점을 지니고 있을 뿐 아니라 아렌트의 미에 대한 견해와 리오타르의 숭고에 대한 견해를 이해하는 데 도움을 준다. 랑시에르와 들뢰즈의 미학적 상관성에 대한 비교 고찰로는 다음을 참조하라. Katharine Wolfe, "From Aesthetics to Politics: Rancière, Kant and Deleuze," *Contemporary Aesthetics*, vol.4, 2006. 이 논문에 따르면 칸트의 『판단력 비판』에 대한 들뢰즈의 해석은 랑시에르가 독특하게 정의한 정치적 미학에 개방적이다. 또한 랑시에르가 들뢰즈의 철학에 다소 비판적 거리를 유지하고 있음에도 불구하고, 『천의 고원』에서 나타나는 들뢰즈의 정치학의 핵심은 사실상 미학의 정치학을 위한 랑시에르의 요구를 좀 더 설득력 있고 긴급하며 중요한 것으로 만들어 준다.

그가 굴을 좋아하도록 설득할 수는 없다. 그런 점에서 취미의 문제는 소통 가능하지 않은 것처럼 보인다. 그러나 아렌트는 칸트가 자명해 보이는 이런 통념에서 벗어나 취미의 공적인 성격을 강조했다는 점에 주목한다. "우리는 동일한 기쁨을 다른 사람들과 공유하기를 희망"하기 때문에 취미가 논쟁의 대상이 될 수 있다. 다시 말해 [우리가] "다른 모든 사람과의 합의를 기대"하기 때문에 우리는 아름다움에 대해 논쟁한다(아렌트, 2005 : 296).

칸트는 취미의 공적 성격의 근거를 상상력Einbildungskraft과 공통 감각sensus communis에서 찾는다. 상상력은 현존하지 않는 것을 현존하게 하는 기능이다. 그것은 대상과 직접 대면할 필요 없이, 즉 지각 작용 없이 쾌감을 줄 수 있다. 지각 작용에서 오는 쾌감은 만족이지 미의 느낌이 아니다. 상상력은 직접적인 현존에 영향을 받지 않은 상태에서 쾌감을 주기 때문에 무관심성Interesselosigkeit을 지닌 미를 산출할 수 있다. 아렌트는 미의 무관심성은 미리 가정된 진리의 기준 없이 다양한 상황에서 타인과 소통할 수 있는 일반적 시각을 획득하는 능력이 우리에게 있다는 점을 증명해 준다고 본다. 그렇다면 우리는 왜 취미의 문제에서까지 타인과 소통하고 일반적인 시각을 획득해야 하는가? 칸트에 따르면 그것은 미 자체의 본성 때문이다.

> 경험적으로 미는 오직 사회에서만 관심을 일으킨다. (……) 무인도에 버려진 사람은 자기 혼자서라면 자기의 움집이나 자기의 몸을 꾸미는 일도 없을 것이다. (……) 오히려 단지 인간일 뿐만 아니라 또한 자기 나름으로 기품 있는 인간이고자 하는 생각(문명의 시초)은 오직 사회에서만 그에게 떠오르는 것이다. 자기의 쾌감을 다른 사람들에게 전달하기를 좋아하며 또 그것이 능숙한 자, 그리고 어떤 객체에 관한 만족을 다른 사람들과 공동으로 느

낄 수 없는 경우에는 자기도 그 객체에 만족하지 않는 자를 우리는 그러한 기품 있는 인간이라고 판정하는 때문이다(칸트, 1989: 173).

이 때문에 우리는 우리의 취향이 다른 사람의 취향과 어울리지 않을 때 부끄러움을 느끼며, 취미의 문제에서 쉽게 타인을 따르는 경향이 있다. 이처럼 취미는 타자 지향적 성격을 가지며 "바로 그 감각 자체의 본질, 즉 절대적 개성 중심적 특성에 가장 강력하게 대립하고 있는 것"이다(아렌트, 2002: 132). 달리 말해 취미와 관련해 논쟁을 벌이고 합의를 추구하는 것은 인간이 본래적으로 사교성Geselligkeit을 지닌 존재이기 때문이다. 아렌트는 칸트의 취미 판단에서 드러나는 인간의 사교성으로부터 정치의 가능성을 이끌어 낸다. 정치는 개인들의 이기적 이해 관계를 떠나 무관심성을 띤 지평에서 공적인 합의를 이루는 활동이라는 점에서 미적이다. 우리가 특수자로부터 시작해 미적 판단에 이를 수 있다는 사실은 특수한 상황에 대한 이해 관계를 넘어서 자유로운 일치를 도출하는 정치적 판단이 가능하다는 점을 보여 준다.

아렌트는 감각적 영역의 분배를 그대로 유지할 뿐인 일체의 사회적 활동을 무관심성을 특징으로 하는 정치 활동과 분리시키려 했다. 이런 점에서 아렌트는 정치를 미학의 문제로 제기함으로써 랑시에르가 주장하는 미학의 정치를 일정 부분 선취했다고 할 수 있다. 따라서 아렌트의 미의 미학에 근간이 되는 칸트의 미학에 대한 피에르 부르디외Pierre Bourdieu식의 비판에 대해 랑시에르는 재비판을 가하면서 미학의 정치를 더욱 발전된 형태로 구성하고자 한다. 부르디외는 『구별짓기: 문화와 취향의 사회학』에서 개인의 취미 판단은 전혀 무관심한 것이 아니고 개인이 처한 계급이나 신분의 위계를 그대로 반영하고 있다고 봄으로써 칸트의 미학적 사유에 근본적으로 반대를 표명한다. 이러한 부르디외의 주장은 "각 계급은 그의 자리에, 그것도 그 자리에 부합하게 존재하고, 느끼고 생각하는 방식들을 가지고 머물러야 한다는 것"을 정당화함으로써 오히려 아렌트가 제기했던 미의 정치의 근본적 문제 의식 자체를 제거하는 효과를 갖는다는 것이다(랑시에르, 2008e). 랑시에르는 1848년 프랑스혁명의 시기에 노동자 잡지에 실린 한 소목장이의 글을 인용하면서 사회 현실에 무지한 탐미주의자의 판단과는 다른 방식으로 무관심한 미적 판단이 가능함을 보인다. 루이-가브리엘 고니라는 소목장이는 멋진 마루판을 사용하게 될 귀족과 고용주의 이익을 위해 마루판을 다 깔고 난 뒤 노동자가 느끼는 소감을 기록했다. "마치 제 집에 있다고 느끼는 양, 그는 그가 마루판을 깔고 있는 방 작업을 완료하지 못하는 동안에도, 그 방의 배치를 좋아한다. 창문이 정원 쪽으로 나 있거나 그림 같은 지평선을 굽어본다면, 그 한순간 그는 [마루판을 깔던] 팔을 멈추고 널찍한 전망을 향해 생각에 잠긴다. 그럼으로써 그는 주인보다 그 방을 더 잘 즐긴다"(랑시에르, 2008e). 미의 미학은 이러한 미적 경험에 주목하면서 계급이라는 기존의 감성적 배치와 단절할 가능성을 열고 부르디외가 묘사했던 감성적 구별짓기의 현실을 파괴하려고 한다.

리오타르의 숭고의 미학

아렌트의 미의 미학과 이에 기반한 미의 정치는 이상적이고 관념적이라는 비판을 받아왔다. 아렌트는 정치적 공론 형성 과정을 합의의 절차적 문제를 보장하는 대의민주주의와 구별함으로써 정치 이론을 지나치게 급진화했다는 것이다.[2] 그러나 정치를 단순히 합의의 절차적 문제로 환원할 때 발생하는 문제점들을 숭고의 미학자인 리오타르의 사유를 따라 숙고해 볼 때, 아렌트의 급진적 철학에 대한 이런 식의 문제 제기는 오히려 재고될 수 있다.

리오타르는 정치의 문제를 합의의 절차적 문제로 환원하는 관점들을 다음과 같이 비판한다. "고유명사들은 근대가 내놓은 역사적 · 정치적 주석들에 의문을 제기한다. (……) 아우슈비츠란 고유명사는 현실적인 것은 모두 합리적이며 합리적인 것은 모두 현실적이라는 헤겔 철학의 전제들을 무화시키기 때문이다. (……) 1968년은 정치적 공동체에 관계된 것은 모두 의회민주주의의 원칙 아래 설명될 수 있다는 자유주의 담론의 전제를 와해시킨다는 의미에서 심연이라고 할 수 있다"(리오타르, 1985 : 245-246). 리오타르는 아렌트에게 제기되는 비판과 전혀 다른 방향에서 미의 미학과 정치학을 비판한다. 그는 미의 미학이나 정치학이 급진성보다는 합의의 절차적 정치로 이어지기 쉽다는 점을 강조하면서 그것들에는 역사의 사건이 드러내 보이는 심연을 은폐하는 허위 기능이 있다고 주장한다. 그리고 그 거짓을 폭로하고 고발하는 윤리적 의무를 숭고의 미학에 부과한다. 그렇다면 숭고는 어떻게 미에 대항해 이러한 의무를 수행할 수 있는가?

칸트의 『판단력 비판』에서 숭고는 미적 판단의 일종이지만 즐거움만을 산출하는 미와는 다른 것으로 규정된다. 숭고는 우리가 무형의 것, 또는 기형적인 것, 너무 광대하거나 강력한 것과 만났을 때 발생하는 고통스러

2 아렌트와 랑시에르는 대의민주주의에 대한 격렬한 비판을 수행함으로써 미의 미학과 정치가 단순히 합의 모델로 귀결되는 것은 아님을 보여 준다. 물론 아렌트의 미의 정치에 대한 학자들의 이해와 평가는 다양할 수 있음을 밝혀 둔다. 아렌트의 대의민주주의 비판이 가진 의의와 한계에 대한 논의로는 다음을 참고하라. 정윤석, 「아렌트의 공화주의의 현대적 전개」, 서울대학교 박사학위 논문 2001, 88-92쪽. 김비환은 아렌트의 정치 사상의 통합적 성격을 강조한다. 즉 "개인들 사이의 상호적 행위의 산물인 아렌트적 법은 자유로운 행위를 계속 보장하는 진보적 측면과 함께 정치를 안정화시키는 보수적 성격을 통합하고 있다"(김비환, 「아렌트의 정치사상에서 정치와 법의 관계: 민주공화주의 체제에서의 법의 본질을 중심으로」, 『법철학연구』 6-2, 한국법철학회, 2003, 114쪽). 랑시에르는 김비환이 지적한 아렌트 이론의 보수적 함의를 점차 강조하면서 비판적인 평가를 내린다. 이에 대해서는 다음을 보라. 자크 랑시에르, 『정치적인 것의 가장자리에서』, 2008, 32-33쪽.

우면서도 즐거운 느낌이다. 광대한 자연 앞에서 상상력은 최대에 도달하려고 하지만 자기 능력의 한계로 인해 자연을 전체로서 통일하려는 이성의 욕구를 충족시키지 못한다. 여기서 이성(관념)과 상상력(형태) 간의 커다란 불일치가 나타난다. "숭고는 관념과 형태의 불행한 만남으로부터 배태된 자식이다. (……) 상상력은 폭력을 겪어야만 한다. 그것의 고통, 그것을 침해하는 폭력의 매개에 의해서만 규범이 획득되는 것을 보는(또는 거의 보는 것과 다름없는) 즐거움이 획득되기 때문이다. 숭고는 '우리의 인식 능력의 합리적 목적지가 감각의 그 어떤 강력한 힘보다 우월하다는 것을, 말하자면 직관적으로 알 수 있도록 해 준다'"(리오타르, 2005: 222-223).

리오타르에 따르면, 숭고의 느낌이 발생하는 과정에서 상상력은 재현할 수 없는 사건Ereignis, 접근할 수 없는 사건이 존재한다는 것을 형상화한다.[3] 재현할 수 없는 사건을 적극적으로 형상화하는 것이 아니라, 재현할 수 없는 사건이 존재함을 형상화할 뿐이라는 점에서 상상력은 소극적이다. 리오타르는 이러한 숭고의 느낌이 미의 조화로운 형태라는 허구에 균열을 가져오는 기능을 한다고 평가한다. 그에게 이런 기능은 '포스트모던한' 것으로서 정의되며, 근대 역사의 불행한 반복을 막기 위해 반드시 필요하다. "그것은 좋은 형식이 갖는 위안, 얻을 수 없는 것에 대한 향수를 집단적으로 공유케 하는 취미의 합의를 거부한다. (……) 19세기와 20세기는 우리가 겪을 수 있는 많은 공포를 우리에게 안겨 주었다. 우리는 전

3 리오타르는 숭고의 미학을 전개하면서 칸트의 숭고 개념을 변형시키고 있다. 칸트에게서 숭고의 느낌은 인간의 내적 능력에서 비롯된다. 즉 나 밖의 대상을 단적으로 큰 것으로 느끼는 숭고의 체험의 근거는 "나 자신의 정신의 무한한 크기" 때문이다(김상봉, 「칸트와 숭고의 개념」, 한국칸트학회 편, 『칸트와 미학』, 민음사, 1997, 251쪽). 반면 리오타르는 그것을 하이데거적인 의미에서의 '사건Ereignis'에 대한 체험으로 규정하면서 숭고의 체험의 근거를 정신의 한계를 넘어선 무한한 사건에서 찾는다.

체성과 단일성에의 향수, 개념과 감성의 조화, 투명한 경험과 소통 가능한 경험 사이의 조화를 얻기 위해 충분히 많은 대가를 치렀다. 총체성에 전쟁을 선포하자. 표현할 수 없는 것의 증인이 되면서 차이들을 활성화하고 그 이름의 명예를 구출하자"(리오타르, 1984 : 180-181).

리오타르는 미 개념에 저항하는 숭고 개념을 근대 예술의 동력으로 간주한다. 숭고한 대상은 어떤 재현도 불가능한 이데아들이기 때문에 이 대상들은 현실에 대해 아무런 지식도 주지 않는다. 오히려 그것들은 "미적 감정을 불러일으키는 능력 간의 자유로운 결합을 방해한다. 그것들은 취미의 형성과 안정성을 방해한다. 즉 그것들은 표현(재현)될 수 없는 것이라 말할 수 있겠다"(리오타르, 1984 : 175). 그는 근대 예술을 이처럼 재현될 수 없는 사건이 존재한다는 사실을 보이는 기술적 실험에 몰두하는 예술로 정의한다.

리오타르는 고전주의적 화풍을 전복시킨 19세기 화가 폴 세잔Paul Cezanne으로부터 시작된 숭고의 예술적 흐름이 20세기에도 이어지고 있다고 본다. 미니멀리즘minimalism, 카시미르 말레비치Kasimir S. Malevich, 대니얼 뷔렝Daniel Biuren 등의 작업은 그 흐름을 잘 보여 준다. 이 예술가들을 숭고의 예술가로 규정하면서 리오타르가 주장하는 바는 재현 형태가 주는 조화와 아름다움에 관심을 빼앗기는 순간 우리는 재현될 수 없는 숭고한 것의 존재를 상실하고 현실에 구속된다는 것이다. 이것은 절대 예술을 통해 가시적 대상의 세계를 넘어서 비대상의 세계로 나아가고자 했던 말레비치가 도달한 결론과 같은 것이다. 말레비치는 화가가 그리는 형태적 존재를 아름답게 느끼는 것은 도둑이 사슬에 묶인 자신의 발을 찬양하는 것과 다를 바가 없다고 말했다. 리오타르에게 근대의 역사는 말레비치가 이야기했던 어리석은 도둑의 예찬으로 가득 찬 것이고 미의 미학은 바로 예술을 이러한 예찬식에 봉헌한 논리에 다름아니다.

숭고의 미학에 대한 랑시에르의 비판

랑시에르는 미의 미학이 합의적 절차에 대한 단순한 환원으로 변질될 가능성이 있다는 리오타르의 문제 의식을 받아들이면서도 숭고의 미학을 수용하는 것에 대해서는 유보적 입장을 취한다. 랑시에르에 따르면, 예술은 감각적 세계를 가시화하는 일련의 행위와 형태들을 통해 감각적인 것의 분배와 재구성 과정에 개입하는 활동이다. 이 활동은 두 가지 방식으로 진행되며, 리오타르에 대한 그의 평가도 이 두 가지 방식에 따라 이루어진다(랑시에르, 2008b : 143-167).

첫째, 예술은 기존의 감각 경험으로부터 자유로운 이질적 감각 형태를 가시화해 그것에 가치를 부여하는 활동이다. 리오타르가 숭고의 예술로 규정한 작업들은 모든 감각적 생산물이 상업적 관심에 따라서만 분배되고 배치되는 현대적 삶에 저항해 이질적인 감각적 기입의 망을 형성하려는 시도다. 그런 의미에서 리오타르가 주장하는 숭고의 예술은 기존의 행위 영역으로 환원되지 않는 새로운 존재 양식을 발명하는 미학의 한 극으로서 중요한 역할을 한다. 랑시에르는 이를 '작품을 통한 저항의 기획'으로 명명한다. 둘째, 예술은 공동의 공간을 구성하는 행위에 가치를 부여하는 활동이다. 미래주의와 구성주의뿐만 아니라 바우하우스Bauhaus의 운동에서 시도되었듯이 예술은 삶에 개입해 삶을 바꾸려 한다. 랑시에르는 이를 '미적 혁명의 기획'으로 명명한다.

일반적으로는 첫 번째 활동을 예술로, 그리고 두 번째 활동을 정치로 분류하며, 양자를 독립적인 활동으로 간주하는 경향이 지배적이다. 그러나 랑시에르는 이런 분류 방식을 거부하면서 두 기획을 미학(감성론)에 내재한 주요 계기이자 본질적 연관성을 지닌 것으로 다룬다(랑시에르, 2008b : 56). 즉 예술은 저항하는 동시에 단지 저항으로만 머무르지 않고 새로운 미적(감성적) 공동 세계의 형성으로 나아가려고 한다는 것이다. 이런 의미에서 예술은 정치적이다.[4] 다른 한편으로 의회적 절차로 한정되지 않는 정치 활동은 공동 세계의 형성에 관여하고 이 과정에서 기존의 가시화 방식에 이견을 제기하면서 새로운 가시화 방식을 만들어 내려고 한다. 이 점에서 정치는 예술적이다. 따라서 예술과 정치는 모두 미학의 영역에 속한 것으로서 저항의 기획과 미적 혁명의 기획이라는 양자의 긴장 속에서 서로 분리 불가능한 지대에 놓여 있다고 할 수 있다. 그런데 리오타르의 미학은 예술에서 미학의 두 번째 계기, 즉 공동의 영역을 물질적이고 상징적으로 재형성하는 활동을 배제하고 저항의 계기만을 강조함으로써 미학의 긴장 관계를 해소하고 있다. 랑시에르가 보기에 이러한 해소는 리오타르의 이론에서 예술의 윤리화와 동시에 정치의 윤리화를 가져오며, 결과적으로 예술과 정치의 제거를 야기한다.

예술의 윤리화와 예술의 제거

리오타르의 숭고의 윤리는 사실상 그가 현대 예술의 흐름을 비판하면서 제시한 숭고의 미학의 연장선상에 있다. 숭고의 윤리에 대한 랑시에르의 비판적 문제 의식 역시 근본적으로는 숭고의 미학에 대한 그의 태도에서 연원한 것이다. 랑시에르는 예술의 영역에서 두 방향의 윤리화가 진행

4 랑시에르의 이러한 견해에 따르면 예술의 정치성은 참여 예술에서만 표현되는 것이 아니다. 그는 "어떤 방식으로든 정치는 자신의 미학이 있고 미학은 자신의 정치가 있다"고 말한다(Jacques Rancière, *The Politics of Aesthetics*, p.62; 『감성의 분할』, 오윤성 옮김, 도서출판b, 2008, 88쪽). 벤야민은 「기술복제 시대의 예술작품」에서 파시스트들이 전쟁 고취나 대중 선동을 통해 황홀경의 체험을 대중에게 전파하면서 재화의 불평등한 사회적 분배에서 관심이 멀어지게 하는 것을 '정치의 미학화'로 표현했다. 그러나 '정치가 자신의 미학을 가진다'는 랑시에르의 언급은 벤야민 Walter Benjamin이 말했던 '정치의 미학화'와는 무관한 것이다.

된다고 진단한다. 이 두 가지는 현대 예술의 양대 흐름을 보여 준다. 첫째는 사회적 관계에 복무하는 예술의 강화이고, 둘째는 재앙에 대한 끝나지 않는 증언에 전념하는 예술의 강화다.

첫 번째 경향은 현실의 억압과 모순의 상황에 저항하던 예술들이 윤리적 공동체에 대한 소속감을 강조하는 예술들로 대체되고 재배치되고 있다는 사실에서 드러난다. 랑시에르는 두 예술 작품의 비교를 통해 이 점을 지적한다. 베트남전쟁 당시 크리스 버든Chris Burden은 이름도 묘비도 없는 수천 명의 베트남 희생자들에게 바쳐진 기념비 'The Other Vietnam Memorial'를 제작했다. 기념비 동판 위에 쓰여진 것은 전화번호부에서 무작위로 베낀 베트남어 이름들이었다. 30년 후 크리스티앙 볼탄스키Christian Boltanski는 '전화가입자들'이란 제목으로, 관람객들이 전화번호부를 마음대로 볼 수 있는 책상을 설치했다. 두 작품 모두 익명성을 문제삼지만 그 정치적 의미는 완전히 다르다. 전자는 국가의 힘에 의해 이름과 삶을 동시에 박탈당한 사람들에게 이름을 돌려 주는 것이 의도였다. 반면 후자에서 전화번호부에 이름이 기입된 사람들은 커다란 공동체 안에서 우리와 함께 거주하는 '인류의 표본들'이다. 이 작품은 공동세계의 의미를 재건하고 사회적 관계의 균열을 보수하려는 의도를 보여준다(랑시에르, 2008b : 187-188). 사회적 관계의 새로운 형태들을 고안하기 위해 근접성proximity의 상황을 창조하려고 하는 관계적 예술 프로그램은 대부분 이런 의도를 가지고 있다. 랑시에르는 이것을 미학의 윤리화의 부드러운soft 버전이라고 부른다. 이 경향은 합의된 감각 질서를 넘어서 이질적인 감각적 분배를 창조해야 한다는 미학의 중요 의무를 등한시하는 측면이 있다.

다른 한편, 예술은 재현 불가능한 것에 대한 증언으로 극단화되는 경향을 보인다. 숭고의 미학은 이 두 번째 경향에서 예술의 본질을 발견한다.

리오타르가 숭고의 미학에서 강조하는 '재현 불가능성'은 미학의 윤리화를 뒷받침하는 가장 핵심적 개념이다. 그러나 랑시에르가 보기에 재현 불가능성은 윤리적인 것과 마찬가지로 권리와 사실을 혼동하는 범주다. 그는 클로드 란츠만Claude Lanzmann의 홀로코스트 영화 〈쇼아*Shoah*〉에 대해 고찰하면서 재현 불가능성 개념을 비판한다(랑시에르, 2008b : 192). 이 영화는 556분의 다큐멘터리 영화다. 란츠만은 이 영화를 위해 8년간 350시간 분량의 인터뷰를 촬영했으며, 학살 장면은 단 한 컷도 넣지 않은 채 학살 사건의 가해자와 피해자들의 말로만 이 영화를 구성했다. 이 영화는 흔히 재현 불가능성 예술의 한 사례로서 언급되지만, 랑시에르가 보기에 이 영화에서 우리가 문제삼아야 할 것은 재현 가능성의 여부나 재현 당위성의 여부가 아니다. 문제는 재현의 목적이 무엇이며, 또 그 목적을 위해 선택해야 하는 재현의 양식이 어떤 것이냐는 것이다.

랑시에르에 따르면, 란츠만에게 인종 말살의 본질적 속성은 합리성과 비합리성 사이의 간격이다. 말살의 과정은 치밀한 조직적 합리성을 통해 실행되지만 그 합리적 말살 계획 자체는 어떠한 합리적 이유도 갖지 않는 비합리적인 것이다. 따라서 영화는 충분히 이해 가능하고 합리적인 인과관계에 의존하는 고전적 재현의 규범을 따를 수 없다. 인물들이 자기의 고유한 성격과 그들이 추구하는 목적으로 인해 갈등을 겪고 변화해 가는 고전적 재현 논리에 따를 경우 이 말살 사건이 갖는 독특한 합리성, 즉 '사건 발생의 이유를 합리적으로 찾아낼 수 없다'는 핵심적 특징을 놓치게 된다는 것이다. 영화가 '재현하려고' 하는 것은 합리화의 원인을 넘어선 사건이다(랑시에르, 2008b : 193). 그러므로 〈쇼아〉는 재현 불가능성을 보여 주는 예술이 아니다. 그것은 재현의 옛 질서와의 단절을 의미할 뿐이다.

결국 재현 불가능성의 예술이라고 분류되는 것들은 재현의 규범에 의해 어떤 표현의 권리가 '금지'되었다는 사실을 의미할 뿐 재현 불가능한 것이 아니다. 그 규범들은 특정한 스펙터클들을 재현하는 것을 금지하며, 언제나 어떤 주제에 어떤 재현 형식을 선택할 것인지 명령하거나 인물의 성격, 상황의 작용을 심리적 동기와 인과 관계의 그럴듯한 논리로 환원해서 표현하도록 강제해 왔다. 그러므로 "반재현적 예술이란 더 이상 재현하지 않는 예술이 아니다. 그것은 재현 가능한 것들의 선택이나 재현 수단의 선택에 더 이상 제한받지 않는 예술이다"(랑시에르, 2008b: 194). 이와 달리 숭고의 미학이 말하는 재현 불가능한 예술은 불가능한 것과 금지된 것의 일치를 의미할 뿐이다. '표현이 금지된 것을 표현하는 일은 불가능하다.' 그러나 이 말은 금지의 상황에 대해 무조건 복종할 때에만 성립할 수 있다. 금지를 거부한다면 재현은 가능해진다. 그러한 가능성의 실현을 위해서는 재현의 금지는 어디에서 오며 어떻게 힘을 얻는지를 아는 일이 중요하다. 금지는 예술의 오래된 규범들에 의해서만 유지되는 것이 아니다. 그것은 예술 외의 다른 곳에서 더 큰 힘을 얻는다. 예술적으로 재현 불가능한 것이란 사실은 종교 질서와 같이 다른 영역에서 금지된 것에 불과하다.

미의 미학이 재현 가능성과 재현 수단의 무한함을 주장하는 것과 달리 리오타르의 숭고의 미학은 재현 가능성과 무한성을 재현 불가능성으로 변형시킨다. 이것은 칸트의 숭고 개념을 변형시킴으로써 완성된다. 칸트에게서 상상력의 형상화 능력은 이성 능력의 무한함으로 인해 자기의 한계를 자각하고 미적 영역에서 도덕적 영역으로 나아가는 것이었다. 그런데 리오타르는 예술적 영역 밖으로의 윤리적 이동을 예술의 법으로 만든다. 그는 무한한 감각적 사건이 존재하며, 이 사건을 파악할 수 없는 이성의 좌절을 보여 주는 상상력의 소극적인 활동이 예술의 유일한 책무라고 규정한다. 숭고의 미학에서는 무한한 사건을 재현하는 것, 즉 총체성을 추구하는 것은 불가능하다는 증언만이 진정한 예술이 된다. 랑시에르는 이처럼 예술의 목적을 아주 오래되고 끝이 안 보이는 재앙에 대한 고발로 규정하는 것을 미학의 윤리화의 딱딱한hard 버전으로 본다. 이 미학은 "모든 해방의 약속을 무한한 범죄의 형태 내에서만 실현 가능한 거짓말로 만드는 아주 오래된 소외를 무한히 확인하기 위해서"만 존재할 뿐이다(랑시에르, 2008b: 199). 이 딱딱한 버전은 윤리적 급진성을 통해 정치적 급진성을 제거해 버린다.

랑시에르는 예술에서나 정치에서나 윤리적 전환은 역사적 필연이 아님을 강조한다. 이 윤리적 전환을 넘어서 진정으로 윤리적인 것은 정치와 예술의 발명품들의 "순수함에 대한 환상을 거부하는 것이며, 그 발명품들에게 항상 모호하고 일시적이며 분쟁적인 단절의 성격을 돌려 주는 것"이다(랑시에르, 2008b: 201). 이는 정치와 예술의 이견들을 수많은 방식으로 재현하면서 다시 이 이견들이 공통 감각을 이루는 지점을 재현할 수 있다는 주장이다.

3. 정치의 윤리화에 대한 비판

정치와 윤리

랑시에르는 세계화 시대에 '윤리' 담론이 공동체와 세계를 재현하는 방식에 어떻게 개입하는지를 비판적으로 검토하면서 윤리와 정치의 관계에 대해 사유한다. 최근 미학과 정치에서 윤리적 가치로의 전환은 환영받고 있고 적극적으로 요구되기까지 한다. 그러나 랑시에르는 이러한 현상에 대해 매우 부정적이다. "윤리의 지배는 예술 활동이나 정치 활동에 가해지는 도덕적 판단의 지배가 아니다. 반대로 그것은 구분되지 않는 영역의 구성을 의미한다. 윤리는 규범이 사실 속에서 해체되는 것이다"(랑시에르, 2008a: 172). 여기에는 윤리가 사실과 권리, 즉 있는 것과 있어야 할 것 사이의 중대한 구분을 해소하는 수사로 전락했다는 인식이 있다. 다시 말해 윤리는 평가하고 선택하는 행동 원리를 이미 존재하는 특정한 삶의 에토스ethos에 머무는 '체류의 행위' 속에 용해시켜 버리는 전략이 되었다는 것이다. 이런 유의 윤리는 현실 속에서 삶의 에토스들을 위협하는 악에 대항해 '절대적 정의'가 삶의 양식을 복구하는 드라마로 전개된다. 랑시에르는 베르톨트 브레히트Bertold Brecht의 서사극 〈도살장의 성 요한나〉(1932)와 라스 폰 트리에Lars von Trier의 영화 〈도그빌〉(2003)의 비교를 통해 현실 정치 속에서 윤리의 드라마가 만들어 내는 역설들을 보여 준다(랑시에르, 2008b: 173-175).

〈도살장의 성 요한나〉에는 1929년 공황 당시 미국 시카고 도살장의 노동자들을 위해 싸우는 구세군 활동가 요한나 잔 다르크가 주인공으로 등장한다. 그녀는 기독교 신앙으로 선한 육류업자 마울러를 감동시켜 노동자들의 비참한 삶을 개선하려고 노력하지만 결국 실패하고, 죽어가면서 다음과 같이 독백한다. "오, 아무런 이득도 없는 선량함이여! 알 수 없던 생각들이여! 난 아무것도 변화시키지 못했다. 아무런 성과 없이 서둘러 이 세상에서 사라지면서 나는 말한다. 세상을 떠나는 것을 준비하라. 선량하게만 살다 떠나지 말고, 좋은 세상을 남기고 떠나라!"[5] 이 서사극은 자본가의 비인간성을 고발하려는 것이 아니라, 자본가의 사업적 천성과 윤리적 동정심이 양립 가능하다는 것을 보여 주려고 한다. 사람들은 종종

5 다음에서 재인용. 정동란, 「브레히트 서사극에 있어서 '성격'과 '플롯': 도살장의 성 요한나」, 『브레히트와 현대연극』 8, 한국브레히트학회, 2000, 136-137쪽.

윤리적 도덕이 비윤리적 정치에 대항하는 수단이 될 수 있다고 확신한다. 그러나 브레히트는 이런 확신에 반대해 정치적 문제는 윤리적 호소로 해결될 수 없다는 점에서 윤리와 분리된 것임을 강조한다. 요한나의 실패는 정치와 윤리 사이의 중재가 불가능함을 보여 준다.

라스 폰 트리에는 〈도그빌〉의 핵심적인 모티브가 브레히트의 〈서푼 짜리 오페라〉의 등장 인물 제니가 부른 노래에서 비롯된 것이라고 말한다. "누가 죽어야 할지 그들이 물으면 말예요. 그러면 여러분은 내 대답을 들을 거예요. 모두 다요!"(류지미, 2008). 그러나 랑시에르가 보기에 영화 〈도그빌〉은 표면적으로는 〈도살장의 성 요한나〉의 영화적 각색이다. 갱단 두목의 딸이지만 성녀라고 불릴 수 있을 만큼 선량한 그레이스는 요한나의 분신이고 그녀가 방문한 도그빌은 시카고의 육류 도살장 풍경만큼이나 끔찍하다. 흥미로운 것은 이 영화가 브레히트의 서사극과는 정반대의 결론을 보여 준다는 점이다. 〈도그빌〉의 그레이스는 단지 이방인이라는 이유만으로 박해당하면서 환멸을 느낀다. 그런데 그 환멸은 납득할 만한 원인에 의해 작동하는 체제에 대한 것이 아니라 인간 공동체에 대한 것이다. 여기서 도그빌이라는 공동체는 그 자체가 악의 원인으로 표상된다. 그 때문에 그 악에 대한 "유일한 보상은 그 공동체에 대해 실행되는 전면적인 소탕"이다(랑시에르, 2008b : 174). 도그빌에서는 아무런 선도 발견할 수 없다는 도덕적 판단 아래 그레이스는 아버지의 폭력을 사용해서 모든 주민을 몰살한다. 도그빌에서 살아남는 것은 정의가 명명한 마을 이름에 합당한 존재, 모세라는 개 한 마리뿐이다.

"폭력이 지배하는 곳에서는 폭력만이 도움을 준다"는 교훈을 통해 브레히트가 보여 주려 한 것은 소시민적 윤리로 대체될 수 없는 정치적 투쟁의 필요성이었다. 그러나 랑시에르는 오늘날 이 교훈은 역전된 방식으로 나타난다고 지적한다. 현실 정치는 윤리로 대체되었다. 정치적 불일치의 현실들이 모두 도덕적인 선악 투쟁의 어휘로 바뀌어 단순화되어 버리는 것이다. 조지 부시George Bush의 말이 정확히 보여 주듯이, 정치는 무한 정의가 악의 축에 맞서 도덕적 폭력을 수행하는 과정으로 환원되고 있다.

윤리적 공동체와 타자

"불우한 유년기에 저지른 살인은 무죄라고? 네 말대로 환경만 탓한다면 강간범도, 살인범도 피해자란 이야기인데 그런 놈들은 개야." "개는 본능을 따를 뿐이니 용서해야죠."

—〈도그빌〉 중 그레이스와 아버지의 대화

정치의 윤리화 과정에서 발생하는 도덕적 폭력의 문제는 휴머니즘의 논리를 도입함으로써 해결되어야 한다는 주장이 있을 수 있다. 휴머니즘은 정의와 불의 사이의 명백한 대립을 거부하기 때문에 도덕적 폭력의 무자비한 작동을 방지할 수 있다는 것이다. 모든 불의는 트라우마trauma를 지닌 희생자들에 의해 생기며 우리가 이 불행한 악인들조차 인간으로 감싸야 한다는 성찰은 절대 선의 이름으로 폭력이 자행되는 것을 막는다. 그러나 이러한 휴머니즘의 논리는 폭력의 필연성을 파괴하지는 못한다는 점에서 여전히 무력하다. 외상적 존재에 의해 벌어지는 범죄라고 해서 현실적으로 처벌을 면할 수 있는 것은 아니기 때문이다. 그레이스는 마을 주민을 용서하는 대신 아버지의 결론을 받아들여 그들을 몰살해 버린다. 갱단 두목의 말처럼 인간은 개가 아니며 "자기 행동에 책임을 져야" 하기 때문이다. 결국 불행한 외상外傷을 가진 자들은 범죄를 저지르고 그 범죄에 대한 처벌로 살해된다. 단지 이 처벌에 정의라는 이름 대신 인류 공동체의 보호라는 새로운 이름이 붙을 뿐이다. 모든 정신적 외상이 정화되어야 하듯, 공동체의 질서를 유지하고 사회를 보호하기 위해서는 불행한 범죄자들도 불가피하게 처단되어야 한다는 주장이 계속 이어지는 것이다.

랑시에르가 보기에 9 · 11 이후의 세계상은 인류 공동체의 보호라는 도덕적 당위를 정치에 기입함으로써 확립되었다. 9 · 11테러는 2001년 9월 11일의 습격을 지칭하는 용어에서 벗어나 현존 질서에 대한 불안감을 조장하는 모든 세력이라는 불분명한 용어로 변용된다. 여기서 공동체의 보호라는 당위는 공동체의 사회적 관계를 위협하는 모든 것에 대한 예방적 공격을 정당화한다. 현존 질서를 위협하는 모든 세력이 불행한 현실의 희생자라는 사실로부터는 이 예방적 공격을 중단시킬 논리를 결코 도출할 수 없다.

그렇다면 공동체의 보호는 어떻게 모든 것에 최우선하는 도덕적 당위로 자리하게 되는가? 또한 공동체를 보호한다는 것은 어떤 의미인가? 랑시에르에게 "정치적 인민이란 결코 인구의 총합과 같은 것이 아니다. 그것은 항상 인구와 그것의 부분들에 대한 모든 계산에 대해 덧붙여진 상징화의 한 형태다. 그리고 이 상징화의 형태는 항상 분쟁의 형태다"(랑시에르, 2008b: 179). 그러므로 언제나 공동체에는 복수의 인민이 존재한다. 법에 의해 권리를 보장받은 인민, 법이 무시하거나 권리를 인정하지 않는 인민, 새로운 법의 이름으로 권리를 보장받게 될 인민 등 여럿의 인민이 존재하는 것이다. 따라서 하나의 공동체도 이 여럿의 인민의 불일치에 따라 변화하며 전혀 다른 방식으로 구성되거나 분배될 수 있다. 공동체의 이러한 현실에 주목할 때 공동체의 보호를 최고의 도덕적 당위로 삼기는 어렵다.

그러나 근대 이후 의회 정치의 합의적 의사결정 모델은 여럿의 인민을 하나의 인민으로 환원한다. 합의 모델에서는 여러 사회 구성원의 합의에 따라 하나의 일반적 권리가 형성되고, 그것을 통해 그들이 모두 동일한 권리를 누리게 되므로 그들은 하나의 인민이라고 가정된다. 그리고 이런 하나의 인민이 하나의 공동체를 구성한다고 간주된다. 공동체의 보호가 최고의 당위가 되는 것은 공동체가 하나의 인민의 합의 또는 일치를 통해 형성된 것이기 때문이다. 오직 하나의 인민만이 존재하므로 공동체의 유지와 관련된 어떤 정치적 이견 또는 불일치도 존재하지 않는다고 가정되는 공동체를 랑시에르는 '윤리적' 공동체라고 부른다. 이 공동체에서 '소외된 자'가 의미하는 것은 둘 중 하나다. 첫째, 소외된 자는 존재하지 않는다. 이 공동체에서는 이곳에 속한 모든 사람의 권리가 보장되기 때문에 정의상 소외된 자는 존재할 수 없다는 것이다. 만일 소외된 자가 존재한다면 그것은 전적으로 우연적 사건이다. 즉 타자는 우연의 산물이다. 우연히 평등한 공동체의 외부로 떨어진 그는 공동체가 기꺼이 구조의 손을 내밀어야 하는 난파자에 불과할 뿐이다. 둘째, 소외된 자는 극단적 타자다. 그는 공통의 정체성을 공유하지 않기 때문에 공동체를 위협하는 자로서, 공동체의 이방인이거나 추방자다(랑시에르, 2008b: 180-181).

윤리적 공동체는 첫 번째 의미의 소외된 자를 위해 자원 봉사나 기부와 같은 간접 참여 활동을 적극적으로 유도하고 호소한다. 예컨대 미국 클린턴 정부에 큰 영향을 미친 아미타이 에치오니Amitai Etzioni와 같은 신공동체주의자들은 범죄를 비롯해 각종 사회적 병리 현상을 유발하는 정치·경제적 시스템에 대한 근본적 비판을 수행하는 대신 도덕주의적 호소를 통해 문제를 해결하고 사회 갈등의 요소들을 해소하려고 한다. 에치오니는 "공동체의 경제 어젠다라는 것이 무엇이냐고 묻는다면, 짧은 대답은 (그러한 것은) 전혀 없다는 것이다"라고 말한다. 이는 결국 기존의 불평등한 사회적 분배를 고수하기 위해 분배 질서에 균열을 가져올지도 모를 취약한 부분을 윤리적 호소를 통해 보수하겠다는 전략이다.[6] 두 번째 의

6 우리 사회에서도 이런 사례들은 쉽게 찾아볼 수 있다. 장석준의 다음과 같은 지적을 상기하라. "실제로 정몽준 당선자 같은 경우는 당선되자마자 수천억 기부해서 장학재단 만든다고 했는데 사실 이 장학재단이 실제 작동되는 순간 대학 등록금에 대한 진보 세력의 모든 담론은 무력화될 수

미의 소외된 자는 공동체의 암세포다. 그것은 한때 평범한 세포였지만 불행한 계기로 암세포로 변이했다. 따라서 공동체의 신체를 보호하기 위해 그것은 반드시 제거되어야 한다. 그에게는 추방이나 추방에 준하는 처벌이 필수적이다.

윤리적 세계화와 타자의 권리

랑시에르는 윤리적 공동체에서의 타자에 대한 두 가지 대응 담론이 국제적 맥락에도 그대로 적용된다고 지적한다. 첫 번째 방식은 인도주의로 나타나며, 두 번째 방식은 이른바 '무한 정의'로 나타난다. 오늘날 세계는 세계화가 급격히 진행됨에 따라 국제적 수준에서 다양한 이견적 견해들을 갖는 정치적 주체가 부상하고 그들 간의 분쟁과 갈등이 끊이지 않고 있다. 그러나 강대국 중심으로 세계 질서를 재편하려는 시도는 지구를 하나의 윤리적 공동체로 표상하며, 이견적 정치 주체를 형성하는 운동을 이 두 가지 윤리화의 방식으로 무력화하려고 한다. 내정 간섭, 표적 암살, 인도주의적 전쟁은 윤리적 어휘로 치장됨으로써 그 정당성을 획득한다(랑시에르, 2008b : 182-183).

따라서 윤리적 담론을 통해 세계화 시대의 불행한 사태들을 해결하려는 철학적 논의는 현실에 대한 유효한 대응이 어렵다는 난점을 가지고 있다. 랑시에르는 특히 리오타르의 '타자의 권리' 개념을 이런 관점에서 고찰한다. 이 개념은 세계화 과정에서 발생하는 다양한 인권 침해의 현상들을 철학적으로 분석하고 그동안 제기되어 온 인권 개념의 한계를 극복하

도 있다고 봅니다"(구갑우 외, 「좌담: 18대 총선평가와 진보의 새길 찾기」, 참여연대참여사회연구소, 『시민과 세계』 13, 2008, 166-204쪽).

려는 시도에서 나왔다. 그러나 랑시에르는 리오타르의 작업이 정치의 해소에 기여하고 아이러니하게도 군사 개입을 정당화하는 정치 논리의 철학적 버전으로 변질될 수 있다는 점을 지적한다.

리오타르는 인권 개념을 '비인간의 권리', 즉 '타자의 권리'로 대체한다. 물론 이것은 아렌트가 지적한 인권 개념의 난점을 피하려는 의도에서 나온 것이다. 아렌트에 따르면 인권은 '인간man'이라는 추상적 개념을 기반으로 한다. 그리고 그 추상성 때문에 인간의 권리, 즉 인권은 둘 중 하나에 불과한 것으로 전락하기 쉽다. 첫째, 인간의 권리가 시민권과 같은 것이라면 인권은 특정 국가의 시민이 지닌 권리가 된다. 그 경우 인권은 '권리를 가지고 있는 사람의 권리(시민권)'라는 동어 반복이 된다. 둘째, 인간의 권리는 인간이 인간으로서 지니는 권리다. 그러나 제1차 세계대전 이후 증가한 난민들의 상황이 증거하듯, 생물학적 존재로서 인간 그 자체는 어떤 권리도 없다. 이 경우 인권은 '어떤 권리도 갖지 못한 사람들의 권리'라는 점에서 권리에 대한 조롱에 지나지 않게 된다. 따라서 아렌트는 추상적 인권 개념을 무용한 것으로 결론짓는다. "권리를 상실한 사람들의 재난은 그들이 생명, 자유와 행복 추구 또는 법 앞에서의 평등과 의견의 자유—주어진 공동체 안에서 발생하는 문제를 풀기 위해 고안된 공식들인데—를 빼앗겼다는 것이 아니라 어느 공동체에도 속하지 않는다는 것이다. 그들의 곤경은 그들이 법 앞에 평등하지 않아서가 아니라 그들을 위한 어떤 법도 존재하지 않기 때문이고, 그들이 탄압을 받아서가 아니라 아무도 그들을 탄압하려 하지 않는다는 데 있다"(아렌트, 2006: 531).

리오타르 역시 인간의 권리는 사실상 시민의 권리로서만 현실화될 수 있기 때문에 국제 난민의 권리는 인권의 지평에서는 결코 보장될 수 없다고 지적하면서, 인권 개념의 이러한 난점을 피하기 위해 새로운 개념을 제안한다. 고통받는 이들에게 필요한 것은 인간의 권리가 아니라 '비인간의 권리'다. 그리고 공동체의 외부에 존재하는 극단적 타자들은 '비인간적인 나머지'로서 신성한 존재이기에 우리는 그들에게 의존하고 예속되어야 한다. "라틴어의 sacer(신성한)라는 말은 그와 같은 상황의 이중적 의미를 나타낸다. 즉 이 말은 대화 공동체의 이해 관계에서 배제된 비인간적인 나머지라는 의미, 그리고 그와 동시에 아마도 타자가 남겨 놓은 바 경외할 만한 표시라는 의미를 나타난다"(리오타르, 2000 : 184).

리오타르의 이론에서 우리가 주목할 것은 타자에 대한 예속의 실질적 의미다. 신성한 것으로 이해된 타자성은 대화 공동체에 속한 것이 아니기 때문에 우리는 타자의 목소리를 들어도 그것을 이해할 수가 없다. 그러므로 "침묵 속에서 우리는 그것의 목소리를 듣고 통역해서 발언자들의 공동체에 전달하려고 각고의 노력을 한다"(리오타르, 2000 : 184). 결국 타자에 대한 예속이 의미하는 바는 우리가 대화 공동체에 타자들의 목소리를 통역하고 전달해야 한다는 것이다. 선한 의도로 가득 찬 이 신성한 윤리 속에서 타자는 철저히 무력한 피해자의 형상으로 나타난다. 랑시에르는 타자가 한없이 무력하기 때문에 그의 목소리를 대변하는 자가 필요하다는 리오타르의 인도주의humanitarianism를 통해 '윤리적 세계화'라고 불릴 만한 사건이 진행된다고 지적한다.

랑시에르가 보기에 리오타르의 타자의 권리는 실질적으로는 다음과 같은 주장을 야기한다. 비인간적 탄압을 겪고 있는 자들이 자신의 권리를 보호할 능력이 없다면 그들의 권리를 가져다가 대신 실행해 줄 권리를 다른 타자가 상속받아야 한다는 것이다. 이것은 '인도주의적 간섭의 권리'라고 불리며 인도주의적 전쟁들을 철학적으로 정당화하는 논리다 (Rancière, 2004). 타자의 권리는 일종의 비정치적인 권리로서 윤리적 세계화를 진행시키고 궁극적으로는 비정치적 세계화를 진행시키는 기능을 한다. 왜냐하면 이 권리는 인민의 자치라는 정치적 원리, 또는 스스로 정치적 이견들을 형성함으로써 작동하는 인권을 통제하고 무화시키면서, 자신의 절대적 권리를 주장하는 거대 열강들의 권리로 변질될 가능성이 있기 때문이다(랑시에르, 2008d). 그 변질의 결과, 세계는 여럿의 인민이 이견을 제출하는 과정에서 갈등을 표현하고 해결해 가는 정치적 불일치의 장소가 아니라 선과 악의 이분법적 충돌 속에서 희생자를 구출하려는 경찰국가가 범죄자 국가를 추격하는 장소로 변모하며, 모든 정치적 이견은 말소된다.

4. 나오는 말: 미학의 정치를 향해

랑시에르는 '미학의 정치'를 제안함으로써 정치에 대한 기존의 접근 방식을 비판한다. 단지 의회 체제 속에서 합의를 통한 활동만으로 정치적 공동체가 활성화되었다고 보는 것은 한계가 있다. 이런 믿음을 전제로 하는 정치학은 의회적 절차가 새로운 감각적 분배를 촉진시키기보다는 기존의 경제적 · 정치적 권력 관계의 생산과 순환을 유지시키는 경향이 크다는 사실을 외면한다. 가령 미국에서 한국 교민들의 권익 향상을 위해 발언할 수 있는 한국인 연방의원이 나오기는 쉽지 않다. 지역구 선거가 실시되는 상황에서는 밀집 지역이 있어야 정치적 진출의 기회를 가지는 것이 용이해지는데, 한국 교민의 경우 수는 많음에도 불구하고 백인 밀집 지역이나 흑인 밀집 지역과 같은 한인 밀집 지역이 존재하지 않기 때문이다. 또한 교민 중 시민권자가 아닌 이들의 비율이 높을 뿐 아니라, 시민권자들조차도 투표에 참여하는 것이 쉽지 않다. 미국은 한국과 달리 투표일이 공휴일이 아니어서 경제적 · 교육적 수준이 낮은 계층의 투표율은 상대적으로 저조할 수밖에 없다. 또한 선거 과정에 드는 막대한 비용은 특정한 계층의 대표들만이 후보로 나설 수 있는 확률을 높인다. 이런 점들은 의회적 절차를 넘어서 새로운 감각적 분배에 직접적으로 관여하는 미학의 정치를 사유해야 할 필요성을 보여 준다.

정치에 대한 또 하나의 위험한 접근 방식은 첨예한 정치적 문제를 모호한 윤리적 문제로 흐리는 것이다. 정치적 투쟁이 필요한 곳에서 이미 존재하는 감각적 분배의 부도덕성만을 윤리적으로 관조하는 것은 한계를 갖는다. 랑시에르는 특정한 새로운 분배 활동을 위한 투쟁을 벌이는 대신 선량한 이들의 도덕감을 이용해 사태를 봉합하려는 정치적 시도를 비판한다. 경제적 약자나 다양한 이유로 소외된 자들에 대한 기부와 보살핌의 윤리적 배려는 그 자체로는 아름다운 것이지만 사태의 해결을 전적으로 그것에만 의존하려는 시도는 사실상 정치의 소멸이라는 부정적 결과를 가져온다. 이런 시도는 신자유주의적 경제 정책은 그대로 유지한 채 기부 문화의 확산이나 모호한 공동체감에 호소하는 화해와 타협의 정치 등으로 경제적 · 사회적 불평등이 해소될 수 있다며 시민에게 숭고한 희생을 당부하는 정당에서 쉽게 발견된다. 그러나 랑시에르가 보기에 정치는 새로운 감각의 분배를 창조할 이견적 활동을 전제하며 이 불화의 활동 속에서 새로운 방식으로 일치를 만들어 가는 미학적 활동이다. 이견과 공통 감각, 즉 불일치와 일치의 활동은 본질적 긴장을 이루면서 감각적 분배를 둘러싼 다양한 정치적 활동을 형성해 간다. 이러한 미학적 정치는 윤리라는 이름을 교묘히 악용해 오히려 기존의 세력 배치를 공고화할 뿐인 국가 질서와 국제 질서에 대항한다. 그것은 정치적 감수성에 의거한 저항 활동에 정당한 위치를 찾아 주고 이견을 생산하는 다양한 활동을 창조하려고 한다는 점에서 21세기의 현실 정치에 시사하는 바가 크다.

참고 문헌

구갑우 외, 「좌담: 18대 총선 평가와 진보의 새길 찾기」, 참여연대참여사회연구소, 『시민과 세계』 13, 2008.

김광명, 「리오타르의 칸트 숭고미 해석에 대하여」, 『칸트연구』 18, 한국칸트학회, 2006.

김비환, 「아렌트의 정치사상에서 정치와 법의 관계: 민주공화주의 체제에서의 법의 본질을 중심으로」, 『법철학연구』 6-2, 한국법철학회, 2003.

김상봉, 「칸트와 숭고의 개념」, 한국칸트학회 편, 『칸트와 미학』, 민음사, 1997.

들뢰즈, 질, 『칸트의 비판철학』, 서동욱 옮김, 민음사, 1995.

랑시에르, 자크, 『감성의 분할』, 오윤성 옮김, 도서출판b, 2008a.

_____, 『미학 안의 불편함』, 주형일 옮김, 인간사랑, 2008b.

_____, 『정치적인 것의 가장자리에서』, 양창렬 옮김, 도서출판 길, 2008c.

_____, 「민주주의와 인권」, 서울대학교 강연문, 2008d.

_____, 「감성적/미학적 전복」, 홍익대학교 강연문, 2008e.

류지미, 「영화 〈도그빌〉 속의 연극성에 대한 고찰」, 『한국콘텐츠학회논문지』 8-1, 한국콘텐츠학회, 2008.

리오타르, 장-프랑수아, 『포스트모던의 조건』, 유정완 외 옮김, 민음사, 1984.

_____, 「숭고와 관심」, 장-뤽 낭시 외, 『숭고에 대하여』, 김예령 옮김, 문학과지성사, 2005.

_____, 「타자의 권리」, 스티븐 슈트 · 수잔 헐리 엮음, 『현대사상과 인권』, 민주주의법학연구회 옮김, 사람생각, 2000.

아렌트, 한나, 『칸트 정치철학 강의』, 김선욱 옮김, 푸른숲, 2002.

_____, 『과거와 미래 사이』, 서유경 옮김, 푸른숲, 2005.

_____, 『전체주의의 기원1』, 이진우 · 박미애 옮김, 한길사, 2006.

정동란, 「브레히트 서사극에 있어서 '성격'과 '플롯': 도살장의 성 요한나」, 『브레히트와 현대연극』 8, 한국브레히트학회, 2000.
정윤석, 「아렌트와 공화주의의 현대적 전개」, 서울대학교 박사학위 논문, 2001.
칸트, 임마누엘, 『판단력 비판』, 이석윤 옮김, 박영사, 1989.
푸코, 미셸, 『사회를 보호해야 한다』, 박정자 옮김, 동문선, 1998.
황정아, 「묻혀버린 질문: '윤리'에 관한 비평과 외국이론 수용의 문제」, 『창작과비평』 144, 창작과비평사, 2009.
Lyotard, Jean-François, " The Sublime and the Avant-garde," Andrew Benjamin(ed.), *The Lyotard Reader*, Oxford, UK: Cambridge, Mass., USA: Blackwell, 1989.
Rancière, Jacques, *The Politics of Aesthetics* (trans. Gabriel Rockhill, Continuum, 2004a.
_____, " Who is the Subject of the Rights of Man?," *South Atlantic Quarterly*, vol.103, no.2, 2004b.
_____, " Democracy, Dissensus and the Aesthetics of Class Struggle: An Exchange with Jacques Rancière," *Historical Materialism*, vol.13, no.4, 2005.
Wolfe, Katharine, "From Aesthetics to Politics: Rancière, Kant and Deleuze," *Contemporary Aesthetics*, vol.4, 2006

http://www.contempaesthetics.org

"아담아(사람아), 네가 어디에 있느냐"(창세기 3:9): 기후 변화와 신학적 응답*

장윤재

하나님의 세계는 사랑스러운 세계다.
과학자들은 종종 신학자들보다 이 세계에
대한 사랑에 더 깊이 빠져든다.
(Daly, 1996a: 21)

1. 들어가는 말

모든 유형의 '경계짓기'는 신학적 이원론으로 귀결된다. 분리와 대립을 야기하는 경계짓기는 신/인간, 인간/자연, 신/자연을 나누는 신학적 이원론에서 절정을 이룬다. 이원론적 세계관이 본래 기독교적 세계관이었던 것은 아니다. 하지만 기독교가 그리스 · 로마 세계로 전파되면서 기독교 신학 사상은 영/육, 정신/물질, 선/악을 이항 대립적으로 보는 이원론적 세계관을 받아들였다. 오늘날 우리가 알고 있는 이른바 '정통' 기독교 신학은 이러한 그리스적 세계관 위에 세워진 것이다. 하지만 이 이원론적 세계관으로 인해 기독교 신학 사상 안에서는 육체와 물질 그리고 자연에

* 이 글은 본래 이화여대 인문과학대학 인문학연구원이 2009년 5월 15일 "인문학적 상상력과 포용"이라는 주제로 개최한 '제17회 교수 학술제'에서 발표된 글인데, 이 책의 취지에 맞게 조금 다듬은 것이다.

대한 경멸적 사고가 시작됐다. 미국의 과학사가科學史家 린 화이트 2세 Lynn White, Jr.는 여기서 파생된 기독교의 '지독한 인간중심주의'가 바로 오늘날 생태 파괴의 주범이라고 지목한 바 있다. 서구 세계에서 기독교가 가지고 있던 막강한 영향력을 고려해 본다면 이러한 이른바 '린 화이트 테제'는 무리가 아니라고 인정할 수밖에 없다.

필자는 이 글에서 먼저 기후 변화로 대표되는 오늘날의 생태적 위기를 고찰할 것이다. 그리고 지난 번 월가의 금융 위기로 시작된 최근의 경제적 위기에 대해서도 분석할 것이다. 그리고 지금까지 두 서로 다른 것으로 간주되었던 '생태' 위기와 '경제' 위기를 하나의 동일한 위기로 인식하면서 총체적인 문명사적 대안을 모색해 볼 것이다. 그리고 이러한 대안을 지탱할 수 있는 새로운 '신-인간-자연'의 신학적 구성을 제안해 보고자 한다. 특히 이 광활한 우주 안에서 우리 인간이 서야 할 '신학적 자리'를 규명해 보고자 한다.

이 글에서 필자가 기대하는 것은 그동안 '교회 안의 학문'으로 축소되어 온 기독교 신학이 자신의 고답적 경계를 허물고 생태 위기와 경제 위기와 같은 현실 문제로 나아가는 것이다. 사람들은 보통 영적인 문제를 다루는 신학은 물질적 문제를 다루는 경제학과 완전히 다른 것이라고 생각한다. 하지만 신학은 영적인 문제를 다룸과 동시에 세상과 소통하고 변화를 이끌어 가는 공공의 담론이기도 해야 한다고 필자는 믿는다. 그리고 이러한 신학의 경계 허물기는 곧 모든 경계짓기의 원형이라고 할 수 있는 신학적 이원론을 극복하는 길이기도 하다고 믿는다. 신학적 이원론을 넘어서는 일은 탈경계인문학연구단이 추진하는 중요한 연구 사업의 하나, 즉 인간중심주의를 극복하고 인간과 자연, 역사와 자연, 지구와 우주, 그리고 생명과 물질의 교호성의 가치를 추구하는 연구에 기여해, 오늘날 전지구적 생태 · 경제 위기에 대한 인문학적 성찰과 응답을 내놓는 데 일조할 수 있을 것이다.

2. 기후 변화

기후climate란 지구 에너지가 평형을 이루는 과정에서 일어나는 현상이다. 에너지 보존 법칙에 따라 태양 광선을 통해 지구로 도달한 에너지 가운데 일부는 우주 공간으로 반사되고 일부는 지구에 흡수되었다가 결국 방출됨으로써 지구 전체적으로 볼 때는 에너지 평형을 이룬다. 사실 지구의 기후는 인간이 개입하기 오래 전부터 커다란 변동을 겪어 왔다.[1] 지금으로부터 약 45억 년 전 태양으로부터 약 1억 5천만 킬로미터 떨어진 공전 궤도에서 가스구름이 응축되어 처음으로 지구가 탄생한 이후, 지구에는 수억 년에 한 번씩 급격한 온도 하강이 일어나 지구 전체가 얼어붙는 일이 여러 차례 일어나곤 했다. 이러한 온도 하강은 우리의 상상을 초월해 해양에는 수백 미터 두께의 얼음이 얼었으며, 오늘날의 열대 지방조차도 빙하로 뒤덮였었다. 지구 생명의 대부분을 멸절시킨 이러한 재앙이 마지막으로 일어난 것은 지금으로부터 약 6억 년 전 일이고, 이후에도 지구에는 주기적으로 빙하기가 찾아왔다. 가장 최근의 빙하기는 약 2만 년 전에 정점을 이루었다가 점차 따뜻해져 지난 1만 년 전부터 지구는 상대적으로 안정된 온화한 기후를 보이고 있다. 인류의 문명이라는 것도 따지고 보면 바로 충적세沖積世, alluvial epoch라 불리는 이 기간 동안에 이룩된 것

1 지구 기후 변동의 주요한 원인으로는 세 가지 가설이 제기되었다. 첫째, 태양 에너지의 변화 혹은 지구 공전 궤도의 변화가 기후 변화를 초래한다는 것이다. 둘째, 우주로 반사된 빛 에너지가 주원인이라는 것이다. 셋째, 대기 중에 포함된 가스 중에 복사 열선에 영향을 미치는 온실 기체와 에어로솔이 주된 요인이라는 것이다(이상 슈테판 람슈토르프, 한스 오아힘 셸른후버, 『미친 기후를 이해하는 짧지만 충분한 보고서』, 한윤진 옮김, 서울: 도솔출판사, 2007, 26쪽).

이다.[2] 우리는 이 짧은 시기 동안 농사짓는 법을 배웠고, 가축을 길들였으며, 문자를 발명했고, 과학 기술을 발전시켰다. 종교도 세웠다. 하지만 거대한 지구의 생명의 역사에 비추어 볼 때 인류의 문명이라는 것은 지구 기후 변동의 틈새에서 이루어낸 한낱 일장춘몽에 지나지 않는 것인지도 모른다.[3]

지구의 기후는 이렇듯 인간이 개입하기 전부터 커다란 변동을 겪어 왔지만, 지금 우리는 인간에 의해 만들어진 기후 변화 혹은 '기후 붕괴'를 경험하고 있다. 18세기 중엽 산업혁명 이후 인류는 지구의 평균 기온을 0.8도나 상승시켰다.[4] 산업혁명 이래 더 많은 물질적 풍요와 편리를 지고

2 충적세는 홍적세洪績世, pleistocene epoch의 대빙하가 녹은 다음의 후빙하 시대를 말하며, 신석기 시대 이후 현대까지가 이에 해당한다. 지질 시대의 구분은 대代-기期-세世로 나뉘는데, 인류 문명이 꽃피운 시대는 6천 5백만 년 전에 시작된 신생대, 180만 년 전에 시작된 제4기, 8천 년 전에 시작된 충적세에 속한다(이상 팀 플래너리Tim Plannery, 『지구 온난화 이야기*We are the Weather Makers*』, 이충호 옮김, 서울: 지식의풍경, 2007, 54쪽).

3 김기석 교수는 이를 하와이 해안의 파도타기에 비유한다. 파도타기 선수는 파도가 치는 짧은 시간 동안에만 파도 위에 서 있을 수 있기 때문이다. 김기석, 「기후 붕괴와 신학적 응답」, 『기후 붕괴와 신학적 응답』(2009 지구의 날 기념 생태신학세미나, 2009. 4)을 참조하라.

4 마크 라이너스Mark Lynas의 책 *Six Degrees Could Change the World*에 기반한 『내셔널 지오그래픽』의 다큐멘터리에 의하면, 세계의 기온이 1도 오르면 북극의 얼음이 사라지고, 수십만 명이 거주하는 벵골만 주변의 땅이 침수되며, 미국 서부의 심각한 가뭄으로 국제 곡물 시장과 육류 시장은 큰 타격을 받게 된다. 지구의 평균 기온이 2도가 오른 시점부터 인류의 삶은 근본적으로 바뀌게 된다. 지구 온난화는 폭주기관차처럼 통제 불능 상태가 된다. 지구의 기온이 3도 오르면 극지방에는 사시사철 여름이 계속될 것이다. 이 상태가 되면 식물 세계의 반란이 일어나 초목이 광합성을 멈추는 현상이 일어난다. 극단적인 더위가 지속되면 일부 식물은 산소를 저장하고 대신 이산화탄소를 방출한다. 실제로 이런 일이 2003년 폭염에 허덕이던 유럽에서 일어났다. 지구의 평균 기온이 3도 오르면 아마존의 대부분이 사라지고 그로 인해 저장돼 있던 수억 톤의 이산화탄소가 방출된다. 이 어마어마한 양의 이산화탄소는 지구의 기온을 한 단계 더 끌어올릴 것이다. 지구의 평균 기온이 4도 상승하면 바닷물의 수위가 상승해 인구밀도가 높은 삼각주들을 집어삼킬 것이다. 수많은 사람에게 생명수를 공급해 주는 소중한 존재인 인도 갠지스 강 양쪽 끝의 산악 빙하와 인도양이 자멸하기 시작할 것이다. 세계의 기온이 5도 오르면 남반구와 북반구의 온대 지방은 사람이 살 수 없는 불모지로 변한다. 수억 명의 기후 난민이 발생할 것이며 지구의 광범위한 지역에서 심각한 생존 분쟁이 일어날 것이다. 지구의 평균 기온이 6도 상승하면 자연재해는 일상적인 사건이 되며, 이 상태가 지속된다면 수많은 생물종이 대량으로 멸종한다. 6도의 기온 상승은 지구 최후의 날의 시나리오라고 불린다. 마크 라이너스, 『6도의 악몽』, 이한중 옮김, 서울: 세종서적, 2008을 참조하라.

의 가치로 추구해 온 경제 성장 전략은 에너지 소비, 특히 화석 연료의 소비와 긴밀히 연동되어 주요 온실 기체인 이산화탄소를 대량 배출했고 이것이 지금의 기후 변화의 원인이 되었다.[5] 사람들은 지구가 아주 크기 때문에 인간이 무슨 실제적인 변화를 일으키겠느냐고 의아해하기도 한다. 하지만 앨 고어Albert A. Gore, Jr.가 『불편한 진실*An Inconvenient Truth*』에서 칼 세이건Carl E. Sagan을 인용하며 이야기했듯이, 지구의 대기권은 매우 '취약한vulnerable' 존재다.[6] 프리초프 카프라Fritjof Capra가 말한 '생명권biosphere' 개념에 비추어 보더라도 지구 전체의 크기에서 볼 때 생명이 살고 있는 영역은 아주 얇은 막에 불과하다.[7] 이렇게 연약한 지구의 대기권과 생명권이 지금 인간의 개입으로 무너지고 있는 것이다. 그 결과 오늘날 우리는 기후 변화에 관한 기사를 매일 접하고 있다. 한반도의 뚜렷한 사계절은 여름과 겨울만 분명한 아열대성 기후로 바뀌고 있으며, 삼한사온 현상이 사라지고, 식물의 북방한계선은 올라가고, 수온의 상승으로 어종이 변화하고 있다. 2009년에 몇 개월이나 지속된 강원 태백 지역의 지독한 가뭄은 기후 변화에 따른 물 부족 위기가 눈앞의 현실이 되었음을 말해 주었다.[8] 해수면 상승으로 시한부 사망 선고가 내려진 남태평양의

5 2005년 현재 세계적으로 공급된 제1차 에너지는 114억 3천 5백만 TOE Tonnage of Oil Equivalent로 이는 1970년 대비 두 배 가량 늘어난 것이다. 이 중 석유가 35.0%, 석탄 25.3%, 천연가스 20.7% 등 화석 연료가 차지하는 비중은 81.0%에 이르렀다. 화석 연료야말로 현대 자본주의 산업경제의 핵심적 동력이면서 기후 변화의 주범이다.

6 지구의 대기권이 취약한 것은 그것이 너무도 얇기 때문이다. 칼 세이건은 대기권의 두께를 "지구라는 농구공에 칠해진 왁스"로 비유한다. 대기권은 대류권, 성층권, 중간권, 열권 등 네 층으로 이루어져 있는데, 이는 총 140킬로미터에 달라며, 이는 지구 반지름의 약 50분의 1에 해당된다. 그러나 대기권 기체의 80%가 지상으로부터 약 12킬로미터 정도까지 뻗어 있는 대류권에 포함되어 있으며, 이 고도의 3분의 1 정도의 높이에서만 우리가 호흡하며 살아갈 수 있는 공간임을 감안할 때, 대류권의 두께는 그야말로 농구공에 칠해진 광택제에 비교될 수 있는 아주 얇은 것에 불과하다.

7 지구 생명이 존재하는 영역을 뜻하는 생명권은 "해양으로는 5~6마일 깊이에 달라며, 대기권에서도 비슷한 거리만큼 뻗어나간다"(프리초프 카프라, 『생명의 그물』, 김용적 · 김동광 옮김, 서울: 범양사, 1998, 282쪽).

투발루Tuvalu는 앞으로 나머지 세계가 어떻게 될지 보여 주는, 정말이지 '불편한 진실'이다.

그런데 더 큰 문제는 우리에게 그리 시간이 많지 않다는 점이다. '세계 환경 위기 시계'는 2008년에 이미 9시 33분을 가리키고 있었다.[9] 2007년 3월에 열린 UN 산하 '국가간기후변화위원회Intergovernmental Panel on Climate Change : IPCC'는 앞으로 적절한 대응이 이루어지지 않으면 지구 온난화가 홍수 · 가뭄 · 질병 · 극단적 기후 변화를 동반한 대재앙을 발생시킬 것을 경고했었다.[10] 지금과 같은 급격한 지구 온난화가 진행될 경우, 인간을 포함한 대부분의 지구 생명체에 엄청난 재앙이 초래될 것은 명약관화한 일이다. 문제는 인류나 다른 생명체들이 격심한 변화에 대응해 새로운 생존 방식을 찾기에 너무도 시간이 없다는 사실이다. 앞으로 10년 안에 인류가 생태적 문명 전환을 이뤄내지 못하면 우리에게는 미래가 없다고 말할 수 있다.

그런데 우리는 여기서 기후 변화가 "자본주의 경제의 생태적 전환, 아울러 물질 지향적인 자본주의적 가치와 인식의 생태적 전환을 촉구하는

8 한반도의 연평균 기온은 1912년부터 2008년까지 96년간 1.7도 올라, 한반도의 온난화 속도가 전 세계 평균보다 두 배 이상 빠르게 진행되고 있는 것으로 나타났다. (비슷한 기간 전 지구 평균 기온은 0.74도 정도 상승했다.) 이에 따라 한반도의 기후가 아열대화하고 있으며, 겨울은 22~49일 가량이 짧아지고 여름은 13~17일 가량 길어졌다. 지금 추세대로 온난화가 계속되면 2100년께에는 제주도와 울릉도, 동해안, 남해안 등 지역에서 겨울이 사라질 수도 있다고 한다. 그리고 이런 진행 속도라면 머지않아 한반도의 생태계가 완전히 변화하고 열대성 질병이 확산되는 등 기후 변화의 폐해가 가시화될 것으로 보인다(국립기상연구소, 「기후 변화 이해하기 II: 한반도 기후 변화의 현재와 미래」, 2009년 5월 7일 발간).

9 세계 환경 파괴에 따른 위기 정도를 나타내는 '환경 위기 시계'는 1992년 처음 조사를 시작한 이래 가장 위급한 상황이다. 1992년 7시 49분을 시작으로 지금까지 계속 인류 종말을 상징하는 12시를 향해 치닫고 있는데, 1997년에는 '매우 불안한 상태'를 의미하는 9시를 넘어섰으며(9시 4분), 2006년 9시 17분, 2007년에 9시 31분, 그리고 2007년에 9시 33분을 가리키고 있었다(『서울신문』 2008. 9. 17일자 보도).

10 이후 2년이 지난 2009년 3월에 2천 여 명의 환경 전문가들이 덴마크 코펜하겐에 모여 내린 결론은 2년 전 IPCC가 예측했던 것보다 훨씬 더 빠른 속도로 지구 온난화가 진행되고 있다는 사실이다.

자연의 메시지"임을 인식하는 것이 매우 중요하다(윤순진, 2008). 환경 문제는 자연 스스로가 만든 문제가 아니다. 그것은 인간이 만든 문제다. 구체적으로 인간의 경제 활동이 빚어낸 문제다. 그렇다면 생태 위기의 극복은 경제 문제의 해결에서 그 실마리를 찾을 수 있다. '생태 정의生態正義, ecojustice'를 강조하는 북미의 생태여성주의 신학자 로즈마리 류터 Rosemary R. Ruether도 지구의 파괴는 기술적 수정에 의해서가 아니라 모든 불의한 구조를 개혁해야 가능함을 역설했다.[11] 원래 '생태ecology'라는 말과 '경제economy'라는 말은 '한 집안' 혹은 '생명 공간'을 뜻하는 그리스어 '오이코스oikos'에서 파생된 말임을 유념하자. 북미의 생태여성 신학자 샐리 맥페이그Sallie McFague가 말하듯이, 우리가 "(자연) 사랑, 사랑"을 이야기하지만, "경제학 없는 사랑은 공허한 미사여구에 불과하다" (맥페이그, 2008: 195). 환경 문제는 기본적으로 산업의 문제이고 구조의 문제다. 현재 환경 문제의 본질은 자본주의 사회가 갖고 있는 대량 생산 · 대량 소비의 경제 구조에서 기인한다. 그 때문에 각 개인과 가정이 무엇을 할 것인가에 관한 구체적인 실천 방안을 찾는 것도 중요하지만, 생명의 문제에 관심을 갖는 모든 사람이 게을리해서는 안 되는 것은 현재의 파멸적 인류 문명, 특히 그 경제 체제에 대한 대안적 논의와 전문적 정책 대안의 제시일 것이다. 우리의 싸움은 허공의 바람과의 싸움이 아니다. 우리의 싸움은 결국 성장 지상주의자, 시장 만능주의자들과의 싸움이다.

11 그녀는 구체적으로 남성과 여성 간의 sexism, 계층 간의 classism, 나라 간의 imperialism, 그리고 인간과 자연 사이의 human-centrism을 네 개의 억압적 구조로 지목하고 이들의 '상호 구조 지어짐interstructuring'에 주목할 것을 주문한다.

3. 신자유주의의 몰락

조류가 바뀌고 있다. 사상의 조류가 집산주의에 대한 믿음에서 벗어나
개인주의와 사적 시장에 대한 믿음으로 향하고 있다.
시대의 사조가 철의 장막 양쪽에서 이렇게 극적으로 바뀔 것이라고는 정말 꿈도 꾸지 못했다.
(Friedman, 1980: ix)

약 30년 전 1976년 노벨 경제학상 수상자인 밀튼 프리드먼Milton Friedman은 그의 아내 로즈 프리드먼Rose Friedman과 함께 신자유주의가 지배하는 세상이 도래한 감격을 이렇게 표현했었다. 하지만 영원할 줄만 알았던 이 세상이 이렇게 빨리, 또한 이렇게 극적으로 바뀔 것이라고는, 그들은 "정말 꿈도 꾸지 못했"을 것이다.

2008년 월가의 금융 위기로 경제 신자유주의는 종언을 고했다.[12] 1929년 대공황 이후 최악의 금융 위기라는 이번 참사는 다시 한 번 우리에게 '규율받지 않는 시장'은 언제든지 거대한 탐욕과 투기의 전쟁터로 변할 수 있음을 여실히 보여 주었다. 충격은 오래갈 것이다. 그리고 신자유주의를 대체할 새로운 사상이 전면적으로 등장할 때까지, 세계는 신자유주의와 정부 개입 이데올로기가 혼재하는 불확실성의 긴 터널을 통과하게 될 것이다.

처음에 미국에서 서브프라임 모기지 사태가 시작되었을 때만 해도 그 파장이 이렇게까지 클 줄 짐작한 사람은 많지 않았다. 위기의 씨앗은 눈앞의 고수익에 눈이 어두워진 금융 기관들이 신용이 취약한 계층에게 마구잡이로 돈을 빌려 준 것이었다. (심지어는 죽은 사람의 이름으로도 대

12 경제 신자유주의 사상에 대한 철학적 · 신학적 비평은 필자의 졸고, 「경제 세계화와 하이에크의 신자유주의에 대한 신학적 비판」, 『신학사상』 2003년 겨울호를 참조하라.

출을 해 주었다고 하니 그 도덕적 해이와 방종이 가히 하늘을 찔렀다.) 그런데 미국 전체 주택 담보 대출 시장에서 겨우 9% 정도의 작은 비중밖에 차지하지 않는 서브프라임이 미국 전체, 나아가 세계를 집어삼키는 '괴물'로 변신하게 된 이유는 무엇이었던가? 그것은 역설적으로 미국이 그동안 글로벌 스탠더드라며 우리나라를 비롯한 세계에 강요해 왔던 '자유 시장'과 '첨단 금융 기법' 때문이었다.[13]

미국식 금융 자본주의는 1980년대 초 시작된 '레이거노믹스'로부터 본격화되었다. 레이거노믹스 아래서, 1929년의 대공황 이전까지 세계 경제를 주물렀던 전업 투자은행Investment Bank : IB들이 다시금 금융 자본주의의 주인공으로 부상했다. 컴퓨터와 수학 및 공학의 발달까지 이루어지면서 이들 전업 투자 은행들은 이른바 파생 금융상품이란 걸 만들어 그 규모를 50조 달러로 키웠다. 스스로는 첨단 금융 기법을 개발했다며 '리스크 제로risk zero'의 환상에 취했다. 자기 자본의 100배에 달하는 돈을 빌려 이리저리 투자하는 위험천만한 짓도 서슴지 않았다. '세계화'라는 이름 아래 미국의 금융 자본은 아무런 규제 없이 국경을 넘나들었고, 이들이 벌어들이는 돈은 제조업이 거덜난 미국을 세계 최강국으로 지탱시키는 힘이 됐다. 물론 '카지노 자본주의'라는 비판이 거셌지만 이에 아랑곳

13 제2차 세계대전 이후 세계 경제는 두 단계의 과정을 밟아왔다. 첫 단계는 전후부터 1970년대 초반까지, 경제학자들이 이른바 '산업 자본주의'의 황금기라 부르는 브레턴우즈Bretton Woods 체제의 시기와, 두 번째는 고정환율제와 자본의 국제적 이동에 제약을 가하고 있던 이 체제가 붕괴한 이후 지금까지, 즉 경제학자들이 '금융 자본주의' 단계라 부르는 시기다. 신자유주의와 연계된 바로 이 금융 자본주의 아래서 지난 40년간 세계 경제에 많은 변화가 일어났다. 그 중 가장 크고 위험한 변화는 금융 자본의 전면 부상이다. 사적으로 통제되는 금융 자본은 먼저 '공공의 책임성'이 없다. 이문을 낼 수 있는 곳이면 땅 끝까지도 찾아가지만, 자신의 기대가 거품으로 판명되었을 때 즉각 그 비용과 손실을 '사회화'한다. 또한 사적 금융 자본은 투자가 아니라 투기를 본업으로 한다. 국제 외환 시장에서 거래되는 하루 약 1.5조의 천문학적인 자본 가운데 단지 2.5%만이 실물경제에 쓰이고 있으며, 나머지 97.5%는 '약탈 자본주의'의 첨병으로 알려진 헤지 펀드에 의해 주도되는 단기성 투기다. 그래서 누군가는 분명 돈을 벌지만, 일자리가 창출되지도, 공장이 새로 지어지지도, 그리고 작은 부품 하나가 만들어지지도 않는다.

하지 않았다. 하지만 방종과 오만의 대가는 너무나 컸다. 지난 월가 금융 사태의 뇌관 구실을 한 파생 금융상품Credit Default Swap: CDS에서 엿볼 수 있듯이,[14] 대형 투자은행들이 벌이는 머니게임 속에서 리스크는 결코 죽지 않았다. 다만 시한폭탄처럼 이리저리 떠넘겨졌을 뿐이다.

이런 특성의 금융 자본주의 아래서 과연 부富는 어떻게 창출되는가? 흥미롭게도 국제 금융 시스템은 '부채'를 창출함으로써 (가치가 아니라) 돈을 창출한다. 사실 급속하게 축적되어 온 국제 금융자산의 대부분은 부채다. 빚이란 말이다. 현재의 금융 시스템은 실질 가치를 창조하지 않고도 부채의 창출을 통해 부를 창출할 수 있으며,[15] 자산 가치의 증식을 통해서도 부를 창출할 수 있다.[16] 우리가 사는 현대 금융 자본주의 아래서 돈은

14 단순화한 CDS 모형은 A가 B에게 돈을 꿔준 뒤 그 돈을 받을 '권리'를 C에게 팔고, 다시 D, E, F…… 의 손에 무한정 떠돌아다니는 것으로, 최종적으로 그 권리를 손에 쥔 투자자의 운명은 정작 누군지도 모르는 이 B의 돈 갚을 능력에 달려 있다.

15 전통적인 교본을 이용해 재무 체제가 어떻게 피라미드식으로 부채를 축적함에 따라 부를 창출하는지 예를 들어보면 다음과 같다. A라는 농부가 1,000달러어치의 밀을 팔고 10%의 적립금을 유지하는 A'라는 은행에 그 돈을 저축했다고 치자. A' 은행은 B라는 사람에게 900달러를 대출해 주고, B라는 사람은 B' 은행에 있는 자신의 계좌에 그 돈을 저축한다. 이제 A라는 사람은 A' 은행에 1,000달러의 현금 자산을 소유하고 있고, B라는 사람은 B' 은행에 900달러의 현금 자산을 소유하고 있다. 10%의 적립금을 유지하면, B' 은행은 C라는 사람에게 또 다른 810달러를 대출해 줄 수 있고, C는 C' 은행에 그 돈을 저축하고, C' 은행은 D에게 729달러를 대출해 줄 수 있다. 대출과 예금은 이런 식으로 계속된다. 실질적으로 소비할 생산물을 생산해 벌어들인 본래의 저축액 1,000달러로 재무 체제는 부차적인 새로운 저축에서 최종적으로 9,000달러를 생성해 낼 수 있으며, 이 새로운 저축액은 그에 상응하는 새로운 부채 9,000달러를 생성한 데 따른 것이다. 이렇게 돈은 생산에 필요한 단 하나의 실질 가치도 없이 창조될 수 있다. 이 연쇄적인 거래에 개입된 은행들은 이제 새로운 대출금 9,000달러와 함께 밀 판매로 얻은 1,000달러의 원 저축액에 입각한 대출로 새로운 저축금 1만 달러를 소유하게 된다. 그들은 이제 계속적으로 발생하는 이자의 수령을 예상한다. 그 이자율을 6%라 치자. 이는 재무 체제가 최소한 연간 540달러에 달라는 수익을 올릴 것으로 예상할 수 있음을 의미하며, 이 수익은 재무 체제가 기본적으로 '무無에서 창조'해 낸 돈에 따른 수익이다(이상 데이비드 코튼David C. Korten, 『기업이 세계를 지배할 때*When Corporations Rule the World*』, 서울: 세종서적, 1997, 267-279쪽을 참조함).

16 뉴욕 주식 시장의 다우존스 산업 주가가 단 하루 만에 22.6%나 하락했던 1987년 10월 19일, 투자자들은 당시 원자력 항공모함을 1천 대나 살 수 있는 액수인 1조 달러 이상의 막대한 손실을 입었지만, 이 돈은 단지 사람들이 돈을 먹지 못한다는 아주 단순한 이유 때문에 단 한 톨의 쌀알만큼도 세계의 실질적인 식량 공급을 감소시키지 않았다. 주식 시장 가치의 붕괴는 단지 특정 회사의 지분을 구매할 수 있는 가격의 변동을 의미하기 때문이다.

이제 거의 순수한 추상물이 되고 있으며, 화폐의 창조는 가치의 창조에서 분리되고 있다.[17] 그러니까 지금 우리가 경험하고 또 목도하고 있는 것은 시장 투기가 부의 환상을 창조하는 새로운 상황이다. 물론 이 환상은 그것을 가진 자들에게 실질적인 힘을 전달한다. 하지만 이는 풍선이 부풀어 있을 때에만 그렇다. 그래서 다음과 같은 일이 일어났다.

> 잘 나간다는 차이나 펀드나 남들 다 한다는 펀드 몇 개에 소액 자산을 쪼개 넣었다. (……) 복잡한 파생 상품 설명에 질리자, 호기롭게 그냥 질렀다. 잠깐은 재미도 봤다. 수익률 예상 조회를 해 보면, 하루만에도 몇 달치 은행 이자만큼이 붙어 있었다. 어디서 그런 돈이 오는지는 궁금하지 않았다. 중국 경제가 자동차를 팔아 돈을 버는지, 가짜 시멘트나 멜라민을 가득 탄 우유로 수익을 내는지는 고려 대상이 아니었다. (……) 물론 나는 개중 어설픈 개미 투자자였겠지만, 상당수 보통 사람들도 펀드 수익이 발생하는 근원을 따져보는 대신 펀드사 이름값에 휘둘렸을 것이다. (……) 그래서 그 결과는, 미국발 금융 대공황이다. 보통 사람들이 이해하는 상품 생산과 거래를 제쳐두고 돈만으로 돈을 벌어들인다는 파생 상품의 수익 잔치는 거대한 사기극이었음이 들통났다(정세라, 2008).

과연 이 '거대한 사기극'으로부터 자유로운 사람은 얼마나 될까? 시장

17 돈은 인간의 욕구를 충족시키기 위해 창조된 인간의 가장 중요한 발명품 중 하나지만 각 단계의 화폐 개혁은 화폐를 물건의 실질적인 가치로부터 분리시켜 왔다. 특히 1971년 8월 15일, 리처드 닉슨Richard Nixon 대통령이 미국은 더 이상 금을 요구하는 국가에 달러를 교환해 주지 않을 것이라고 선포한 이후, 달러는 여러 가지 숫자와 난해한 삽화가 찍힌, 미국 정부가 발행한 고급 종잇조각 이상의 것이 아니게 되었다. 그리고 컴퓨터가 널리 사용되자, 그 다음 단계는 종이를 제거하고 컴퓨터에 단순히 수치만을 저장하는 것이 되었다. 지금도 동전과 지폐가 지속적으로 유통되고 있지만 갈수록 더 많은 세계 통화 거래는 컴퓨터 간의 직접적인 전자 이체로 이루어지고 있다. 이렇게 화폐는 거의 순수한 추상물이 되고 있으며 화폐의 창조는 가치의 창조에서 점점 더 분리되고 있다.

이 미친 듯 돌아가면서 이른바 '재테크'라는 이름으로 온통 불로소득을 쫓아다닐 때, 그리고 세계 외환시장의 변동에 따라 '돈 놓고 돈 먹기' 식으로 한몫 잡겠다고 온 세상이 날뛸 때, 얼마나 많은 사람이, 특히 종교인들이 이런 식으로 '나의 풍족함을 위해 다른 이들에게 고통을 떠넘기는 일'이 다름아닌 죄라고 설교하고 가르쳤는가? 성실하게 땀 흘려 노동하지 않고 누리는 부가 사실은 가난한 사람들뿐만 아니라 자연에 대한 약탈의 결과라고 가르쳤는가? 아니 오히려 이 땅의 많은 기독교 교회는 청빈淸貧이 아니라 청부淸富가 '성경적 원리'라고 가르치지는 않았던가?[18]

과거의 독재자들은 '강압'으로 국민을 지배했다. 금융 자본이라는 오늘날의 맘몬Mammon: 재물 신은 돈에 대한 우리의 '사랑'을 무기로 우리를 지배한다. 스리랑카의 신학자 얼로이시우스 피에리스Aloysius Pieris는 '가난으로부터의 자유freedom from poverty'가 '가난으로부터 오는 자유freedom that comes from poverty'와 결합되지 않으면 우리는 맘몬과의 싸움에서 이길 수 없다고 말했다(Pieris, 1990: 80). 예수는 우리가 "하나님과 맘몬(재물 신)을 겸하여 섬기지 못한다"(마태 6: 34)고 단언했다. 그러면서 "가난한 자는 복이 있나니 하나님의 나라가 너희 것이다"(누가 6: 22)라고 선포했다. 신자유주의가 몰락한 지금과 같은 대변화의 시대, 지금 우리에게 가장 필요한 것은 먼저 맘몬에 대한 우리의 은밀한 사랑과 비겁한 굴종으로부터 영적·정신적 자유를 얻는 것이다. 이를 신학적으로 표현하면, 돈의 신 맘몬으로부터 생명의 신 하나님으로 돌아서는 것이

18 김이태 목사는 "오른손에는 장수가 있고 그의 왼손에는 부귀가 있나니"(잠언 3:16)를 근거로 부에 대한 '성경적 원리'를 가르친다. 김 목사에 의하면 "성경에는 믿음과 기도에 관한 말씀이 약 500번 나오는데 반해 재물과 소유에 대한 말씀은 2,350번 나온다"며 "성경을 자세히 보면 청빈보다 청부를 더 강조하는 것을 알 수 있다"고 주장한다. 김 목사는 "아브라함이 포로가 된 조카 롯을 구하기 위해 400여 명의 사병을 거느렸던 것을 볼 때 요즘 시대로 말하면 재벌"이라며 "우리가 가진 소원이 하나님의 뜻과 일치할 때 우리 또한 성경에서 약속한 부를 누릴 수 있다"고 주장했다(『기독교초교파신문』, 2008년 3월 16일).

다. 즉 '회심'하는 것이다. 이것이 지금의 경제 위기 시대 우리에게 요청되는 '가난의 영성'이라고 생각한다. 그리고 바로 이런 영성이 '생태적 영성'과 결합되어야 우리에게는 새로운 문명의 길을 상상할 수 있는 길이 열린다고 필자는 믿는다.

4. 대안은 있는가?

비판은 쉽다. 하지만 대안은 있는가? 월가의 몰락 이후 다행히 고삐 풀린 금융 자본의 파괴 행위를 제어하기 위한 국제적 거버넌스 움직임이 강화되고 있다. 하지만 우리는 시장에 대한 국가의 개입을 강조하는 케인스주의로의 복귀가 신자유주의 경제 체제에 대한 유일한 대안이라는 생각에서 벗어나야 한다. 국가의 시장에 대한 통제권을 회복하는 것이 마치 만병통치약이나 되는 것처럼 생각하는 것에서 벗어나야 한다. 우리에게는 좀 더 근원적이고radical 현실적인realistic 대안이 필요하다. 그것은 첫째로 경제의 '지역화', 둘째로 화석 연료에 기초한 현 인간 문명으로부터의 탈피, 그리고 셋째로 '생태 경제'로의 문명사적 전환이라고 생각한다.

첫째로, 신자유주의 경제 세계화의 대안은 경제의 '지역화localization'다. 이 말은 지금의 팽창 지향적인 단일 지구촌 경제 모델을 버리고 세계 경제를 '작은 규모small scale'의 지역 경제로 재편하고 다원화해 그들 간의 평등하고 호혜적인 상호 협력 관계를 창출하는 것을 말한다. 물리적으로 큰 시장이 더욱 효율적이며 번영에 더욱 효과적이라고 주장하는 사람들이 있지만, 일찍이 에른스트 슈마허Ernst F. Schumacher는 이런 생각을 '거대망상증giantism'이라고 비판했으며, 언제나 자연 환경에 덜 유해한 작은 규모로 세계 경제를 재편하는 것이 인류의 미래가 걸린 '사활적 과제'라고 역설한 바 있다(Schumacher, 1973: 36, 67). 대규모 시장 경제는 언제나 자원 집약적이며, 경제의 규모가 커질수록 당연히 비용은 증가한다. 요점은 자연자원이 유한하기 때문에 인간의 경제 활동 규모도 반드시 그 한계 안에 제한되어야 한다는 것이다.

둘째로, 신자유주의 경제 체제에 대한 근원적인 대안은 화석 연료에 기초한 현재의 에너지 문명에서 탈피하는 것이다.[19] 기후 변화뿐만 아니라 '피크 오일peak oil'과 자원의 고갈이 '전 지구적 삼중 위기global triple crises'로 지목된 지 오래다.[20] 월가의 붕괴 이후 '시장의 실패'라는 말이 유행하고 있는데, 월드워치연구소World Watch Institute의 레스터 브라운Lester Brown은 무엇이 '진정한' 시장의 실패인지를 우리에게 환기시켜 준다. 시장의 실패란 시장 메커니즘으로는 효율적인 자원 분배가 이뤄질 수 없는 경우를 말한다. 브라운에 의하면, 지금 무너지고 있는 것은 월가가 아니라 화석 연료를 기반으로 하고 있는 우리의 인간 문명 그 자체다. 핵심 원인은 시장 가격에 '진실'이 담겨 있지 않기 때문이다. 예를 들어 각종 석유 제품이나 육류의 시장 가격에는 지구 온난화나 사막화 등의 간접적인 비용이 반영돼 있지 않다. 마땅히 받아야 할 정당한 가격이 포함되

19 화석 연료는 고생대古生代, paleozoic era의 석탄기에 식물이 화석화되면서 그 안에 에너지가 포획된 것이기에 '매장된 햇빛buried sunshine'이라고 말할 수 있다. 현대 산업 사회는 지구의 역사에서 아주 긴 시간에 걸쳐 만들어진 화석 연료를 3백 년이라는 짧은 시간에 소진해 가고 있다. 현대적인 잉여 경제surplus economy와 원료와 제품, 자본, 사람이 국경을 넘나들며 이동하는 세계화는 사실 자연의 흐름과 속도에 구애받지 않는 삶의 양식이며 이는 오직 이 '매장된 햇빛'을 사용함으로써만 가능하다(이상 윤순진, 「기후 변화가 요구하는 시대적 성찰」).

20 특히 '피크 오일'에 대해서는 얼마 전 KBS가 방영한 다큐멘터리 3부작 〈호모 오일리쿠스〉를 참조하라. 사우디아라비아에 있는 세계 최대의 유전은 원유가 잘 올라오지 않자 거대한 송수관을 땅속에 묻어 물을 퍼넣고 있었다. 전문가들은 석유 생산의 정점을 뜻하는 '피크 오일'이 1971년이었을 것으로 추정한다. 1억 5천만 년에 걸쳐 만들어진 석유 자원을 인류는 겨우 150년 만에 거의 다 파 쓴 것이다. 이 다큐멘터리에 의하면 현재의 인류는 석유를 '쓰고' '마시고' '입는,' 즉 석유에 중독된 인간, '호모 오일리쿠스'다. 지난 150년간 인류 문명의 원동력이 된 석유는, 하지만 곧 인류의 기억 속에서 짧은 번영의 역사로 기억될지도 모른다고 이 다큐는 주장한다. 다큐 다시 보기: http://www.kbs.co.kr/1tv/sisa/homooilicus/vod/1550807_27687.htm

지 않고 싸게 공급되다 보니 당연히 자원이 고갈되고 과잉 개발된다. 이렇게 시장이 '잘못된 신호'를 보내는 바람에 석유와 육류 소비가 많아지고 우리는 그 문화에 안주하게 된다. 이것이 바로 시장의 실패다. 많은 오염 물질을 배출하는 정유 공장은 대기 오염이나 지구 온난화 등 사회적 비용을 일으키는데도 불구하고 정유 가격에 이 비용을 포함시키지 않아 사회적으로 적정한 수준 이상의 소비를 초래할 수 있다. 이것이 바로 시장의 실패다. 문제는 누군가 반드시 이 비용을 부담하게 되어 있다는 점이다. '공짜 점심free lunch'이란 것은 어디에도 없다. 언제 그리고 누가 부담하는가만 정해지지 않았을 뿐이다. 그런데 지금 우리 모두가 그 대가를 치러야 하는 때가 왔다. 그러므로 이제 우리가 전쟁과 폭력으로 얼룩진 현대 문명으로부터 근본적으로 탈출하려면 우리는 특정 지역에 묻혀 있는 석유 자원이 아니라 하늘이 이 세상 누구에게나 골고루 내려 주는 태양빛과 또 지구의 70%를 이루고 있는 물에 의존하는 에너지 문명으로 근본적인 패러다임 전환을 이뤄내야 한다.[21]

셋째로, 신자유주의 경제 체제의 근원적인 대안은 생태 경제로의 전환이다. 현재의 경제 위기로부터의 탈출은, 무한한 경제 성장이 가능하며 경제적 발전이 곧 빈곤으로부터의 탈출이라는 기존의 경제적 신앙과 가설을 극복하는 데에서 시작되어야 한다. 고전적 자유주의든, 신자유주의든, 케인스주의든, 마르크스주의든, 비록 그들이 시장과 국가와 자본주의에 관

21 지구상에 일 년 동안 들어오는 태양 에너지의 양은 인류 전체가 1년간 사용하는 에너지의 1만 5천 배나 된다. 이 고갈되지 않고 깨끗하고 안전한 에너지를 이용하기 위해 태양광 발전, 태양열 발전, 풍력 발전, 수력 발전, 바이오매스 발전, 조력 발전 등을 위한 기술이 이미 개발되어 사용되고 있다. 특히 풍력 발전은 덴마크에서 전체 전기 생산의 25%, 독일에서 5%를 차지하고 있으며, 전 지구적으로도 해마다 약 40%씩 증가하고 있다. 한국은 현재 식량의 80%, 에너지의 98%를 외국에서 수입하고 있다. 우리에게도 고갈되지 않는 에너지, 기후 변화를 일으키지 않는 에너지, 그리고 안전하고 깨끗한 에너지는 생존이 걸린 긴박한 문제인 것이다(이필렬, 『다시 태양의 시대로』, 서울: 양문, 2004를 참조하라).

해 서로 적대적인 견해를 가지고 있다 할지라도, 그들은 끝없는 '물질적 진보'를 정당화한다는 점에서 근본적으로 하나다. 말하자면 그들은 모두 서구 계몽주의의 자식들이다. 사실 지금까지 무한한 경제 발전이 가능한 것처럼 잘못 인식되어 온 이유는 경제를 자연에서 고립된 것처럼, 그리고 또한 인간의 경제 안에 자연이 한 하부 구조로 포함되어 있는 것처럼 생각해 왔기 때문이다.[22] 하지만 생태경제학자 허먼 데일리Herman E. Daly가 주장하듯이, 경제란 그 물리적인 차원에서 "유한하고, 성장하지 않으며, 물질적으로 닫힌 지구의 에코 시스템 속에 존재하는 열린 한 하부 구조"다(Daly, 1996b: 193). 이런 견해에서는 에코 시스템이라는 큰 원 안에 인간 경제라는 작은 원이 포함된다. 데일리는 어떤 특정한 지점을 넘어서면 경제 성장은 물리적으로나 경제적으로 지속 가능하지 않으며 또한 도덕적으로도 바람직하지 않다고 말한다. 왜 지속 가능하지 않은가? 인류는 이미 오래 전에 경제의 '규모'면에서 성장의 최종적인 생물 물리학적biophysical 한계를 넘어섰기 때문이다. 왜 바람직하지 않은가? 인류는 이미 최적의 규모, 즉 더 이상의 성장은 그 성장의 가치보다 더 많은 것을 잃게 만드는 어떤 지점을 통과했기 때문이다.[23] 마치 무한정 책을 사 모으

22 그리고 전통적 경제학 교과서들은 경제를 재화의 기계적 흐름으로, 즉 하나의 폐쇄된 시스템 안에서 생산과 소비 사이의 진자 운동인 것처럼 기술한다.

23 이상 Daly and Kenneth N. Townsend, *Valuing the Earth: Economics, Ecology, Ethics*, Cambridge, Mass.: MIT Press, 1993, preface; 그리고 Daly, *Beyond Growth*, pp.215, 223을 참조하라. 데일리의 생태경제학은 애덤 스미스나 카를 마르크스의 영향이 아니라 현대 과학, 특히 현대 생물 물리학biophysics으로부터 지대한 영향을 받았다. 그래서 정통 경제학에 대한 데일리의 비판의 요지는 그것이 현대 물리학과 생물학이 밝혀 낸 가장 기본적인 자연의 법칙들을 진지하게 수용하지 않고 있기 때문에 '비과학적'이라는 것이다. 생물 물리학적 관점에서 생명의 과정은 "정상 상태正常狀態, steady-state의 열역학적 불균형으로 주위 환경으로부터 낮은 엔트로피를 섭취하면서, 즉 높은 엔트로피 산출물을 낮은 엔트로피 투입물과 교환함으로써, 평형(죽음)으로부터 끊임없이 거리를 유지하는 것"이다. 여기서 중요한 것은 '열역학의 제1법칙'(우주 안의 모든 물질과 에너지는 불변한다. 창조되지도 파괴되지도 않는다. 단지 그 형태만 바뀔 뿐이다)만이 아니라, '열역학의 제2법칙'(우주 안의 모든 물질과 에너지는 한 방향으로만 변한다. 유용한 상태에서 무용한 상태로, 질서 있는 상태에서 무질서한 상태로 변한다)이다. 이와 같은 열역학의 제2

기만 하고 버리지 않는 도서관이 이 세상에 존재할 수 없듯이, 영원한 경제 성장은 불가능하고 어느 지점에서는 반드시 멈춰야 한다. 간디 Mohandas K. Gāndhi가 남긴 말처럼, 우리의 지구는 모든 사람의 필요need를 만족시키기에 충분하지만 모든 사람의 욕심greed을 만족시키기에 충분하지 못하다. 데일리도 지적하듯이, 실재의 세계에 사는 인간은 만족을 모르는 '경제 인간*homo economicus*'이 아니며, 인간의 '상대적 필요'는 만족시킬 수 없어도 '절대적 필요'는 만족시킬 수 있다(Daly & Townsend, 1993: 155). 그 때문에 가난의 문제 해결은 실패한 것으로 드러났고 또한 환경적으로도 지속 가능하지 않은 것으로 판명된 '양적 성장quantitative growth'에 의해서가 아니라, 분배 정의의 실현과 인구 증가의 억제와 같은 사회적 관계의 개혁, 즉 '질적 발전qualitative development'에 의해 해결되어야 한다.[24] 경제의 목표는 '무한한 빵'이 아니라 '충분한 빵'이 되어야 한다. 필자는 이것이 '일용할 양식'을 구하라고 가르치신 예수의 정신과도 일맥 상통한다고 생각한다.

5. '신-인간-자연'의 재구성

우리는 우리의 세계가 생물 물리적으로 한계를 가진 세계임을 인식해

법칙에 따르면, 경제란 그 물리적 측면에서 영원히 또는 아주 오래 성장할 수 없다. 데일리는 바로 이와같이 엄연한 과학적 사실이 왜 경제 과정의 물리적 서술에는 적용되지 않았느냐며 심각한 문제 제기를 던진다(이상 Daly, *Valuing the Earth*, pp.249, 256ff.; Daly, *Beyond Growth*, p.214를 참조하라).

24 데일리에 의하면, 성장에 대한 대안은 '지속 가능한 성장' 혹은 '녹색 성장'이 아니라 '지속 가능한 발전'이다. 데일리는 '성장growth(규모의 양적 증대)'과 '발전development(보다 높은 단계로의 질적 진화)'은 두 서로 다른 것이라고 말하면서 '성장 없는 발전development without growth'이 곧 '지속 가능한 발전sustainable development'이라고 정의한다(Daly, "Sustainable Growth? No Thank You," pp.193-195를 참조하라).

야 한다. 그리고 그에 발맞춰 인간 중심적인 세계 이해에서 벗어나야 한다. 사실 경제 성장을 둘러싼 논쟁은 단순한 기술적 논쟁이 아니라 우리 인간이 가진 세계관의 근본적인 변화를 수반하는 논쟁이다. 즉 생태적 대안 경제는 기술적 해결책이 아니라 도덕적이고 종교적인 해결책인 것이다. 1967년 「생태적 위기의 역사적 뿌리」라는 한 편의 짧은 논문에서 기독교의 '지독한 인간중심주의'가 오늘날 생태 파괴의 근본 원인이라고 지목함으로써 현대 기독교 신학 사상의 대각성을 촉구한 화이트도 현재의 생태적 위기는 과학과 기술의 힘에 의해 극복할 수 있는 성질의 것이 아니며, 이 위기에 대한 본질적 대책은 다름아닌 종교적인 것이 되어야 한다고 말했다.[25]

화이트의 논문에 대한 반성으로 현대 기독교 신학에서는 다양한 생태학적 논의가 시작됐다. 가장 처음 의미 있는 노력을 한 사람은 예수회 신학자이며 과학자인 테이야르 드 샤르댕Teilhard de Chardin이다. 그는 우주를 시 · 공간상의 일차적인 계시적 실재로 이해함으로써 과학과 종교 사이의 이혼 상태를 치유하는 데 관심을 기울였다. 비록 그에게 진화 과정은 전적으로 인간에게 집중되어 있었고 또한 인간의 파괴적인 측면을 이해하지 못해 지나치게 낙관적이었다는 비판을 받지만, 자연철학과 자연신학의 종합에서 진일보해 우주를 살아 있는 유기체로 보았다는 점에서 이후 기독교 생태신학 발전에 많은 통찰력을 주었다. 드 샤르댕에 이어 도미니크회 수사 매튜 폭스Matthew Fox가 창조 영성creation spirituality을 제안했다. 그는 인간이 속한 우주에 대한 경외심을 고양시키는 영성이 없다면 환경에 대한 경외심도 생기지 않을 것임을 역설하면서, 서구 기독교

25 Lynn White, Jr., "The Historical Roots of Our Ecological Crisis," *Science*, vol. 155, 1967, pp.1203–1207을 참조하라. 그는 이렇게 말한다. "Since the roots of our trouble are so largely religious, the remedy must also be essentially religious."

역사에서 가려져 왔거나 왜곡된 영성의 전통을 새로 조명했다. 그는 특히 11~13세기 독일 라인 지방에 살았던 네 명의 신비주의자에 주목하면서,[26] '원죄原罪, original sin'가 아니라 '원복原福, original blessing'을 강조했다.[27] 비록 그의 창조 영성이 피상적이고, 다양한 기독교 전통을 지나치게 단순화하며, 따라서 죄나 죽음과 같이 기독교 전통에서 중요한 문제들에 깊은 해명을 못한다는 한계에도 불구하고, 그의 사상은 기독교 신학에 새로운 신-인간-자연 이해의 길을 열었다는 점에서 높이 평가할 만하다. 세 번째로 우리가 주목해야 할 발전은 과정 사상에 근거한 생태신학이다. 앨프리드 화이트헤드Alfred North Whitehead의 과정 사상은 모든 존재가 그 근원적인 특성상 관계적이라는 것을 전제하며 모든 이원론적이고 기계론적인 사상에 도전했다. 유기체 철학이라고도 불리는 이 사상에 근거해 존 캅 2세John B. Cobb, Jr.와 데이비드 그리핀David Griffin과 같은 신학자들이 모든 존재 사이의 상호 연관성을 강조하면서 전통적인 남성 신 개념을 거부하고 신의 응답적이고 교감적이며 고통을 나누는 사랑을 강조하는 과정신학을 발전시켜 나갔다.

그런데 이러한 흐름 안에서 우리의 특별한 주목을 끄는 것은 생태여성주의ecofeminism 신학의 발전이다. 1972년에 처음으로 로즈마리 류터Rosemary R. Ruether가 페미니즘과 환경 문제 사이에 깊은 연관성이 있음을 시사한 이후, 여성 신학자들은 생태계 위기의 뿌리가 인간중심주의

26 그들은 힐데가르트Hildegard of Bingen, 멕틸드Mechtild of Magdeburt, 줄리앙Julian of Norwich, 그리고 마이스터 에크하르트Meister Eckhart다. 이들에게 하나님은 아버지일 뿐 아니라 어머니다. 에크하르트는 하나님을 출산하는 어머니로, 줄리앙은 우주를 어머니이자 아버지인 하나님의 신성한 자궁으로 비유했다. 이들에게 육체와 영혼의 대립적 이원론적 사상은 찾아볼 수 없다. 심지어 에크하르트는 영혼은 육체를 사랑한다고도 말했다.

27 이에 관해서는 매튜 폭스, 『원복: 창조 영성 길라잡이』, 황종렬 옮김, 서울: 분도출판사, 2001을 참조하라. 폭스는 하나님을 어머니로 부르고 원죄의 중심성을 부인하며 페미니즘을 열렬히 찬양했다는 이유로 1988년 교황청으로부터 일 년 동안 침묵을 강요받기도 했다.

anthropo-centrism보다 더 깊은 곳, 즉 남성중심주의andro-centrism에 있음을 발견하게 되었다. 생태여성주의는 여성에 대한 억압과 자연에 대한 억압이 '쌍둥이 억압'이며 이 억압의 뿌리로 서구 사상 속에 있는 남성들의 이원론적 인간관과 세계관을 지목했다. 류터는 이원론적 세계관이 본래의 기독교적 세계관이 아니라고 단언한다. 하지만 기독교가 이를 받아들였고 서구 세계에서 기독교가 가지고 있던 막강한 영향력을 고려해 본다면 생태계 위기의 뿌리가 기독교 신학이 지니고 있는 이원론이라고 말해도 무리는 아니라고 인정한다. 하지만 이런 이원론적 세계관으로 인해 기독교 신학사상 안에서는 교부教父들로부터 시작해 육체에 대한 경멸, 여성에 대한 경멸적 사고가 시작됐다. 그리고 신을 위에 있는 초월적 존재로, 또한 남성이라고 인식하기 시작했다. 그 결과 남성을 여성보다 위에 있는 존재로 보는 계층적 이원론이 형성되었다. 이렇게 '하나님(선)—천사—남자—여자—어린이—동물—식물—지구—악'으로 이어지는 '존재의 계층적 사슬hierarchical chain of being'에 따르면, 신은 비물체적 영으로 이 존재 사슬의 맨 위에 위치한다. 반대편에 있는 비영적 존재인 물체는 따라서 열등하고 당연히 인간에 의해 지배되어야 하는 것이다. 이러한 구조 안에서 인간은 자연보다 높은 위치에 놓임으로써 인간 아닌 것을 소유물이나 자원으로 취급하는 길이 열리게 되었다. 결국 이러한 인식 구조가 여성과 자연을 정복의 대상으로 간주하는 사상을 낳았던 것이다.

류터와 함께 북미 생태여성주의 신학을 대표하는 샐리 맥페이그는 새로운 은유metaphor에 근거한 생태신학을 풍성하게 발전시킨다.[28] 놀랍게

28 영문학을 전공한 문학 소녀였던 맥페이그는 신학을 공부하면서 예수의 언어였던 '비유'에 관심을 가졌다. 처음에 예수의 비유를 연구하던 그녀는 이를 '은유' 연구로 발전시켜 『은유신학 *Metaphorical Theology*』을 썼고, 지배적 은유를 '모델model'로 확장시켜 『하나님의 모델들*The Models of God*』을 집필했다. 이 과정에서 맥페이그는 모든 종교 언어의 본질을 '은유'로 보고 생태학적 위기 시대에 걸맞은 새로운 신론神論을 구성하는 데 전력을 기울였다. 맥페이그가 말하는 은

도 그는 이 세계에 대한 새로운 은유로 '하나님의 몸'으로서의 세계/자연을 제안한다. 그에게 신의 창조는 '육체적 사건'이다. 말하자면 우주는 신의 자궁에서 나온 것이다. 이것은 창조에 대한 '제작' 모델이 아니라 '출산' 모델에 가깝다. 제작 모델은 창조를 완성된 것으로 보기 때문에 정적이다. 이에 비해 출산 모델은 동적이다. 우주는 계속 자라고 변화하고 진화한다. 신은 이 우주의 "몸을 풀어" 이 우주에서 생명이 자라나게 하는 힘의 근원이 된다. 그러니까 온 우주는 하나님이 출산한 그의 분신이 되는 것이다.

맥페이그는 기후 변화의 문제를 정면으로 다룬 그의 최근작에서 지구 온난화를 가장 중요한 신학적 의제로 받아들이면서,[29] 인간을 포함한 전 지구적 생명의 위기 앞에서 다시 한 번 인간 사상의 근원을 다루는 신학적 패러다임의 변화부터 문명의 변화가 시작되어야 한다고 강조한다. 신과 인간과 자연에 대한 우리의 잘못된 인습적 이해 때문에 지구와 생명체들에 대한 파괴가 계속되고 있다고 그는 잘라 말한다. 잘못된 신관과 인간관 그리고 자연관이 우리의 잘못된 행동을 묵인하고 있고, 그렇다면 우리는 이러한 신관과 인간관과 자연관을 비판하고 해체해 새롭게 구성해야 하는 것이다.

정말이지 전통적 기독교 신학의 영혼 중심적이고 저 세상적인 구원관은 기후 변화의 위기 앞에서 인간을 방관자로 만들었다. 맥페이그는 오늘날 지구 시장을 다스리는 신고전주의 경제학은 이러한 전통적인 신학의

유는 형이상학적 절대 주장이나 존재론적 초월 개념과 무관하다. 또 가리키는 바에 실존적으로 참여해야 하는 '상징symbol'과도 다르고, 부분과 전체의 관계를 말하는 가톨릭의 '유비analogy'와도 구별된다. '그렇지만 그렇지 않은it is, but it is not' 특성 때문에 은유는 동일성identification의 원리를 배격하고 이 세상 속에서 전혀 다른 것을 상상케 함으로써 인습적 사고를 전복시킬 수 있는 실천적 힘을 지닌다.

29 샐리 맥페이그, 『기후 변화와 신학의 재구성』, 김준우 옮김, 서울: 기독교연구소, 2008을 참조하라.

구원관과 잘 어울리며 현재의 생태적 위기를 촉진한다고 비판한다. 전통적 기독교 신학은 이원론적 시각에서 세상을 바라본다. 영/육, 하나님/세계, 정신/육체 등을 두 개의 양립할 수 없는 가치로 나눈다. 그리고 어느 한 쪽이 다른 한 쪽보다 더 우월하다고 위계를 짓는다. 바로 이러한 이원론적인 위계 질서 안에서 신은 저 세상의 바깥에 초월해 존재하는, 위계 질서 맨 꼭대기의 존재다. 이 신은 흥미롭게도 인간의 영혼 구원에만 관심을 가지고 그 밖의 일에 관해서는 무관심하다. 또한 세상은 집home이 아니라 인간이 잠시 머물고 지나가는 호텔hotel과 같은 곳이기 때문에 인간은 살면서 내키는 대로 자원을 착취하고 과다하게 사용해도 된다. 바로 이런 전통적 신학관은 고전주의 경제학에서 해석한 인간, 즉 인간은 욕망을 지닌 개인적 존재라고 보는 인간관과 절묘하게 조화를 이루면서 생태계의 파괴를 가속화하고 있는 것이다.

하지만 이제 우리는 공동체적 인간 이해, 즉 인간을 '지구에 속한 존재'로 보는 인간 이해로의 전환이 필요하다. 인간만이 중요한 존재가 아니다. 물론 이 광활한 우주가 자기 자신을 인식한 '우주의 자의식'이 바로 인간이긴 하지만, 인간은 지구 '위'에 혹은 지구 '밖'에 군림하는 지배자가 아니다. 우리는 지구에 속해 있을 뿐만 아니라 물, 식량, 토지, 그리고 기후 등에 철저히 의존해 있다.[30] 우리는 지구 '안'에 다른 생명과 함께, 그리고 그 생명들 덕분에 존재한다. 이와 관련해 맥페이그는 의미심장한 신학적 선언을 한다. 그는, "하나님이 이 세계 속에 성육신成肉身, incarnation해

30 "꿀벌이 지구에서 사라지고 난 뒤, 4년 안에 지구는 멸망한다"고 아인슈타인이 말했다. 그런데 최근 몇 년 사이에 지구촌 곳곳에서 꿀벌들이 급속히 사라지고 있다. 정확한 원인은 알 수 없지만 지구 온난화 등 생태계의 변화와 관련이 있는 것으로 보인다. 그런데 꿀벌이 사라지면 인간이 먹을 것이 사라진다. 인류가 먹는 모든 식품 가운데 3분의 1이 곤충의 수분授粉 덕으로 생산된다. 이 중 80%를 꿀벌이 해낸다. 그러니까 인류가 21세기에 이르러 아무리 첨단 지식, 정보, 통신 사회를 이루어도, 한낱 미물에 지나지 않아 보이는 꿀벌의 도움이 없이는 인류는 결코 풍요로운 삶을 살 수 없는 것이다. 우리는 이렇게 생명의 그물망으로 서로 연결되어 있다.

계신다"고 말한다. 사실 이것은 기존의 전통적 기독교 신학이 가지고 있던 신-인간-자연 모델을 뒤엎는 대단히 과감한 제안이다. 그는 지금 하나님이 나사렛 예수 한 몸으로 성육신했다기보다 온 세계 속에 성육신했다고 말하고 있는 것이다. 이러한 이해에 의하면 신은 우주 밖이 아니라 우주 안에 있고, 인간과 삼라만상은 신을 드러내는 표지標識이며, 따라서 세계의 고통은 곧바로 신 자신의 고통이 된다. 그래서 창조와 성육신이 서로 다른 별개의 것이 아님을 주장하는 맥페이그에게 이 세계는 한마디로 '하나님의 몸Body of God'이다. 하나님과 세계/자연은 동일하지 않으나 그는 세계/자연을 하나님의 몸의 육화肉化라고 보는 것이다. 이러한 신학적 모델의 변화는 우리의 삶과 신앙에 어떤 변화를 가져오는가?

만약 우리가 이 세계/자연/우주를 하나님의 몸으로 이해한다면 우리는 하나님을 '천상天上'이나 '사후死後'에서가 아니라 '지금 여기' 이 땅 위에서 만날 수 있다. 그리고 우리가 신을 이 우주와 세계 안에서 만날 수 있다면 그것은 곧 우리의 실천 문제와 직결된다. 즉 굶주린 이들을 먹이고, 병든 자들을 치유하며, 온실가스를 줄이는 것이 바로 세계 안에서 신을 만나는 길이 되는 것이다. 신이 지금 여기 세계(지구) 안에 현존하기에 지구를 돌보는 것이 곧 신을 사랑하는 길이 되는 것이다. 사실 맥페이그는 신앙이라는 것을 "이 세계 안에 존재하는 자신의 삶 자체를 긍정하는 일"로 보았다. 이처럼 우리가 인간의 '생명 공간oikos'인 지구를 신의 현존現存의 자리로 인식하는 것은 기후 변화의 시대에 인류가 추구해야 할 문명사적 전환을 제안할 수 있는 종교적 근거가 된다고 필자는 믿는다. 세상을 기계가 아니라 유기체적인 몸으로 다시 볼 수 있을 때 그동안 우리를 지배하던 인습과 교리 그리고 거기에 기생하던 무한 성장의 이데올로기는 힘을 잃고 우리는 진실로 새로운 세계를 상상할 수 있는 영적 · 정신적 자유와 안목을 얻을 수 있는 것이다.[31]

6. 우주 신비주의의 복원

1632년 갈릴레오 갈릴레이Galileo Galilei가 그의 책 『대화』에서 지동설을 주장했을 때 당시 교회는 종교 재판을 걸어 그의 책을 금서로 지정했다. (교황은 359년이 지난 1991년에 와서야 이 종교 재판이 잘못된 것임을 인정하고 공식 사과했다.) 그런데 갈릴레이 지동설의 가장 중요한 의미는 무엇이었는가? 그의 이론의 가장 중요한 인류 정신사적 의미는 '지구중심주의'와 '인간중심주의'로부터의 탈피였다. 당시까지 서구인들의 의식 속에서 우주의 중심은 지구였고, 지구의 중심은 인간이었다. 그런데 그것이 아니라고 말한 것이다. 1859년 찰스 다윈Charles Darwin이 「자연선택에 의한 종의 기원에 관하여」라는 논문을 발표했을 때 교회는 원숭이의 몸에 그의 얼굴을 덧붙여 그리며 그를 한껏 조롱했었다. 그런데 과연 다윈 진화론의 가장 중요한 인류 문명사적 의미는 무엇이었나? 그것 역시 '인간중심주의'에서의 탈피였다. 다윈은 인간이 원숭이에서 진화했다고 주장하지 않았고, 사회진화론을 말하지도 않았다. 다윈의 진화론의 메

31 사실 기후 변화가 요구하는 신학적 성찰의 자원은 풍부하다. 기후 변화가 요구하는 신학적 성찰의 지평을 우리는 켈트 영성과 중세 기독교의 신비주의로도 확장할 수 있다. 최후의 만찬 때 예수의 품에 기대어 사랑받던 제자, 그래서 '하나님의 심장 박동 소리'를 직접 들었다는 요한의 전통에서 나온 켈트 영성Celtic Spirituality에 대한 연구가 최근 활발하게 전개되고 있다.(영문학에서도 켈트 신화와 전설에 대한 연구가 활발히 진행되고 있는데 이에 관해서는 최근 이화여대 나영균 · 전수용 교수에 의해 번역된 찰스 스콰이어, 『켈트 신화와 전설』, 황소자리, 2009를 참조하라.) 갓 태어난 어린 아기의 얼굴에서 하나님의 형상을 본 켈트인 신학자 펠라기우스Pelagius에, 가장 진정하게 인간적인 것이 가장 신적인 것이라고 말한 존 스콧John Scott에, 그리고 하나님은 물질적 영역으로부터의 도피가 아니라 창조의 물질적 영역 가운데서 찾을 수 있다고 말한 조지 맥레오드George McLeod 등에 흘러온 신학적 자원에 대한 관심이 커지고 있다. 켈트 기독교 영성은 하늘과 태양, 달과 별들의 빛 가운데에서 신의 은총을 말하고, 육체적인 것을 통해 영적인 것을 보며, 모든 생명 가운데서 생명으로 존재하는 신을 바라보게 하는 영성이다. "우리의 숨결보다 더 우리에게 가까이 계시는 분"을 만날 수 있게 인도하는 이러한 기독교적 영성 안에서는 이 세계 안에 존재하는 자신의 삶 자체를 긍정하는 일이 곧 신앙이 된다(이상 필립 뉴엘, 『켈트 영성 이야기』, 정미현 옮김, 서울: 대한기독교서회, 2001을 참조함).

시지는 인간이 다른 모든 생명체 위에 군림하는 '창조의 면류관'이 아니라 다른 생명체들과 함께 얽혀 살아온 우주의 한 작은 생명체에 불과하다는 것이었다. 그의 생물학적 진화론의 정신사적 의미는 인간을 자연 '위'에 군림하는 어떤 특별한 존재로 보던 이른바 정통적 기독교의 인간관을 거부하고, 인간을 자연 '안'에 그리고 자연과 '더불어' 사는 존재로 파악한 것이다. 그런데, 필자가 강조하고 싶은 것은, 바로 이러한 인간관이 다름아닌 성서의 본래적 인간관이라는 사실이다.

갈릴레이와 다윈은 인간이 우주의 중심이라는 서구 문명의 '숭고한 자존심'에 깊은 상처를 주었다. 지동설은 인간을 '우주의 중심'에서 추방했으며, 진화론은 인간이 '만물의 영장'이 아니라 우주의 모든 생명체와 연관된 존재임을 이야기했다. 둘 다 우리 인간이 이 광활한 우주에서 그리 특별한 존재가 아닐 수 있다고 말한 것이다. 당시 교회는 이것을 신에 대한 반역으로 간주했다. 하지만 갈릴레이와 다윈의 과학적 발견은 오히려 성서 본래의 하나님을 발견하는 데 도움을 주었다고 필자는 믿는다. 인간중심주의로부터의 해방은 결코 신앙심을 축소시키는 게 아니라, 도리어 기독교 신앙의 지평을 확대해 주고 풍요롭게 해 준다. 지구중심주의에서 벗어날 때 우리는 비로소 신이 인간만을 위한 신이 아니라 진정으로 온 우주 만물의 창조주임을 깨달을 수 있게 된다. 그리고 이 무한한 우주에서 그리고 아주 오래된 생명의 역사에서 인간이 아주 미미한 존재에 불과하다는 과학적 발견은 오히려 신의 위대함을 새삼 깨닫게 도와 준다. 인간이 만물의 영장이기 때문에 신의 사랑을 받는 것이 아니라, 우주 변두리의 아무것도 아닌 존재임에도 불구하고 신의 한없는 은총의 대상이기 때문이다.

사실 현대 우주 천문학의 발견은 우리를 깊은 우주적 신비주의로 초대한다.[32] 우주적 신비주의는 이 광활한 우주가 '한 몸'임을 말해 준다. 우리의 몸을 이루는 여러 원소 중 가장 중요한 것은 탄소 원자다. 모든 생명 현상에 필수적인 이 탄소 원자는 어디서 온 것일까? 빅뱅 우주론에 의하면 우주 대폭발 직후 뜨거웠던 우주에서 생성될 수 있는 원소는 가장 기본적인 원소인 수소와 헬륨밖에 없었다. 그런데 태양을 포함한 별은 그 중심에서 수소 폭탄이 연속적으로 터지는 것과 같은 수소 핵융합을 한다. 이 과정에서 모든 수소가 헬륨으로 전환된다. 이에 따라 별의 중심 온도는 더욱 높아지고 결국 헬륨 원자핵 세 개가 하나의 탄소 원자핵으로 융합된다. 이렇게 별들이 핵융합을 통해 탄소와 같은 중원소를 만들어 내면 이후 그 별들은 초신성으로 폭발해 사라진다. 성운이라 불리는 거대한 가스구름으로 흩어진다. 이런 별의 잔재가 우주 공간에 풍부한 수소와 함께 45억 년 전 태양계를 생성했다. 현재 우리 몸 속에 있는 탄소 원자와 같은 원소들은 바로 이렇게 만들어져 우리 몸에 들어온 것이다. 우주의 나이가 140억 년, 태양과 지구의 나이 40억 년이라면, 우주가 생성된 후 100억 년이라는 긴 세월 동안 별들은 중원소를 만들며 지구와 인간 그리고 모든 생명의 탄생을 소리 없이 준비한 것이다. 즉 별들의 희생적 죽음이 생명을 잉태한 것이다. 그러니까 우리가 존재하기 위해서는 별들이 태어나 핵융합을 통해 충분한 중원소를 만든 후 반드시 초신성으로 죽어야 한다는 것을 전제로 한다. 그렇다면 '별 먼지star dust'와 내 몸은 원래 하나였음을 우리는 깨닫게 된다. 정말이지 어느 노랫말처럼 "저 별은 나의 별"이고 "저 별은 너의 별"인 것이다. 저 별은 나의 몸이고 또한 너의 몸인 것이다. 우주 천문학적 관점에서 볼 때 사람이라는 존재는 빅뱅의 우주에서 생겨난 수소가 자신을 만들어 낸 우주의 마음을 스스로 읽을 줄

32 우주 신비주의에 관해서는 특히 매튜 폭스, 송형만 옮김, 『우주 그리스도의 도래: 어머니 땅의 치유와 지구 그네상스의 탄생』, 서울 : 분도출판사, 2002와 토마스 베리, 이영숙 옮김, 『위대한 과업: 미래로 향한 우리의 길』, 서울: 대화문화아카데미, 2008 등을 참조하라.

아는 호모/지나 사피엔스homo/gyna sapience를 만들어 낸 거대한 여정이다. 바로 이런 우주에 대한 경외심을 우리는 우주적 신비주의cosmic mysticism라고 부른다. 우리는 이것의 결여로 생태계를 파괴하고 생명을 죽인다고 생각한다. 그렇다면 지구 생태계를 파괴하게 만드는 것은 종교의 영향이 아니라 오히려 그것의 결핍이라고 말할 수 있다. 참된 신비주의적 영성의 결여와 그로 인한 생명에 대한 경외심의 상실이라고 말할 수 있는 것이다.

7. 나오는 말: "아담아(사람아), 네가 어디에 있느냐"(창세기 3:9)

영국의 역사가 아놀드 토인비Arnold J. Toynbee는 자연에 대한 인간의 우위를 주장하는 기독교의 가르침, 특히 창세기 1 : 28의 '땅을 정복하고 다스리라'는 신의 명령 때문에 지구에 대한 인간의 약탈이 시작되었다고 말한다.[33] 하지만 땅을 '정복하고*kabas*' '다스리라*rada*'는 말은 자연을 착취하고 지배하라는 뜻이 아니다. 어원적으로 볼 때 그것은 '일하고 봉사하고 지키고 돌보라'는 뜻으로 이해하는 것이 더 타당하다. 그뿐만 아니라 성서에 있는 두 번째의 창조 이야기, 즉 에덴동산의 이야기(창 2 : 4-3 : 24)를 보면, 인간은 땅을 다스리고 정복하는 지배자가 아니라 땅을 경작하는 겸손한 농부다.[34] 이 이야기에서 하나님은 '아담*Adam*' 즉 인간을

33 기독교 성서 맨 첫 책인 창세기 1:28의 '생육하고 번성하여 땅에 충만하기'와 '땅을 정복하여 모든 생물을 다스리기'를 '하나님의 문화 명령'이라 부른다. 그런데 사실 하나님은 인간에게만 생육하고 번성하고 충만하라는 복을 내린 것은 아니다. 창세기 1:20-22에 의하면 제5일째 창조의 날에 하나님은 바다의 물고기와 하늘의 새들을 만들고 그들에게도 생육하고 번성하고 충만하라는 생명의 축복을 내려 주신다.

'아다마*Adama*' 곧 흙을 재료로 창조한다. (그래서 우리는 아담을 '농부'로 그리고 아다마를 '농지'로도 번역할 수 있다.) 에덴동산에서 농부로서의 인간에게 주어진 신의 명령은 다스리고 정복하라가 아니라 '경작하라 *abad*'다. 여기서 강조되는 것은 땅에 대한 인간의 소유와 지배가 아니라 땅에 대한 인간의 돌봄, 즉 관리다. 인간은 생태계의 주인이 아니라 겸손한 참여자요 관리자여야 한다는 것이다. 바로 이것이 성서의 인간관이다.

그런데 어느 날 이 아담이 하나님의 얼굴을 피해 에덴동산의 나무 사이에 숨었다. 동산에 있는 모든 나무의 열매는 먹고 싶은 대로 먹어도 좋으나 동산 한가운데 있는 선악과나무의 열매만은 먹어서는 안 된다는 신의 명령을 어겼기 때문이다. 왜 하나님은 이런 금지 명령을 내렸을까? 전지전능한 신이 설마 아담이 그것을 따먹을 줄 몰랐을까?

모든 것이 허용되었지만 한 가지가 금지되었다. 모든 것이 위임되었지만 한 가지 제약이 주어졌다. 마치 '제왕 같은' 인간에게 한 가지 금기가 주어졌다. 그 명령은 동산의 주인이 누구인지 명확하게 선을 긋는 선언이었다고 필자는 본다.[35] 뱀의 유혹의 핵심이 무엇인가? "너희가 그것을 먹는 날에는 너희 눈이 밝아져 하나님과 같이 되어 선악을 알 줄 하나님이 아심이니라"(창세기 3 : 5). 핵심은 '하나님과 같이 된다'는 것이었다. 한마디로 아담은 신이 되고 싶었던 것이다. 한 가지를 제외하고 모든 것이

34 창세기 1장과 2~3장의 두 창조 이야기에 대한 비교는 특별히 Theodore Hiebert, "The Human Vocation: Origins and Transformations in Christian Traditions," Dieter T. Hessel & Rosemary R. Ruether(eds.), *Christianity and Ecology*, Cambridge, Massachusetts: Harvard University Press, 2000를 참조하라.

35 이경숙도 선악과 금지 명령은 인간이 자신에게 무엇이 유익한지 혹은 해로운지를 스스로 결정하는 일을 금지한 것이라고 본다. 넓게 볼 때 자연은 인간의 자의에 따라 마음대로 처분될 수 없음을 선언했다는 것이다. 인간이 스스로 무엇이 자신에게 유익한지 혹은 해로운지 판단해 자연을 마음대로 처분할 경우 큰 화근을 불러올 수 있음을 우려해 내린 명령, 즉 자연 파괴에 대한 금지 명령으로 이경숙은 이해한다(이경숙, 「생태학적 여성신학의 관점에서 본 구약성서의 자연과 여성」, 『구약성서의 하나님 역사 여성』, 서울: 대한기독교서회, 2000 참조).

허용되었으나 마지막 그 한 가지 제약조차 싫었던 것이다. 동산의 주인이 되어 그것을 소유하고 싶었던 것이다.

금단의 열매를 따먹은 아담은 동산을 거니는 하나님의 소리를 듣고 그분의 얼굴을 피해 나무 사이에 숨었다. 하나님은 아담을 부르시며 그에게 "네가 어디 있느냐" (창 3: 9)고 물으신다. '아담아(사람아), 네가 어디 있느냐?'는 이 질문은 기독교 성서에서 신이 인간을 향해 던진 최초의 질문이다. 지정학적 장소나 물리적 위치를 물은 것이 아니다. 인간이 서야 할 '신학적 자리'를 물은 것이다. 인간의 한계를 인정하고, 인간이 견지하고 유지했어야 하는 '관계적 자리'를 물었던 것이다. 당연히 지켜야 할 자신의 자리에서 벗어나 신이, 즉 소유주가 되고자 했던 탐욕의 인간을 다시금 본래의 겸손한 인간의 자리로 부르는 것이다. 땅을 '경작하고 지키라'는 명령을 버리고 도시로, 문명의 한복판을 향해 내달리며, 자본 축적과 안락과 물질적 풍요만을 좇아 떠나버린 아담(사람/농부)에게 자신의 원래 자리가 어디냐고 묻는 것이다.

하나님은 똑같은 질문을 오늘 우리에게도 던지신다. "아담아(사람아/농부야), 네가 어디 있느냐?" 이 세계/자연의 소유주인 줄로 착각하고 끝도 없이 오만해진 21세기의 인간을 향해 하나님은 같은 질문을 오늘 우리에게도 던지신다. 이 질문은 우리로 하여금 인간의 경계를 넘어 생명의 문제를 사유하고, 인간의 권리를 넘어 생명의 권리를 정의定義하며, 근대적 휴머니즘의 오만함을 넘어 신과 인간과 그리고 자연의 관계에 대해 근원적으로 다시 성찰하도록 촉구한다.

참고 문헌

국립기상연구소, 「기후 변화 이해하기 II : 한반도 기후 변화의 현재와 미래」, 2009년 5월 7일 발간.

김기석, 「기후 붕괴와 신학적 응답」, 『기후 붕괴와 신학적 응답』, 2009 지구의 날 기념 생태신학 세미나 자료집, 2009. 4.

뉴엘, 필립, 『켈트 영성 이야기』, 정미현 옮김, 서울 : 대한기독교서회, 2001.

라이너스, 마크, 『6도의 악몽』, 이한중 옮김, 서울 : 세종서적, 2008.

람슈토르프, 슈테판, 한스 오아힘 셸른후버, 『미친 기후를 이해하는 짧지만 충분한 보고서』, 한윤진 옮김, 서울 : 도솔출판사, 2007.

맥페이그, 샐리, 『풍성한 생명 : 지구의 위기 앞에 다시 생각하는 신학과 경제』, 장윤재 · 장양미 옮김, 서울 : 이화여대출판부, 2008.

_____, 『기후 변화와 신학의 재구성』, 김준우 옮김, 서울 : 기독교연구소, 2008.

베리, 토마스, 『위대한 과업 : 미래로 향한 우리의 길』, 이영숙 옮김, 서울 : 대화문화아카데미, 2008.

윤순진, 「기후 변화가 요구하는 시대적 성찰」, 『2008 기독교환경운동 정책세미나 발제문』, 2008. 12. 19.

이경숙, 「생태학적 여성신학의 관점에서 본 구약성서의 자연과 여성」, 『구약성서의 하나님 · 역사 · 여성』, 서울 : 대한기독교서회, 2000.

이필렬, 『다시 태양의 시대로』, 서울 : 양문, 2004.

장윤재, 「경제 세계화와 하이에크의 신자유주의에 대한 신학적 비판」, 『신학사상』, 2003/겨울.

정세라, 「'판도라의 계좌'를 열며」, 『한겨레신문』 2008년 9월 24일자.

카프라, 프리초프, 『생명의 그물』, 김용적 · 김동광 옮김, 서울 : 범양사, 1998.

코튼, 데이비드, 『기업이 세계를 지배할 때』, 서울 : 세종서적, 1997.

폭스, 매튜, 『원복: 창조 영성 길라잡이』, 황종렬 옮김, 서울: 분도출판사, 2001.
_____, 『우주 그리스도의 도래: 어머니 땅의 치유와 지구 르네상스의 탄생』, 송형만 옮김, 서울: 분도출판사, 2002.
플래너리, 팀, 『지구 온난화 이야기』, 이충호 옮김, 서울: 지식의풍경, 2007.
KBS 다큐멘터리 〈호모 오일리쿠스〉. http://www.kbs.co.kr/1tv/sisa/homooilicus/vod/1550807_27687.html
Daly, Herman E., *Beyond Growth: The Economics of Sustainable Development*. Boston: Beacon Press, 1996a.
_____, "Sustainable Growth? No Thank You," *The Case Against the Global Economy and For a Turn Toward the Local*. San Francisco: Sierra Club Books, 1996b.
_____ & Kenneth N. Townsend, *Valuing the Earth: Economics, Ecology, Ethics*. Cambridge, Mass.: MIT Press, 1993.
Friedman, Milton & Rose Friedman, *Free to Choose: A Personal Statement*, New York: A Harvest Book, 1980.
Hiebert, Theodore, "The Human Vocation: Origins and Transformations in Christian Traditions," Dieter T. Hessel & Rosemary R. Ruether(eds.), *Christianity and Ecology*, Cambridge, Massachusetts: Harvard University Press, 2000.
Pieris, Aloysius, *An Asian Theology of Liberation*, Maryknoll, New York: Orbis Books, 1990.
Schumacher, Ernst F., *Small Is Beautiful: Economics as if People Mattered*, New York: Harper & Row, 1973.
White, Jr., Lynn, "The Historical Roots of Our Ecological Crisis," *Science* vol.155, 1967.

제2부

경계의 해체와 재구성

"그것은 역사다. 고향의 역사이자 세계의 역사다!": 빌 반핵운동에 나타난 지구지역성*

고유경

1. 들어가는 말: 트랜스내셔널 역사학과 '공간으로의 전환'

역사학은 19세기에 학문 분과로 전문화된 이래 '과거의 복수성'을 설득력 있게 설명하기 위한 노력을 거듭하면서 자신의 정체성에 대한 질문을 끊임없이 던져 왔다. 최근에 나타난 역사학의 자기 비판 가운데 대표적인 것은, 서유럽에서 역사학의 전문화와 나란히 발전한 민족사 서술이 제국주의적 · 서양중심주의적 기획과 결부되어 있음에도 불구하고 여전히 극복하기 어려운 틀로 군림하고 있다는 성찰이다. 무엇보다도 지구화라는 압도적인 추세 속에서 국민국가의 경계 안에서는 포착될 수 없는 인간 · 자본 · 학문 · 사상 · 제도의 흐름과 그것이 빚어내는 새로운 사회 · 문화 현상에 주목해야 한다는 요구와 그에 대한 역사학의 응답은 관계사

* 이 글은 『이화사학연구』 제39권(2009. 12)에 게재된 논문을 수정 · 보완한 것이다.

Beziehungsgeschichte, 교류사transfer history, 지구사global history, 새로운 세계사new world history, 교차된 역사histoire croisée, 트랜스내셔널 역사학transnational history 같은 다양한 이름으로 나타나고 있다.[1] 물론 여기에는 언제나 현존하는 국민국가의 영향력과 민족사의 중요성을 경시해서는 안 된다는 유보 조건이 붙는다.

트랜스내셔널 역사학의 필요성에 대한 공감대의 확산에도 불구하고 그러한 입장을 수용하려는 연구자들의 공통된 고민은, 부정과 극복의 대상은 명확하되 전통적인 민족사 서술과의 관계를 명징하게 규정하거나 대안을 제시하기 위한 방법론의 정립이 지극히 난해하다는 점에 있다. 하지만 시각의 전환이나 이론화 못지않게 역사가들에게 절실한 과제는, 역사의 현장에서 이러한 문제 의식이 어떻게 새로운 해석과 의미를 생산할 수 있는가를 구체적으로 보여 주는 작업일 터다. 같은 맥락에서 라이프치히 대학의 역사학자 미델Matthias Middell은 지방화, 지역화, 국가화, 초국가화 사이의 상호작용은 오로지 경험적 차원에서만 파악될 수 있다고 강조한다(Middell, 2008 : 117).

이와 같은 트랜스내셔널 역사학의 시도는 '공간으로의 전환spatial turn'과 불가분의 관계에 있다. 국민국가의 지배가 미치지 못하는 초국가적 공간이나 국민국가의 간섭 내지 통제를 거스르면서 자율적으로 작동해 온 지역적 공간이 역사가들의 눈에 포착되면서 주권국가의 한 요소인 '영토territory' 중심의 역사 서술에 대한 대안으로 떠오르게 되었고, 그와 함께 공간 연구 방법론에 대한 문제 제기가 시작된 것이다. 독일 역사학계의

1 최근 역사학계의 초국가적 전환에 대한 연구 성과를 총체적으로 섭렵하는 일은 이 글의 직접적인 관심 영역을 넘어선다. 여기에서는 다만 독일의 경우에도 1970년대 이래 역사 서술의 지배적 경향으로 군림해 온 '사회구조사Gesellschaftsgeschichte'를 대변하는 잡지 『역사와 사회*Geschichte und Gesellschaft*』가 2000년 이래 트랜스내셔널 사회사, 트랜스내셔널 노동사로 급격히 전환하고 있는 현상을 지적하는 것으로 대신하고자 한다.

경우 공간에 대한 본격적인 관심은 "공간과 역사"를 주제로 열린 1986년 트리어 역사학대회에서 비롯되었다. 폐회 강연에서 코젤렉Reinhart Koselleck은 기존의 역사학이 공간이라는 개념에 대한 인식을 결여하고 있다고 비판하면서 두 가지 맥락에서 이 문제에 접근할 것을 요청했다(Koselleck, 2000: 78-96). 즉 모든 인간사의 전제이자 배경으로서 '자연 공간'과 '인간이 스스로 만드는 공간'에 대한 관심이 그것이다. 특히 국민국가가 전 지구적 불안정성에 노출되어 있는 오늘날, "전통의 발명"(에릭 홉스봄)은 영토국가만이 아닌 다양한 층위의 공간에서 행해진다. 트랜스내셔널 역사학의 과제 중 하나는 이렇듯 복합적이며 중층적인 공간성의 생산 과정과 그 의미를 새로이 조명함으로써 영토 중심의 민족사 서술을 극복하는 데 있다.

이 글은 냉전기 독일 · 프랑스 · 스위스 3국의 접경 지역에서 전개된 반핵운동의 경험에서 나타난 초국가성과 지역성의 상호 관계를 검토함으로써 국민국가 중심 역사 서술의 대안을 제시하려 한다. 그 중에서도 1970년대 독일 바덴뷔르템베르크 주의 뷜Wyhl을 중심으로 진행된 반핵운동은 이 글의 구체적인 분석 대상이다. 1975년 2월부터 9개월간 지속된 뷜 원전 부지 점거사건은 19세기 말부터 시작된 애향운동의 연장선상에 있는 동시에 브록도르프, 바커스도르프, 그론데, 칼카르, 고어레벤으로 이어지는 서독 반핵운동의 기원이자 국가와 시민 간의 관계를 근본적으로 변혁시킨 '신사회운동'을 대표하는 사례로 평가받아 왔다. 이는 운동 직후부터 당시의 주요 문건과 관련자들의 인터뷰, 회고담이 연이어 출간되었다는 사실로도 입증된다. 이 자료들은 뷜 반핵운동에서 중요한 역할을 담당했던 시민단체 활동가들과 68운동의 세례를 받은 대학생들은 물론 지역주민의 목소리를 포괄함으로써, 당시 뷜 반핵운동에서 세대와 직업과 지역의 차이를 넘어서는 연대가 형성되었음을 보여 준다. 아래에서는 냉전

이 만들어 낸 동·서의 경계에서 탄생한 뵐 반핵운동의 의미가 초국가적 연대의 선도와 '알레만 정체성'이라는 새로운 지역성의 생산으로 증폭되는 과정을 차례로 검토함으로써, 트랜스내셔널 역사학의 서술 가능성을 모색하고자 한다.

2. 냉전기 서독의 원자력 정책

제2차 세계대전 이후 새로운 에너지원으로 떠오른 원자력은 냉전의 부산물이었다. 원자력 관련 기술의 발전은 동서 양 진영의 핵무기 경쟁을 위한 국가 차원의 집중적 지원에서 비롯되었다. 냉전 구도의 한복판에 위치한 원자력 문제는 냉전의 최전방에 있는 서독 사회의 여론을 분열시키는 초미의 정치적 관심사가 되지 않을 수 없었다. 사민당과 자민당은 핵무기가 유럽의 군사 블록화를 촉진시킨다는 이유로 반대했으나, 기민련은 냉전 구도 안에서 '안보를 위한 핵'의 도입이 필수적이라고 생각했다. 이런 상황에서 1957년 4월 5일 기자 회견을 통해 핵무기가 "대포의 연장에 불과하다"고 언급한 아데나워Konrad Adenauer의 발언은 원자력 문제에 대한 논란에 불을 지폈다. 아데나워에 대한 직접적인 응답인 4월 12일의 '괴팅겐 선언'은 핵 문제의 양면성을 여실히 보여 준다. 하이젠베르크Werner Heisenberg, 폰 바이체커Carl Friedrich von Weizsaecker를 비롯한 괴팅겐 막스플랑크연구소의 이론물리학자 18명이 서명한 이 선언문은 핵전쟁의 부도덕성을 강력히 비판했지만, "평화를 위한 핵Atom for Peace"[2]의 이

2 이는 1953년 12월 8일 미국 대통령 아이젠하워가 유엔총회 연설에서 처음 선보인 당대의 모토였다.

용까지 반대한 것은 아니었다. "우리는 핵에너지의 평화적 이용을 전력을 다해 지원하는 것이 무엇보다도 중요함을 강조하며, 종전과 마찬가지로 이 과제에 협조하고자 한다"[3]는 말로 선언문은 마무리되었다.

그러나 '핵의 평화적 이용'이란 사실상 '경제 개발을 위한 핵'이라는 노골적인 주장을 은폐하기 위한 미사여구였다. 1950년대 서독의 경제 기적은 에너지 소비 증대를 전제로 가능한 것이었으며, 따라서 1956년 이후 석탄을 제치고 주요 에너지원으로 부상한 석유를 수입에 의존해야 했던 서독에서 경제 규모의 증대가 조만간 에너지 위기로 이어지리라는 점은 자명했다. 이러한 상황에서 대체 에너지원으로서 원자력이 각광받게 된 것은 당연했다. 게다가 1955년의 파리 협정은 전후 독일에서 원자력 관련 기술의 연구를 금지했던 연합국의 결정을 번복함으로써 원전 옹호자들에게 더욱 힘을 실어 주었다. 독일학술진흥재단의 핵물리학위원회와 괴팅겐 막스플랑크연구소의 원자로 연구팀은 원자력 관련 이론 연구를 선도했다. 이 시기에 서독에서는 원자력에 대한 무한한 낙관주의가 지배적이었다. 핵에너지는 절대 안전하고 무한 에너지를 낳으며 석유 위기를 극복할 수 있고 저렴하며 지역 발전에 도움이 되고 심지어 친환경적이라는, 이른바 '원자력 신화'가 팽배해 있었던 것이다.[4]

서독 정부는 파리 협정 직후인 1955년 10월 원자력부를 신설하고 1956년 1월 자문기관으로 독일 핵위원회를 설치하면서 원자력의 경제적 이용을 위한 노력에 본격적으로 박차를 가했다. 1958~1962년의 1차 원자력 프로그램은 100메가와트급 원자로 5기를 1965년까지 건설하기로

3 괴팅겐 선언 전문은 http://www.goett-wiss.de/Zus%20Quellen/Faltblatt%20Komplett.pdf 참조(검색일: 2009년 11월 7일).

4 초기에는 일부 환경운동가들도 원자력 발전이 화석 연료보다 지구 온난화의 주범인 이산화탄소 방출량을 줄인다는 '오해'로 인해 핵에너지 이용에 찬성했다.

결정했으나, 경제적 · 기술적 부담으로 인해 이 계획은 포기되었다. 1960년 AEG사가 칼Kahl에 건설한 16메가와트급 비등수沸騰水형 실험로가 서독 최초의 원자력 발전소다. 1963~1967년의 2차 원자력 프로그램은 25억 마르크의 예산을 원전 건설에 배정했으며, 그 결과 최초의 상업적 원자로가 윌리히에서 1966년부터 가동되었고 이어서 오브리히하임, 링겐, 슈타데 원자로가 완성되었다. 1968~1972년의 3차 원자력 프로그램에서 관련 예산이 두 배로 증액되었다는 사실은 원자력화에 대한 서독 정부의 강한 의지를 보여 준다. 이 기간에는 비블리스와 칼카르 등지에 원자로가 건설되었으며, 서독이 개발한 경수로 및 중수로 기술이 오스트리아, 스위스, 네덜란드, 아르헨티나로 수출되었다. 1973년 가을의 석유 파동은 석유에 가중치를 두었던 서독의 에너지 정책이[5] 원자력 중심으로 전환되는 결정적인 계기가 되었다. 1973년 9월 26일 시작된 4차 원자력 프로그램은 기존의 경수로 건설을 확대함과 아울러 플루토늄을 핵연료로 사용하는 고속 증식로 건설을 추진했으며, 이로써 서독은 미국 다음가는 원자력 강국으로 부상했다. 1970년대 말까지 서독에서는 총 16기의 원자력 발전소가 건설되어 전체 전력 생산의 3분의 1을 담당했다.

원자력 발전에 대한 서독 정부의 집중적인 투자에는 경제 성장이라는 표면적 이유 외에도 또 다른 심리적 요인이 작용했다. 원자력은 제2차 세계대전 이후 무너진 민족적 자존심을 회복하기 위한 효과적인 도구이기도 했던 것이다. 라트카우Joachim Radkau가 "원자력 민족주의"(Radkau, 1983: 159ff.)라고 칭한 이러한 심리는 비단 핵무기를 확보함으로써 민족의 안위를 도모하려는 태도에만 국한되지 않았다. 민족 감정의 표출이 나치 과거와 직결되는 독일의 특수한 상황에서, 원자력 발전에 대한 열광

5 1973년 서독의 전력 생산 중 석유는 55%를 차지했고, 그 대부분은 OPEC 국가에서 수입되었다.

은 민족주의적 열정의 대체물 노릇을 톡톡히 했다. "원자력은 새로운 독일 민족주의의 신성한 암소였다. 만일 당신이 그것을 반대한다면 기존 체제는 당신을 반독일주의자—배신자로 간주할 것이다"(Nelkin & Pollak, 1981 : 22)라는 진술은 저간의 사정을 정확하게 포착한다. 1975년 가을 뷜 반핵운동 현장을 방문하고 '철의 장막' 반대편을 곧바로 연상했던 바덴뷔르템베르크 주지사 필빙거Hans Filbinger의 "핵에너지에 반대하는 자는 공산주의자"라는 발언은 냉전기 "원자력 민족주의"의 부산물이었다. 뷜 반핵운동이 갖는 역사적 의미 중 하나는 바로 패전 및 냉전의 심성과 밀접하게 결합된 원자력 에너지 이용의 당위성에 대한 서독 사회의 전반적인 합의를 깨뜨리는 실마리를 제공해 주었다는 점에 있다.

3. 초국가적 연대: 뷜 반핵운동의 기원과 전개

독일 남서부 슈바르츠발트의 중심 도시 프라이부르크 북서쪽 25㎞, 그리고 독일에서 평균 기온이 가장 높아 최적의 포도 재배지로 꼽히는 카이저슈툴 구릉지대 북부에 위치한 뷜은 1970년대 초 약 2천 7백 명의 인구가 거주하는 평범한 시골 마을이었다. 주민들은 대부분 프라이부르크나 에멘딩겐 같은 근처 도시로 출퇴근하는 사무직 종사자들이었고, 일부는 포도 재배, 담배 재배와 어업에 종사했다. 이름조차 낯선 이 작은 마을이 독일인들의 '기억의 터'에 확고하게 뿌리내리게 된 것은 독일의 반핵운동, 아니 신사회운동 전반에서 차지하는 특별한 위상 때문이다. 뷜 반핵운동에서 무엇보다도 주목할 만한 사항은 환경 문제와 에너지 정책이라는 복합적이고도 민감한 문제를 단순히 '의회민주주의 국가'의 수중에만 맡겨 놓을 수 없다는 시민의 자각이 본격적으로 나타났다는 점이었다. 이러한 의식은 시민의 자발적인 연대와 국경을 넘은 협력의 움직임으로 발전했다.

빌 반핵운동의 서막은 역시 카이저슈툴에 위치한 브라이자흐에서 올랐다. 독일 · 프랑스 · 스위스 접경 지대인 이 일대, 특히 만하임에서 바젤까지의 라인 계곡을 이른바 '라인 상부의 루르 공업지대'로 육성한다는 정부 구상의 일환으로, 1971년 6월 브라이자흐에 당시로서는 세계 최대 규모인 1,300메가와트급 원자로 2기를 건설한다는 계획이 발표되었다. 산업화에 필요한 막대한 에너지 수요 때문에 바덴뷔르템베르크 주정부는 14기의 원전을 유치한다는 계획을 세웠고, 이 중 5개가 칼스루에와 바젤 사이의 라인 강 우안에 인접해 세워질 예정이었다. 원전 유치에 대한 주정부의 강력한 의지는, 원자력 프로그램이 방해를 받는다면 바덴뷔르템베르크의 불빛은 1980년 이전에 사라지고 말리라는 주지사 필빙거의 경고성 발언에서도 잘 드러난다(Engels, 2003: 110).

브라이자흐 주민들은 냉각탑으로 인한 일조량 감소가 포도 재배에 미칠 악영향과 환경 오염의 우려 때문에 강력히 반발했다. 비슷한 시기에 라인 강 맞은편 프랑스의 알자스에 위치한 페센하임에서도 원전 설립 계획이 발표되자, 1971년 11월 의사, 물리학자 등 지식인층을 중심으로 '라인 상부 원전으로 인한 환경파괴 반대위원회Oberrheinische Komitee gegen Umweltgefährdung durch Atomkraftwerke'가 구성되었다.[6] 1972년 5월에는 '환경보호 연방시민연합Bundesverband Bürgerinitiativen Umweltschutz, 이하 BBU'의 전신인 '라인 계곡 보호단체Rheintalaktion'가 발족했다. 그 밖에도

6 이런 단체들이 지역 주민들로부터 무조건적인 호응을 얻은 것은 아니었다. 카이저슈툴의 시민연대에서 활동했던 한 주민은 알자스 주민들의 대다수가 독일로 출퇴근하는 사무직 종사자들이었기 때문에 농업이나 환경 관련 이슈로만 여론을 동원하는 것은 위험한 일이었다고 당시 상황을 술회한다. 이 때문에 페센하임에서는 결국 원전 건설 저지에 실패했다는 것이다.

반핵을 기치로 삼는 시민연대들이 카이저슈툴 일대와 프라이부르크에서 점차 늘어났고, 그 중 일부는 훗날 녹색당의 성립에 중요한 역할을 했다. 이들은 라인 강 양안에서 공동 서명운동, 원전의 해악에 관한 강연회와 토론회, 항의 시위를 진행했다. 대표적인 것이 1972년 9월 16일 560대의 트랙터가 동원된 일명 '트랙터 시위'이며, 이 시위에서 훗날의 유명한 반핵운동 구호 "내일 방사능에 노출되느니 오늘 행동하자!Lieber heute aktiv als morgen radioaktiv!"가 첫선을 보였다. 10월 2일에는 원전 건설에 반대하는 6만 5천 주민의 서명이 프라이부르크 지방법원에 제출되었다. 여론에 밀려 브라이자흐 건설안은 포기되었다.

주정부는 곧바로 대안을 모색했고, 그 결과 새로운 부지로 뷜이 낙점되었다. 여기에는 원전 유치를 통해 지역 경제를 활성화하려는 뷜 시장 치머Wolfgang Zimmer의 노력도 상당 부분 작용했다. 1973년 7월 19일 라디오 방송을 통해 뷜 원전 건설계획이 처음으로 알려지자 여론은 들끓었다. 원전 반대자들은 기후 변화와 주민의 안전 문제를 지속적으로 제기했으나, 정작 지역 주민의 입장은 환경 오염의 우려와 일자리 창출이라는 상반된 효과를 둘러싸고 분열되었다. 7월 22일 오후 8시 뷜 체육관에서 열린 첫 번째 주민 집회에서 시장 치머는 원전을 통한 조세 수입으로 수영장 둘, 운동장, 테니스장, 회관, 도로를 건설할 수 있으며 그 밖에도 높은 고용 창출 효과를 기대할 수 있다고 역설함으로써 박수갈채를 받았다(Rucht, 1988 : 132f.). 집회에 참석한 원전 시공사인 바덴전력Badenwerk AG 대표는 원전의 위험성이 "끓는 찻주전자" 정도로 대수롭지 않은 것으로 취급했다. 현장에 있었던 한 주민의 보고에 따르면, 원전 반대자들의 발언이 허락된 것은 집회 개최 후 세 시간이 지난 23시경이었고 그나마도 시장 측의 방해로 인해 조롱을 당했다고 한다(Nössler & Witt, 1976 : 36f.). 그러나 회의장 밖의 분위기는 전혀 달랐다. 입장하지 못한 많은 주민은 무엇보다도 원전 유치 계획이 주민 동의 없이 비밀리에 진행되었다는 사실에 격분했다. 그들은 바로 다음날 뷜 시민연대Bürgerinitiative를 결성했다. 그 밖에도 원전이 야기할 기후 변화의 직격탄을 맞게 될 포도 재배농들과 라인 강을 생계 터전으로 삼는 어민들의 시위가 산발적으로 전개되었다.

이러한 움직임은 곧 라인 상부 지역과 직접적인 이해 관계가 없는 인접 국가로 확산되었다. 1973년 말 라인-네카 환경보호 시민행동단체 Bürgeraktion Umweltschutz Rhein-Neckar e.V.의 이름으로 나온 한 전단지는 "독일, 스위스, 프랑스, 벨기에, 네덜란드 시민"의 이름으로 핵에너지의 위험성과 「성장의 한계」에 대한 각성을 촉구하고 있다[7](Wüstenhagen, 1975 : 33-36). 한편 원전 건설 반대 여론이 확산되는 과정에서 필빙거와 바덴뷔르템베르크 주 경제장관 에벌레Rudolf Eberle 두 사람이 바덴전력 감사진에 포함되어 있다는 사실이 공개되자, 지역 주민의 분노는 극도에 달했다.[8] 1974년 12월 17일에는 카이저슈툴 주민 대표 6백여 명이 슈투트가르트로 가서 경제장관 면담을 요구했으나 불발되었다.

1974년 7월, 라인 강을 사이에 두고 뷜의 맞은편에 위치한 알자스의 마르콜스하임에 납화학공장 건설이 발표되자 바덴과 알자스 주민들은 본격적으로 공동 행동에 나섰다. 7월 28일 마르콜스하임 시위에서는 무더위에도 불구하고 바덴과 알자스 주민 2천여 명이 함께 행진했다. 이들은 지속적인 공동 투쟁의 약속으로 마르콜스하임 공장 예정 부지에 나무를 심었다. 이와 같은 연대 경험은 지난 한 세기 동안 치른 세 차례 전쟁의

7 「성장의 한계」란 1972년 로마 클럽이 경제 성장의 문제와 지구 자원의 유한성에 관해 출간한 보고서 제목이다.

8 바덴뷔르템베르크 주 법률 53조 2항에 따르면 주정부의 고위 공직자들이 주의회의 허가 없이 사기업의 경영진이나 감사진에 속하는 것은 불법으로 규정되어 있었다. 필빙거는 여론에 밀려 결국 1975년 6월 바덴전력 감사위원장직을 포기했다.

상흔이 아직 깊이 남아 있는 이 '경계' 지역 주민들의 습관마저 바꾸었다. 바덴의 한 주민은, 과거 독일어를 알면서도 의식적으로 독일어를 사용하지 않았으며 심지어는 자신에게 '나치의 자식'이라는 식으로 적대감을 표하곤 했던 알자스 주민들의 태도가 연대 투쟁 이후 우호적으로 바뀌었다고 증언한다(Gladitz, 1976 : 40).

이와 같은 초국가적 연대의 정점은 1974년 8월 25일 뷜 북쪽의 바이스바일에서 결성된 바덴-알자스 시민연대Badisch-elsässische Bürgerinitiativen 국제위원회였다. 알자스에서 10개, 바덴에서 11개 지역 시민연대가 참여한 이 단체는 독일어와 프랑스어로 작성된 성명서를 통해 "우리는 뷜 원전과 마르콜스하임 납공장 건설 작업이 시작되는 즉시 부지를 점령하기로 결정했다. 우리는 정부가 이성을 찾을 때까지 수동적 저항을 통해 권력에 맞서기로 결정했다"고 선언했다(Haumann, 1977 : 275). 마르콜스하임 공장 부지는 4주 후인 1974년 9월 말부터 점거에 들어갔으며, 동시에 뷜 원전 건설에 반대하는 서명운동이 전개되어 라인 강 양안에서 10만 명 이상의 호응을 얻었다. 바덴-알자스 시민연대는 '핵에너지의 평화적 이용'이라는 국가와 산업의 선전에 근본적인 문제를 제기했으며, 이 과정에서 뷜이라는 이름은 카이저슈툴과 바덴뷔르템베르크 주는 물론 서독의 경계를 넘어 확산될 수 있었다.[9]

그러나 정작 뷜 주민들의 여론은 심각하게 분열되었다. 이미 1973년 8월 21일, 50여 명의 주민이 '뷜 원전 찬성KKW-Wyhl-Ja'이라는 명칭의 단

9 시민연대 안에는 지역 농민과 수공업자들은 물론 도시 지식인층과 좌파 대학생, 실업자들이 섞여 있었다. 따라서 이들의 정치적·경제적 동기는 고향의 자연 보호에서 민주화와 사회 변혁에 이르기까지 상이했고, 사실상 극우주의를 제외한 모든 정치적 조류가 시민연대 안에 공존했다. 그럼에도 불구하고 이들은 반핵이라는 공동의 목적 하에 상호 이해 관계를 조율하면서 연대할 수 있었다. 이러한 의미에서 바덴-알자스 시민연대는 서독의 정치문화에 양적·질적으로 새로운 방향을 제시했다는 평가를 받는다.

체를 결성하고 라인 강가에 맥주 상자 등으로 원전의 주춧돌을 놓는 퍼포먼스를 진행한 바 있었다. 1973년 말의 석유 파동은 '저렴한 에너지원'으로 알려진 원자력 선호자들의 입지를 결정적으로 강화시켰으며, 이들은 원자력의 위험성에 대한 반대자들의 홍보를 중상모략이라고 비난했다. 1975년 1월 12일 원전 건설 예정 부지 판매 문제로 행해진 주민투표 참여율이 무려 92.3%에 이르렀다는 사실은 원전을 둘러싼 빌 주민들의 뜨거운 관심을 증명한다. 이 투표에 앞서 "어린이들과 고향의 공동 미래를 위해" 반대표를 던지도록 설득하는 알자스인 6백 명의 명의로 된 편지가 빌 주민들에게 전달되었다(Nössler & Witt, 1976 : 77).

원전 반대자들의 끊임없는 노력에도 불구하고, 주민투표 결과는 55%의 찬성, 43.2%의 반대로 나타났다. 그 결과 1975년 2월 11일, 2백만 마르크의 가격으로 원전 부지가 매각되었다. 당시 원전 건설 반대 시위에 참여했던 한 활동가는 주민투표에서 과반수 이상의 찬성표가 나온 이유로 빌 주민들이 브라이자흐의 경우와는 달리 대부분 농업이 아닌 사무직 종사자들이었다는 점, 그리고 주민투표에서 다수표를 얻지 못할 경우 주정부가 해당 부지를 몰수하겠다고 주민들을 '위협'했다는 점을 들고 있다. 실제로 주민투표 5일 전인 1월 7일 '빌 원전 찬성'이 배포한 전단지는 원전 부지 매각에 반대할 경우 가구당 5천 내지 1만 마르크의 손실이 예상된다고 경고한다. 심지어 이 전단지는 인근 주민이 원전 건설 반대 투쟁에 동참하는 이유가 원전으로 빌이 얻게 될 경제적 이익을 '질투'하기 때문이라고 단정한다. 그 이틀 후 필빙거는 빌 주민에게 보낸 서한에서 "원전은 안전하고 친환경적"이라고 보장함으로써 주민투표를 위한 여론몰이에 가세했다(Wüstenhagen, 1975 : 64-69).

1975년 2월 17일 월요일 아침, 드디어 첫 번째 건설 장비가 원전 부지로 예정된 빌 숲에 도착했다. 다음날 오전 10시 바덴-알자스 시민연대는 빌 숲에서 기자 회견을 가졌다. 현장에 모여든 수백 명의 주민은 벌채된 나무들을 보고 분노해 건설 장비를 막아서고 즉각적인 공사 중지를 요구했다. 당시 현장에 있었던 사람들은 주민들의 행위가 무계획적이고 자발적이었으며 비폭력적인 방식으로 이루어졌다고 증언했다.[10] 하지만 이 첫 번째 점거는 불과 이틀 만에 좌절당했다. 6백 명의 경찰이 동원되어 경찰견과 물대포로 주민 150여 명을 강제 해산시키고 그 중 54명을 현장에서 체포했으며 원전 건설 부지에 철조망을 둘렀다. 주정부는 점거자들의 주류가 지역 주민이 아닌 외부의 좌파 세력이라고 선전했다.[11] 물론 당시 카이저슈툴 일대 지역과 이해 관계를 공유하는 인근 프라이부르크, 칼스루에, 튀빙겐대학 학생들과의 연대나 공산당 계열 청년들의 영향력이 빌 원전 부지 점거 과정에서 부분적으로 작용했음을 부정할 수는 없다. 하지만 "공산주의의 씨앗이 이 풍성한 땅에 떨어졌다"는 주정부의 흑색 선전이나 폭력적인 시위 진압 방식은 오히려 지역민들 대다수의 분노를 야기했을 뿐이었다.[12] 일요일인 2월 23일, 원전 예정 부지에 가족 단위로 모인 지역 주민들을 포함해 무려 2만 8천 명이 운집함으로써 빌 반핵 시위는 정점에 이르렀다. 시위에 참여한 주민들은 현장에 투입된 경찰들에게 원자력 발전의 위험성을 설득하려고 시도했으며, 그 결과 경찰 중 일부는 반핵운동

10 더구나 2월 18일은 평일이었기 때문에 오전의 기자 회견을 참관하기 위해 모인 주민들은 대부분 여성이었다. 당시 활동가들은 1974년 8월 25일 바덴-알자스 시민연대가 원전 부지 점거를 예고했음에도 불구하고 실제 시민연대 안에는 이러한 행위가 정부로부터 '불법'으로 간주되어 피해를 입게 되리라고 우려하는 세력이 많았다고 증언한다. 그러므로 1975년 2월 18일의 첫 번째 점거는 시민연대의 조직적 계획과는 무관했다는 것이다.

11 이 때문에 경찰은 의도적으로 지역 방언을 쓰지 않는 '장발' 청년들을 주로 체포하면서 현지 주민들을 자극하지 않으려 했으나 실제로는 8명의 카이저슈툴 주민들이 포함되었다. 체포된 사람들 중 33명은 튀빙겐, 프라이부르크, 칼스루에 대학생이었으며 12명은 프랑스인, 1명은 네덜란드인이었다.

12 점거 현장에서는 간혹 '빌 원전 찬성' 집단과 충돌이 발생했다. 그 회원들은 반핵 시위 참여 주민들에게 빈 맥주병을 던지거나 심한 경우 폭력을 행사하기도 했지만, 바덴-알자스 시민연대 측은 비폭력 원칙을 고수하고자 했다.

진영에 가담하기도 했다. 사건은 2월 26일 독일 제1국영방송ARD에서 방영한 〈현장에서Vor Ort〉를 시작으로 독일 전역과 유럽 각국에 상세히 보도되었다.

빌 원전 부지 점거는 벌금, 해고, 손해 배상 요구, 업무방해죄 적용, 가택 수색, 전력 공급 차단, 통화 감시 같은 주정부 측의 온갖 위협에도 굴하지 않고 9개월간 지속되었다. 1975년 10월 21일 바덴-알자스 시민연대 대표는 주정부와의 협상을 원활하게 하기 위해 '점거'를 '감시'로 전환하기로 결정했다. 이 결정은 회원 다수의 반대에 부딪쳤으나 11월 7일부터 실행되었다. 점거 기간 동안 카이저슈툴 지역의 마을들은 각각의 시민연대를 중심으로 조를 편성해 교대로 원전 부지를 지켰다. 하지만 그 밖에도 짧게는 수주일, 길게는 수개월 동안 체류한 '장기 점거자Dauer-besetzer'들도 있었는데, 이들은 대체로 실업자이거나 카이저슈툴 외부의 대학생이었다.[13] 한편 바덴과 알자스의 경험에서 교훈을 얻은 스위스 카이저아욱스트의 원전 건설 반대자들도 1975년 4월 1일부터 49일간 원전 부지 점거에 들어갔다. 무엇보다도 빌 반핵 시위의 비폭력 방식은 많은 사람의 호응을 얻어, 독일 전역과 유럽 각국에서 점거 참여자들을 위한 물품이 답지했다. 정치적 저항 행위에 익숙하지 않았던 대부분의 빌 주민들은 주정부 측의 강압적인 태도가 '방어'를 목적으로 했던 자신들을 급진주의자로 만들었다고 술회하기도 했다.

빌 반핵운동은 지역의 경계를 넘어 연방정부 차원에서 원전 건설의 문

13 청년들의 '무정부적' 생활 양식은 간혹 보수적인 주민과 충돌을 빚기도 했는데, 이런 경우 대체로 여성이 중재역을 담당했다. 빌 반핵운동 당시 여성은 운동의 '공적' 영역을 지배하지는 못했지만 저항운동의 인프라 구축에서 중요한 역할을 했다. 여기에는 점거자들을 위한 음식 준비, 청소, 설거지 같은 '전통적인' 여성 역할이 포함되어 있었지만, 그 밖에도 원전 지지자들이 운영하는 가게 이용을 보이콧한다거나 저항운동 주체가 '공산주의자'라는 주정부 측의 비난에 맞서기 위해 전략적으로 점거 현장에서 활약하는 등 여성에 의한 새로운 저항문화가 만들어지기도 했다.

제점을 근본적으로 재고하게 만들었으며, 유럽 각국의 과학자들이 반핵 성명을 발표하도록 자극했다. 뷜에서 채택된 구호들은 1970년대 후반 브록도르프를 비롯한 이후의 반핵운동에서도 되풀이되었다. 특히 1986년 체르노빌 사태로 원자력의 위협에 대한 각성이 확산되었을 때에는 "체르노-뷜Tscherno-Wyhl은 도처에 있다"는 현수막이 서독 전역의 반핵 집회에 등장했다.

뷜 원전 건설을 둘러싼 바덴전력 대 반핵운동 세력의 공방은 법정 투쟁으로 이어졌다. 뷜 주민 대표들은 '자연보호지역 훼손'을 이유로 바덴전력 측을 정식 기소했으며, 여기에 맞서 기업 측은 사유 재산 파괴를 이유로 점거자들에게 손해 배상을 청구했다. 양측의 공방은 한동안 계속되었으나, 결국 반핵운동 세력은 1976년 1월 31일 이른바 '오펜부르크 타협'을 통해 원전 건설의 잠정 중단과 점거자 처벌 금지라는 성과를 거두었다.[14] 원전 건설을 둘러싼 법정 투쟁이 최종적으로 마무리된 것은 1994년이었으며, 이 과정에서 반핵운동 지지 여론과 환경 파괴에 대한 위기 의식이 브록도르프, 고어레벤 등지의 원전 건설 반대 시위 및 결정적으로는 체르노빌 사태와 결합하면서 널리 확산되었다. 이로써 1975년의 뷜 원전 부지 점거 사건은 독일 환경운동의 역사에서 중요한 이정표의 하나로 자리잡게 되었다.[15]

4. 지역성의 생산: 알레만 정체성의 확인

뷜 반핵운동 과정에서 나타난 초국가적 연대에서 주목해야 할 중요한 사

14 시민연대 활동가들 중 일부는 오펜부르크 타협안이 원전의 위험성을 근본적으로 해결한 결정이 아니라는 이유로 이를 회의적으로 간주했지만, 결국 다수결에 의해 받아들였다.

실은, 그것이 '알레만'이라는 공동의 고향을 상상하는 과정과 밀접하게 결합되어 있었다는 점이다. 바덴 남부와 알자스, 스위스의 독일어 사용권, 오스트리아 최서단, 이탈리아 최북단 지역 일부를 포괄하는 알레만이라는 명칭은 게르만족의 일파인 알라마니Alamanni족에서 유래한다. 빌 반핵운동 당시 알레만인으로서의 연대감은 부분적으로는 바덴뷔르템베르크 주정부 소재지인 슈투트가르트가 속한 '슈바벤'에 대한 저항 의식으로 표출되기도 했지만,[16] 대부분 전통적인 애향운동의 연장선상에서 지역 문화의 장점을 강조하는 형태로 나타났다. 이를테면 빌 주민 슈뵈러Meinrad Schwörer는 "낙천적인 용기와 삶에 대한 뚜렷한 기쁨"을 알레만인의 본질로 칭송한다(Nössler & Witt, 1976 : 14).

고향의 재발견은 다양한 매체를 통해 이루어졌다. 빌 원전 부지 점거자들의 목소리를 담은 신문 『우리가 원하는 것*Was wir wollen*』과 바덴-알자스 시민연대가 발간한 『환경통신*Umwelt-Bote*』을 비롯해, 자체 제작한 영화와 사진, 지역 신문의 독자 투고란, 현수막, 스티커, 전단지, 토론회 등 일상에서 반핵운동의 가치를 홍보할 수 있는 각종 수단이 동원되었다. 특히 알레만 정체성을 발굴하는 데 무엇보다도 중요한 역할을 한 것은 이들이 사용하는 공동의 언어였다. 빌 반핵운동 참여자들은 알레만어라는 매개체를 통해 정치적 지향이나 사회적 소속에서 나타나는 차이를 극복할 수 있었다. 프라이부르크 대학생 시절 빌 반핵운동에 동참했던 벨러Ulrich Beller는 알자스와 바덴의 연대 투쟁 과정에서 '공동의 알레만 방언'이 갖는 힘이 발견되었다고 말한다. "그것은 파리나 본이나 뮌헨에 사는 사람

15 빌 반핵운동의 승리는 운동 과정에 직·간접적으로 동참했던 프라이부르크를 '독일의 환경 수도'로 만드는 데에도 결정적인 역할을 했다. 이는 1983년 총선에서 프라이부르크 지역의 녹색당이 12.3%를 얻어 전국 녹색당 중 최다 득표율을 기록했다는 사실에도 반영된다.

16 그러나 슈바벤어는 경우에 따라 '북부 알레만어'로 분류되기도 한다. 북부 알레만어 사용권은 슈바벤, 라인 상부 지역, 보덴 호수Bodensee 주변 지역으로 3분된다.

들은 이해하지 못하는, 하지만 알레만이라는 공간에 사는 우리들 모두는 이해하는 언어다. 알자스인도 바덴인도 말하는 이 방언은 향후 공동 투쟁의 토대가 될 것이다"(Haumann, 1977 : 276). 이러한 연대 의식은 평범한 지역민들에게서도 관찰할 수 있다. 공장 노동자라고 신분을 밝힌 익명의 카이저슈틀 주민은 "우리는 역사적으로 하나의 민족이며, 민속 의상과 언어를 공유하기 때문에 강력한 연결고리가 있다"고 언급했다(Gladitz, 1976 : 66). 실제로 빌 반핵운동에서 단골처럼 등장했던 "빌에도 다른 어디에도 원전은 안 된다! Kei KKW in Wyhl un au sunscht nirgends!", "오늘로 우리에게 민주주의는 사망했다 Hüt isch für uns d'Demokratie gschdorbe", "우리는 좌파가 아니다 Mir sinn kaini Linke", "우리는 아니라고 말했다! Nai hämmer gsait!" 같은 알레만어 구호들은 국적을 달리하는 라인강 양안의 주민을 하나로 결속시키는 역할을 효과적으로 수행했다.

알레만 정체성의 구심점이 된 공간은 빌 원전 건설 예정 부지에서 벌채된 나무로 지은 '우정의 집'이었다.[17] 점거 3주째인 1975년 3월 8일 모습을 드러낸 이 집은 5백 명을 수용할 수 있는 대규모 원형 건물이었으며, 그 주변에는 천막과 오두막, 화장실, 간단한 조리 시설 등이 설치되어 장기 점거자들의 편의를 도모했다. 알레만어로 'Frendschaft's Huss'라고 표기된 우정의 집은 처음 주간 및 야간 경비를 맡은 사람들의 휴식 공간이자 회의와 토론의 장으로 기획되었다. 그러나 이 건물이 훗날 "새로운 알레만 문화의 중심"(Löser, 2003 : 106)이라는 찬사를 받게 된 가장 중요한 이유는 바로 '빌 숲 시민대학 Volkshochschule Wyhler Wald'의 터전이 되

17 '우정의 집' 건립 아이디어 역시 알자스 마르콜스하임의 투쟁 과정에서 습득한 것이다. 마르콜스하임 공장 부지 점거에 참여했던 사람들은 가을과 겨울의 추위 속에서 장기 점거자들의 편의를 위한 공간의 필요를 느끼고 '우정의 집'을 세운 바 있다. 빌 원전 부지 점거자들은 '우정의 집'에 '반핵운동 기념비'라는 의미를 덧붙였다.

었기 때문이다.

'우정의 집'에 뷜 반핵운동의 취지를 담은 학교를 건설하자는 생각은 처음 프라이부르크의 한 환경운동단체에서 나왔다. 이에 호응해 본격적으로 계획을 추진한 것은 바덴-알자스 시민연대였다. 초당파성, 권력으로부터의 자유, 다수결이라는 3대 원칙을 앞세우고 1975년 4월 15일 개교한 뷜 숲 시민대학은 일반 학교의 교육을 '지식인과 비지식인의 위계적 관계'에 의해 기존 사회 질서의 유지를 도모하는 것으로 비판하면서 '배우는 사람들'의 자유와 자결을 중시했다. "우리는 공개적으로 토론하고 민주적으로 결정했다"(Moßmann, 1976 : 161). 따라서 이 학교의 교과 과정은 지역 주민들이 자율적으로 결정하는 것이 원칙이었는데, 물론 현실적으로 뷜 반핵운동에 동참했던 대학생이나 시민활동가들의 역할이 상당 부분 작용했음을 부정할 수는 없다.[18] 강사로는 농어민과 가정주부에서 대학생, 작가, 저널리스트, 목사, 정치가, 교수에 이르기까지 직업과 전공을 불문하고 주민들의 현안에 관해 말할 수 있는 모든 사람이 참여했다. 또한 강사의 자발성을 원칙으로 했기 때문에 강연료는 책정되어 있지 않았고, 예외적인 경우에만 교통비를 보조해 주는 정도였다.[19] 수업 방식 역시 강사의 일방적 전달이 아닌, 대화와 토론이 선호되었다. 이 학교가 국제적으로 알려지면서 독일 전역과 프랑스, 스위스, 북아일랜드, 심지어 미국과 일본에서도 강사가 초빙되었다. 수업에는 평균 100명 안팎이 참여했는데, 인기 강좌에는 6백여 명이 모여들었다. 우정의 집은 1976년 5

18 당시 시민활동가들은 정치 교육이 반핵 투쟁의 무기라는 뚜렷한 인식하에 뷜 숲 시민대학을 구상했다. 따라서 그들은 원자력 발전과 그 문제점에 관한 지식 습득 외에도 시민 투쟁 방식에 대한 논의를 뷜 숲 시민대학의 중요한 교육 목표로 상정했다. 그러나 '지식인'들의 강의가 지나치게 학구적이라는 비판이 지역 주민들로부터 제기되는 경우, 강사진과 프로그램은 주민의 요구에 따라 변경되었다.

19 수강료가 무료였기 때문에 비용은 주로 후원금 모금, 브로셔와 음반 판매 등으로 충당했다.

월 화재로 소실되었지만 뷜 숲 시민대학은 인근 마을과 도시로 장소를 옮겨가면서 1988년까지 지속되었다. 13년 동안 뷜 숲 시민대학은 총 80회의 4주 프로그램과 6백여 회의 행사를 개최했다.

뷜 숲 시민대학의 첫 4주 프로그램은 뷜 반핵운동의 지향점이 무엇이었는가를 뚜렷하게 보여 준다. 요일별로 '원자력 발전과 그 대안'(화), '여행 · 외국'(수), '현대의 농업 문제'(목), '자연과 환경 보호'(금)라는 4개의 대주제가 설정되었는데, 특히 네 번째 주제에는 라인 강 유역의 숲이 자연 보호에서 갖는 의미, 알자스의 산업화와 환경 보호, 슈바르츠발트 고속도로 건설의 문제점 등 지역민들의 현안이 포함되어 있었다. 이 학교의 2백 번째 행사로 기획된 강연 제목은 "라인의 초지: 위협받는 자연 천국의 초상"이었다. 뷜 숲 시민대학은 그 밖에도 1848년 혁명, 제3세계의 문제, 아메리카 원주민 등에 대한 강의를 통해 '고향을 위한 연대 투쟁'이라는 공동 관심사를 추구했다. '고향과 노래의 밤'에 우정의 집에 모인 지역 주민들은 알레만어로 직접 작사, 작곡한 노래를 소개하고 함께 부르며 상호 소속감을 다지고 저항 의식을 키웠다. 이처럼 뷜의 시위 문화는 알레만 지역의 전통을 발굴해 냈으며, 이는 다시 시위 문화에 합류되면서 지역민으로서의 정체성을 증폭시켰다.

뷜 원전 부지 점거 1주년 기념집 표지에 등장하는 1525년 바덴 농민전쟁기의 판화에서도 볼 수 있는 것처럼(도판 1), '고향'을 지키고 지역민의 '자유'를 수호한다는 대의는 뷜 반핵운동의 일차적인 관심사였다. 하지만 그들의 문제 의식이 지역민의 이해 관계와 직결되는 협의의 고향에만 국한되지 않았다는 증거는 여러 곳에서 발견된다. 예컨대 뷜 숲 시민대학은 1976년부터 활동 영역을 카이저슈툴의 경계를 넘어 바덴 남부 전체로 넓히기로 결정했으며, 알자스와 바덴의 시민단체뿐만 아니라 엘베 강 하류 환경 보호를 위한 시민연대, 프랑스 라르작의 농민운동단체 등과

도판 1 _ 뵐 원전 부지 점거 1주년 기념집

연대함으로써 고향의 범위를 확장해 나갔다. 1976년 2월 1일 바이스바일 반핵 시위에서 "그것은 역사다. 고향의 역사이자, 아마도 세계의 역사다!"라고 선언한 작가 한스만Margarete Hannsmann의 진술은 지역성과 지구성이 상호 교차하는 뷜 반핵운동의 성격을 압축한다(Nössler & Witt, 1976 : 10).

뷜 숲 시민대학에서 확인된 알레만 정체성은 이 지역의 민주적 · 혁명적 전통의 발굴과 그것을 통한 새로운 지역사 서술로 이어졌다. 향토사가들은 프로이센-독일제국으로 이어지는 독일의 주류 역사 서술에서 소외될 수밖에 없는 바덴의 역사가 중세 신성로마제국 황제들을 배출한 슈타우펜 가문의 발상지임을 강조하는 '위로부터'의 시각으로 구성되어 있음을 강력히 비판했다. 대신에 그들이 강조했던 것은 '아래로부터'의 움직임이었다. 1975년 말 뷜 원전 부지 점거가 끝날 무렵에 나온 BBU 회장 뷔스텐하겐Hans Helmut Wüstenhagen의 책은 이러한 분위기를 현장감 있게 전달한다. 이 책은 뷜 반핵운동을 1848년 바덴 시민혁명의 연장선상에서 파악하며, 나아가 "이 경계 지역에서는 독일의 다른 어떤 지역보다도 프랑스 대혁명의 흔적이 지속적으로 남아 있었다"(Wüstenhagen, 1975 : 19)고 기술함으로써 뷜 반핵운동을 서구 시민혁명의 적자로 자리매김한다.

1848년 바덴 혁명을 역사화하는 또 다른 방식은 프로이센을 정복자로, 바덴을 피정복자로 규정함으로써 지역민의 저항 정신을 일깨우는 것이었다. 뷜 반핵운동 참여자들은 "자거라 아가야 조용히 자거라/ 밖에 프로이센 사람이 지나간다/ 네 아버지를 죽이고/ 네 어머니를 가난하게 만든"이라는 가사로 시작되는 〈바덴 자장가〉(1849)를 발굴하고 이를 시위문화에 포함시켰다(Nössler & Witt, 1976: 278). 같은 맥락에서 1871년 독일제국의 성립은 바덴을 병합하고 알자스를 희생시킨 '프로이센의 정복'이었고 제1차 세계대전은 이들 라인 양안의 이웃을 불구대천의 원수로 만든 사건이었으며 제2차 대전은 바덴과 알자스 모두를 또다시 폐허로 만든 비극으로 정의되었다.

지역정체성의 역사화를 위한 노력의 또 다른 흔적은 1977년에 출간된 『호첸발트에서 뷜까지. 바덴의 민주주의 전통』에서도 찾을 수 있다. 뷜 반핵운동의 직접적인 자극으로 탄생한 이 책은 "지배 가문의 역사나 위인의 역사가 아닌, 주민 자신의 역사"(Haumann, 1977 : 7)를 복원한다는 목표를 세우고 1525년 라인 상부와 슈바벤의 농민전쟁, 18세기 슈바르츠발트 남단 호첸발트에서 일어난 농민 봉기, 1848년 바덴 혁명, 20세기 바덴의 반파시즘 저항운동과 노조운동, 빌 반핵운동을 차례로 조명하고 있다. 이들은 모두 우정의 집에서 행해진 수많은 '정보의 밤'에 발굴되고 논의된 주제였다. 기고자 중 한 사람은 바덴이라는 공간이 스위스의 공화주의 전통과 프랑스 대혁명의 정신을 독일에서 가장 먼저 받아들일 수 있는 위치에 있었음을 강조하면서, 이러한 바덴의 민주주의 전통과 자유 및 사회 정의를 위한 주민의 노력이 카이저슈툴의 원전 건설 반대운동을 통해 새로운 활력을 얻었다고 평가한다. "우리는 이곳에서 살아가고 일하며 지역의 사건들을 계승하고 고향의 역사를 전달함으로써, 더욱 구체적인 형태로 투쟁할 수 있다"(Haumann, 1977 : 13). 그는 이러한 투쟁이 협소한 공간에 국한되는 것이 아니라 초지역적으로 의미를 가져야 함을 강조하면서, '고향' 개념을 이웃 국민과의 평화로운 공존으로 확대해야 한다고 말한다.

빌 숲 시민대학, 새로운 지역사 서술과 더불어 알레만 정체성 창출에 기여한 대표적인 매체는 노래였다. 1970년대에 이 지역에서 진행된 노래운동은 평범한 주민들의 자발적인 참여로 이루어졌으며 빌 반핵운동의 메시지를 향토애 속에 녹여냈다. 이를테면 "주님이 세계를 구상했을 때/ 카이저슈툴을 맨 처음 만들었네/ (……) 나의 카이저슈툴, 나의 고향, 얼마나 아름다운가"(Nössler & Witt, 1976 : 12) 하고 노래한 크라프트 Wilhelm Kraft는 1975년 원전 부지 점거 당시 카이저슈툴의 이링겐에서 상업에 종사한 70대 노인이었으며, 역시 이링겐의 농민으로 브라이자흐에서 원전 건립 계획이 발표된 초창기부터 반핵운동에 적극 가담했던 쉴링거Ernst Schillinger도 알레만어로 향토애를 담은 노래들을 여럿 발표했다. 대표작인 〈카이저슈툴 주민들이여, 일어서라〉는 실러의 〈발렌슈타인 기병의 노래〉[20]를 개사한 것으로, 빌 숲에 모인 주민들의 우정을 소재로 하고 있다. 카이저슈툴 지역의 유명한 민요를 개사한 〈뷜 숲 우정의 노래〉도 같은 유형이다. 보팅겐의 농민 마이어Karl Meyer가 알레만어로 작사한 이 노래의 1절은 이렇게 시작된다. "뷜 숲 깊은 곳에/ 크고 둥근 우정의 집이 있네/ 그 안에 우리 시민대학이 있네/ 아름다운, 아름다운 뷜 숲에" (Gladitz, 1976 : 115). 바이스바일 남성 합창단 '라인의 충성'은 1848년 혁명기에 애창된 〈내가 생각하는 자유〉를 개사해 알레만인의 자긍심을 노래했다. "내 심장을 가득 채우는/ 내가 생각하는 자유/ 라인 강변의 카이저슈툴에서/ 우리의 희망은 끓어오른다/ 우리는 자유롭게 살아가는/ 자유로운 알레만 사람이고자 한다"(Boock, 2003 : 119). 그 밖에도 록 음악의 곡조에 알레만어 가사로 반핵운동의 가치를 담은 카이저슈툴 출신 대학생들의 노래가 청년층의 인기를 끌었다.

뷜 반핵운동과 나란히 꽃을 피운 노래운동의 주역으로는 부르크하르트Roland Burkhart와 모스만Walter Mossmann 두 사람을 꼽을 수 있다. '부키Buki'라는 예명으로 활동했던 부르크하르트는 1946년생으로 카이저슈툴 토박이이자 프라이부르크대학교에서 사회학과 정치학을 공부했으며 바덴-알자스 시민연대의 열성 활동가였다. 그는 잘 알려진 대중 가요에서 멜로디를 차용함으로써 대중성을 확보하려고 노력했으며, 카이저슈툴 주민의 원전 건설에 대한 반감을 직설적인 언어로 전달했다(Holler, 2007 : 144f.). 이를테면 1976년 8월 바덴-알자스 시민연대 결성 2주년 기념으로 만들어진 노래 〈우리는 다시 왔다네〉는 "아버지Vadder, 어머니Möeder, 아이의 생존Existänz과 건강Gsundheit"을 위협하는 "뷜[원전]은 도처에 있다Wyhl isch dert un do"는 알레만어 가사로 핵에너지에 대한 지역민의 공포

20 1797년에 실러Johann C. F. von Schiller가 작사한 이 곡은 1832년의 함바흐 축제와 1848년 혁명 시기에도 애창된 독일 자유주의·민족주의 운동의 산물이다. 원곡의 명성 덕분에 보수주의 계열이나 노동운동에서도 이 곡을 개사해 불렀다.

심을 표출한다. 고향의 언어를 의식적으로 사용함으로써 고향 주민과 일체감을 확립하려 했던 부르크하르트의 노력은 부분적으로는 '지식인'으로서 자신의 정체성을 반추하는 과정의 부산물이었다. "때때로 나는 프랑스인도 독일인도 아닌 알레만인인 것 같았다. 나는 순수한 지식인 프라이부르크 대학생도 아니고, 진정한 카이저슈툴 주민도 아니었다"(Nössler & Witt, 1976: 262)는 그의 진술에서 읽을 수 있는 것은, 알레만 지역성이 국민국가 사이의 갈등뿐만 아니라 계급과 세대의 차이를 해소할 수 있는 대안이기도 했다는 점이다. 68세대의 세대 갈등을 배경으로 한 모스만의 〈젊은 장기 점거자 H의 노래〉에서는 기성 세대에 대한 반감이 이제 향토애와 조화롭게 어우러진 모습을 엿볼 수 있다. "몇 주 동안 나는 집에 가지 않았다네/ 그곳은 더 이상 내게 집이 아니라네/ 나의 집은 우정의 집/ 나의 가족은 이곳에 있는 사람들이라네"(Boock, 2003: 124-138).

1941년생인 모스만도 바덴-알자스 시민연대에서 활동했으며 마르콜스하임 원전 건설 반대 투쟁 이래 노래운동을 이끌었다. 그는 초창기에 요스 프리츠Jos Fritz라는 예명으로 활동했는데, 이는 16세기 초 바덴의 유명한 농민운동 지도자의 이름이다. 68운동 당시 프라이부르크대학교 사회주의학생동맹SDS 일원이었던 모스만의 노래는 계몽적이고 반자본주의적인 색채를 특징으로 한다. 대표적인 예가 1974년 7월 9일 대중에게 첫선을 보인 〈원전은 안 돼〉로, 바덴뷔르템베르크 주정부의 산업 정책을 노골적으로 비판하는 노래다. "기업가가 먼저 말씀하시기를/ 이곳의 이윤은 너무 적어!/ 우리는 제2의 루르 공업지역이 필요하고/ 그것을 라인 상부 지역에 건설할 것이다!" 모스만이 만든 또 다른 반핵운동의 애창곡인 〈어머니의 방에서〉 역시 알레만어 가사로 농민Büren과 부자riichen Herren 간의 계급 갈등을 강조하는 가운데 원전 건설을 주도하는 기업/자본에 대한 평범한 사람들의 연대를 설득한다.

모스만의 노래운동을 통해 알레만 지역성은 결정적으로 민족정체성의 부정과 극복을 위한 대안으로 제시되었다. 이를 반영하는 대표적인 노래가 〈라인의 수비대〉로, 이는 1840년 프랑스가 라인 강 좌안의 독일 영토를 위협함으로써 야기된 반反프랑스 정서의 소산인 동명의 노래를 패러디한 것이다.[21] 모스만은 이 새로운 〈라인의 수비대〉의 정치적 함의를 180도 전환시켜 라인 강 양안의 공조, 즉 독일과 프랑스의 연대를 강조했다. 이 노래는 1975년 2월 20일 뷜 원전 부지 점거 현장에서도 불렸으며, 점거 다음날 『바덴 신문*Badische Zeitung*』이 보도한 바에 따르면 "한 절이 끝날 때마다 그[점거자]들의 자의식이 고양되었다"(Sternstein, 1978: 55)고 한다. 처음 13절로 시작된 이 노래의 가사는 반핵운동의 정황이 변화될 때마다 계속해서 추가되었는데, 1절 가사는 다음과 같다.

> 알자스와 바덴은 오랫동안 크나큰 고난을 겪었네,
> 그곳에서 우리는 우리 주인들을 위해 전쟁에서 서로를 쏘아 죽였다네.
> 이제 우리는 뷜과 마르콜스하임에서 우리 자신을 위해 싸운다네.
> 여기에서 우리는 함께 더 훌륭한 라인의 수비대라네.
> 너는 어느 편인가? 여기에서 우리는 [원전]부지를 점거했네.
> 여기에서 우리는 쓰레기에 맞서 우리를 지킨다네.
> 내일이 아니라 지금!

알레만어를 사용한 모스만의 또 다른 작품인 〈다리의 노래〉 역시 이 새

21 〈라인의 수비대〉 원곡은 1922년 〈독일가Deutschlandslied〉가 국가로 정해지기까지 비공식적 국가 역할을 담당했다. 팔러스레벤의 호프만Hoffmann von Fallersleben이 작사한 원곡의 1절은 다음과 같다. "천둥소리, 칼을 휘두르고 활을 당기는 소리와도 같은 외침이 들린다/ 라인으로! 라인으로! 독일의 라인으로!/ 그 누가 이 강의 보호자가 되고자 하는가?/ 사랑하는 조국을 평안하게 하기 위해 / 라인의 수비대가 굳건히, 충성스럽게 서 있네."

로운 독일 · 프랑스 연대 의식을 내포했다. 라인 강에 놓인 다리를 연대의 상징으로 사용한 이 노래의 2절에서, 과거 스스로를 알자스의 이방인으로 느꼈던 화자는 이제 "생존을 위한 투쟁"을 통해 그들과 하나가 되었음을 고백한다(Schmidt, 1981 : 39). "평생 단 한 번도 독일 민족을 사랑하지 않았다"고 공언하면서 극단적 애국주의를 경계했던 모스만에게, "라인 강은 경계가 아니라 [서로를] 연결하는 수로"였다(Nössler & Witt, 1976 : 276f.). 그의 노래들을 통해 라인 강은 독일의 강에서 유럽의 강으로, 나아가 인간과 자연의 생존을 위해 투쟁하는 모든 인류의 강으로 승화되었다.

뷜 반핵운동에서 탄생한 또 다른 노래 〈다윗-빌헬름-헤커 발라드〉는 합스부르크가의 지배에 항거한 스위스의 빌헬름 텔Wilhelm Tell과 1848년 바덴 혁명의 지도자 헤커Friedrich Hecker를 하나로 엮어, 압제에 저항한 알레만 공동의 영웅으로 찬양했다. 원자력 · 국가 · 자본이라는 '골리앗'에 맞서 지구 곳곳의 수많은 '다윗'이 어떻게 승리할 수 있는가를 생생하게 보여 준 것이야말로 뷜 반핵운동이 오늘날 우리에게 전하는 교훈이다.

5. 나오는 말

뷜 반핵운동은 서독에서 1968년 이후 본격적으로 전개된 거대한 반핵운동의 봉우리 중 최초의 것이었다. 그러나 그것이 과연 "철두철미한 서독의 운동"(Rusinek, 2003 : 652)이기만 했을까? 뷜은 국민국가의 경계를 넘어 소통하면서 고향과 세계의 환경을 보호한다는 공동의 과제에 대한 대안을 치열하게 모색했던 사람들의 경험을 우리에게 들려 준다.

자본의 지구화로 에너지 수요의 증대가 계속되는 한, 그리고 화석 연료의 고갈 이후 획기적인 대체 에너지 기술이 개발되지 않는 한, 뷜의 역사는 언제나 현재의 역사다. 뷜 반핵운동의 주체와 그 지지자들이 가졌던 문제 의식은 '지금 여기'에 있는 우리의 생존과 직결된다. 이러한 의미에서 뷜은 전 지구적 상호의존성과 문화적 혼종성을 함축하는 '지구지역성glocality'의 양상을 드러내기에 손색이 없는 공간이다. 르페브르Henri Lefebvre 식으로 말하자면 그것은 지역과 국가와 지구라는 다양한 층위의 공간들이 상호 침투하고 새로운 의미를 생산해 내는 '사회적 공간'이다. 곧 뷜 반핵운동의 역사는 사회적 '공간의 생산'에 대한 국민국가의 지배적 역할을 통제하려는 지역의 시도로 읽을 수 있다.

뷜 반핵운동 이래 '삼각지대Dreieckland'로 불리게 된, 독일의 바덴과 프랑스의 알자스, 스위스 북부 일대를 포괄하는 '알레만 정체성'의 확인은 국가를 초월하는, 혹은 연결하는 행위집단으로서 지역이 갖는 의미를 재고하게 한다. 일각에서는 '삼각지대' 또는 1980, 90년대에 유행한 '세 라인 지역Regio Tri-Rhenia' 같은 구호가 마케팅 전략의 산물이었다고 비판하는 목소리도 있지만, 뷜 반핵운동의 사례가 지구화의 이면인 국민국가 간의 갈등과 분쟁을 '아래로부터' 해결할 수 있는 긍정적 지역성을 제시한다는 점에는 이론의 여지가 없을 것이다.

원자력 문제는 냉전이 종식된 지 20년이 지난 오늘날에도 여전히 독일의 여론을 분열시키는 요인 중 하나다. 2000년 6월 15일 사민당 · 녹색당 연정이 원전의 평균수명을 32년으로 정하고 독일 내 20기의 원자로를 순차적으로 폐기하겠다고 발표한 것은 뷜 반핵운동이 일깨운 환경 의식이 거둔 승리였다. 그러나 최근 기민당의 메르켈 정부가 전 지구적 경제 위기와 에너지 가격 인상을 이유로 원자력 발전의 재도입을 추진하면서, 핵 문제는 또다시 독일 사회의 논쟁점으로 부상 중이다. 이러한 상황에서 뷜의 기억은 끊임없이 반추되고 있다. 2007년 4월 20일 체르노빌 참사 21주년 기념일을 맞아 독일의 반핵운동가들은 1980년에 만들어진 4미터 높이의 '뷜 십자가'를 앞세우고 뷜에서 프라이부르크까지 행진했다. "창조가 위험에 처한 곳에서 신은 십자가에 달린다"는 문장이 새겨진 이 십자가는 뷜 반핵운동의 문제 의식이 우리 모두의 것이라고 경고한다.

참고 문헌

박용희, 「"알자스인에게 알자스를!": 20세기 알자스 지역운동과 지역정체성의 모색」, 『독일연구』 15, 2008.

송충기, 「68운동과 녹색당의 형성: "제도권을 향한 대장정"」, 『독일연구』 16, 2008.

Boock, Barbara, " Regionale Identität als Widerstand. Lieder aus den Auseinandersetzungen um das Kernkraftwerk in Wyhl," Eckhard John(ed.), *Volkslied-Hymne-politisches Lied. Populäre Lieder in Baden-Württemberg*, Münster: Waxmann, 2003.

Engels, Jens-Ivo, "Gender roles and German anti-nuclear protest. The women of Wyhl," Christoph Bernhardt(ed.), *Le démon moderne: la pollution dans les sociétés urbaines et industrielles d'Europe*, Clermont-Ferrand: Presses Universitaires Blaise-Pascal, 2002.

_____, "Geschichte und Heimat. Der Widerstand gegen das Kernkraftwerk Wyhl," Kerstin Kretschmer & Norman Fuchsloch(eds.), *Wahrnehmung, Bewusstsein, Identifikation. Umweltprobleme und Umweltschutz als Triebfedern regionaler Entwicklung*, Freiberg: Technische Universität Bergakademie Freiberg, 2003.

Gladitz, Nina(ed.), *Lieber heute aktiv als morgen radioaktiv*, Berlin:

Wagenbach, 1976.

Haumann, Heiko(ed.), *Vom Hotzenwald bis Wyhl. Demokratische Traditionen in Baden*, Köln: Pahl-Rugenstein, 1977.

Holler, Eckart, "The Folk and Liedermacher Scene in the Federal Republic in the 1970s and 1980s," David Robb(ed.), *Protest Song in East and West Germany since 1960s*, Rochester: Camden House, 2007.

Koselleck, Reinhart, *Zeitschichten. Studien zur Historik*, Frankfurt am Main: Suhrkamp, 2000.

Lefebvre, Henri, *The Production of Space*, Oxford and Cambridge: Blackwell, 1991.

Linse, Ulrich et al.(eds.), *Von der Bittschrift zur Platzbesetzung. Konflikte um technische Großprojekte. Laufenburg, Walchensee, Wyhl, Wackersdorf*, Berlin: Dietz Verlag, 1988.

Löser, Georg, "Grenzüberschreitende Kooperation am Oberrhein. Die Badisch-Elsässischen Bürgerinitiativen," Kurt Hochstuhl(ed.), *Deutsche und Franzosen im Zusammenwachsenden Europa 1945-2000*, Stuttgart: Kohlhammer, 2003.

Middell, Matthias, "Der Spatial Turn und das Interesse an der Globalisierung in der Geschichtswissenschaft," Jörg Döring & Tristan Thielmann(eds.), *Spatial Turn. Das Raumparadigma in den Kultur- und Sozialwissenschaften*, Bielefeld: Transcript, 2008.

Moßmann, Walter, "Volkshochschule Wyhlerwald," Heinrich Dauber & Etienne Verne, *Freiheit zum Lernen. Alternativen zur lebenslänglichen Verschulung*, Reinbek bei Hamburg: Rowohlt, 1976.

Moßmann, Walter & Peter Schleuning(eds.), *Alte und neue Lieder.*

Entstehung und Gebrauch, Texte und Noten, Reinbek bei Hamburg: Rowohlt, 1978.

Nelkin, Dorothy & Michael Pollak, *The Atom Besieged*, Cambridge: The MIT Press, 1981.

Nössler, Bernd & Margot de Witt(eds.), *Wyhl. Kein Kernkraftwerk in Wyhl und auch sonst nirgends. Betroffene Bürger berichten*, Freiburg: Dreisam, 1976.

Paul, Reimar(ed.), *…und auch nicht anderswo! Die Geschichte der Anti-AKW-Bewegung*, Göttingen: Werkstatt GmbH, 1997.

Radkau, Joachim, *Aufstieg und Krise der deutschen Atomwirtschaft 1945-1975*, Reinbek bei Hamburg: Rowohlt, 1983.

Roth, Roland & Dieter Rucht(eds.), *Neue soziale Bewegungen in der Bundesrepublik Deutschland*, Frankfurt am Main: Campus, 1987.

Rucht, Dieter, *Von Wyhl nach Gorleben. Bürger gegen Atomprogramm und nukleare Entsorgung*, München: C. H. Beck, 1980.

_____, "Wyhl. Der Aufbruch der Anti-Atomkraftbewegung," Ulrich Linse et al.(eds.), *Von der Bittschrift zur Platzbesetzung. Konflikte um technische Großprojekte. Laufenburg, Walchensee, Wyhl, Wackersdorf*, Berlin: Dietz Verlag, 1988.

Rusinek, Bernd, "Wyhl," Etienne François & Hagen Schulze(eds.), *Deutsche Erinnerungsorte*, vol. Ⅱ, München: C. H. Beck, 2003.

Schmidt, Mathias R., "The opposition to nuclear energy as a song-writing impetus," *Popular Music and Society*, vol.8, 1981.

Sternstein, Wolfgang(ed.), *Überall ist Wyhl. Bürgerinitiativen gegen Atomanlagen: aus der Arbeit eines Aktionsforschers*, Frankfurt am

Main: Haag & Herchen, 1978.

Sternstein, Wolfgang et al.(eds.), *Der Widerstand geht weiter. Der bürgerprotest gegen das Kernkraftwerk von 1976 bis zum Mannheimer Prozeß*, Freiburg: Dreisam, 1982.

Wagner, Peter, "Contesting Politics and Redefining the State. Energy Policy-Making and the Anti-Nuclear Movement in West Germany," Helena Flam(ed.), *States and Anti-Nuclear Movements*, Edinburgh: Edinburgh University Press, 1994.

Wüstenhagen, Hans-Helmut, *Bürger gegen Kernkraftwerke. Wyhl— der Anfang?*, Reinbek bei Hamburg: Rowohlt, 1975.

대한민국 국적법 제정과 '국민' 경계 설정*

김수자

1. 들어가는 말

근대 국민국가들은 국가 형성 과정에서 '국민'의 경계를 분명히 설정하기 위해 국적법을 제정, 적극 활용했다. 국적법을 통해 실질적으로 '국민'에게 국가의 구성원이 될 수 있는 자격을 부여하고 국민과 비국민의 경계를 분명히 함으로써 내부적 통합을 꾀했다. 식민지 시기 '민족'으로만 존재했던 조선인도 해방이 되자 국가 건설을 위해 '국민'을 만들기 위한 수순을 밟아 나갔다.[1] 그러나 한국의 경우 국적법의 필요성은 '내부'에서 보다 '외부' 세력 즉 미군정에 의해 제기되었다. 그럼에도 국적법 제정

* 이 글은 『한국근현대사연구』 제49집(2009년 여름호)에 게재된 논문을 수정 · 보완한 것이다.

1 일반적으로 근대적 국민국가의 중요한 구성 요소로 '항구적인 인구집단'(국민), '확정된 영토', '정부' 등을 꼽는다. 이주윤, 「국제법적 시각에서 본 대한민국의 국적문제」, 『법학연구』 29, 2008, 380쪽.

과정은 당시 한국이 안고 있었던 친일파 청산과 자주국가 수립이라는 시대적 과제 해결과 민족정체성 확립 등에 대한 고민들을 잘 보여 준다. 또한 그 과정은 대한민국의 국민이 되는 요건 속에 한국의 민족주의가 작동될 가능성이 내재해 있음을 보여 준다. 즉 외국인이 대한민국 국민이 되는 것은 단순히 '국민'이 되는 것만을 의미하는 것이 아니라 대한민국에 동화되어 한민족이 되기를 요구하는 것과 맞물려 있었던 것이다. 즉 대한민국의 국적법 제정 과정은 '민족'과 '국민'을 일치시키고자 하는 요구가 강하게 표출되고 있었음을 보여 준다.[2] 그러나 이러한 논의들은 일제 시기에 형성된 저항적 민족주의를 일정 부분 계승하는 것으로, 미군정기 이후 형성되고 있었던 보수 우익 주도의 반공적 민족주의 담론과는 차별성을 띠고 있음을 간과할 수 없다(김수자, 2008).

국적법 제정에 대해서는 헌법 제정 당시와 비교해 보면 사회적 논의나 관심이 높지 않았던 것은 분명하다. 이것은 국가 건설과 관련해 국민의 범주를 정하는 것이 국가의 성격과 관련 중요한 사안이었지만 법제사법위원회 또는 정부에서 인식했던 것처럼 조선인이 대한민국 국민이 되는 것을 자연스럽게 받아들이고 있었던 사회적 분위기를 보여 주는 것으로 이해할 수 있다. 그러나 실제로 법을 제정하는 과정에서 일부 의원은 친일 잔재 청산을 통한 민족정체성을 확립하고자 하는 사회적 · 시대적 요

2 대한민국의 국민과 민족주의와의 관계를 다룬 논문으로는 다음과 같은 것이 있다. 김현선은 국민을 규정하는 원리들이 남성 중심적 가치관, 혈통주의임을 국적법과 관련 법들의 기본 원칙을 중심으로 밝히고 있다(김현선, 「국민, 半국민, 非국민: 한국 국민 형성의 원리와 과정」, 『사회연구』 13, 2006). 김동춘은 국가의 공식적인 '국민' 개념과 속인주의적인 국적법이 한국의 폐쇄적 민족주의와 더불어 외국인에 대한 차별을 가져오는 것이며 대한민국의 '국민' 개념의 극우적 · 보수적 성격의 형성 과정을 사회사적으로 고찰하고 있으나 국적법에 내재해 있는 국민과 민족의 관계에 대해서는 다루지 않았다(김동춘, 「20세기 한국에서의 '국민'」, 『창작과 비평』 106, 1999; 김성호 · 최명호, 「1948년 건국헌법 전문에 나타난 "우리들 대한국민"의 정체성과 정당성」, 『한국정치학회보』 42-4, 2008).

구를 반영하고자 했다. 비록 국민 경계를 강화하고자 하는 논의가 보수 우익의 한민당이나 독촉 소속 의원들이 다수를 점하고 있는 국회에서 통과되지는 못했지만 2, 3차례의 표결 과정을 거치는 것을 보면 이들 논의가 무게를 가지고 있었음을 알 수 있다.

이 글은 대한민국 국적법의 시초라 할 수 있는 미군정기 '국적에 관한 임시조례'의 제정 과정을 통해 국가 수립 전前 조선인이라 지칭되는 '내부'의 국민을 어떻게 점검하고자 했는지를 살펴보고자 한다. 그리고 대한민국 정부 수립 직후 제정된 '국적법'의 제정 과정에서 논의된 남성 중심의 혈통주의 강조의 국적법 원칙과 단일민족성을 유지하기 위해 '외부인'의 대한민국 국민 되는 조건에 어떠한 장치들을 마련하고자 했는지, 그리고 그 속에 '국민'과 '민족'을 일치시키기를 요구하는 세력과 그렇지 않은 세력 간의 입장을 적극적으로 드러내고자 한다.

2. 식민으로부터의 해방과 미군정의 국적법 제정 제기

일제 패망과 적산 처리 문제

일제 패망으로 인한 조선의 해방은 미군 진주, 미군정청 설립 등 미군에 의한 직접 통치로 이어져 조선인에 의한 즉각적인 독립국가 수립은 실현되지 못했다. 1945년 9월 20일 군정청을 설립한 미군은 38선 이남의 남한 지역을 통치·지배하는 유일하면서도 실질적인 정부의 역할을 담당했다. 미군정의 정책 중 장래 조선의 자주국가 수립, 경제 건설과 관련해 중요한 사항은 일인日人들이 남기고 간 재산 즉 '적산敵産 처리' 문제였다.

미군정은 9월 25일 법령 제2호를 공포해 1945년 8월 9일 일본이 정식 항복한 이후의 일본 정부 및 그 대리 기관이나 그 국민이 소유했던 일체의 재산 매매 및 취득, 이동, 권리 행사 등을 금지하고 일본인 소유 재산을 미군정청에 귀속시켰다. 또한 법령 제33호 '조선 내 소재 일본인 재산 취득에 관한 건'을 공포해 일본인 소유 재산 및 수입에 대한 소유권을 1945년 9월 25일 부로 군정청이 취득하고 군정청이 그 재산 전부를 소유한다고 밝혔다.[3] 그러므로 미군정청 이외의 기관이나 개인이 일본 정부 및 조선총독부, 일본인 재산을 사용 또는 지배하는 것은 위법이 되었다.[4]

이와 같은 일련의 법령을 공포하면서 미군정은 일인 재산의 소유권을 군정에 귀속시켜 나갔으나, 8월 9일 일본의 정식 항복, 8월 15일 조선의 해방, 9월 25일 군정청의 법령 공포 사이의 시간의 편차들로 인해 일인 재산에 대한 소유권 분쟁은 빈번하게 발생했다. 분쟁의 요인 중 하나는 법령이 공포되기 전 조선인이 일본인 재산을 취득한 경우에 해당되는 것이었다. 즉 8월 9일과 9월 25일 사이 조선인과 일본인 간에 진행된 매매는 법령 제2호와 제33호에 의거하면 성립되지 않고, 군정청의 재산으로 등록되었다. 그러므로 일본인 재산이나 부동산을 취득해 살거나 혹은 그 이전에 취득했어도 법적 절차를 밟지 않은 경우 조선인의 재산권 특히 주택 소유권 등은 인정되지 않았다. 소유권이 인정되지 않은 집에 거주하는 경우 군정청은 압류 절차를 밟아 조선인을 쫓아내는 사건이 발생했으며,

3 법원행정처, 법령 제33호, 『미군정법령』, 1986.

4 특히 미군정은 일본인 개인 재산 양도와 관련해 조선인에게 세 가지 점을 강조했다. 1. 조선인은 일본인의 사유 재산을 합법적으로 구입할 수 있으나 군정청에서 발령한 규정에 따르지 않으면 안 된다. 2, 일본인 사유 재산에 대해 정당한 가격으로 지불하지 않으면 안 된다. 3, 일본인 사유 재산에 대한 지불은 가장 가까운 은행 또는 우편국에 군정청 재산관리인의 구좌로 예금해야 한다. 그리고 아놀드A. V. Arnold 장관은 개인끼리 호의로 양도하는 경우라도 일정한 수속을 밟아야 하고 관리국에서 철저히 조사하여 그것을 결정할 것이며, 아무리 개인끼리의 일이라 할지라도 함부로 하는 것은 위법행위라고 덧붙여 강조했다(『매일신보』 1945년 10월 24일자).

이것이 군정 초기 사회 문제가 되기도 했다.

분쟁의 또 다른 요인으로 지적할 수 있는 것은 형식적인 면에서나 법 집행 과정에서 조선인과 일본인의 구분이 불분명한 경우가 있었다는 점이다. 혈통상으로는 조선인인데도 일본식 이름을 가지고 있기 때문에 일본인으로 인정되어 그의 재산이 적산으로 취급되거나, 일본인인데도 조선인으로 이해되어 소유권이 인정되는 등의 문제가 발생했다. 이에 군정청은 재산소청위원회를 설치해 일본인과 조선인의 재산에 대한 소유권을 분명히 하고자 했다. 이 위원회는 "1945년 8월 9일 이후에 성립된 일본인 재산 이동은 엄밀히 따지면 무효이지만 군정에 유효 신청과 취인取引에 관한 관계 사실을 제출하면 그 취인의 유무를 바로잡겠다"는 취지에서 조직되었다.[5]

이와같이 미군정은 적산을 처리하는 과정에서 일본인과 조선인을 분명히 구분할 필요가 있었다. 미군정은 우선적으로 일본으로 귀국하지 못하고 조선 내 거주하는 일인을 파악하기 위한 조치들을 취했다. 1945년 10월 8일 반포된 '일본인 등기'는 그 대표적인 것이라 할 수 있다. 이 법령으로 미군정은 일본 국적을 가지고 있는 사람들을 거주지 소재 정회町會 사무실에 등기하도록 하여 그들의 소재를 파악하고, 동장이라 할 수 있는 정총대町總代에게 일인 등기를 매일 수합해 부 · 면 · 촌 사무소에 제출하게 하고, 부 · 면 · 촌장에게는 매주 월요일에 전前 주중에 수합된 등기를 도청 비서과에 제출하도록 했다. 그리고 또 도청은 서울 군정청 외사과에 이 자료들을 제출하도록 했다. 동시에 조선 내 거주하는 일인들은 경찰서에 가서 군정청의 허가장을 받지 못하면 본인의 거주지로부터 10㎞ 이상 되는 곳의 여행을 금지해 일인의 행동을 규제했다.

5 법원행정처, 『미군정법령』 제103호, 재산소청위원회 설치 공포, 『서울신문』 1946년 9월 20일자.

그리고 38도선 이북에서 남한으로 넘어오는 일본인에 대해서도 남한 체류를 허락하지 않고 48시간 이내에 조선을 떠나도록 조치해 조선 내 일인의 거주에 제한을 가했다. 이러한 미군정의 정책과 패전민이라는 상황 등으로 조선 내 거주하는 일인의 수는 점차 줄어들었으며, 그 결과 미군정 말기에 이르면 서울에 거주하는 일인은 242명 정도에 불과했다.

조선인과 일본인 구분: 조선성명복구령

조선인과 일본인을 구분하기 위해 취해졌던 미군정의 또 다른 조처는 창씨創氏를 철폐하고 조선인 성명을 복구하는 것이었다. 창씨의 문제는 재산 소유권 분쟁과 밀접한 관계가 있었다. 저금, 예금과 관련되는 조처들이 이를 잘 보여 준다. 군정청 법령 제33호에 의거해 일본인 저금은 자연스럽게 동결되었다. 그러나 그 저금 중 조선인과 일본인의 것이 얼마나 되는지를 파악하기가 어려웠다. 즉 순일본식 창씨개명으로 인해 조선인의 예금도 일본인의 저금으로 취급되어 예금을 내주지 못하는 일들이 벌어졌다. 이에 저금을 담당하는 체신부에서는 저금관리소장회의를 개최해 조선인 예금자들을 확실히 구분하기 위한 방안을 모색했으며, 그 가운데서 예금자의 성명 변경계를 제출하도록 하는 안이 제기되었다. 그러나 이 방안은 수속의 복잡함으로 인해 효과를 거두지는 못했다.

조선인 성명이 본격적으로 복구된 것은 1946년 10월 23일 '조선성명복구령'이 공론화되면서부터다. 이 법령은 일제 시대 실시되었던 조선 성명을 일본식 명으로 변경한 호적 기재를 무효로 하는 것이었다. 즉 조선인의 호적에서 일본식 이름이 없어지고 동시에 무효가 되는 것이었다. 그리고 메이지明治, 다이쇼大正, 쇼와昭和와 같은 일본식 연대도 지워 성명에서 일제 잔재를 청산하고자 했다. 이러한 조처들로 인해 1947년 12월이

되면 창씨 성명이 완전히 말소되고 조선식의 성명으로 복구되었다.[6]

미군정이 이와같이 일본인과 조선인을 구분하는 일련의 법령을 공표하면서 의존한 것은 호적이었다. 미군정은 당시 조선인을 '조선에 호적을 가진 자'로 정의할 정도로 국가가 수립되지 않고, 국적법이 확립되지 않은 상황에서 조선인의 권한을 부여하는 데 호적을 중요한 기초 자료로 활용했다.[7] 그리고 국회의원 선거법 제정 당시에도 조선 호적이 조선인임을 입증하는 중요한 자료가 되었다.

군정장관 국적법 제정 요청

미군정은 조선인 개개인을 '국민'으로 만들 필요가 있었다. 그 계기는 미소공동위원회 결렬과 1947년 9월 한반도 문제를 UN에 이관한 것과 관련이 있다. 이후 미군정은 장래 한반도 문제 해결을 위한 방안을 마련해야만 했다. 그 과정에서 중요한 것이 선거 준비였다. 이는 1947년 9월 30일 군정장관 대리 헬믹Charles Helmick의 국적법 제정 요청에서 엿볼 수 있다.[8]

> 조선과도입법의원 의장 각하
>
> 조선인 국적을 알아내는 정확하고 세밀한 방법을 고안하는 문제는 상당한

6 『경향신문』 1947년 12월 25일자. 군정청은 12월 말로 창씨개명이 완전히 말소되었다고 발표했으나 대한민국정부 수립 직후에도 간혹 창씨의 문제는 남아 있었다.

7 미군정은 호적 제도를 중시해 호적 제도를 정비해 법령으로 공표했다. 법원행정처, 『미군정법령』, 제179호 '호적의 임시 조치에 관한 규정'. 원래 한국의 호적 제도는 1922년 조선총독부가 공포한 조선호적령에 법적 토대를 두고 있으며 특징은 신분 관계를 공증하는 등기 제도의 성격이 강하며 가족 구성원임을 밝히는 것이 중요한 역할이었다(최홍기, 『한국호적제도사연구』, 서울대학교출판부, 1997, 19쪽).

8 단기 4280년 10월 6일 제150차 회의, 『남조선과도입법의원회의록』 4, 30-31쪽; 『조선일보』 1947년 10월 5일자.

곤란을 제기하였습니다. 특히 재산 귀속 여부에 관련하여 그러하였습니다. (……) 군정청 사법부는 전기 법령 33호를 제정한 이래 이 국적 문제에 당면하게 되었던 것입니다. 이러한 사정에서 국적을 분별하는 유일한 방법으로서 호적에 나타난데 의하여 조선인 가족의 일원인가 일본인 가족의 일원인가 하는 데 따라서 그 국적을 결정하는 방법을 채택하여 왔습니다. 대체로 보아서 사법부에서 작성한 이 방법은 대단히 좋은 성적을 나타내었습니다. 그러나 심리원 법률에 관련 있는 각부 또는 어떤 경우에는 행정 집행 당국이 판결 언도를 내리기 위하여 시민권을 가질 자격을 결정하는 좀 더 확고한 기초를 세워야 할 것이라고 사료하는 바입니다. (……) 다시 나아가 지적하고자 하는 바는 국적 문제가 국내법의 분야에서 가장 복잡한 문제이고 또 여러 나라가 국적 취득에 관하여 상이한 이념을 채택하고 있기 때문에 국제 관계에도 영향을 주고 있습니다. (……) 이상과 같은 이유로써 본관은 조선과도입법의원에서 조선이 통일이 될 때까지 시행할 국적법의 제도를 고려하기를 요청하는 바입니다.

군정장관 대리 헬믹의 이름으로 제기된 국적법 제정의 첫 번째 이유는 조선인과 일본인의 국적을 분명히 하여 재산권을 확립시키기 위함이요, 두 번째는 시민권을 확립시키기 위함이었다. 이와같이 조선인과 일본인, 양국인 구분의 불분명함은 해방이 된 지 2년여가 지났는데도 재산권 분쟁 해결에 어려움을 주었다.[9] 그러나 1947년 9월 미국의 대한對韓 정책이 변화된 이후 시급히 해결해야 할 사항은 한반도 문제 해결의 실질적인 내용을 만드는 것이었다. 이러한 상황에서 미군정은 입법의원에 '선거법' 제

9 1947년 11월 재산소청위원회의 보고에 의하면 1947년 11월 말 현재로 접수받은 소청 사건 총수는 4,961건이었는데 이 중 해결된 것은 81건이요, 취하된 것은 8건, 기타 13건을 처리한 데 불과하다고 보고했다. 그러므로 해결되지 못한 건수가 4,859건이나 되었다.

정을 촉구하는 한편 조선인의 시민권을 확립시키겠다는 취지에서 독립국가 수립 이후 입법기관에서 법률이 제정될 때까지 시행할 임시적인 성격이지만 국적법 제정 문제를 제기하게 된 것이다.

3. 남조선과도입법의원의 '국적에 관한 임시조례' 제정과 '내부인'의 '국민' 경계 설정

국적에 관한 임시조례 제정

1947년 9월 30일 미군정 측에서 제기한 국적법 제정에 대해 남조선과도입법의원(이하 입법의원)은 10월 6일 제150차 회의에서 법제사법위원회에 맡겨 안을 기초하도록 하고 '조속한 시일 내에 보고'할 것을 결정했다.[10] 법제사법위원회에서는 각국의 국적법을 참고로 하여 수차례의 회담과 연구를 통해 전문 6조로 이루어진 '국적에 관한 임시조례 기초의 건' 초안을 작성했다고 보고했다. 그러나 실질적으로 남성 중심의 혈통주의 원칙이나 법의 구조를 검토해 보면, 부계父系를 중시하는 혈통주의 원칙이나 호적을 기초로 하는 가家가 동일한 국적을 갖도록 하는 것 등 일본 국적법의 원리와 매우 유사하다(김범수, 2007 : 188).

이 초안은 1948년 1월 12일 188차 회의에서 보고되었고, 1948년 3월 19일 제2독회를 끝으로 안이 가결되었다.[11] 그리고 '국적에 관한 임시조

10 입법의원의 법제사법위원회 의원은 다음과 같다. 윤기섭, 홍순철, 최동오, 이응진, 신익희, 백관수, 양제박, 이원생, 이봉구, 엄우룡, 서상일, 황보익, 변성옥, 황신덕: 4280년 10월 7일 제151차 회의, 『남조선과도입법의원회의록』 4, 42쪽.

11 조례는 그 효력면에서 국가의 법령보다 하위에 있어, 국가 '법령에 위반하지 않는 범위 내'에서만 이를 제정할 수 있다.

〈표 1〉 미군정기 '국적에 관한 임시 조례' 제정 과정

조항	초안(법제사법위원회 기초안)	최종안	비고
제1조	본 조례는 국적법이 제정될 때까지 조선인의 국적을 확정하여 법률 관계의 귀속을 명백히 함을 목적으로 함	동일	
제2조	다음의 1에 해당하는 자는 조선의 국적을 가짐 1. 조선인을 부친으로 하여 출생한 자 2. 조선인을 모친으로 하여 출생한 자로서 그 부친을 알 수 없거나 또는 그 부친이 아무 국적도 가지지 않은 때 3. 조선 내에서 출생한 자로서 그 부모를 전부 알 수 없거나 또는 그 부모가 아무 국적도 갖지 않은 때 4. 외국인으로서 조선인과 혼인하여 처가 된 자. 단 혼인해 소訴에 의하여 외국에 복적複籍한 자는 제외함 5. 외국인으로서 조선에 귀화한 자. 단 귀화의 요건 및 귀화인의 권한은 별도히 법률로써 정함	동일	
제3조	전조 제2호 내지 제4호의 규정에 해당하는 자의 권한은 귀화인의 권한과 동일함	동일	
제4조	다음의 1에 해당하는 자는 조선의 국적을 상실함 1. 외국에 귀화한 자 2. 외국인의 처 또는 양자가 된 자	동일	
제5조	조선인으로서 단기 4278년 8월 9일 이전 외국의 국적 또는 일본의 호적을 취득한 자가 본법 시행시까지에 그 국적을 포기하거나 일본의 호적을 이탈한 자는 단기 4278년 8월 9일 이전에 조선의 국적을 회복한 것으로 간주함	외국의 국적 또는 일본의 호적을 취득한 자가 그 국적을 포기하거나 일본의 호적을 이탈한 자는 단기 4278년 8월 9일 이전에 조선의 국적을 회복한 것으로 간주함	쟁점이 되었던 조항이었으나 문자 몇 개 빼는 데 동의하고 넘어감
제6조	본 조례는 공포일로부터 시행함	동일	

례'(이하 '임시조례')가 공표된 것은 이미 제헌헌법을 만들 제헌의원 선거가 끝난 다음날인 5월 11일이었다. 실질적으로 이 '임시조례'는 시행되지 못했다. 그러나 이 '임시조례'를 만드는 과정에서 '국민'을 어떻게 설

정할 것인가에 대한 문제가 논의되었으며, 이것은 대한민국 정부 수립 이후 국적법 제정의 기초가 되었다고 할 수 있다.

'임시조례 기초안'을 기초한 법제사법위원회 위원장 백관수는 "국가가 수립되고 진정한 국적법이 제정될 때까지 조선인의 국적을 확정해 법률 관계의 귀속을 명백히 함을 목적으로 하며 혈통주의에 입각해 법률을 제정했다"고 보고했다.

'임시조례 기초안' 논의 과정에서 쟁점이 되었던 사항은 크게 두 가지로 나누어 볼 수 있다. 첫 번째 쟁점 사항은 조선인 국적 취득 문제, 즉 '국민'의 경계를 설정하는 문제였다. '임시조례 기초안' 1조~4조까지는 무리 없이 법제사법위원회에서 작성한 안이 그대로 통과되었다. 그러나 제5조의 "단기 4278년(1945년) 8월 9일 이전 외국의 국적 또는 일본의 호적을 취득한 자가 본법 시행 시까지 그 국적을 포기하거나 일본의 호적을 이탈한 자는 조선의 국적을 회복하는 것으로 간주함"이라는 내용은 논쟁을 야기했다.

조선 '내부인' 국민 경계 설정

논쟁은 '조선 내부인'의 국적 취득 문제, 즉 혈통적으로 조선인인 '내부인'의 국민 경계를 어떻게 설정할 것인가의 문제를 둘러싸고 진행되었다. 즉 당시 논의되었던 '국민' 경계의 설정 문제는 조선인과 외국인을 구분하기 위함이 아니라 조선인이면서 외국 국적(미국, 중국, 일본 등)을 취득했던 사람들, 특히 입양, 결혼, 인지認知 등의 과정을 거쳐 일본 호적 및 일본 · 중국 국적을 취득했던 사람을 '국민'이 되게 하는 '절차'를 확실히 하고자 함과 이들이 소유하고 있는 재산 처리와 관련되었다.

논의의 출발은 조선인으로서 외국 국적 포기에 대한 정확한 절차나 방법이 제시되지 않은 데서 비롯되었다. 김영규 의원의 "그냥 포기한다는 '말'의 포기가 아니라 탈적脫籍이라는 '문서'의 형식적인 절차를 통한 포기가 이루어져야지만 국적 이탈이 성립되는 것이 아니냐"는 물음에서 시작된 이 논의에 대해 백관수 위원장은 "단기 4278년 8월 9일 이전에 조선인들은 다 일본 국적을 가지게 되었기 때문에 다른 구체적인 방법을 취하지 않아도 일본 국적이 포기되는 것"이라고 설명했다.[12] 즉 일본으로부터 해방이 된 '해방민'이기에 일제에 의해 강제로 일본인이 된 것은 어떠한 문서상의 절차나 탈적 신청을 하지 않아도 된다는 것이었다.

그러나 조선에 있는 조선인 중 중국이나 그 외 영국이나 미국 국적을 취득한 사람들의 국적 회복 절차에 대한 논의는 다음과 같이 제기되었다.[13]

> 가령 중국에 입적했던 사람이 있습니다. 이 법이 시행될 때에 그 포기했다는 그 형식을 덮어놓고 "나는 포기했소." 그러면 되는지; 포기했다는 게 어떠한 법률적 형식을 취하는 것인지 알고자 합니다. 중국에서 포기했다는 것을 제정해 달라는 청원서를 보낸다든지 또는 거기에서 접수가 되었다든지 (……) 막연히 포기한다는 것은 어떠한 형식으로 포기하는 것인지 듣고자 합니다.

조선인의 국적 확정과 관련해 핵심적인 사항으로 입법의원에서 제기된 조선 국민의 범주 확정 문제를 세 가지로 나누어 볼 수 있다.

첫 번째는 일본 제국주의에 강제로 합병된 이후 조선 민족 전체가 일본

12 단기 4281년 2월 6일 제203차 회의, 『남조선과도입법의원회의록』 5, 384쪽.
13 변성옥 의원의 발언, 단기 4281년 2월 6일 제203차 회의, 『남조선과도입법의원회의록』 5, 385쪽.

국적에 입적되었던 역사와 관련된다. 이것은 당연히 자연 해소, 즉 이탈이 되어야 하는 것으로 어떠한 절차도 필요없으며 대체로 이들 조선인이 조선 국민이 되는 것은 아무런 문제가 없다고 보았다. 두 번째는 조선인이면서 일본인의 호적에 올라 일본인 양자가 되었거나 일본인과 결혼해 일본 국적을 취득한 사람의 경우는 조선인 국적을 회복하는 데 개인적으로 탈적 수속을 밟지 않는 한 조선 국민으로 인정할 수 없다는 것이었다. 세 번째는 조선인이 중국이나 영국, 미국에 입적했던 사람들의 경우 조선인 국적을 회복하기 위해서는 두 번째 경우와 같이 탈적이라는 수속을 밟아야 한다는 것이었다.

두 번째, 세 번째 경우는 일정하게 외국 국적의 이탈이라는 절차를 밟아야만 '완전한' 조선인이 된다고 간주했다. '완전한'의 의미에는 이중적 권리의 향유를 허용하지 않겠다는 의지가 내재해 있다. 이것은 이중 국적에 대한 불허 및 부정적 태도를 반영하는 것이다.

그러나 대체로 중국 국적을 취득했던 조선인의 국적 취득 문제에 대해서는 우호적 태도를 보여 주었다. 이것은 중국 국적 취득의 역사성, 시대성과 관련이 있다.[14] 중국 국적을 취득한 조선인의 경우는 대체로 조선이 일제 식민지로 전락한 이후 중국 대륙으로 망명했던 독립운동가, 일제 침략의 피해자들이라는 인식이 깔려 있었다. 심지어 중국 국적을 취득한 조선 '동포'들의 집단적 귀화에 대해서는 '조선의 뼈아픈 슬픈 역사'를 보여 주는 것으로, 개인이거나 집단이거나 이를 망명으로 인정해야 하며 국

14 식민지 시기 일제의 조선인에 대한 국적법 적용은 모호했다. 당시 일본의 국적법 제20조는 "자기의 희망에 의해 외국 국적을 취득한 자는 (일본)국적을 상실한다"라고 규정하고 있었는데 일본 국적법이 조선인에게도 그대로 적용된다면 일제는 외국 국적을 취득한 조선인 독립운동가들에 대한 관할권 행사가 어렵게 된다. 따라서 일제는 귀화 조선인에 대해 이중 국적의 신분으로라도 계속 일본 국민으로 묶어두고자 했다(정인섭, 「법적 기준에서 본 한국인의 범위」, 『사회과학의 제문제』, 법문사, 1988, 653쪽).

적 취득과 이중 국적으로 인해 우려되는 양국의 권리에서도 문제가 발생하지 않을 것이라며 논의를 마무리했다.

그러나 두 번째의 경우, '해방 이전 조선인이 입양, 결혼, 인지 등으로 일본 호적을 취득한 자, 즉 일본 신민이 된 자'에 대해서는 당연히 이탈의 절차를 밟아야 함을 강조했고, 이 경우를 나머지 두 경우와는 다른 문제로 인식했다. 즉 정치 · 경제적으로 일본 호적을 취득했던 사람은 이탈이라는 절차를 밟아야 하고, 권리 · 의무에도 제한을 두어야 한다고 인식했다.[15]

> 일제 시대에 일본 사람의 양자가 된다든지 혹은 사위가 된다든지 영광을 받으려고 일본 사람이 되는 그런 사람들이 더러 있었는데 다행히 우리 호적법에 의지해서 그건 조선 사람으로서 일본 사람 되었던 것은 해방 직후에 그대로 다시 복구가 되었지마는 일본 사람 사위나 아들이 되어가지고 특별히 영광을 취하고 그 사람은 아주 일본 사람이 되었으니까 돌아오지 못하게 되었다. 그러면 그 사람의 재산을 어떻게 하느냐. 그러면 경성 안에도 수백만 원의 재산을 가진 사람이 있는데 어떻게 되었든 조선 사람으로 만들어 주면 적산으로 만들어지지 않을게고 내 것으로 되겠으니까 많이 힘써달라고 하는 그것을 내가 들었습니다.
>
> 중국이라든지 영국에서 들어온 사람이 있는데 그것은 무조건으로 들어야지요. 문제가 안 됩니다. (……) 하여간 일본 사람이 되었든 그 정신으로 본다든지 우리가 만든 부일 협력자 법안을 본다든지 그러한 사람이 조선 사람이 된다고 할 것 같으면 여기에 그냥 포기한다고 그것을 가지고 할 것이 아니라 반드시 수속을 밟아가지고 해야 되겠다든지 또 자기의 재산이라는 것을 어떻게 취급해야 할 것인지 자기가 해방 이후 8 · 15 이전에 소급법으로 부

15 황보익 의원 발언, 단기 4281년 2월 6일 제203차 회의, 『남조선과도입법의원회의록』 5, 387쪽.

치는 것은 그냥 포기한다고 하면 해방 전 8월 9일 이전에 잃은 조선 인민의 권리를 기권이라고 할 것 같으면 거기에 복잡한 정신상으로 국민 정의에 대해서 대단히 결함되는 일이 생기리라고 생각합니다.

당시 황보익 의원은 일본인이든 조선인이든 자신의 재산을 적산으로 처리하지 않기 위해 다시 조선인, 즉 조선 호적을 갖고자 애쓰는 상황을 실례實例를 들어가며 일본 호적을 취득했던 조선인에 대해서는 '재산상의 불이익'을 주어 민족 정신, 민족정체성을 확립시켜야 한다고 주장했다. 이것은 당시 일본 호적을 가졌던 사람은 일본 사람이라고 하는 것을 부인할 수 없음을 전제로 "그 사람은 정신상으로도 일본 사람이다"라는 이종근 의원의 발언에서도 그대로 드러난다. 그러므로 일본 국적을 취득했던 조선인에 대해서는 '쉽게' 조선인이 되는 것을 제한하고자 했다. 그리고 일제 잔재 청산의 문제와 맞물려 일본인이었던 조선인이 조선 안에서 '잘 먹고 잘살게 해 주는 것'은 부당하다며 부일 협력자 처리 법안과도 연결하고자 했다.[16] 그러나 외국 국적 포기나 일본 호적 이탈 의사를 정확하게 어떻게 표시해야 하는지에 대한 직접적인 규정이나 논의는 없었다.[17]

그러나 이러한 제안에 반대하는 의견도 있었다. 즉 "조선인으로서 조선의 국적을 그냥 가지겠다고 하는데도 불구하고 무슨 친일파니, 무엇이니 해가지고 우리나라 사람을 받지 않는다는 것은 무슨 까닭인지 모르겠다"[18]는 것으로 이 발언은 그다지 상세하게 논의되지는 못했다. 이것은 친일

16 이종근 의원 발언, 단기 4281년 3월 19일 제212차 회의, 『남조선과도입법의원회의록』 5, 536쪽.

17 정부 수립 이후 법원의 판례를 보면 한국 호적에 입적하는 것을 국적 회복의 의사 표시로 간주하고 있다. 예를 들어 일본 호적에 입적된 자의 경우는 일본 호적 입적 원인을 소멸시켜야만 한국 호적으로 복적함이 인정되었다(정인섭, 「법적 기준에서 본 한국인의 범위」, 『사회과학의 제문제』, 법문사, 1988, 669쪽).

18 안동원 의원 발언, 단기 4281년 3월 19일 제212차 회의, 『남조선과도입법의원회의록』 5, 536쪽.

〈표 2〉 '국적에 관한 임시조례 기초안' 제5조의 국적 이탈 절차를 강조한 의원

의원명	입법의원 내 소속	주요 경력
강순	관선 의원(근로대중당 대표), 자격심사위원	충칭重慶 임시정부 의정원, 근로대중당 당수
김영규	민선 의원(충북 대의원), 내무경찰위원	독촉
변성옥	관선 의원(기독교청년회 대표), 법제사법위원	독촉 청년부장
원세훈	관선 의원(합작위원회 대표), 내무경찰위원	임시정부 수립 참가, 무장 투쟁을 통한 민족운동 주장, 좌우합작위원회, 민족자주연맹 등 활동
이종근	민선 의원(경기도 대의원), 자격심사위원	독촉 경기도 지부장, 경기도 미군정 도고문
황보익	민선 의원(전남 대의원), 법제사법위원, 문교후생위원	한독당

세력을 옹호하는 발언으로 간주될 수도 있기에 크게 공론화되지 못했던 것이다. 그러나 표결을 거쳐 확정된 최종안은 기초안과 거의 유사했다.

입법의원에서 활발하게 논의되었으나 수정안이 통과되지 못했던 것은 입법의원의 성격을 보여 준다. 입법의원의 의원 구성은 관선, 민선 의원 각각 50명이었으며 민선 의원은 거의 대부분 보수 우익 세력으로서 한민당 계열이거나 독촉 계열이었다. 그러므로 논의 과정과 표결의 결과가 다르게 나타난 것은 입법의원 구성원의 성격을 그대로 드러내는 것이라 할 수 있다.

그러나 '임시조례' 제정 논의 과정은 신생 국가가 수립되기 전 기초를 마련해야 하는 법안이므로 확실한 국가 정기, 국민 정신, 민족정체성을 확립할 것을 강조하는 분위기가 표결 결과와는 상관없이 강했음을 보여 준다. 그리고 이런 분위기는 친일파 청산 관련 법안에서 좀 더 철저히 규명되어야 한다는 논의로 연결되었다.

이와같이 식민 경험과 관련해 국민의 경계를 설정하는 국적법에서 강

조되었던, 우려를 낳은 사항은 이중 국적 문제였다. 이것은 한 사람을 두 나라가 공유하는 것은 '온전한' 국민을 얻을 수 없기 때문이라는 논리와 한 사람이 양 국가의 권리를 향유하는 것을 용납할 수 없다는 인식에서 나오는 것이었다.[19] '임시조례'는 독립정부가 수립된 후 국적법이 제정될 때까지 조선인의 국적을 확립하겠다는 임시적 성격의 법령이었다.[20] 그리고 실질적으로는 1948년 5월 11일 공표됨으로 인해 제대로 시행된 적은 없었지만 제헌국회 국적법의 모태가 되었다고 할 수 있다.

4. 제헌국회의 국적법 제정과 '외부인'의 '국민 되기' 조건 강화

국적법의 첫 번째 원칙: 단일 민족으로 남성 혈통 보존

대한민국 정부가 수립된 후 정부와 국회는 국적법 제정을 서둘렀다. 이것은 국민의 요건을 확립해 완전한 독립 국가를 수립하고자 하는 '염원'으로서 국적법을 국가의 긴급 사안으로 인식하고 있었기 때문이다.[21] 국적법 제정 과정은 1948년 11월 10일 국회에 제출되어 두 차례의 독회 과정을 가졌으며, 3회 독회는 생략하고, 12월 3일 법안을 통과시켰다. 그리

19 이중 국적을 허용하지 않음에도 이중 국적을 제한할 수 있는 엄격한 장치들은 마련해 놓지는 못한 상태였다. 즉 어떤 사람이 조선에도 국적이 있고 미국에도 국적이 있으면 어떻게 되는 것인가라는 질문에 백관수 위원장은 "조선에 있으니 조선 사람이다"라는 정도의 답변을 했을 뿐이다(단기 4281년 1월 27일 제197차 회의, 『남조선과도입법의원회의록』 5, 244쪽).

20 당시 입법의원 의장 신익희는 국적법으로 인해 발생되는 권리 의무에 대한 제한 등등의 문제는 정식 국가가 수립되고 난 후 정식 국적법을 제정할 때 잘 의논해 작성하자며 법안 독회 과정을 진행했다(단기 4281년 3월 19일 제212차 회의, 『남조선과도입법의원회의록』 5, 536-537쪽).

21 당시 제헌국회 의원들은 국가가 수립되었기 때문에 국적법 제정은 국가의 긴급 사안이라고 인식했다(단기 4281년 11월 30일 제117차 회의, 『제헌국회속기록』 2, 1153쪽).

고 12월 11일 공포하는 등 그 일정이 빠르게 진행되었다.

미군정기 '임시조례'를 기초로 국무회의에서 의결된 국적법안은 국회 법제사법위원회가 심사해 제헌국회에 보고하는 형식을 취했다. 당시 위원 20인으로 구성된 법제사법위원회의 위원장은 입법의원 당시 동 위원장이었던 백관수였다.[22] 국적법은 정부에서 제출한 안이었기에 법무부 장관인 이인이 국회에 출석해 국적법안의 정신, 취지, 기본 원칙 등을 설명하면서 논의가 진행되었다.

국적법안의 첫 번째 원칙은 단일 민족으로 남성 혈통을 보존한다는 것이었다. 즉 대한민국 국민된 사람은 모두 남성 혈통으로 국적을 구분해 단일 민족임을 강조하겠다는 것이었다. 두 번째는 이중 국적 회피였다. 세 번째는 무국적의 불인정이었다. 이 원칙들을 지키기 위해 대한민국은 남성 혈통주의를 국적법의 기본으로 하고 예외로 출생지주의를 택했다고 밝혔다.[23]

국적법안의 원칙을 설명한 후 이인과 백관수는 국적법이 만들어지기 이전의 국민을 어떻게 설정할 것인가의 문제에 대한 해결책을 제시했다.[24] 이것은 이 법률 제정 이전에 출생한 사람에 대한 효력 발생의 문제와 관련된 것이었다. 즉 법률을 소급해 시행되지 않는 것에 대한 해결책이라

22 제헌국회는 법제사법위원회(20인)을 상임위원회로 두었는데 그 위원은 이윤영, 서성달, 홍익표, 진헌식, 최운교, 진직현, 백관수, 이남규, 서우석, 류성갑, 김익기, 오택렬, 배중혁, 권태욱, 박해극, 강욱중, 홍범희, 오용국, 송필만, 김효석이었으며, 위원장은 백관수였다.

23 단기 4281년 11월 30일 제117차 회의, 『제헌국회속기록』 2, 1149쪽. 법제사법위원회 위원장이었던 백관수는 혈통주의를 제1원칙으로 하고 속지주의를 가미해 규정한 것은 세계 여러 나라와 통상하고 교류하는 국제 사회에서 너무 편협하게 느껴질까 해서 속지주의를 가미했다고 말했다.

24 이 문제는 현재에도 대한민국의 헌법과 국적법의 문제점으로 지적되고 있다. 즉 최초의 국적인에 대한 명문 규정이 없어 국적법이 제정된 1948년 12월 20일 이전에 존재한 주민을 국적인화하는 선행 조치를 취할 근거 규정이 없다는 것이다(권영설, 「헌법의 조항과 국적법」, 『고시계』 97-7, 94-95쪽; 이주윤, 「국제적 시각에서 본 대한민국의 국적문제」, 『법학연구』 29, 2008, 384쪽; 정인섭, 「법적 기준에서 본 한국인의 범위」, 『사회과학의 제문제』, 법문사, 1988).

할 수 있다. 그들은 대한민국의 역사성과 관련 '8 · 15 이전에 정부는 없었지만, 국가가 1919년 이후 계속 존재했으므로 법률상의 대한민국 국민은 오래 전부터 '정신적', '법률적'으로 국적을 가지고 있었다'고 전제함으로써 이 문제를 해결하고자 했다.

선先 대한민국인 문제에 대해 법제사법위원회는 "대한민국 정부 수립, 8 · 15 이전 일제 36년, 미군정 3년간 이 시기에 출생한 사람은 대한민국 국민이라고 하지만 법문에 쓸 때는 대한민국 국민이라고 하지 말고 한인이라고 명시하자"며 해결책을 제안하기도 했다. 왜냐하면 대한민국 국민보다는 한인이 좀 더 광범위한 의미를 지니기 때문이며 이는 자연스럽게 8 · 15 이전의 조선인들을 모두 포괄할 수 있을 것이라 생각한 것이었다. 그러나 이 제안에 대해 이인 법무부 장관은 "대한민국 국민을 한인이라고 하는 것은 어색하다"며 대한민국 국민이라는 용어를 고수했다. 이것은 대한민국은 "과거에도 국가가 있었다"고 보는 견해로 실제로 몇 해 동안 정부가 단절해 있었다고는 하지만 상하이上海 임시정부라는 국가는 있었다는 논리였다.[25]

> 대한민국의 정신으로나 법률적으로나 시종일관해서 대한민국이 있었고 8 · 15 이전에도 대한민국이라는 것이 여전히 있었습니다. 그러므로 대한민국이라고 해야만 될 것입니다. 이것을 한인이라고 가정해 보면 그 사람이 대한민국 사람일 터인데도 불구하고 대한민국 아닌 사람을 한인이라고 본 것 같은 그러한 것은 오해할 면이 있는 것 같습니다. 이전 상하이 임시정부가 대한민국 정부가 되었고(……)

25 법무부 장관 이인 발언, 단기 4281년 11월 30일 제117차 회의, 『제헌국회속기록』 2, 1151쪽.

이러한 설명에 조헌영 의원도 한인이라는 명칭은 대한민국이라는 경계를 제한적인 것으로 만들 수도 있다며 한인이 가지고 있는 의미의 막연함을 지적했다. 게다가 '한인'이라고 하면 설사 국적이 없는 사람을 표시한 것 같은 느낌을 줄 수도 있기 때문에 반대한다는 의사를 밝히기도 했다. 그리고 이 문제는 대한민국이 수립되었기 때문에 대한민국의 역사성을 강조하면 자연스럽게 해결될 것이며 동시에 과거의 조선이나 대한제국도 대한민국으로 당연히 연결된다고 인식할 것으로 보았다. 이 안에 대해 당시 재석 의원 110인 중 원안을 유지할 것을 주장한 이는 64명이었으며, 법제사법위원회가 제안한 수정안에 찬성한 의원은 10명에 불과해 '대한민국'이라는 용어를 그대로 사용하게 되었다.

〈표 3〉 제헌국회 '국적법' 제정 과정

조항	정부안	법제사법위원회안 (정부 수정안)	최종안
제2조	다음 각 호의 1에 해당하는 자는 대한민국의 국민이다. 1. 출생 당시 부父가 대한민국의 국민인 자 2. 출생 전 부가 사망한 경우에는 그 사망 당시 대한민국의 국민이던 자 3. 부가 불분명한 경우 또는 국적이 없는 경우에 그 모母가 대한민국의 국민인 자	1호, 2호, 3호의 대한민국 국민 → 한인 또는 한인이었던	정부안 채택
제3조	다음 각 호의 1에 해당한 외국인은 대한민국의 국적을 취득한다. 1. 대한민국의 국민의 처가 된 자 2. 대한민국의 국민인 부 또는 모가 인지한 자	외국인으로서 다음 각 호에 해당한 자는 대한민국의 국적을 취득한다. 1호, 2호의 대한민국의 국민 → 한인	정부안 채택
제5조	다음 요건을 구비하는 외국인으로서 대한민국에 주소가 있는 자는 법무부 장관의 허가를 얻어 귀화할 수 있다. 2. 만 20세 이상으로서 본국적에 의하여 능력이 있을 것 5. 국적이 없으며 또는 대한민국의 국적 취득으로 인하여 그 국적을 상실하게 될 것	법무부 장관 → 외무부 장관 제2호 본국적에 의하야 능력이 있을 → 본국법에 의하여 성년인 자 제5호 국적이 없으며 → 국적이 없거나	- 법무 장관 - 본국법에 의해 능력이 있을 것 - 국적이 없거나 채택

조항	정부안	법제사법위원회안 (정부 수정안)	최종안
第6조	다음 각 호의 1에 해당한 외국인으로서 대한민국에 현주소가 있으면 1년 이상 계속하여 주소가 있는 경우에는 전안 제1호의 조건을 구비하지 아니하여도 귀화할 수 있다. 1. 부 또는 모가 대한민국의 국민이었던 자 2. 처가 대한민국의 국민인 자 3. 대한민국에서 출생한 자	1년 이상 → 3년 이상 제3호 대한민국에 출생한 자 → 그 부 또는 모가 대한민국에서 출생한 자	- 3년 이상 - 대한민국에서 출생한 자로서 부 또는 모가 대한민국에서 출생한 자로 채택
第10조		신설 귀화인 귀화인의 처 또는 그 자녀는 다음의 직에 취임하지 못한다. 1. 대통령, 부통령 2. 국회의원 3. 대법관 4. 국무위원 5. 검찰청장, 심계원장, 고시위원회위원장, 감찰위원회위원장 6. 특별전권대사, 공사 7. 국군총사령관, 참모총장	4.국군총사령관, 참모총장 5호~7호는 삭제
第12조	대한민국의 국민은 다음 각 호의 1에 해당한 경우에는 국적을 상실한다. 5. 2 중 국적자로서 법무부 장관의 허가를 얻어 이탈한 자	법무부 장관 → 외무부 장관	정부안 채택

대한민국 국적 취득 1: 결혼

제헌국회에서 '국적법'을 제정하며 쟁점이 되었던 조항은 제3조 1호와 제5조 귀화와 관련된 항목이었다. 제3조 1호 "대한민국의 처가 된 자는 대한민국의 국민으로서 국적을 취득한다"는 이 조항의 취지에 대해 법제사법위원장 백관수는 동양의 전통과 연결시켜 설명했다.[26]

> 우리나라 사람이 외국 사람을 즉 그 마누라되는 사람은 당연히 국적을 가진다. 즉 말씀하자면 동양의 풍속에 집, 가족이라는 것을 대단히 중요히 여

기는데 집이라는 것이 있고 거기 대해서 집의 주인, 집의 어른은 즉 남편 되는 이, 부가 되는 이가 즉 어른이다. (……) 그러면 그 밑에 자기 처 되는 사람은 비록 외국 사람이라도 본국적을 갖게 하는 것이 옳다고 봅니다.

이와같이 동양의 풍속과 연관시키며 외국인 처의 국적 취득을 당연하고 상식적인 것으로 설명했다. 그러나 박윤원 의원 외 20인은 이 항의 삭제를 주장하는 수정 동의를 제출했다. 그 이유는 대한민국의 국적을 취득하는 데 결혼이라는 단순한 절차를 통해 국적을 취득하는 것은 첫째, 단군의 혈통 즉 단일 민족의 순결성을 유지하지 못하기 때문이고, 둘째, 이중 국적을 인정하는 폐단을 가져올 수 있으며 이것은 국제 스파이를 끌어들일 가능성이 있기 때문이다. 셋째, 외국을 숭배하는 사대성이 나올 수 있기 때문이며, 넷째, 처의 순결성과 관련이 되기 때문이라고 밝혔다. 박윤원 의원이 이와 같은 수정안을 제출한 이유는 결혼 즉 남녀의 관계는 단순하고 감각적이고 일시적이기 때문에 이러한 관계로 인해 순결한 대한민국의 국적을 쉽게 취득하는 것을 용납할 수 없다는 것이었다.

이 밖에도 육홍균, 이석주 의원도 3조 1호를 삭제하거나 오히려 귀화의 문제로 취급하자고 제안하기도 했다. 이들은 기본적으로 단일 민족성, 국가의 독립성 강조와, 나아가 외국인에 대한 배타적인 인식을 드러내고 있다.[27]

단일 민족인 우리 민족이 (……) 독일 사람이 유대 사람을 배제한 예를 들었습니다마는 우리는 그렇게 침략적인 단계에 이르지 못했습니다. (……)

26 단기 4281년 12월 2일 제119차 회의, 『제헌국회속기록』 2, 1149쪽.

27 이석주 의원 발언, 단기 4281년 12월 2일 제119차 회의, 『제헌국회속기록』 2, 1160쪽; 서용길 의원 발언, 단기 4281년 12월 2일 제119차 회의, 『제헌국회속기록』 2, 1161쪽.

> 우리는 아직도 윌슨이 부르짖는 민족자결이라고 하는 그 민족자결에도 완성하지 못했다고 하는 것이 우리 민족의 현 단계가 아닙니까. 이러한 형식적인 타인과 결혼하려고 하는 그러한 문제를 가지고 곧 대한민국의 국적을 인정한다는 이것은 우리가 상식적으로 생각을 불허하는 바이올시다. (……) 우리 민족 의식으로나 우리 민족 정기로나 또 아직까지 우리 민족이 남북이 통하지 못하고 있고 좌니 우니 민족이 분열되어서 민족자결이라고 하는 그 단계도 완성하지 못한 헌법인 까닭으로 이러한 위험천만의 조항은 삭제한다고 하는 여기에 찬성을……

나아가 세계 각국이 다 민족성을 부르짖고 있는 상황에서 반만년 역사의 자랑거리인 단일 민족이라는 것이 이 조항이 들어가면 깨질 것이며, 혹시 "한국에 일본인 여자가 들어와 일본 여자의 천지가 될지도 모른다"는 외국인 특히 일본에 대한 불신, 불안감 등을 표출하기도 했다.

제3조 1호를 삭제하자는 의원은 이에 대한 대안으로 귀화해 진정한 대한민국 국민이 된 후에 결혼하도록 하자고 제안하기도 했다. 그리고 "단군 자손의 단일 민족이라는 것은 세계의 자랑이므로 민족을 소멸시킬 염려가 되는 법률은 만들어서는 안 된다"며 3조 1호의 삭제를 강하게 주장하기도 했다. 또한 그 주장을 뒷받침하고자 미군정기 경험을 이야기해 외부인인 미국인조차도 이를 경계하고 있다며 자신의 주장에 무게를 싣기도 했다.[28]

> 재작년 충청북도 청주에 갔을 때 마침 군정장관을 만났습니다. 그 때 조선사람이 일본 여자를 데리고 와서 자기 호적에 입적을 하겠다고 말할 때 내가

28 이석주 의원 발언, 단기 4281년 12월 2일 제119차 회의, 『제헌국회속기록』 2, 1160-1161쪽.

> 옆에서 보았습니다. 그 미국인 군정관이 말하기를 당신네 나라는 강한 나라이니까 만약 외국 사람을 갖다가 입적을 시키면 잘 고려할 필요가 있지 않은가. 입적을 시키려면 당신네 면장, 동리 사람들에게서 승인을 얻어가지고 오시요. 만일 외국 사람이 와서 이 다음에 '스파이'를 하지 않을 것만 당신네는 보증합니까. 미군정관이 하는 말을 나는 깊이 들었습니다.

이와같이 미군정기에도 외국인 특히 일본인이 한국 호적에 입적되는 것은 매우 엄격해 면장 및 이웃 사람들이 증인이 되어야만 가능했다며 외부인이 '대한민국 국민'이 되는 것을 경계했다.

3조 1호의 삭제를 주장하는 의원들은 〈표 4〉에서 알 수 있듯이 일제시기 독립운동의 경험이 있는 사람들이 다수를 차지하고 있다. 그리고 이들은 '국민' 경계를 설정할 때 특히 '외부인'의 국민 됨을 강력하게 제한하고자 했다.

그러나 다른 일부 의원들은 개방성의 문제로 3조 1호의 삭제를 반대했다. 즉 단일 혈통만을 강조하거나 자민족 혈통의 순결성을 강조하는 것은 폐쇄적이며 보수적인 사상이라는 것이었다. 그리고 이러한 보수성은 세계 각국으로부터 배척을 당할 수 있기에 오히려 세계 무대로 진출하는 데 장애가 될 수 있음을 지적했다.[29] 세계가 서로 빈번하게 교류하는 때 이웃나라가 바로 우리나라요, 내 나라가 이웃나라가 되는 이 때 자기 나라만을 고집하는 것은 너무 폐쇄적이라는 것이다. 그리고 갓 수립된 신생 국가로 국제 무대로 나가서 세계를 상대하기 위해서는 세계 선진, 진보적 법치국가가 지향하는 세계 법률 사조를 따라가야 한다는 것이었다.

29 이성학 의원은 "세계로 나가기 위해 민족 자만심을 강조하는 것은 절대 금물"이라고 말했다(단기 4281년 12월 2일 제119차 회의, 『제헌국회속기록』 2, 1160쪽).

〈표 4〉 제헌국회 3조 1항 삭제 주장 의원 경력

의원명	일제 시기 및 해방 직후의 대표적 경력
박윤원	무소속 일제 시기 고려동지회 가담, 독립운동 전개, 국회 프락치 사건 연루
육홍균	독촉 일제 시기 박열과 함께 항일운동, 소작인운동, 흑우회 조직
이석주	독촉 해방 후 한민당 중앙상무위원, 재정부 차장, 반탁특위 중앙위원, 대한노총 중앙위원 등 역임
서용길	무소속 해방 전 조선 화약총포회사에 근무, 한민당 발기인, 국회 프락치 사건 연루
김명동	무소속 3·1 운동에 참가, 서당 선생 9년, 1929년 신간회 중앙 상무집행 위원 역임, 해방 후 공주치안유지회 위원장, 한민당 발기인, 반탁동원위원회 중앙상무집행위원, 민족통일총본부 공주군 사무국장 등 역임
김옥주	무소속 일제 시기 조선인 근로자 대우 개선 투쟁, 반일 사상을 이유로 투옥되어 10개월 복역, 국회 프락치 사건 연루
박기운	무소속 일제 시기 일본 물건 불매운동동맹에 가담을 계기로 반일운동에 투신, 중국에서 비밀결사를 조직, 해방 후 치안대를 조직, 신탁 반대운동 전개, 대동청년단 충북도 부단장, 독촉 충북지부 청년부장, 1947년 민족자주연맹 중앙위원 등 역임
정준	무소속 김포농민위원회 위원장, 흥국시보사興國時報社 사장, 37년 무산아동 교육을 위해 금릉학원 설립, 1942년 김포 농촌보육소 설립, 그리스도교 연맹 총무, 해방 후 김포가정여숙 설립, 의무교육촉진위원회 지부회장, 조선기독교 청년회 전국연합회 총무 등 역임
김영기	독촉 일제 시기 신간회 활동, 해방 후 건준 안성지부 선전부장, 한독당 안성군당부 위원장, 중앙당집행위원, 독촉 안성지부 위원장 등 역임
조국현	대성회 3·1운동부터 항일 투쟁, 조선 자치주의자 성토하고 피검, 해방 후 화순 건준 회장, 호남 대성회 회장, 시국대책위원회 총무, 비상국민회의 대위원, 독촉 전남지부 선전부장 등 역임

이 밖에 단일민족성을 내부적으로는 강조하되 그것에 대한 신뢰성을 입증하기는 어려우니 너무 강하게 단일민족성을 강조하지 말자는 의견이 제기되었다. 그러나 이 발언은 강한 반발을 야기했다. 심지어 당시 이 발

〈표 5〉 제헌국회 3조 1호 원안 유지 주장 의원 경력

의원명	일제 시기 및 해방 직후의 대표적 경력
이성학	대동청년단 일제 시기 수리조합에 근무, 해방 후 독촉청년연맹 해남지부 위원장, 한국민족대표대의원, 대동청년단 해남군 단장 등 역임
강욱중	족청 일제 시기 변호사 시험에 합격, 변호사 생활, 해방 후 자민회自民會, 공론사公論社를 창설하고 사장 취임, 족청 이사 등 역임
박해정	무소속 일본 주오대中央大 법학부 졸업, 해방 후 경북도 경찰학교장, 안동경찰서장, 1946년 제5관구 경찰청 총무과장, 총경 등 역임
조헌영	한민당 와세다早稻田 고등사범 영문학부 졸업, 재일조선인 학우회 대표, 해방 후 건준에 대항하여 임정환국 준비위원회를 조직하여 활동. 1945년 9월 한민당 당무위원, 연락부장, 조직부장, 지방부장 등 역임
최운교	무소속 1927년 보통문관普通文官 시험에 합격, 공무원 생활, 해방 후 당진군수, 논산군수, 논산군 농회장
김봉조	무소속 일본 주오대中央大 법과 졸업, 해방 후 도 내의 김천金泉 여자중학교장, 경북 여자중학교장, 경북도 학무과장 등 역임

언을 한 권태의 의원은 자신의 발언이 경솔했다며 의원들에게 공개적으로 발언을 취소해야 했을 정도로 3조 1호의 유지를 주장하는 의견은 큰 목소리를 내지 못했다.[30]

3조 1호의 원안을 주장했던 의원들의 경력을 살펴보면 〈표 5〉에서 알 수 있듯이 일제 시기 수리조합이나 변호사, 문관 시험에 합격해 공무원 등을 역임한 의원이거나 미군정기 경찰학교나 지방의 학무국장 등을 역임한 경력의 소유자들로 3조 1호의 삭제를 주장한 의원들의 식민지 시기

30 권태의 의원 발언, 단기 4281년 12월 2일 제119차 회의, 『제헌국회속기록』 2, 1162쪽.

반일운동 경력과는 대비되는 점을 발견할 수 있다.

이와 같은 논쟁을 거치며 이 법 조항은 두 번에 걸친 표결에도 결정이 안 될 정도로 팽팽히 맞섰다. 그러나 마지막 표결에서 원안은 그대로 통과되었다. 이것은 3조 1호의 수정안 찬성 입장을 토론 과정에서 적극적으로 제시하지는 않았지만 수정안에 반대한 의원들이 다수였음을 보여 주는 것이다. 그렇다면 토의 과정에서는 수정안 지지 발언이 강했는데 그 반대의 결과가 나온 것은 무엇을 의미하는가. 이 또한 입법의원에서와 마찬가지로 제헌의회 의원들의 성격과 연결되는 것이라 할 수 있다. 즉 민족운동의 경험자보다는 보수적이며 친일적 성향의 의원이 다수였음을 보여 준다. 그리고 이들은 전자에 비해 한민당이나 독촉 등을 통해 조직적으로 행동하고 있었기 때문에 이러한 결과를 가져온 것이라 할 수 있다.[31]

대한민국 국적 취득 2: 귀화

3조 1호과 더불어 커다란 쟁점이 되었던 것은 5조 귀화와 관련된 조항이었다. 5조 귀화 조항도 3조 1호과 같은 선상에서 논의가 진행되었다. 3조 1호의 삭제를 주장했던 조국현 의원은 5조 전문의 삭제를 건의했다. 이유는 누구나 대한민국 국민으로 귀화해 입적하게 되면 단일 민족이 사는 이 강토가 얼마 지나지 않아 '인종박람회'가 될 것이기 때문이라고 밝혔다.[32]

31 모든 것을 처음부터 시작해야 하는 제헌국회의 초기 상황에서 그나마 느슨한 형태로라도 한민당과 독촉국민회가 초반 흐름을 주도하는 것은 당연했다. 이것은 헌법 초안 논의 과정에서 권승렬안이 배제되는 것에서 알 수 있다(이영록, 「권승렬안에 관한 연구」, 『법과 사회』 24, 2003, 154쪽).

32 조국현 의원 발언, 단기 4281년 12월 2일 제119차 회의, 『제헌국회속기록』 2, 1168-1169쪽.

우리가 여태까지 자랑하는 것은 삼천만 동포가 단일 민족이라고 오천 년 단일 혈족으로 나온 우리올시다. (……) 우리 인종을 혼합시켜 가지고 검둥이, 붉은둥이, 흰둥이, 잡것 전람하자는 것은 우리가 용허하지 못할 것입니다. 그러기 때문에 이 5조는 전부 삭제할 것(……) 공로가 많이 있는 이는 그래도 귀화할 수가 있습니다. (……) 이것은 공로가 있으니까 그렇게 귀화해도 좋습니다마는 어떠한 야심을 가지고 우리 국토에 와서 귀화해 가지고 우리 국정을 누설시키고 우리 국토를 침략하려는 그 전제가 여기에 기인되는 것입니다. 우리는 오족공화는 아닙니다. 중국과 같이 한족, 묘족, 몽고족, 만주족, 회회족 그러한 혼합적 종족은 아닙니다. (……) 우리는 여러 번 고통이 있는 것입니다. 역사상으로 보면 이천 년 전에 위만이라는 사람이 연인燕人으로부터 귀화한다고 해가지고 결국 기준왕箕準王의 주권을 뺏어 가지고 그 뒤에 70년 동안 우리 주권을 뺏었고 그 뒤에 한나라 무제가 조선을 침략하기 때문에 낙랑 한족이 들어와 가지고 수백 년 동안 신라, 고구려, 백제, 신흥국가에서 그것을 퇴치하는 데 얼마나 많은 힘이 들었습니까. 이것은 어느 나라를 먹으려면 민족부터 개방해 가지고 자기 민족을 성식盛殖시키려고 하는 것이 침략가의 본의입니다. (……) 어떤 것은 야심적으로 일부에서는 혹은 몇십만 명, 몇백만 명이 차차 귀화한다고 하면 결국 민족은 분열되어 가지고 미만 백년에 우리 대한에는 무슨 족, 무슨 족이라고 명칭해 가지고 통치하는 데에 대단한 혼란을 일으키게 될 염려가 있기 때문에 5조는 삭제하기를 여기서 동의한 것입니다.

조국현 의원은 역사 속에서 귀화해 한국의 역사를 어렵게 했던 귀화인들의 '반역성'의 사례를 들며 귀화 조항 삭제를 주장했다. 이와 같은 논리는 귀화인 즉 외국인이 들어와 한국의 단일민족성이 깨질 것에 대한 우려도 있지만, 그 이면에는 귀화한 외국인에 의해 대한민국이 침략을 당할

지도 모른다는 두려움과 경계심이 있었다. 그리고 이것은 3조 1호의 삭제를 주장했던 논리의 연장선으로 외국인이 결혼이나 귀화의 형식을 빌어 대한민국 국민이 되었을 때 혹 국제 스파이가 되어 대한민국에 불이익을 줄 수도 있다는 우려와 연결되었다. 이것은 식민 경험의 발로라 할 수 있다. 즉 강한 배외주의는 재식민화에 대한 경계이며, 나아가 방어적 민족주의의 표출이라 할 수 있다.

한편 5조의 삭제를 반대하는 측의 논리 또한 3조 1호 원안에 찬성했던 논리와 비슷하다. 즉 결혼이나 귀화를 통해 대한민국 국민의 요건을 부여하지 않는 것은 세계적으로 그 유례가 없는 것이며, 귀화가 없는 국적법은 있을 수 없고, 귀화를 허락하는 것이 국적을 빼앗기는 것으로 보는 것은 너무 비약적이라며 원안을 지지했다. 이러한 논의 과정을 거친 후 표결한 결과 5조 삭제 건의안은 재석 121 가 2 부 80으로 다수에 의해 원안이 통과되었다.

그러나 귀화 문제는 여기에서 끝난 것이 아니었다. 귀화는 자연스럽게 귀화인에 대한 공직 진출권 문제로 연결되었다. 귀화인에게 공직 진출에 대한 권한을 부여하는 것에 엄격한 제한을 두어야 한다고 주장하는 측과 이 의견에 반대하는 측 의견으로 양분되었다. 제한을 두자고 주장하는 측은 기본적으로 귀화에 대해 부정적인 의원들이었다. 이들은 귀화인이 완전히 대한민국 국민으로 동화되었다고 생각되는 시점에 공민권을 부여하자는 것이었다. 특히 공직으로의 진출은 귀화일로부터 50년이 경과한 자에게만 예외로 하자고 주장하는 의원도 있었다.[33]

그러나 이런 견해에 대해서도 귀화한 이상 대한민국 국민이니 혹인이

33 조국현 의원은 만약 50년이 너무 가혹하면 30년으로 줄일 수도 있다고 말했다(단기 4281년 12월 3일 제120차 회의, 『제헌국회속기록』 2, 1179쪽).

거나 백인이거나 차별을 두어서는 안 된다며 절대로 차별을 두지 말자며 반대하는 의원도 있었다. 그러나 제헌국회에서는 대체로 이 사안에 대해서는 어느 정도 공직 진출에 제한을 두는 것에 찬성했으며, 나아가 공무원법 제정 시 상세한 규정을 마련하자는 데 의견이 모아졌다.

이 밖에 국적법 제정 과정에서 쟁점이 되지는 않았지만 대한민국 국적법의 특징으로 지적할 수 있는 것이 남성 혈통의 강조라 할 수 있다. 국적법 제정 당시 제헌의원 전체가 남성이었던 것과 관련해 남성 혈통, 부계 혈통의 보존을 중시하는 논리에 대해서는 강한 제재나 반대 없이 논의가 진행되었다.[34] 당시 의원들의 남성 혈통 보존 인식은 여성의 정절을 강조하는 가부장적 이데올로기를 그대로 보여 준다.

대한민국 남성과 결혼해 국적을 취득하는 것에 대해 갑론을박이 이루어졌던 이면에는 외국 여성의 정절을 인정하지 않으려는 태도가 내재되어 있었다. 게다가 제3조 2호의 "대한민국의 국민인 부父 또는 모母가 인지한 자를 대한민국 국민으로 한다"는 조항에서도 당시 김영동 의원을 포함해 일부 의원은 '모가 인지한 자'는 제외하자고 주장했다. 즉 "조선 여자로서 일본에 건너가 자식을 낳은 경우가 많은데 이들이 일본이 살기가 곤란하다고 해서 조선에 와서 국적을 갖고 살려고 하는 경우가 많다며 모 자를 빼야 한다"고 했다.

모母의 인지에 대해 강한 거부감을 드러내는 태도는 여성의 정절, 그리고 단일민족성이 무너질지도 모른다는 인식과 관련된다. 이인이나 법제사법위원장이 이 조항에 대해 결코 남의 나라 사람을 자기 자식이라고 인정하는 것이 아니며, 국내에서 잠시 잃어버린 자식을 찾았을 때 인지하는

34 제헌국회의 유일한 여성 의원이었던 임영신은 1949년 1월 보궐선거로 당선되었다(최운교 의원 발언, 단기 4281년 12월 2일 제119차 회의, 『제헌국회속기록』 2, 1165쪽).

것을 의미한다며 '안심'을 시켜가며 법안을 통과시켰지만 조선 여성이 외국인과의 관계에서 출생한 자녀의 대한민국 국적 부여에 강한 저항의 태도를 갖고 있었음을 엿볼 수 있다.

이와같이 제헌국회의 '국적법' 제정 과정에서는 '외부인'이 대한민국의 국민이 되는 것에 대한 제한에 관한 논쟁이 이루어졌다. 즉 '외부인'이 대한민국이라는 '내부'로 들어오려 할 때 여러 장치를 마련해야 단일 민족의 순수한 역사를 이어나갈 수 있으며, 귀화인을 동화시켜 완전히 '내국인화'해야만 침략의 위험으로부터 안전할 수 있다고 보았던 것이다. 이러한 주장은 그 제안자들의 식민 지배와 일제 시기 민족운동 경험과 무관하지 않다.

그리고 이 주장들은 귀화인의 대한민국 내 거주 기간을 3년으로 하도록 했고, 귀화인의 공직 진출에 대한 조항도 법제사법위원회의 신설안을 통과시켜 귀화의 조건을 강화했다. 이러한 법안의 수정 및 신설은 대한민국의 국민 되는 요건을 확립시키는 '국적법'을 단순히 '국민'만이 아닌 대한민국에 동화되어 '민족'이 될 것을 요구하고 있었음을 알 수 있다. 이러한 논의 과정에서는 방어적 성격의 한국 민족주의가 현저하게 나타났으며, 이것은 일제 식민 경험의 반영인 것이다. 그러나 미군정기와 대한민국 정부 수립 이후 한국의 민족주의 담론 지형은 복잡하게 전개, 이동하고 있었음을 표결 결과에서 짐작할 수 있다.

5. 나오는 말

미군정 시기 '국적에 관한 임시조례'와 대한민국 수립 직후의 '국적법'은 몇 차례의 개정을 거쳤으나 현재의 대한민국 국적법의 뼈대가 되었다.

입법의원의 '국적에 관한 임시조례'를 제정하는 과정에서 가장 핵심이 되었던 사안은 "조선인으로서 단기 4287년 8월 9일 이전 외국의 국적 또는 일본의 호적을 취득한 자가 본법 시행 시까지 그 국적을 포기하거나 일본의 호적을 이탈하는 자는 단기 4287년 8월 9일 이전에 조선의 국적을 회복한 것으로 간주함"이라는 제5조의 내용이었다.

이 5조는 곧 조선인 국적 취득 문제 즉 '국민'의 경계를 설정하는 문제였다. 즉 미군정기 '국민' 경계의 문제는 조선인과 외국인의 경계를 분명히 하는 것이 아니라 조선인이면서 외국 국적(중국, 미국, 영국, 일본 등)을 취득했던 사람들에 대한 외국 국적의 탈적脫籍과 관련된 것이었다. 탈적 절차라는 형식의 문제는 '다시' 조선 '국민되기'의 논의 과정을 세 가지로 범주화시켜 볼 수 있다.

첫 번째는 일본 제국주의의 식민지로 전락한 이후 조선 민족 전체가 일본 국적에 입적되었던 것에 대해서는 당연히 자연 해소, 자연 이탈이 되므로 어떠한 절차도 필요 없이 '국민'이 될 수 있다고 보았다. 두 번째는 조선인이면서 일본인의 호적에 올라 일본인 양자가 되었거나 일본 국적을 취득한 경우의 '국민됨'의 문제였다. 이 경우는 개인적으로 일본 국적에 대한 탈적 수속 절차를 밟지 않는 한 조선 국민으로 인정할 수 없다는 것이었다. 나아가 일본 신민이 된 자에 대해서는 민족 정기, 국가 정신을 확립하기 위해 일본 국적을 버렸는지를 엄격히 확인해야 하고 또한 이들이 취득했던 소유권, 재산권의 문제도 엄격히 따져 적산의 가능성을 밝혀내야 한다는 것이었다. 세 번째는 중국이나 영국, 미국 등의 국가에 입적했던 조선인의 국적을 회복하는 문제였다. 이 경우에도 탈적이라는 수순은 당연히 밟아야 하지만 이 경우는 조선이 식민지로 전락해 조국을 등질 수밖에 없었다는 조선의 '슬픈' 역사를 참작해야 한다며 우호적 태도를 보였다.

이 시기의 국민 범주의 경계에 대한 논쟁은 식민 경험으로 의한 일제 잔재의 청산이라는 시대적 과제, 분위기와도 관련된다. '완전한' 조선인이어야만 '국민'이 될 수 있다는 순결성의 강조 또한 이것과 무관하지 않다.

대한민국 정부는 1948년 11월 10일 전문 16조로 이루어진 '국적법'을 제헌국회에 제출했다. 제헌국회에서 '국적법'을 논의하며 논쟁이 되었던 조항은 제3조 1호 "대한민국의 처가 된 자는 대한민국의 국적을 취득한다"는 항목과 제5조 "외국인으로서 대한민국에 주소가 있는 자는 법무부 장관의 허가를 얻어 귀화를 할 수 있다"는 조항이었다. 이 조항들에 대해 제헌국회는 삭제할 것을 주장하는 의원 측과 이것을 반대하는 의원 즉 원안 유지를 주장하는 측으로 나뉘었다. 이 조항들의 삭제를 주장하는 측은 이 두 조항으로 인해 대한민국의 '반만 년의 역사의 자랑거리인 단일 민족' 국가가 깨지고 대한민국이 '인종박람회'가 될 것을 우려했다. 그리고 외국인을 '국민'으로 귀화시키면 혹 국제 스파이가 되어 대한민국을 배반하고, 침략해 올지도 모른다는 불안감 등이 민족의 우월성과 중첩되어 표출되었다.

수정안에 반대하는 측은 배타적 법안의 제정은 세계 각국으로부터 배척당할 수도 있기에 세계 무대로 진출해 나가야 하는 시기에 이것은 시대역행적인 것이므로 좀 더 국적법이 개방성을 지녀야 한다고 주장했다. 이 안은 두 차례의 표결 과정을 거쳐 원안대로 통과되었다. 민족을 강조하며 활발하게 진행되었던 수정안의 부결이라는 결과는 제헌국회의 성격의 한 단면을 보여 주는 것이다. 즉 시대적 분위기에 따라 민족을 강조하고 친일 세력을 제한하고자 하는 발언에 대해 겉으로 드러내 놓고 반대하지는 못했지만 표결 과정에서는 자신들의 입장을 드러낸 것이라 할 수 있다.

참고 문헌

1. 사료

『남조선과도입법의원회의록』

법원행정처, 『미군정법령』, 1986.

『제헌국회속기록』

2. 연구 문헌

권영설, 「헌법의 조항과 국적법」, 『고시계』 97-7.

김동춘, 「20세기 한국에서의 '국민'」, 『창작과 비평』 106, 1999.

김득중, 「1948년 제헌국회의원 선거 과정」, 『사림』 10, 1994.

김범수, 「"국민"의 경계 설정 : 전후 일본의 사례를 중심으로」, 『한국정치학』 43-1, 2007.

김성호 · 최명호, 「1948년 건국헌법 전문에 나타난 "우리들 대한국민"의 정체성과 정당성」, 『한국정치학회보』 42-4, 2008.

김수자, 「해방 이후 우익 민족담론의 공고화 과정(1945~1953년) : 주요 일간지를 중심으로」, 『역사학보』 98, 2008.

김영미, 「미군정기 남조선과도입법의원의 성립과 활동」, 『한국사론』, 1994.

김현선, 「국민, 半국민, 非국민: 한국 국민 형성의 원리와 과정」, 『사회연구』 13, 2006.

박찬표, 「제헌국회 선거법과 한국의 국가 형성」, 『한국정치학회보』 29-3, 1995.

신용옥, 「대한민국 제헌헌법의 주권 원리와 경제조서」, 『한국사학보』 17, 2004.

신우철, 「해방기 헌법 초안의 헌법사적 기원」, 『공법연구』 36-4, 2008.

유진오, 『헌법의 기초 원리』, 백양사, 1950.

_____, 『헌법기초 회고록』, 일조각, 1980.

이승일, 「조선 호적령 제정에 관한 연구」, 『법사학연구』 32, 2005.
이영록, 「권승렬안에 관한 연구」, 『법과 사회』 24, 2003.
이주윤, 「국제법적 시각에서 본 대한민국의 국적문제」, 『법학연구』 29, 2008.
정인섭, 「법적 기준에서 본 한국인의 범위」, 『사회과학의 제문제』, 법문사, 1988.
최홍기, 『한국 호적제도사 연구』, 서울대출판부, 1997.

전쟁 · 폭력 · 여성:

오키나와 전장의 기억을 중심으로*

차옥숭

1. 들어가는 말

나는 지난 2009년 6월 중순 방학이 시작되면서 일본 오키나와沖縄에 다녀왔다. 나는 그곳 전쟁기념관에서 오키나와가 일본에 귀속되면서, 창씨개명, 일본어 교육 강화 등, 조선의 식민지 경험과 유사한 과정을 밟아왔다는 것을 알았다.

근대 국가의 건설을 기치로 든 메이지明治 정부는 1872년에 류큐琉球 왕국을 류큐 번藩으로 격하시키고, 1879년에는 경찰과 군을 출동시켜 류큐 번을 폐지하고 오키나와 현縣을 설치했다.

이렇게 일본에 편입된 지 1세기를 훌쩍 넘었지만 오키나와인은 아직도 그들 고유의 언어, 풍습, 성姓, 음식, 술 등 독자적인 역사와 문화를 간직

* 이 글은 『아시아연구』 제12권 2호(2009년)에 게재된 논문을 수정 · 보완한 것이다.

하고 있고 일본인이 아닌 일본인으로 살아가고 있다(박훈, 2008).

태평양전쟁 중 1944년 3월 일본은 제32군을 편성했다. 오키나와 수비군의 주요 임무는 본토 결전 준비 시간을 벌기 위해 미군을 오키나와에 묶어두는 것이었다. 그즈음 일본의 상층부는 "천황을 중심으로 한 국체를 지키는 것"을 지상의 명령으로 하고 있었고, 오키나와는 그를 위한 '희생양'이 되었던 것이다(ひめゆり平和祈念資料館, 2004).

이처럼 오키나와는 본토 방위를 위한 방파제로서 태평양전쟁을 겪는다. 태평양전쟁으로 오키나와 인구 약 59만 명 중 18만 명이 사망했다. 일본 정규군 전사자는 65,908명이었다. 일본군의 3배, 주민의 1/3이 사망한 것이다. 1945년 6월 23일 우시지마 미쓰루牛島滿 오키나와 사령관이 자살함으로써 일차적으로 오키나와전쟁이 끝났다.

그러나 1947년 9월 맥아더Douglas MacArthur에게 보낸 천황의 메시지는 "미국이 오키나와와 그 외 류큐제도의 군사 점령을 계속하기를 희망하고 있다", "장기 조차租借에 의해 25년 내지 50년 또는 그 이상", "일본 국민은 군사 목적을 위한 미국의 점령을 환영할 것이다"라고 되어 있다. 이렇게 패전 후 오키나와는 오키나와인들의 의사와는 관계없이 1952년 샌프란시스코강화조약으로 미국에 '할양'되었다(치바나 쇼오이치, 2001).

1972년 오키나와는 일본에 반환되었지만 일본국 영토의 0.6%에 불과한 이 섬은 일본 주둔 미군기지의 75%를 떠안고 있고 오키나와 현 전체 면적의 11%, 본도本島 면적의 20%가 미군기지로 뒤덮여 있는 '일본 아닌 일본'으로 존재해 오고 있다.

오키나와는 태평양전쟁 당시 일본 본토 가운데 유일하게 전투가 벌어진 곳이다. 식민지 조선인은 그곳에 본토 결전을 위한 노동 자원으로, 전투 병력으로, 일본군 '위안부'로 동원되어 비참하게 죽어갔다.

나는 오키나와에 강제 징용되어 갔던 조선인 생존자가 있다면 그들의 전쟁 경험을 채록하기 위해 그곳에 갔다. 그러나 처음의 계획과는 달리 전쟁 유적지를 이곳저곳 살펴보면서 전쟁이 여성에게 무엇을 가져다 주는지를 깊이 생각했다. 전쟁 상황에서 가장 큰 피해자는 여성, 노약자, 어린이다. 정상적인 인간 이성이 작동하지 않는 전쟁터에서 여성이 겪는 고통은 참혹하다. 미래의 인류 역사에서도 '전쟁'은 이와 똑같은 고통을 여성에게 강요할 것이다.

여성에 대한 폭력은 전쟁으로 끝나는 것이 아니다. 전쟁이 끝난 후 전쟁 중에 인간성이 파괴된 군인들에 의한 제2의 폭력이 이뤄지는데 그 폭력의 대상은 여성이다. 오키나와에서 만난 다카자토高里鈴代(전 시의회 부의장) 선생은 한국전쟁 중에 오키나와에 휴가 나온 미군의 강간 범죄가 격심하게 발생했던 것을 지적했다. 베트남전쟁 중이던 1969년의 실태 조사에 의하면 그 당시가 오키나와 성매매의 역사상 가장 많은 여성이 미군에게 강간당하고 교살당한 시기였다고 한다. 이처럼 여성 폭력은 전장에서만 일어나는 것이 아니다. 일본군에게 성노예화되어 짓밟히고 죽어간 아시아 여성들의 체험은 현재 오키나와에서 미군에 의한 여성 피해의 체험으로 연속되고 있다. 이것은 바로 제국주의 일본이 여성들을 타자화했던 방식이 미군 점령하에서도 그대로 유지되고 있음을 보여 주는 것이다.

평화와 인권 문제는 폭력이 구체적이고 살아 있는 사람들에게 일어나고 있다는 것을 어떻게 적나라하게 드러내는가, 또한 어떻게 타자를 구체적인 인간으로서 인식하고 느낄 수 있게 하는가에 달려 있다고 본다. 나는 오키나와 전장의 기억을 통해 전쟁, 폭력, 여성을 생각해 보려고 한다.

오키나와를 다루는 이유는 일본에서 유일하게 일본군이 군위안소를 건축하고 관리 · 통제한 모습을 문서로 볼 수 있고 위안소 흔적도 여러 군데 남아 있는 곳이라는 점, 오키나와는 오키나와 전장의 기억을 살려내어 군대와 기지, 여성의 성폭력, 군사주의를 연관해 평화운동을 전개하려는 여성들의 활동이 활발하게 전개되고 있는 곳이기 때문이다.

주디스 허먼Judith L. Herman은 끔찍한 사건을 기억하고 진실을 이야기하는 것은 사회 질서의 회복과 개별 피해자의 치유를 위한 필수 조건이라고 한다. 심리적 외상外傷, trauma에 대한 연구는 '숨은' 역사에 주목한다. 외상을 경험한 사람들처럼 우리는 현재와 미래를 회복하기 위해 과거를 알아야 한다. 그러므로 심리적 외상을 이해하는 일은 역사를 재발견하는 일에서부터 시작한다. 임상의들은 억압된 생각, 느낌, 기억 등이 의식의 표면 위로 떠오르는 소중한 통찰의 순간이 있는데, 이러한 순간은 개인의 역사에서뿐만 아니라 사회의 역사에서도 일어난다고 한다(허먼, 2007).

그러나 때때로 "우리는 심리적 외상을 준 사건이나 사고를 기억의 해법이 아니라 망각의 해법으로 풀려고 한다. 사건이 일어난 당시에만 관심을 갖다가 시간이 지나면 사건을 빨리 잊고 새로운 출발을 하자는 것이다. 그러나 그것을 잊는다고 해서 잊히는 것이 아니다. 그것을 철저히 기억해서 다시는 그런 일이 없도록 하는 기억의 해법이 제대로 된 해법이다. 그래야만 부서진 신뢰가 회복되고 현실을 받아들이게 된다. 또한 외상으로 파괴되었던 인간 공동체의 의미를 되살리게 된다"(오수성, 2007).

이러한 의미에서 나는 위안부 조선 여성들과 오키나와 여성들의 참혹한 전장의 기억을 통해 이 글에서 어떻게 여성이 폭력의 대상으로 타자화되어 가는지를 살펴보려고 한다. 이것은 여성들이 겪은 체험의 진상을 규명함으로써 봉인되고 수탈당해 온 여성의 역사를 되찾는 작업이라고 생각한다. 또한 이 연구를 통해 오늘날 초국가적 탈냉전과 아시아 평화연대를 활성화하려는 움직임이 관념적이고 추상적인 운동이 아니라 왜 가장 현실적이고 절실한 운동이 되는지를 밝히고 또한 평화와 인권을 위한 아시아 여성들의 연대 필요성과 진정한 여성 인권 확보는 반전평화운동 속에서 가능하다는 것을 자연스럽게 확인할 수 있을 것이다.

2. 오키나와에서 위안부 조선 여성들의 상처

오키나와는 일본에서는 유일하게 일본군이 군위안소를 건축하고 관리 · 통제한 모습을 문서로 뚜렷이 볼 수 있고 위안소 흔적도 여러 군데 남아 있는 곳이다. 오키나와전쟁 당시 '1부대 2위안소' 정책에 따라 군 당국과 그에 협력한 민간업자들은 과거 공창公娼 지역의 여성들뿐만 아니라 식민지로부터 민간 여성을 강제로 동원했다. 그 중에서 식민지 조선의 피해가 가장 커서, 조선 출신 '위안부'가 전체 '위안부'의 약 80~90%를 차지한 것으로 추정되며 오키나와에 설립된 위안소는 130개에 달했다고 한다(박정미, 2008).

종전 후 야카 수용소에는 2,800명에서 3,000명의 조선인이 수용되어 있었다. 군인과 군속 그리고 토건업자들이 데려온 인부까지 약 2만 명의 조선인이 오키나와에 와 있었던 걸로 미루어 보면 전사율이 70%에 이른다고 한다. 또한 군위안부를 1개 중대당 67명으로 잡았을 경우 전체 위안부 수를 1,000명 정도로 보고 있다.[1] 하지만 연행되어 온 사람 수나 전사자, 생존자 모두 공식 기록이 전혀 남아 있지 않아 정확하게는 알 수 없다. 오키나와전쟁 당시에 강제 연행된 조선인 위안부의 수는 당시 증인들의 증언에 기초한 추정만 가능할 뿐, 몇 명이 와서 어디에서 몇 명이 죽었

1 오키나와에 강제 연행된 조선인(군부, 위안부) 실태는 제2차 대전시 오키나와 조선인 강제연행학살 진상조사단第二次大戰時沖縄朝鮮人强制連行虐殺眞相調査團에 의해 본도 북쪽에서 남쪽 끝까지 주민들의 증언을 토대로 『제2차 대전시 오키나와 조선인 강제연행학살진상조사단보고서第二次大戰時沖縄朝鮮人强制連行虐殺眞相調査團報告書』(沖縄, 1972)에 비교적 상세하게 조사 기록되어 있다. 이 보고서에 의하면 조선인들이 굶주림, 중노동, 잔인한 폭력으로 어떻게 참혹하게 죽어갔는가를 알 수 있다. 일본군은 조선인에 대해 '배려' 등은 전혀 없었다. 전지에 배치된 많은 조선인이 미군의 폭격과 포탄에 맞아 희생되었다. 조선인 군속뿐만 아니라 조선인 '위안부'의 경우에도 그러했다. 전장에 방출된 조선인 군속과 위안부들은 몸을 감출 대피호도 없었다. 언어가 통하지 않은데다가 지리도 모르고 전장을 헤매다 겨우 발견한 대피호(동굴)에서는 뒤에 들어온 일본군에게 축출되었다. 그래서 수많은 조선인이 일본군에 의해 포탄의 빗속에 축출 방치되어 비참한 희생이 강요되었다.

으며 전쟁이 끝난 뒤 몇 명이 어떤 경로로 고국에 돌아갔는지 전혀 알려져 있지 않다. 위안소 자체가 가능한 한 주민들이 접촉할 수 없도록 마을에서 떨어진 외곽 지역에 자리잡고 있었고 전쟁이 끝난 후에도 이들에 대한 관리는 가장 소홀했기 때문이다. 처음부터 위안부는 군인을 위한 위문품이었다. 또한 그들에 대한 체계적 기록을 남기지 않은 이면에는 종전 후 일본군이 운영했던 위안부 제도에 대한 증거를 모조리 없애고자 했던 의도가 숨어 있기도 하다.

1945년 11월까지 류큐제도에 살아남아 미군에게 파악된 조선인 '위안부'는 150명이었다. 이 150명은 귀국했던 것으로 보인다. 150명 이외에 정보가 없어 귀환하지 못하거나 배봉기 할머니처럼 자의반타의반 오키나와에 정착한 이들까지 포함해, 정확한 숫자는 알 수 없으나 종전 시기에 생존한 피해자 수는 168~9명 이상으로 본다. 강제 연행된 사람들 중에는 귀국하지 못한 경우도 있다. 특히 일본군 성노예 처지에 있었던 여성들은 종전 전후 일본군에 의해 유기나 학살을 당하기도 했다(여성부, 2002).

전쟁터에서 사선을 넘나들며 요행히 살아남은 배봉기 할머니의 경우가 잘 말해 주듯이, 종전과 함께 수용소를 나온 뒤 섬 이곳저곳을 정처 없이 떠돌며 가장 밑바닥 생활을 해야만 했던 조선인 위안부 패해자들이 오키나와에 더 있었을 가능성은 크다. 1972년의 오키나와 복귀를 계기로 자신의 신분과 국적 문제를 어떻게 정리해 해결했건 간에, 그들은 이미 오래 전에 고향을 잃은 자가 되어 이국 땅 오키나와를 제2의 고향삼아 삶의 뿌리를 내릴 수밖에 없었을 것이다. 한국 정부와 일본 측의 그간의 무관심으로 이미 그들 대부분은 망향의 한을 안고 이 세상을 떠난 것으로 추측된다(여성부, 2002).

오키나와에서 유일하게 세상에 알려졌던 배봉기 할머니를 살펴보도록 하겠다.

배봉기 할머니

1944년 30세의 나이로 오키나와에 정착한 배봉기 할머니는 30년간 무국적으로 지내다가 오키나와가 일본에 복귀되어 외국인은 일본법에 의거해 국적을 취득하지 않으면 강제 추방된다는 소문을 듣고 세상 밖으로 나오게 된다.

그 소식을 듣고 1975년에 배봉기 할머니를 찾아가 만났던 K선생(2009년 6월 11일 오전 10 : 00~12 : 30 오키나와 나하에서 인터뷰)은 나에게 그 때의 상황을 다음과 같이 이야기했다.

> "사탕수수밭에 있는 조그만한 창고 같은 오두막에서 살고 있었는데 처음에는 문도 열어 주지 않고 아무도 만나 주지 않았어요. 찾아가면 욕을 하고…… 그래도 계속 찾아가니 만나 주었는데 오두막집의 문을 열고 들어간 순간, 나는 '앗! 여기에 조선 사람이 있다!'고 생각했습니다. 그것은 우리가 어릴 때 1세 동포들이 꾸린 살림살이가 그대로 안겨왔기 때문입니다. 창문도 없고 내가 일어서면 머리가 천정에 닿으며 할머니와 내가 앉으면 빡빡한, 어떻게 이곳에서 잘 수 있나 할 정도의, 좁은 집이지만 알뜰히 꾸려져 있었지요. 오키나와가 섬이어서 습도가 높아 한여름에 온도가 40도를 오를 때는 푹푹 찌는 더위인데 할머니는 창문도 없는 오두막에서 문도 꼭 닫고 살았어요. 피해 의식에 대인기피증까지 있었던 것 같아요. 나중에 자신의 지난 날을 서서히 이야기하게 되고 그것이 개인의 잘못이 아니라는 의식이 생기기 시작하면서 참으로 당당해지셨어요."

K선생의 이야기 내용을 요약하면 다음과 같다.

배봉기 할머니는 찢어지게 가난한 집에서 태어나 여섯 살에 가족과 헤어져 남의 집 살이를 하며 떠돌다가 열일곱 살에 첫 결혼을 실패하고 두 번째 결혼도 스스로 정리하고 나와 이곳저곳을 떠돌아다니게 된다. 할머니는 온 조선 땅을 떠돌아다니는 과정에 흥남에서 여자들을 소개하는 남자를 만나 '방 안에서 돈벌이할 수 있다'는 말에 속아 1944년 서울을 거쳐 부산에서 배를 타고 모지門司와 시모노세키下關, 가고시마鹿兒島를 거쳐 11월 6일 도착한 곳이 오키나와 나하那覇였다. 후에 확인된 것으로 배봉기 할머니가 가고시마에서 나하까지 5,000톤급 징용 수송선 마라이마루를 타고 왔다는 것이다. 51명의 여자들이 같이 출발해 나하에 스무 명이 내리고 게라마의 세 섬에 각 일곱 명씩 그리고 나머지 열 명은 다이토 섬에 배치되었다. 배봉기 할머니 일행 7명은 자마미 섬에서 1박을 하고 다음 날 도카시키 섬으로 향했다.

종군 위안부가 되었을 때 할머니 이름은 '아키코'가 되었다. 1945년 6월에 할머니는 일본군과 함께 수용소에 갇혔다. 그 후 배봉기 할머니는 고향으로 차마 돌아갈 수 없다는 생각에 이곳저곳 정착하지 못한 채 오키나와 땅을 떠돌아다니지 않으면 안 되었다. 그러면서 '아키코'는 '노부코', '노부에'로 바뀌어 갔다.

가난하게 태어나 모진 고생을 하다가 무엇을 하는지 어디로 가는지도 모른 채 철저히 타자화되어 일본군 위안부로 처절하게 짓밟히고 찢겼던 배봉기 할머니, 30여 년을 먼 타국 땅에서 세상과 등지고 국적도 없이 숨어 살아야 했던 배봉기 할머니…….

오키나와를 떠나오는 날 나는 마지막 그곳에서 살다가 1991년 10월 한 많은 생을 마감했다는 배봉기 할머니집 앞에 서서 할머니의 방을 착잡한 기분으로 바라보았다.

미야코 섬宮古島

나는 조선 위안부들이 거주했던 여러 섬 중에 도카시키 섬과 미야코 섬宮古島이 머리에 남는다. 도카시키 섬渡嘉敷島은 배봉기 할머니가 머물렀던 곳이고, 일본 군인들이 섬을 포기하고 떠나간 후 미군이 상륙하자 남녀노소 주민 317명이 어처구니없는 집단 자살을 했던 곳으로도 유명하다. 이렇게 죽어간 주민들의 유골과 전사한 군인들의 유골이 백옥의 탑白玉の塔에 안치되어 있다. 주민들의 증언에 의하면 거기에는 죽은 조선인 군부와 위안부였던, 하루에(하루코)의 유골도 함께 모셔져 있다고 한다(여성부, 2002). 미야코 섬은 다카자토高里鈴代 선생이, 아직도 조선인 위안부에 대한 기억을 하는 사람들이 살아 있고, 그녀들에게 배운 아리랑을 부르는 사람들이 있는 곳이라고, 나에게 꼭 한 번 방문을 권유했던 곳이다. 또한 강정숙 보고서에 보면 그곳에는 아리랑정원을 만들고 싶어하는 주민(요나하 히로토시)도 있는 곳이다(강정숙, 2001).

미야코 섬은 1945년 3월 하역 작업 중인 조선인 군부들이 미군 공습으로 수장된 곳이다.

미야코 섬의 시모키타下北 위안소는 지금은 사탕수수밭인데 그 뒷부분이 위안소였다고 한다. 미야코 섬의 노인은 야생 고추를 찾아다니는 조선인 여성과 군부를 보았고, 위안소 앞에 줄을 선 군인들도 보았다고 한다. 주민들의 증언은 강정숙의 조사 연구를 인용한다.

사례 1: 나카자토中里 키미(1935.12월생)

"집 근방에 조센삐가 있었다. 옷은 특별하지 않았고 부락 가까이를 걸어 다니는 여성을 보았다. 나이는 젊었고 마을 노바르고시 마을 동쪽에 위안소가 있었다. 9~10세 정도 때 위문단의 자격으로 교사와 함께 학생복을 입고 부대에 갔다. 노래 춤, 아리랑 노래는 어떻게 배웠는지는 기억이 나지 않는데 어머니가 그 노래를 좋아했고 나도 좋아했다("아리랑 아리랑 아라리요 아리랑 고개를 넘어간다. '나를 버리고 가시는 님은 십리도 못 가서 발병난다'"→'와다시오 스테테 유큐히도와 이치리모 유카즈모 아시가 이타무'라고 일역하여 불렀다)(강정숙, 2001).

사례 2: 요나하 히로토시与那覇博敏(1933.6.13 생)

노바르野原 근방에는 위안소가 있었다. 어렸을 때 '위안부'들이 길을 지나다니는 것을 보았다. 2~3명이 함께 우물가로 세탁하러 가거나 물을 길러 가는 것을 보았다. 전체로는 7~8명 정도가 아니었을까 한다. 푸른 치마를 입었고 몸뻬를 입었던 것 같다. 조선 여성은 우리를 보고 "보짱" 하면서 고추를 사겠다고 했다. 고추만 이야기한 것을 들었지만 당시 자주 병사들이 식량이 부족해서 민가에 요구했던 것을 기억한다. 나이는 16~17세가 아닌가 했고 일본어가 유창했다. 위안부들은 표정이 거의 없었다. 병사가 아는 척해도 무표정했고 애교 같은 것은 없었다. 내가 어렸어도 강제성을 느낄 수 있었다. 위안소가 있는 곳에서 우물로 가는 길은 멀었고 우물은 지금은 말라버렸지만 당시만 해도 물이 많아 주민들이 와서 빨래도 했다고 한다.

이곳에는 일본 육군 연대사령부가 있었다. 5620연대 사단장은 이도다무로였고, 대좌도 있었으나 이름은 잘 모르겠다. 주변에 특공대도 있었다. 긴 집을 삐야라고 불렀다. 일본군은 1941~43년경 비행장을 만들기 위해 주둔했는데 1944년 이후 공습이 있으면 '위안부'들은 위안소 옆에 피난소가 있어 대피했다. 피난소는 원래 산이었으나 일본군이 산에 동굴을 파서 피난소를 만들었다. 현재 사탕수수밭이 일본군 주둔지였고 그 옆에 위안소는 긴 건물로 동쪽으로 표 내는 곳이 있었고 서쪽으로 군인이 줄을 섰다.

위안소 건물은 전쟁 직후에도 있었다. '위안부'들은 1945년 8월 이전에 없어진 것 같다. 1945년 8월 15일 이후 일본군이 잠시 있었다. 근방에 민가 건물은 없었다. 전쟁 후 군대 시설은 민가로 바뀌었고, 위안소 건물은 비워져 있었다. 미군은 상륙하지 않고 1947년경 미군에 의해 레이더 기지가 만들어졌고 나중에는 일본이 통신소로 사용했다(강정숙, 2001).

사례 3: 요나하마쯔사(1922년생), 나카자토 요시유우中里好勇(1924년생)

조선인 군부와 같이 징용으로 일했다. 조선인 군속은 군복을 입지 않았고 항구에서 시멘트를 운반했다. 조선인 군속 군부와 함께 일했다. 식사는 세끼 중 주먹밥 하나로 때웠고, 군속 일당이 20수전 정도인데 받은 돈은 없었다. 왜냐하면 강제적으로 저금했기 때문이다. 일본군 비행장을 만드는 일을 했고 지역 남성도 둘 중 한 명 정도가 강제적으로 징용되었다. 부락은 군사령부 명령을 받아 야쿠바에서 동원되었다. 714부대 요시오카 부대 비행장 설영대가 있었다. 7~8명의 '위안부'가 있었는데 민가에 가서 고추를 먹는 것을 보았다. 위안부는 치마저고리에 빨간 구두라서 예쁘다고 여겼다. 나이는 20세 전후였다. 전쟁 직후 어느새 일본군보다 먼저 없어졌다. 일본 병사들이 조센삐라고 불렀다. 이곳 주둔 부대는 중국에서 관동군이 온 부대라고 들었다. 일본군은 일본제국 군인이 한 일에 대해 항의를 왜 하냐며 심하게 굴었다(강정숙, 2001).

강정숙이 그곳에서 만난 가메하마龜濱 시의원은 그곳에 머물던 한국인 군부가 돌아가지 못하고 미야코 사람처럼 살려고 했으나 나중에 정신이 이상해져서 "나는 조선인이다. 나는 조선인이다" 하면서 거리를 헤매다가 죽음을 맞이했다는 말을 전하며 울먹였다고 전한다.

그 밖에 당시 미야코 고등학교에 다녔던 한 학생은, 미야코 섬에 건설되는 비행장에 징용되어 주말에 집에 돌아가는 생활을 하고 있었는데, 집

부근에 '삐야'라고 불리는 위안소가 있었고, 거기에 몇 명의 조선인 위안부가 있었는지는 모르지만 그 중 한 여인이 미치광이가 되어 "아리랑, 아리랑, 아라리요" 하고 노래를 부르기도 하고, 중얼중얼 혼자말을 하면서 머리를 풀어 헤치고 걷는 것이 무섭기도 하고 안됐다는 생각이 들기도 했으며 지금도 그 모습은 잊을 수 없다고 증언한다(히로시 호사카, 2004). 어찌 온전한 정신으로 견딜 수 있었겠는가?

미야코 섬의 사례에서는 위안부들이 민간인과 접촉이 가능했던 것으로 보인다. 그러나 다른 곳에서는 외출이 금지된 채 위안소에 억류되어 성노예 생활을 강요받았다.

결국 위안부들은 구조적 폭력 속에서 일본 군인들에게 성적 서비스를 제공하는 성노예로 존재했으며 군위안소는 가혹한 집단 강간소에 지나지 않았다. 종전 후 귀향한 숫자가 150명 그리고 차마 귀향할 수 없어 오키나와에 머문 사람이 대략 169명이면 1,000명에서 169명이 살아남았다는 이야기다. 식민지 딸로 태어나서 머나먼 땅에 끌려와 몸도 마음도 부서지고 찢겨서 죽어간 조선의 여인들을 어찌 잊을 수 있겠는가? 아니 잊어서는 안 된다. 이미 나이 들어 생존 피해자들이 하나둘 세상을 떠나가지만 남아 있는 분들만이라도 여성으로서의 자존감과 인간에 대한 믿음을 회복할 수 있도록 하는 것은 살아 있는 자들이 해야 할 중요한 몫이다. 또한 "성폭력을 자행한 폭력의 행위자—직접 · 간접적으로 폭력 행위에 참여한 집단 혹은 개인뿐 아니라 그러한 행위를 명령하고 정당화해 주는 기구, 국가 자체—는 비인도적 행위에 대한 책임을 나누어야 한다. 그 책임은 희생자 개개인의 이야기를 듣는 일에서부터 시작하며 종국에는 무고한 희생의 진실을 알리고 배상하는 일이다…… 고통받는 사람들과의 연대는 우리 사회에 인권 신장의 계기가 될 것이다" (김성례, 1999). 죽어간 조선의 여인들을 애도하는 유춘도의 시 일부를 여기에 소개한다(류춘도,

2001).

당신이 나입니다

당신이 조용히 눈을 감을 때/그날은 바람이 억세게 불고 있었나요/
파도가 흰 물보라를 치며/조그마한 당신의 몸뚱이를/적시고 있었을 때
바람 소리 파도 소리는/ 당신의 넋을 위무하는 위령가慰靈歌였나요
꽃다운 나이 열 일곱에/당신은 천황군대로 끌려가고
나는 조선 땅으로 왔습니다./우리는 현해탄에서 아마도 엇갈렸을까요
그대는 죽고 나는 살아/칠십 나이 넘은 이제야
오키나와 섬 초라한 당신의 비석 앞에/죄인처럼 고개를 떨구고 섰습니다.

—1999년 11월 27일 오키나와 도가시키 섬에서

지금까지 조선인 위안부에 대한 기억을 통해 식민지 여성이 어떻게 전쟁에서 성노예로 유린되고 죽어갔는지를 살펴보았다. 이 밖에 히메유리 사건과 주민들의 전장의 기억을 통해 여성들이 어떻게 타자화되어 국가 폭력에 의해 희생되어 갔는지 살펴보도록 하겠다.

3. 전장의 기억

일본 유일의 지상전 무대가 되어 수많은 사상자를 낸 오키나와에서 강제 동원과 주민 학살 등은 근대 일본이 강요한 구조적 폭력, 황민화와 동화론이 내면화된 극단적 결과다. 이러한 극단적 결과 중 상징적인 사건이

바로 히메유리다. 또 하나는 힘없는 사람들이, 여성과 어린 아이 등, 어떠한 상황 속에서 죽어갔는지 전장의 기억을 통해 살펴보려고 한다.

히메유리ひめゆり

내가 히메유리 기념관에 들렀을 때 히메유리 탑 앞에는 수많은 방문객이 꽃을 탑 앞에 놓고 머리를 숙이고 있었다. 자료관 안에 들어섰을 때 애도하는 조용한 음악 소리와 함께 벽에 붙어 있는 15~19세의 희생된 어린 여학생들의 사진이 충격적으로 다가왔다.

나는 도미야마 이치로가, 요시다 쓰카사吉田司의 『히메유리 주신구라ひめゆり忠臣藏』에 쓴 글을 통해, 히메유리를 분석해 놓은 글을 시작으로 히메유리 어린 학생들을 죽음으로 몰고간 전쟁을, 군국주의 논리에 의한 구조적 폭력을, 그리고 그 폭력을 어떻게 미화시키고 은폐하고 있는지 생각해 보려고 한다.

> "우리 본토 일본인이 오키나와에 가면 꼭 히메유리 탑을 찾아 머리를 조아리는 까닭은 오키나와 본토를 위해 산화散華해 주었기 때문이 아니라 전쟁 피해의 궁극적인 모습을 거기서 발견하기 때문이다. 피해의 궁극적인 모습이란 고통이 아니다. 전쟁을 겪은 세대에게 그것은 자신의 '무죄 증명'이며 용서의 장場이고 감미롭고 감상적인 장, 이제는 평화의 눈물을 흘릴 수 있는 장이다. 우리는 히메유리를 진혼鎭魂하고 있는 것이 아니다. 오히려 히메유리의 이미지 속에서 자기 자신이 진혼을 받고 있는 것이다.
>
> 전후 일본의 내셔널리즘은 전범戰犯이라는 외부를 만들어 내어 가해자를 일부분으로 한정시키고, 천황을 포함한 모두가 자기 자신을 전쟁의 희생자로 연출함으로써 시작되었다. 또 오키나와의 비극을 자기 일처럼 애통해 하는

가운데 자신을 희생자로 구성해 냈던 것이다. 거기에는 요시다의 말처럼 자기 자신이 적극적으로 참여해서 아시아 사람들을 죽였다고 하는 가해자 의식의 망각이 가로놓여 있을 터다. 또 이 망각이야말로 이제는 파탄되어 버린 것처럼 보이는 전전戰前의 내셔널리즘을 연명시키는 회로이기도 했다. 그리고 그것은 요시다가 일관되게 지탄하고 있듯이, 전쟁을 지도하고 동원했으면서도 전후에 오키나와의 비극을 운운하면서 평화주의자로 등장하게 되는 오키나와 엘리트의 연속성이기도 하다. 피해자 의식의 강조는 평화주의로 연결되고 가해자 의식의 망각은 전전 대동아의 꿈을 연명시키는 것이다" (도미야마 이치로, 2002).

히메유리 학도대

히메유리는 오키나와沖縄사범학교 여자부와 오키나와 현립沖縄縣立 제일고등여학교를 통칭해서 부르는 것이다. 양교는 병설 학교로 많은 선생이 겸임했고, 시설 대부분도 공용이었으며, 행사도 함께 치른 학교였다. 1943년 사범학교는 전교생 기숙사제가 되어 생도들은 엄한 통제 하에 있게 되었고 1944년에는 오키나와에 군대가 이주, 주둔함에 따라 진지 구축 작업, 군사 훈련이 본격적으로 시작되었다. 오키나와에서 여자 중등교육을 시작한 것은 1896년이었다. 교원양성학교(오키나와사범학교 여자부 전신)와 보통 교육의 여학교(오키나와 현립 제1고등여학교 전신)가 설립되었다. 당시는 청일, 러일전쟁이 계속해서 일어난 시기였고, 엄한 국가주의의 시대에 돌입했다.

1941년 12월 8일 아시아 태평양전쟁이 발발하자, 생도들도 급속히 '군국 소녀'로 변해 갔다. '귀축미영鬼畜米英'의 표어로 적개심을 부추겼다. 작업하면서 〈승리의 날까지〉 등의 군가를 불렀으며 나라를 위해 목숨

을 바쳐 야스쿠니靖國 신사에 봉납되는 것은 최고의 영예로 간주되었다. 여성도 국가를 위해 역할을 할 것이 요구되고, 그 요구에 응하려고 필사적이었다. '대동아공영권大東亞共榮圈'이 목표라고 세뇌시켰다. 전쟁이 점차로 어렵게 되자 1944년 3월 오키나와 수비군이 편성되고, 부대가 속속 오키나와 각지에 이주, 주둔하게 되어 교사校舍도 병영으로 사용하게 되었다. 생도들도 진지 구축, 식량 증산 작업에 동원되었고, 수업은 점차 없어지게 되었다. 1944년 11월부터는 군의관에 의한 간호 교육이 시작되고, 육군병원으로의 동원 준비가 진행되었다(ひめゆり平和祈念資料館, 2004 : 26). 이 때 한 학생이 가족에게 보낸 편지를 보자. 군국주의 교육에 학생들이 전쟁 준비에 얼마나 적극적으로 열심히 참여하고 있는가를 잘 보여 준다.

> 미야기宮城 후미(당시 사범본과 1년, 1945년 사망) : 아버님! 22일은 갑자기 적기가 습격해 와서 집안에서도 놀라셨으리라 생각됩니다. 여기도 하루 내내 적기가 와서 방공호 속에서 하루를 지냈습니다. 조속히 집안의 안부도 알고 싶어 편지를 보내려고 했습니다만, 여러 가지 바쁜 사정으로 편지도 보내지 못하고 이렇게 오래간만에 소식을 전하는 바입니다. 언제나 집안 걱정으로 불안한 시간을 보내고 있던 참에 아버님으로부터의 편지를 받아보고 모두 무사하다는 것을 알고 안도의 한숨을 내쉬었습니다. 저도 하루 종일의 공습에도 아무튼 무사히 살아남아 지금 또한 건강하게 열심히 학도로서의 길을 매진하고 있으니 걱정하지 마시기 바랍니다. 일전에 눈앞에서 폭탄 투하를 목격했습니다. 정말로 분해서 무념의 눈물을 흘렸습니다. 정말로 태워도 태워도 부족한 귀축미영鬼畜米英의 놈들입니다. 이 과정에서 우리 학교에도 폭탄이 떨어져 건물 일부분이 파괴되었습니다. 그래서 23일부터 지금까지 학교의 뒤처리에 전교생이 열심히 일하고 있습니다. 마침내 2~3일 전부터 동

원도 하루 걸러 이루어지고 있습니다. 동원에 나가지 않는 날은 학교 뒤처리를 하든지 혹은 식량 증산으로 수업은 아직 한 번도 하지 않았습니다. 지금은 수업 등을 생각할 상황이 아닙니다. 항상 건강하게 충분히 일하는 사람이 나라를 위해 역할을 하는 사람인 것입니다. 승리하기까지는 결코 욕심내서는 안 됩니다. 군 작업에, 증산에 열심히 일해서 승리의 날까지 꼭 살아남을 각오입니다. 최근 날씨가 추워졌습니다만, 건강에 주의하시기 바랍니다. 2월 5일 후미. 아버님께(ひめゆり平和祈念資料館, 2004).

미군의 오키나와 상륙 작전이 시작된 1945년 3월 23일 심야, 오키나와 사범학교 여자부와 현립제일고등여학교 생도 222명은 교사 18명에게 이끌려 나하시 동남 5킬로미터에 있는 오키나와 육군병원으로 향했다. 동원된 생도들 중에서 최상급생은 사범본과 2년인 19세이며, 최하급생은 사범예과 1년, 제일고등여학교 3년인 15세였다. 그 중에는 소개疏開를 희망했지만 학교 당국으로부터 거부된 학생, 귀가해서 계속되는 귀교 명령을 받고 돌아온 학생도 있었다. 심야 교장 관사 앞에 모인 학생들 앞에서 교장은 "드디어 미군의 상륙이다. 평소의 훈련 효과를 발휘해 나라에 봉공할 때가 왔다. 나는 군명으로 군사령부로 가게 되었다. 너희들은 선생님과 함께 육군병원에서 황국을 위해 열심히 일하기 바란다"고 훈시, 학생들은 심야 길을 따라 급히 움직였다(ひめゆり平和祈念資料館, 2004).

1944년 7월 7일 사이판 섬의 일본군이 미군의 공격으로 전멸하자 정부는 미군의 오키나와 공격에 대비해 전력이 되지 않는 노인, 어린이, 여성 총 10만 명을 본토와 대만으로 소개시킨다는 명령을 내렸다. 그 중에서 규슈九州로 향하는 소개선 쓰시마마루對馬丸 호가 해상에서 미국 잠수함에게 격침되어 1,418명이 사망(775명이 아동)하는 비극도 발생했다. 오키나와 사범학교여자부와 제일고등여학교에서도 소개를 희망한 부모나 생

도들이 있었지만, 인정되지 않은 경우도 있었다. 특히 교원양성학교였던 사범학교 여자부에서는 학교 당국에 의해 "교원 면허를 주지 않겠다"고 압력을 받은 생도도 있었다. 사범학교는 수업료가 면제, 생활비 일부도 나라에서 원조하고 있었다. 또한 귀가한 생도들은 학교 당국에 의해 귀교 명령을 받고 있었다. 1944년 여름 방학으로 귀가해 있었던 야에야마八重山 제도의 생도들 대부분은 미군의 상륙이 확실한 오키나와 본도로 돌아오는 것을 피하려고 학부형들은 결심했지만, 가을이 되어 학교 측으로부터 "즉각 귀교하라"는 전문을 몇 번이나 받고, 미군의 잠수함이 출몰하는 위험한 바다를 건너 귀교하게 되었다. 정기선은 이미 없어졌고 군함을 타고 건너온 것이었다. 미야코제도宮古諸島는 물론 다른 섬에서도 같은 상황이었다. 귀교 명령을 받고 귀가한 학생들 중에는 병이 난 학생들도 있었지만, 11월 이미 공습으로 타격을 받은 나하로 돌아올 수밖에 없었다. 이렇게 해서 학교로 돌아온 생도들 중에서 후에 학도대에 참가해 목숨을 잃은 사람도 적지 않았다(ひめゆり平和祈念資料館, 2004: 35). 전황이 악화되면서 히메유리 학생들뿐만 아니라 다른 여학교, 남학생은 중학생까지도 군대에 동원되었다.

다카자토高里鈴代(전 시의회 부의장, 1989년 현재 69세, 오키나와 나하시 다카자토 선생 사무실, 1989년 6월 14일 10 : 00~11 : 30 인터뷰) 선생의 설명을 들어보자.

> "히메유리는 오키나와의 여러 섬에서 가장 우수한 소녀들이 시험을 통과해 모인 학교였습니다. 히메유리, 즉 사범학교, 선생님이 되는 학교입니다. 히메유리는 오키나와에서 가장 머리가 좋은 소녀들이 모인 곳입니다. 그 소녀들은 또 하나 우수하지만, 전쟁 참여에 대비해서 황민화 교육도 철저히 받은 측면도 있습니다. (……) 학도대는 히메유리만이 아닙니다. 점점 상황이

어려워지게 되면서, 옷을 만드는 섬유학교, 상업학교, 기술학교 등 다른 여학교 학생들도 동원되었습니다. 히메유리는 어떤 의미에서는 가장 크고 우수한 학교였기 때문에 주목을 받았지만, 상업학교 등 다른 학교 학생들도 모두 징용되었습니다. 가장 징용자 수가 많았던 히메유리는 그야말로 모든 병원에 배치되었던 것입니다. 오키나와 전투에서 여학교, 그리고 남학교, 중학생도 군대와 같이 함께 행동하도록 강제되었습니다."

생도들이 동원된 오키나와 육군병원은 나하시 동남쪽 5킬로미터 지점에 위치한 언덕 위에 있었다. 벌집 같은 동굴이 40개 이상 만들어져 있었고, 흙벽을 따라 조잡한 2단 침대가 늘어져 있을 뿐인 시설이 육군병원의 병동이었다. 병원 동굴에는 피와 배설물로 악취가 심했고, 부상병의 신음소리와 외침이 끊이지 않았다. 부상병의 간호 외에 물 떠오기, 식사 운반, 전령, 시체 매장 등도 학생들의 일이었다. 이러한 일은 총탄이 퍼붓는 굴 밖에 나가서 하지 않으면 안 되었고, 매우 위험한 임무였다. 이 육군병원에서 교사 2명, 학생 9명이 사망했다. 육군병원으로 동원된다고 들었을 때, 학생들은 총알이 날아오지 않고 적십자기가 걸린 병동에서 간호 활동을 하는 것으로 생각했다. 그러나 현실은 전선과 같이 끊임없이 포탄이 날아다니는 전장 그 자체였다(ひめゆり平和祈念資料館, 2004).

나는 히메유리 전시관에서 조그만한 화면을 통해 보았던 히메유리 생존자들의 증언 중 전장의 상황을 잘 전달해 주는 것을 여기 소개한다.

증언 1

"나는 그 때까지 배운 교육으로는 황군들이 죽어갈 때 '천황 폐하 만세'를 외치며 죽어갈 거라고 생각했어요. 그런데 '어머니!'를 부르거나 사랑하는 사람의 이름을 부르고 죽어가는 것을 보고 깜짝 놀랐어요."

증언 2

"부상자의 상처에 유충이 꿈틀거렸어요. 나는 나뭇잎 줄기로 유충을 하나하나 떼어 내었어요. 그러나 다른 환자들도 보살펴야 되었기 때문에 그 환자만 보살필 수가 없었어요. 저녁이 되어 자리에 누우면 낮에 보살폈던 환자 상처에서 꿈틀대던 유충의 소리가 사각사각 귀에 들리는 것 같았어요."

1945년 3월 23일 미군은 오키나와 상륙 작전을 개시했다. 4월 1일 미군은 오키나와 본도 중부의 서해안으로부터 상륙을 개시했다.

1945년 5월 26일 아침, 하에바루南風原의 육군병원이나 각 분실로부터 이동해 온 교사나 학생들이 오키나와 본도 최남부인 이하라伊原 부근에 모여들었다. 이 주변은 오키나와 말로 '가마'라고 불리는 자연 동굴이 많았고 그 속에 주민들이 피난해 있었지만, 원래부터 있었던 주민들은 군에 의해 '가마'에서 쫓겨나고 거기에 군의관이나 간호부, 학도대가 들어갔다. 그러나 육군병원은 의료 기구도 의약품도 없고 병원으로서의 기능도 이미 상실했다. 전황戰況이 격렬해지자, 히메유리 학도는 혼란 속에서 동굴에서 동굴로 이동했다. 급박한 전황이었던 6월 18일 밤, 육군병원에서는 '해산 명령'이 떨어졌다. 학도대는 해산하고, 생도들은 스스로 판단해서 행동하라는 명령이었다. 해산 후 미군의 공격을 피할 수 없어 수많은 학생이 죽음으로 몰렸다(ひめゆり平和祈念資料館, 2004). "너희들은 지금까지 잘해 주었다. 오늘부터는 스스로의 판단으로 행동하도록"이라는 한 마디로 적의 눈앞에 버려지게 되었다. 갑작스러운 해산 명령에 동굴 안은 혼란에 빠졌다. 동요하는 학생들에게 인솔 교사는 "결코 성급한 행동을 해서는 안 된다", "안전한 장소를 찾아 한 사람이라도 많이 살아남으라"고 전했다. 중상을 입은 학생들을 동굴 안에 남겨두고 가는 것도 괴롭고, 포탄이 날아다니는 동굴 밖으로 나가는 것도 무서워 학생들은 굴 밖으로 나가려 하지 않았다. 동굴 밖으로 나가도 갈 곳이 없었다. 포탄이 비처럼 쏟아지는 상황에서 부상당한 몸을 이끌고 도망치는 학생, 부상당한 친구를 도와 걸어가는 학생, 중상으로 움직일 수 없어 그 자리에서 쓰러지는 학생, 포탄에 날아가 버린 학생, 가스탄 공격을 받은 학생, 수류탄을 가슴에 안고 폭발시킨 학생, 해안에서 큰 파도에 빨려들어가는 학생 등 갈 곳을 잃고 부모의 이름을 부르면서 죽어가는 학생들이 속출했다. 히메유리에서는 6월 동원에서부터 해산 명령을 받은 90일간의 희생자 19명에, 해산 명령 후 불과 수일 만에 100여 명이 죽어나갔다. 그리고 결국 동원된 240명(학생 222명, 교사 18명) 중에 226명이 죽었다(ひめゆり平和祈念資料館, 2004). 그 때의 처참한 상황을 생존자들의 증언을 통해 살펴보자.

히메유리 생존자들의 증언

사례 1: 나가다長田 하루=旧名 니시이시카키西石垣 하루(당시 17세, 사범예과 3년, 제2외과 근무)

6월 18일 동굴의 총구 가까운 곳에 있었는데, 누군가가 영어로 말하는 소리가 들린다고 말했습니다. "설마 정말이네" 하고 귀를 기울이는 순간 탕탕 하고 총구로부터 총알이 날아들었습니다. 그 때 두세 명이 죽었습니다. "총에 맞았다. 총에 맞았다"고 굴 안에는 소동이 일어났습니다. 정말로 위험이 닥쳐오고 있다는 느낌이었는데, 온몸이 굳어 움직일 수 없을 정도였으며 누가 총에 맞았는지 볼 수도 없었습니다. 큰 소리는 낼 수 없었기 때문에 귓속말로 조용히 차례차례 전달도 했습니다. 저녁이 되어 조용해지자 일본군 대위가 명령을 내려 "이 동굴은 위험하다. 해산한다. 지금부터 각자 자유 행동이다"고 말했습니다. 버려진 것과 같은 방출된 느낌이었습니다. 분하다고 할까 눈물이 멈추지를 않았습니다. 적의 눈앞에서 완전히 포위된 상황이었으니까요. 요나미네與那嶺松助 선생님은 "언젠가 죽는 것은 정해져 있다. 그것이 오늘인가 내일인가의 차이뿐이다. 각오를 하고 나가자"고 말했습니다. 그렇다고 생각했습니다만, 그러나 무엇인가 한 시간이라도 더 살아남고 싶었고, 가능하면 일본의 승리를 보고나서 죽고 싶다는 기분이 강하게 들었습니다. 그러나 나가라고 하니 나갈 수밖에 없었습니다. "제1외과에 고향 선배가 있습니다. 거기로 가겠습니다"라고 말하고 혼자서 나갔습니다. 제1외과에는 전에 전령으로 가본 적이 있어 방향을 알고 있었습니다. 모두가 조명탄의 사이를 노려 죽을 힘을 다해 탈출해 나갔습니다. 도중 나는 깊은 구멍에 떨어져 겨우 기어 올라왔습니다. 총탄 속을 포복 전진했는데, 200~300미터의 거리를 한 시간 이상 걸렸습니다. 얕게 어둠이 깔린 논밭길이었는데 도중에 본 광경은 정말로 처참했습니다. 우선 놀란 것은 어린애를 안은 여자입니다. 손을 내밀며 죽어 있었습니다만, 등 뒤에는 어린애가 그것도 피투성이가 된 채 죽어 있었습니다. 놀랐습니다. 그러나 그 때 나는 이런 상황에 한방 맞고 죽는 것이 낫다고 생각하면서 힘껏 달렸습니다. 길에는 시체가 가득했습니다. 군인도 있고, 그러나 주민들이 훨씬 많은 상태였습니다.

가까운 곳에 먹을 물이 있다고 들었기 때문에 그곳에 가보니 그곳도 겹쳐진 상태로 수많은 시체가 쌓여 있었습니다. 약간의 물구덩이가 있었는데 핏물이었습니다. 피 냄새가 진동했습니다. 먹는 것을 그만두고 여기도 위험하다고 생각해 지나쳤습니다. 조금 가니 문 근방에 커다란 남자가 만세를 부르는 자세로 죽어 있었습니다. 군인이었습니다. 또 깜짝 놀라 그곳을 지나쳤는데, 돌담 옆에는 함포를 피하려고 했는지 앉은 채로 죽은 시체가 있었습니다. 그곳에서 더 지나가자 두 다리가 모두 날아가 버린 시체가 있었습니다. 눈뜨고 볼 수 없는 상황이었습니다. 계속 달려갔습니다. 얼마간 가자 이번에는 할아버지를 중심으로 가족들이 있는 피난민을 만났습니다. 그들은 전부 네댓

명이었는데 우리들과는 반대의 방향으로 가고 있었습니다. "할아버지, 저쪽은 위험합니다. 우리들은 지금 그쪽에서 왔습니다"고 말하자, "자, 그럼 우리들은 어디로 가야 하지?" 하고 사투리로 말했습니다. 내가 "이쪽은 위험하기 때문에 저 방향으로 가는 것이 좋을 것 같아요" 하고 말하자, 할아버지는 가족들과 상의하는 것 같았습니다(ひめゆり平和祈念資料館, 2004).

사례 2: 기타시로北城良子=旧名 오오가네쿠大兼久良子(당시 17세, 사범예과 3년, 제2외과 근무)

총구 가까운 곳에서 이상한 소리가 들렸기 때문에 무엇일까 하고 몸을 일으키자 "떠들지 마, 적이 와 있다"고 누군가가 말했습니다. 모두 조용히 있었습니다. 조금 있으니 소동은 잠잠해지고 이번에는 "동굴에서 나가라. 해산이다"고 말하는 것이었습니다. 조를 짜서 탈출한다고 결정된 모양이었습니다. "뭐 이제 와서 해산이라니. 지금까지 함께해 오고서 죽는다면 여기에서 죽고 싶다. 어디를 나가라는 거야" 하고 모두 분개한 목소리로 말하고 있었습니다(ひめゆり平和祈念資料館, 2004 : 95).

히메유리 생존자들은 오키나와 전쟁의 상징처럼 되어 버린, 처참하게 죽어간 친구들의 죽음을 어떻게 생각할까? 흔히 순결하게 나라를 위해 목숨을 바친 구국 소녀들이라는, 역사의 진실을 은폐하는, 왜곡되고 조작된 수식어에 대해 어떤 생각을 할까?

그 대답은 히메유리 평화기념자료관의 건립 기념문 중 "진실로부터 우리의 눈을 가리고, 개인으로서 생각하고 판단할 권리를 빼앗아 갔으며, 생명권마저 거부하도록 만들었고, 마침내 죽음밖에 없는 전장으로 짐승처럼 내몰았던 교육 제도가 범한 죄를 고발한다"는 내용에서 찾을 수 있을 것 같다.

어떤 언어로도 미화될 수 없는 히메유리 어린 소녀들의 죽음은 일본국가주의의 필요에 따라 미화되고 조작되어 왔다. 거기에는 요시다의 지적처럼 히메유리의 비극을 애통해 하면서 아시아 사람들을, 오키나와 사람들을 죽였다는, 히메유리 소녀들을 죽음으로 몰아넣었다는 가해자로서의 의식은 망각한 채 스스로를 피해자로 만들면서 평화주의자의 가면을 쓰고 역사의 진실을 왜곡시키려는 의도가 숨어 있는 것이리라.

미군의 오키나와 점령 후에 오키나와를 소재로 제작된 최초의 극영화가 〈히메유리의 탑〉이다. 주은우에 의하면, 이 영화는 당시까지 일본 영화 사상 최대의 흥행을 기록했으며, 오키나와의 일본 '복귀' 운동에 오키나와 출신자들을 보수와 혁신의 구별 없이 결집시키는 데 성공했을 만큼 큰 인기를 모았다고 한다. 공산주의자인 이마이今井가 만든 반전 영화임에도 불구하고, 이 영화는 반미와 애국을 내세운 내셔널리즘의 시선에 입각해 오키나와인들을 조국 방위를 위해 스스로 목숨을 바친 희생자로 재현하면서 전쟁의 기억을 반추하며 일본군을 진혼하는 당시 일련의 영화들과 궤를 같이하며 일본의 희생자 의식을 강화하는 데 한 몫을 했다는 것이다. 〈히메유리의 탑〉은 같은 제목으로 4편이나 제작될 정도로 일본 국민의 관심이 집중되어 있기도 하지만 일본 현대사의 중요한 계기마다 국민 국가의 욕망에 따라 이용된다는 것이다(주은우, 2009).

그러나 1975년 7월 히메유리의 탑 근처의 동굴 속에서 10여 일 동안 웅크리고 앉아 히메유리 소녀들의 목소리를 듣고 있던 지넨 쓰토무知念功는 히메유리의 탑을 방문한 현 천황(당시 황태자)에게 화염병을 던졌다. 그리고 그는 재판소에 제출한 진술서에 히메유리 여학생들로부터 "복수해 달라는 부탁을 받았다"고 쓰고 있다(도미야마 이치로, 2002). 이러한 상처는 많은 오키나와인 가슴에 남아 있다.

어떠한 논리로도 죽음으로 몰고 가는 국가는 국가가 아니다. 사람의 생명보다 더 소중한 가치는 없기 때문이다.

4. 죽음으로 내몰린 힘없는 사람들의 증언

김성례는 미셸 푸코Michel Foucault의 이론을 빌려 국가 폭력의 정당화는 이른바 근대 국가의 '생체통제정치 bio-politics'와 '죽음의 정치 thanatopolitics'의 이율배반적 특성에서 연원한다고 말한다. 여기서 죽음의 정치는 국가가 주민의 삶을 관리하고 조직하기 위한 생체통제정치의 일면이며 또한 주민에 대한 국가 폭력과 살상은 이러한 생체통제정치의 논리에 의해 합리화된다는 것이다. 국가가 생명체로서 자신의 존립을 위해 자신의 주민을 학살하는 모순은 근대성의 형해적形骸的 단면carceral side of modernity이라 할 수 있으며, 주민에 대한 생사여탈권을 가진 국가에서 '주민의 몸'은 이러한 생체통제정치의 '근본적인 정치적 자원'으로 사용된다. 근대 국가에서 '주민의 몸'은 삶과 죽음이 혼융하는 '국가의 몸'으로 통합하는 정치 기술의 대상이 된다. 여기서 정치의 목표는 국가 자체를 강화하는 일이다. 국가는 그 자체로서 존재하는 실질적인 것으로 그 자체가 사물의 질서가 된다는 것이다(김성례, 1999).

그랬다. 오키나와 전장에서 힘없는 사람들의 삶은 국가 존립의 필요에 따라 죽임을 당하기도 하고 버려지기도 했다. 극단적으로 보여 주는 것이 동굴 안에서의 유아 살해다. 아이가 울면 가차없이 일군에 의해 죽임을 당하거나 어머니 손으로 다른 가족의 안위를 위해 죽여야 했다.

히로시 호사카는 평화기념자료관의 문제점으로 "지옥의 전장" 코너에 주민 증언으로 구성된 설명문이 의도적으로 빠져 있음을 지적한다. 그리고 한 예를 들고 있다. 총을 지닌 일본 병사, 유아 두 명과 네 명의 주민이 조형되어 있는데, 어머니의 손은 자기 자식의 입과 코를 막고, 그 얼굴과 눈은 슬픔에 휩싸여 있으며, 그 바로 가까이에 있는 누이는 필사적으로 어머니의 행동을 제지하려 하고 있고, 어머니의 정면에 앉은 노인은 손을 내밀어 마찬가지로 무언가를 제지하려는 동작을 보여 주며, 다른 노인 한 사람은 손을 앞으로 내밀고 있는 장면이다. 이것은 이미 일본군이 우는 아이를 죽이라는 명령이 내려진 상황에서 어린이가 어머니 손에서 죽음을 맞이하는 장면을 묘사한 것이다. 우는 아이를 죽이라고 명령하는 일본군 병사, 한 사람의 목숨을 희생하게 함으로써 다른 가족이 살아난다는 극한 상황의 참혹함을 말하고 있다(히로시 호사카, 2004).

한나 아렌트Hannah Arendt는 전체주의 공포 정치에서 개인의 선택과 결정은 완전히 차단되거나 무시된다고 말한다. 어떤 사람이 그가 책임져야 할 아내나 아이들을 죽음으로 몰거나 아니면 친구를 속여 살해해야 하는 것 가운데 양자택일해야 할 상황에 직면한다면, 자살마저도 자기 가족의 죽음을 의미한다면 그는 어떤 결정을 내려야 하는가? 양자택일은 선과 악 사이에서가 아니라 살인과 살인 사이에서 이루어진다. 세 자식 가운데 어느 아이를 죽일지 선택을 강요당한 엄마의 도덕적 딜레마를 누가 해결할 수 있는가라고(아렌트, 2006).

병사들 또한 "약한 병사는 전쟁터에 나가기 전에 죽어 주는 편이 방해가 되지 않는다. 병사는 부품이며 교체는 얼마든지 가능하다"는 식의 훈련을 받았다. 군의들이 3개월간 받은 연수 교육의 핵심은 '죽는 것'과 '버리는 것.' "군의는 부상병을 치료할 의무가 있지만, 자신이 부상당해 임무를 다할 수 없게 되면 살아 있을 가치가 없으므로 죽는다." "전선에 복귀할 수 있는 병사는 치료하고, 그 이외의 병사는 죽게 놔두라." "중상자를 우선 살려야 한다는 의학의 상식, 인명을 살려야 한다는 안이한 관념은 모두 없애 버리라"는 것이었다(노다 마사아키, 2000). 이렇게 해서 단순한 청년들이 살인 병기로, 국가라는 거대 생명체를 위해 개인은 교체 가능한 부품으로 전환되는 것이다. 결국 참혹한 전쟁터에서 가해자나 피해자 모두 인격이 해체되는 위기를 맞이한다. 참혹한 전쟁의 상황을 증언을 통해서 보자.

증언 1: 이시하라 키누코石原絹子(현재 오키나와에서 평화 가이드로 활동하고 있다)

"전쟁이 시작되고 우리 가족은 무덤에서 방공호 생활을 하게 되었습니다. 그 당시 어머니는 서른세 살의 젊은 여성으로 지역부녀회장이셨습니다. 남성들이 전쟁에 끌려간 후 지역에 남아 있는 고령자와 병자, 어린이들을 돌보는 것이 부인회의 역할이었습니다. 그리고 폭격에 의해 집이나 농작물에 불이 붙으면 그것을 끄는 것도 부인회의 몫이었습니다. 그러던 어느 날 방공호 밖에 나갔다 오신 어머니는 온 몸에 화상을 입어 혼자서 걸을 수조차 없는 몸이 되셨습니다. 그 때부터 초등학교 1학년이던 제가 어머니와 어린 여동생을 돌보아야 했습니다. 시간이 지날수록 먹을 것은 점점 구하기 어려워졌습니다. 아침부터 비가 내렸던 어느 날 저녁 때 갑자기 일본군이 무덤을 차지하고는 어머니에게 총부리를 들이대면서 아이들을 죽이든지, 방공호에서 나가든지 하나를 선택하라고 했습니다. 그 당시 일본군은 전쟁에 도움이 되지 못하고 방해만 되는 세 살 이전의 어린 아기를 살해하고 있었습니다. 어머니는 "죽을 때 죽더라도 함께 같이 죽자"고 하시며 무덤을 나가자고 하셨습니다. 그래서 오빠는 걷지 못하는 어머니를 부축하고, 나는 한 살 된 여동생을 업고, 한 손에는 세 살 된 여동생 손을 잡고 무덤을 나왔습니다. 그 때 겨우 구한 식량도 모두 일본군에게 빼앗겼습니다. (……)

그 후에도 공습이 오면 숨고, 공습이 그치면 정처 없이 걸으며 며칠을 살았습니다. 그러던 중 내가 업고 다니던 한 살 된 여동생이 차갑게 느껴졌습니다. 등에서 내려 보니 여동생이 피부색이 변해 있었습니다. 그리고 눈, 코 입에서 유충이 나오기 시작했습니다. 어디에선가 파리가 여동생의 몸에 알을 낳고 그것이 유충이 되어 여동생을 먹으며 자라고 있었던 것입니다. 저와 세 살 된 여동생은 동생의 몸에서 유충들을 떼어냈지만 역부족이었습니다. 어느 사이 어린 여동생의 몸은 늘어난 유충들로 발끝에서 머리까지 하얗게 되고 말았습니다. 어린 여동생이 벌레의 먹이가 되는 것을 지켜볼 수가 없어 그 자리를 떠났습니다.

그 후 여기저기 전쟁터를 헤매다가 세 살 된 여동생도 등에 상처를 입었습니다. 며칠을 고난스럽게 숨을 몰아쉬던 여동생의 안색이 변하고 눈과 코, 입과 귀에서 유충이 나오기 시작했습니다. 마지막 남은 가족마저 벌레의 먹이가 되게 할 수 없었습니다. 그래서 정신없이 동생의 몸에서 벌레를 떼어냈습니다. 그러나 여동생이 수백 마리의 유충을 토해 내는 것을 보고 저도 실신하고 말았습니다"(2006년 7월 15일 오키나와 쇼세이도 교회에서 인터뷰, 박미현, 2008).

증언 2: 아사토도시에安里要江 이야기

"오키나와 최남단의 땅을 우왕좌왕 헤맨 끝에 간신히 도착한 곳이 이시키伊敷의 가부야 동굴(현재의 도도로키호)이었습니다. 6월 11일 저녁이었지요. 입구 쪽에 한 노인이 앉아 있었습니다. 친절하게 들어가게 해 주었는데, "오른쪽 굴에는 일본군이 있으니까 조심해. 그냥 지나쳐서 안으로 가라"고 알려 주었습니다. 일본군은 이제 공포의 대상이었습니다. 가끔 일본군은 총검을 철거덕거리며 아이를 울리는 놈은 죽여 버리겠다고 협박을 하곤 했습니다. 당장이라도 아이를 죽일 듯이 서슬이 퍼랬습니다. 그렇다고 아이의 입을 틀어막고 있을 수도 없고 모든 부모가 특히 엄마들이 전전긍긍하고 있었습니다. 그런데 우리 아이는 이상하게도 조용해서 안심했지만 실은 목소리도 낼 수 없을 정도로 쇠약해져 있었던 것입니다. 내 자식이 품안에서 죽어가고 있는데도 아무것도 해 줄 것이 없었습니다. 그렇게 가즈코는 9개월의 생을 마감했습니다"(2006년 7월 15일 오키나와 쇼세이도 교회에서 인터뷰, 박미현, 2008).

다카자토高里鈴代(전 시의회 부의장, 1989년 현재 69세, 오키나와 나하시 다카자토 선생 사무실, 1989년 6월14일 10 : 00~11 : 30 인터뷰)는 전쟁에서 많은 여성과 어린이들이 희생된 것을 다음과 같이 이야기한다.

"전쟁에서 병자나 어린이는 오히려 방해물이 됩니다. 따라서 전쟁이 일어나면 장애인은 버려지는 것입니다. 장애인에 대한 보살핌 같은 것은 뒷일이 되는 것입니다. 최우선은 전쟁을 해서 이기는 것, 이기기 위해 군대를 확보하는 것, 군대에 필요한 사람들을 확보하는 것, 이것 이외에는 모두 방해물로 간주되는 것입니다. 따라서 전쟁이 일어나면, 오키나와에서와 같이 여자, 어린이가 남게 되고, 서로 죽이는 비극이 일어난 섬도, 학살의 섬도, 집단 자살의 섬도, 죽은 사람의 대부분이 어린이, 여자들이었습니다. 그리고 각각이 주체가 되어 스스로 결정할 수 없는 상태였기 때문에, 위로부터 내려오는 가르침이 모든 것을 결정했습니다. 만약 적이 있을 때 적에게 잡히는 것은, 천황의 국민으로서 이것은 천황에게 창피한 일이다, 즉 살아남는다는 것 자체가 창피한 일이 되는 것입니다. 오히려 적에게 잡혀 강간당하기보다는 스스로 자신의 목숨을 끊는다, 즉 자결하는 것이 천황의 자식으로서의 모습인 것입니다. 이것이 존경받는 삶의 방법인 것입니다. (……) 여자들은 잡히면 강간당한다고 교육받으면, 적군의 배를 보았을 때, 모두 사랑하기 때문에, 바로 사랑하기 때문에 적에게 잡혀 창피한 일을 당하기보다, 그런 일이 있어서는 안 되기 때문에, 중학생 남동생이 누나나 어머니를 죽이는 것입니다. 상대가 밉기 때문에 죽이는 것이 아닙니다. 사랑하기 때문에 죽이는 것입니다. 이런 생각이 섬 전체를 뒤덮고 있는 것입니다. 어떤 의미에서는 '국체 사상'입니다. 천황을 중심으로 한 사상입니다. 따라서 왜 약자가 죽는가 하면, 약자는 스스로 결정할 수 있는 권리를 가지지 못할 뿐만 아니라, 병사가 되든지 아니면 방해물인지, 식량을 병사들에게 충분히 제공하기 위해 일하든지, 식량을 내는 데 방해물인지, 따라서 식량 확보를 위해 축출(소개)하는 것입니다. 그 결과 오키나와전쟁에서도 보면, 작은 섬에서도, 집단 자살이 있었던 곳에서는 80%가 여자, 어린이라는 것은 그런 결과로서 그렇게 되는 것입니다."

자식들을 지키기 위해 부상당한 몸으로 포탄 속으로 나오는 어머니, 가슴에서 죽어가는 아이를 지켜보아야 하는 어머니, 어린 동생들이 죽어가는 것을 지켜보면서 이곳저곳 전쟁터를 헤매야 했던 어린 소녀…… 이것이 전쟁의 폭력 속에 버려진 오키나와 여인들의 상흔이다.

믿었던 국가로부터 철저히 버림받고 국가 폭력으로부터 찢겨지고 살해당하고 자신의 삶과 죽음에 대한 권한마저도 빼앗긴 체 철저히 타자화되어 버렸던 오키나와 여성들의 참혹한 체험을 무어라고 말할 수 있을까?

동족인 유대인들이 홀로코스트에서 죽어가는 시대를 살았던 아렌트는 "모든 것이 가능하다는 전체주의 신앙은 이제까지 모든 것이 파괴될 수 있다는 것만 증명한 것처럼 보인다. 그러나 모든 것이 가능하다는 것을 증명하려는 과정에서 전체주의 정권은 스스로 인식하지 못한 채 처벌할 수도 용서할 수도 없는 죄가 있다는 사실을 발견했다. 불가능한 것을 가능하게 만들 때, 그것은 처벌할 수도 용서할 수도 없는 절대적인 악이 된다. 절대 악은 이기심, 탐욕, 시기, 적개심, 권력욕이나 비겁함 같은 사악한 동기로 이해할 수도 없고 설명할 수도 없는 것이다. 그래서 분노로도 복수할 수 없고 사랑으로도 참을 수 없으며 우정으로도 용서할 수 없다. 죽음의 공장이나 망각의 구멍 속에 있는 희생자들이 사형 집행인의 눈에는 더 이상 '인간'이 아닌 것처럼, 이 최신종 범죄자들은 인간에게 모두 죄가 있다는 의식 속에 우리가 서로 연대할 수 있는 영역 너머에 있다" (아렌트, 2006: 251-252)라고 인간이 저지를 수 있는 절대 악을 표현하고 있다.

5. 전후 계속되는 여성 폭력

오키나와를 희생시키고 맺은 미·일 군사동맹 체제는 전후에도 전쟁의 소용돌이 속에서 상처받은 오키나와 여성들에게 지속적으로 고통을 안겨준다.

미군 상륙 후 강간이 빈발하여 1945년 4월에는 각지에서 주민에 의한 자경단이 결성된다. 그럼에도 불구하고 강간 살인은 도처에서 일어난다.[2]

점령 3개월 동안에 전국에서 강간당한 여성은 일본 정부에서 실시한 최소한의 추정으로 3,700명을 넘는다고 한다. 점령 초기의 혼란이 진정되어도 미군 병사의 성범죄는 끊이지 않고, 오히려 '여자 사냥'이라 불리는 집단 강간 범죄가 늘고 흉포화하는 지경에 이른다. 성 윤리의 이중 기준

2 1945.8.20 할머니와 식량을 구하러 해안에 나갔던 32세의 여성, 미군에게 잡혀 강간당함. 1946년 4월 혼혈의 아들 출산. 1945.8.21 친구 두 명과 아이를 업고 밭일을 나갔던 31세의 여성, 미군 세 명에게 납치되어 소식이 끊어짐. 1945.9.8 어린이를 업고 밭일을 하던 39세의 주부, 4인승 미군 지프차에 납치되어 커브길 도로변에 방출됨. 업고 있던 어린이는 사망. 1945.9.24 남성 두 명과 이시카와石川 수용소에 친척을 방문하러 가는 도중 19세의 여성, 어린애를 업은 채로 세 명의 미군 병사에게 납치됨. 남성 두 명은 미군에 의해 총으로 위협받아 저항 불가능. 모자는 2년 후 백골 사체로 발견. 1945.10.24 46세의 여성, 도로에서 미군 병사 두 명에게 습격받을 것 같아 절벽 아래로 뛰어내려 골절. 그 후 추격해 온 두 명에게 강간당함 등등(高里鈴代, 1996).

이 여자에게 엄격히 '정조'를 요구하는 사회에서 성폭력 피해자는 이 피해를 일생의 오명으로 짊어지게 된다. 따라서 성폭력 피해는 주위에 감추는 것이 다반사이고 피해를 신고하는 일은 드물다. 그럼에도 불구하고 경찰본부 발표의 강간 피해자 수가 1946년 30명, 1947년 283명, 1948년 265명, 1949년 312명에 달한다(후지메 유키, 1999). 강간당한 후 임신으로 아이를 출산할 경우 강간으로 인한 상처에 아이까지 키워야 하는 피해 여성의 고통은 말로 표현할 수 없었을 것이다. 1949년 9월 혼혈아 인구는 450명에 달한다(高里鈴代, 1996).

한국전쟁 후 한반도에서 일본으로 철수해 온 미군의 범죄가 다발하여 1954년에는 우지시宇治市, 오쿠보大久保의 초등학생이 강간당해 회복 불능의 열상裂傷을 당하는 사건을 비롯해 흉악한 강간 사건이 빈번히 일어났다. 베트남전쟁 중이던 1969년의 실태 조사에 의하면 오키나와에 약 44만 명 이상의 미군이 주둔했고, 약 7천4백 명의 여성이 성매매에 종사하고 있었다. 그리고 그 당시가 오키나와 성매매의 역사상 가장 많은 여성이 미군에게 강간당하고 교살당한 시기였다. 직접적으로 전쟁과 상관없는 오키나와 여성들이 한국전쟁, 베트남전쟁의 피해자가 된 것이다(박미현, 2008).

1952년 4월 점령 해제 이후, 미 · 일 안보조약에 바탕을 둔 행정협정에서 미군 병사가 일본 국내에서 일으킨 모든 범죄에 대해 미국 측이 전속 재판 관할권을 행사하는 권리가 규정되어 있어서 범인을 알고 있으면서도 본국 송환으로 유야무야되거나, 체포되었으면서도 미군 법정에서 간단히 무죄가 되는 등, 피해를 호소해도 결국에는 단념할 수밖에 없었다. 1953년 10월에 이러한 것이 일부 개정되어 공무 집행 중이 아닌 범죄에 대한 재판 권한이 일본 측으로 넘어왔지만, 미군 측으로부터 수사를 저지당하거나 일본 측에서도 검찰 자신이 대미 관계에 신경을 써서 기소하려

하지 않는 등, 가해자를 심판하고 죄를 묻는 일은 대단히 어려운 일이었다(후지메 유키, 1999).

이처럼 법체계는 국가의 우월한 권력으로부터 남성을 보호하지만, 남성의 우월한 권력으로부터 여성과 아이들을 보호하기 위해 설계된 것은 아니다. 그러므로 가해자의 권리는 강하게 보증하지만, 피해자의 권리를 위해서는 사실상 어떠한 보증도 하지 않는다. 가해자를 법정에서 심판할 수 없는 상황을, 법체계에서 정의를 추구하던 여성들은 대개 이러한 경험을 두 번째 강간에 비유한다(허먼, 2007).

1955년 9월 나가야마 유미코永山由美子라는 여섯 살 된 어린아이가 고사포부대 소속 미군에게 납치되어 강간당한 후 참살되는 사건이 일어난다. 그 당시 결성된 '오키나와 자녀를 지키는 모임'은 성명을 발표하고, 이 사건은 오키나와 전체를 격노시킨다. 분노한 여론의 압력으로 범인은 사형 판결 후 45년 중노동으로 감형을 받는다.

1945년부터 1995년까지 연대별로 미군 병사에 의한 오키나와의 드러난 여성 범죄가 『오키나와의 여인들: 여성의 인권과 기지 · 군대沖縄の女たち: 女性の人権と基地 · 軍隊』(高里鈴代, 1996)에 기록되어 있다. 여기에다 소개는 못하지만 강간 살인으로 이어지는 참상이 말로 표현하기가 힘들 정도다.

1995년 9월 세 명의 미군이 공책을 사러 나간 열두 살짜리 초등학교 여학생을 납치해 강간한 사건이 발생했다. 현지 경찰이 용의자의 신병을 요구했을 때 미군 당국은 미 · 일 지위협정을 이유로 들어 이를 거부했다. 오키나와 현과 의회는 미 · 일 지위협정을 재검토해 줄 것을 건의했으나 일본 정부는 이러한 요구를 묵살했다. 다시는 이 같은 사건이 반복되어서는 안 된다고 결심한 소녀 가족의 용기 있는 고발로 인해 오키나와 민중의 분노가 폭발했다. 강간 사건을 규탄하고 미 · 일 지위협정의 개정을 요구하는 1995년 10월의 현민 시위에는 8만 5천 명이 참가했는데 이는 오키나와 반환 이후 최대의 집회였다(강근형, 2007).

이 사건에 주도적으로 대응을 한 것은 1995년 베이징北京에서 개최된 유엔 제4차 세계여성회의에 참석하고 돌아온 95오키나와실행위원회 여성들이었다.

이 사건은 소녀 성폭행사건이 소녀 개인의 문제가 아닌 구조적 폭력으로 인식되면서 곧 주민 모두의 안전 문제로 인식되었다. 또한 이 사건을 계기로 1945년 오키나와전쟁이 과거의 문제가 아니며 미군 기지에서 나오는 현실의 위협을 전장으로 인식하게 했다. 특히 비열한 성폭력 범죄가 보호되어야 할 어린 소녀에게까지 미치게 된 것, 더구나 아주 일상적인 생활 중에 일어났다는 것은 많은 여성, 특히 어머니들에게 큰 충격을 주었다(문소정, 2008). 이러한 충격과 분노는 집회와 시위 현장으로 여성들을 불러 모았다.

다케시타 사요코는 그 당시의 상황을 다음과 같이 설명한다. "여성들의 분노는 각지에서 집회가 열려갈수록 더욱더 커져 갔다. 당시 한 여대생이 필자에게 스스로 리포트를 제출하러 왔다. '지금까지 나는 여자가 노여움을 표현하는 것은 상스럽다, 억제해야만 한다고 오랫동안 믿어 왔습니다. 그러나 오늘 여자들이 분노하는 모습을 보고 그녀들을 진정으로 아름답다고 느끼게 되었습니다. 지금 여자들은 노여워해야만 한다고 생각합니다'라는 내용이었다"(다케시타 사요코, 1999).

1980년대부터 오키나와 전쟁의 상처를 바탕으로 군대, 기지와 성폭력의 구조적·역사적 맥락을 연관시켜 보게 된 여성평화운동 담론은 1995년 섬 전체 투쟁을 견인해 내는 데까지 발전했다. 오키나와 여성평화운동은 무엇보다도 군대와 기지, 여성의 성폭력, 군사주의를 연관해 파악할 수 있게 되었다. 평화와 군대는 공존할 수 없다는 인식하에 "전 세계 2,000개

기지에 주둔하는 미군은 매일 가상된 적을 죽이고 상하게 하는 기술을 훈련받는다. 군대는 강간을 군대 분노의 성적 표현으로, 군대의 구조적 폭력의 배출구로 상징화한다. 군대는 여성에 대한 폭력의 심각성을 과소 평가하고, 전투력의 보상으로서 군대 매춘(R&R)을 준다. 그래서 매춘과 강간은 전투 군대에 대한 보상이 된다. 매춘과 강간은 군대의 분노 축적의 체계적인 배출구이며, 통제와 기율을 유지하기 위한 방법이며, 남성성을 구축하기 위해 활용된다. 국가 간 협정은 여성에 대한 군대 범죄를 수용하고 섹스를 휴식과 위안으로 받아들이고 있다"는 주장을 하게 된다(문소정, 2008). '행동하는 여성모임'은 오키나와 여성이 기지와 군대의 구조적 폭력 체험을 갖게 된 것을 역사적으로 이해한다. 이들은 아시아 · 태평양전쟁 이후 현재까지를 오키나와 여성에게는 성적 폭력이 지속되는 전시 체제로 파악하고 있다. 거기에 오키나와 여성에 대한 군대의 구조적 폭력의 역사적 체험을 동아시아 군사화 체제에서 점하는 오키나와의 이중 식민지적 위치성에서 파악하고 있다. 즉 오키나와가 아시아 · 태평양전쟁 때 일본의 사석捨石, 그 이후 미국의 동아시아 전략, 미일안보동맹 체제에서 태평양의 요석要石으로 규정된 식민지적 볼모에서 찾고 있다. 그리고 이러한 문제를 해결하기 위해 오키나와의 지역적 이해 관계, 일본의 국가적 경계에 갇히지 않고 국가와 민족을 초월해 동아시아 여성 문제를 발생시키는 동아시아 군사화에 대한 반대 행동을, 유사한 식민지 경험을 한 국가 여성들과의 연대 활동을 통해 전개하는 데까지 나아간다(문소정, 2008).

6. 나오는 말

지금까지 태평양전쟁 당시 오키나와 사람들의 전장의 기억을 중심으로,

조선 위안부, 히메유리 학도대, 전쟁 전후 오키나와 여성들의 삶이 타자화되어 가는 과정을 살펴보았다.

인간의 존엄성이라 일컫는 것을 흔적도 없이 파괴하고 인간을 무용지물로 만들어 버리는 전장의 기억, "처벌할 수도 용서할 수도 없는, 이기심, 탐욕, 시기, 적개심, 권력욕이나 비겁함 같은 사악한 동기로 이해할 수도 없고 설명할 수도 없는, 그래서 분노로도 복수할 수 없고 사랑으로도 참을 수 없으며 우정으로도 용서할 수 없는" 절대 악이 존재하는 곳, 그곳에서 여성의 삶은 성적으로 유린당하고 죽음을 선택할 권리도 빼앗긴 채, 때로는 자식을 자신의 손으로 죽여야 하는, 생명 없는 생명으로 버려진 삶을 살아야 했던 여성들의 치유할 수 없는 상처를 보았다.

이러한 처참한 기억을 통해 평화주의는 막연한 추상적 개념이 아니라 "사람들이 더 이상 살고 싶어하지 않는 그런 조건에 대항하는 투쟁이라는 것을 깨닫게 된다"(아렌트, 2006). 그리고 "기억은 앞으로 망각으로 되돌아가거나 사라지는 것이 아니라 역사를 전진시키는, 승리를 향하는 담보가 될 수 있다"(김석범, 1999)는 중요한 자원이라는 것도 알았다.

국가 폭력 앞에서 개인이 얼마나 무력한가를 알았다. 무력할 뿐만 아니라 전쟁에서 개인은 없다. 거대한 보이지 않는 국가라는 생명체만 있을 뿐이다. 그러나 본래 가치의 근거는 한 사람이다. 민족도 아니고 국가도 아니다. 국가는 한 사람 한 사람을 위해 존재한다. 국가가 위기 상황에 닥쳤을 때, 한 사람 한 사람이 자유 행사를 미루는 것은 그 한 사람 한 사람을 위해서다. 국가를 위해서가 아니다. 다른 사람 또는 국가 공동체 안에 살아가는 이름 모를 사람들을 위해 죽을 수는 있다. 그러나 국가를 위해 죽는다는 것은 없다. 한 사람 말고 다른 가치를 앞세우는 사고방식에서는 사람이 죽는 것을 대수롭지 않게 본다. 언제나 우선 생각할 것은 개인의 존엄성과 그것이 무너졌을 때 생기는 고통이다. 한 사람이 목적이라는 것은 한 사람이 주체라는 것과 밀접히 연관되어 있다. 국민 '주권'도 개인 '주체'의 연장선에 있는 것이다. 주체만이 목적이 될 수 있다. 개인의 주체성은 개개인이 자신의 삶과 역사의 주인임을 가리킨다. 여기서 역사 의식도 나온다(양명수, 1999).

노다 마사아키는 "언제부터인가 나는, 침략 전쟁을 재검토하지 않고, 그 시기에 어떤 전쟁 범죄를 거듭 저질렀는가를 검증하지 않고, 그 시대를 부인과 망각에 의해 넘겨버리고자 하는 자세가 얼마나 우리들의 문화를 가난하게 만들어 왔던가를 고찰해 보고 싶어졌다. 죄를 자각하고 전후를 살아온 소수 사람들의 정신을 통해 다수 사람들의 그림자를 부각시켜 보고 싶었다……. 전쟁에 관여한 일본인의 죄의식을 파헤쳐 세밀히 분석함으로써 우리들은 20세기의 의미를 아시아의 사람들에게 전할 수 있을 것이다. 아직까지 남아 있는 죄의식이야말로 우리들의 귀중한 문화이며, 죄의식을 억압해 온 일본 문화의 모습을 통해 우리들은 자신의 내면의 얼굴을 알 수가 있다"(노다 마사아키, 2000)라고 말한다.

우리는 어떤 사건이 실제로 존재했다는 명백한 사실을 지켜내려는 기억의 힘과 망각과 익명의 덫으로 추악한 현실을 덮어씌우려는 부정의 힘이 맞서고 있음을 안다(다둔, 2008). 범죄에 대한 책임에서 벗어나기 위해 가해자는 망각을 조장한다. 가해자는 할 수 있는 것이란 다 한다. 은폐와 침묵이야말로 가해자의 첫 번째 방어책이다. 은폐에 성공하지 못하면 가해자는 피해자의 신뢰성을 공격한다(허먼, 2007).

또 한편 끔찍한 사건을 대하는 인간의 자연스러운 반응은 그것을 기억에서 밀어내는 것임을 생존자들은 충분히 이해하고 있다. 그러나 생존자들은 과거를 잊은 자들은 과거를 반복할 운명에 놓여 있다는 점을 잘 알고 있다. 이러한 이유로, 대중에게 진실을 말하는 일이란 모든 사회적 활동에서 공통된 기반이 된다. 말할 수 없었던 것을 말함으로써 다른 이들을 도울 수 있다는 신념으로, 생존자들은 말하기 시작한다(허먼, 2007: 346).

생존자의 임무는 정의를 추구하는 형태를 띠기도 한다. 가해자에게 범죄의 책임을 묻는 것이 개인적인 안녕뿐만 아니라 더 큰 사회의 건강을 위해 중요한 일임을 깨닫게 된다. 다른 사람의 운명을 자기 운명과 연결 짓는 사회 정의의 심원한 원칙을 다시 발견할 수 있다. 또한 피해자는 말할 수 없는 것을 말하는 것에서 오는 힘을 깨닫게 되고, 부정과 억압의 장벽이 들추어지는 순간 해방되는 창조적인 에너지를 느끼게 된다(허먼, 2007: 19). 특별히 오키나와 여성평화운동이 보여 준 것처럼 성학대에 관한 여성주의적 이해는 피해자가 사적인 삶의 장벽을 깨뜨리고, 서로를 지지하며, 집단적인 행동을 취할 수 있는 힘을 준다. 외상을 경험한 개인들과 마찬가지로, 외상을 경험한 국가 또한 외상을 재경험하지 않기 위해서는 이를 기억하고, 애도하며, 속죄해야 한다.

결국 평화와 인권의 문제는 정의를 바로 세우는 데서 나온다. 우리는 자기들이 당한 것을 밝히는 것과 함께 남이 당한 것에 대해서도 배려할 수 있어야 한다. 그 때에 진실이 나온다. 나나 내 핏줄이나 내 동료가 아니더라도 인간이 당하는 고통에 대한 공감이 있어야 하고, 그것을 어떻게 나눌까에 대한 고민이 있어야 한다. 흩어진 사실에서 보편의 진실을 만들어 내는 것이야말로 우리가 지향해야 할 소중한 가치다(양명수, 1999). 권리를 가질 권리 또는 모든 개인이 인간일 수 있는 권리는 인간이라는 사실 자체로서 보장되어야 한다. 여기서는 그럴 수도 있고 아닐 수도 있는 개연성이 열려 있어서는 안 된다(벤하비브, 2000).

아시아 여성들의 식민지 경험과 제국주의 전쟁 경험은 평화에 대한 강한 갈망으로 나타난다. 그것은 전쟁 경험 사례를 통해 보았듯이 인간이 살고 싶지 않은, 아니 인간이기를 포기한 그런 세상을 만들고 싶지 않기 때문이다. 왜곡된 성의식을 바로잡고 평화와 인권을 위한 아시아 여성들의 연대가 필요하다고 생각한다. 그리고 진정한 여성 인권 확보는 반전평화운동 속에서 보장받을 수 있을 것이다. 그것은 아무리 활성화된 여성운동이라도 광기 어린 국가 폭력이나 전쟁 중에는 실효를 거둘 수 없기 때문이다. 또한 주체적 역량의 강화 없이 여성 인권은 보장되지 않는다는 것을 잊어서는 안 된다.

끝으로 과거의 상처를 밝히고 말하는 것은 미래의 평화의 길을 닦고 평화를 심는 일이 된다는 것을 상기하면서 이 글을 맺는다.

참고 문헌

강근형 외, 『오키나와와 평화』, 보고사, 2007.

강정숙, 「일제 말기 오키나와 다이토제도의 조선인 군 '위안부들'」, 『한국민족운동사 연구』 40 : 257-288, 2004.

김석범, 제주4 · 3연구소, 『동아시아의 평화와 인권』, 역사비평사, 1999.

김성례, 「국가 폭력과 여성 체험: 제주 4 · 3을 중심으로」, 제주 4 · 3연구소, 『동아시아의 평화와 인권』, 역사비평사, 1999.

노다 마사아키, 『전쟁과 인간: 군국주의 일본의 정신분석』, 서혜영 옮김, 길, 2000.

다둔, 로제, 『폭력: '폭력적 인간'에 대하여』, 최윤주 옮김, 동문선, 2008.

다케시타 사요코, 「여성에 대한 일상적 폭력과 인권」, 제주 4 · 3연구소, 『동아시아의 평화와 인권』, 역사비평사, 1999.

도미야마 이치로, 『전장의 기억』, 임성모 옮김, 이산, 2002.

랑시에르, 자크, 『미학 안의 불편함』, 주형일 옮김, 인간사랑, 2008.

류춘도, 「당신이 나입니다」, 임병택 외, 『동아시아와 근대의 폭력2: 국가 폭력과 트라우마』, 삼인, 2001.

문소정, 「오키나와 반기지 투쟁과 여성평화운동」, 정근식 외, 『기지의 섬, 오키나와: 현실과 운동』, 논형, 2008.

_____, 「오키나와 여성운동의 정치학」, 정근식 외, 『기지의 섬, 오키나와: 현실과 운동』, 논형, 2008.

박미현, 「오키나와 여성의 고난과 한에 대한 여성 신학적 성찰」, 박사학위 논문, 성공회대학교 신학전문대학원, 2008.

박정미, 「미군 점령기 오키나와의 기지 성매매와 여성운동」, 정근식 외, 『기지의 섬, 오키나와: 현실과 운동』, 논형, 2008.

박훈, 「'류큐처분'기 류큐 지배층의 자국 인식과 국제관」, 정근식 외, 『경계의 섬, 오키나와: 기억과 정체성』, 논형, 2008.

벤하비브, 세일라, 『타자의 권리: 외국인, 거류민, 그리고 시민』, 이상훈 옮김, 철학과현실사, 2008.

아렌트, 한나, 『전체주의의 기원 1』, 이진우 · 박미애 옮김, 한길사, 2006a.

_____, 『전체주의의 기원 2』, 이진우 · 박미애 옮김, 한길사, 2006b.

양명수, 「동아시아 평화와 인권을 위한 연대」, 제주 4 · 3연구소, 『동아시아의 평화와 인권』, 역사비평사, 1999.

여성부, 『2002년 국외 거주 일본군 '위안부' 피해자 실태조사』, 2002.

오수성, 「추천의 글」, 주디스 허먼, 『트라우마: 가정폭력에서 정치적 테러까지』, 플래닛, 2007.

정근식 외, 『기지의 섬, 오키나와: 현실과 운동』, 논형, 2008.

주은우, 「다문화주의와 내셔널리즘을 넘어, 혹은 그 사이에서: 오키나와 영화와 정체성의 정치」, 한국영상자료원, 『오키나와 영화, 오키나와 아이덴티티: 영화, 지역 &역사 연구와의 조우』, 2009.

치바나 쇼오이치, 「광주항쟁과 오키나와와 천황제」, 임병택 외, 『동아시아와 근대의 폭력 2 : 국가 폭력과 트라우마』, 삼인, 2001.

한국정신대문제대책협의회,, 『일본군 '위안부' 문제의 책임을 묻는다: 역사 · 사회학적 연구』, 풀빛, 2001.

허먼, 주디스, 『트라우마: 가정폭력에서 정치적 테러까지』, 최현정 옮김, 플래닛, 2007.

후지메 유키, 「한국전쟁 · 일본 · 여성」, 임병택 외, 『동아시아와 근대의 폭력 2 : 국가 폭력과 트라우마』, 삼인, 2001.

_____, 「제국주의와 성폭력」, 제주4 · 3연구소, 『동아시아의 평화와 인권』, 역사비평사, 1999.

히로시 호사카, 「오키나와전의 기억과 기록」, 琉球大學法文學部紀要, 『人間科學』 제14호, 2004.

高里鈴代, 『沖縄の女たち: 女性の人權と基地 · 軍隊』, 東京: 明石書店, 1996.

第二次大戰時沖繩朝鮮人强制連行虐殺眞相調査團, 『第二次大戰時沖繩朝鮮人强制連行虐殺眞相調査團報告書』, 沖繩, 1972.

ひめゆり平和祈念資料館 資料委員會, 『ひめゆり平和祈念資料館資料集』, 2004, 沖繩,

정보재 가치 논쟁:
특별잉여가치와 지대에 관한 쟁점*

강성윤

1. 들어가는 말

최근 몇 년 동안 진행된 '정보재 가치 논쟁'의 가장 중요한 쟁점은 소프트웨어 등을 비롯한 '디지털 정보상품'[1]의 가치를 버전version 단위로 정의하는 것이 타당한가라는 문제였다. 이에 대해 우리는 맑스주의 노동가치이론의 입장에서 볼 때 '버전 단위의 가치'는 성립할 수 없으며, 따라서 디지털 정보상품의 가치는 영(0)에 가깝다는 사실을 확인했고, 그 가격은 맑스적 의미의 독점가격으로 설명되어야 함을 주장했다(강성윤, 2009). 이 주장이 타당하다면, 논쟁의 또 다른 주요 쟁점인 특별잉여가치

* 이 글은 『마르크스주의 연구』 2010년 봄호에 게재된 논문을 수정한 것이다.

1 이 용어는 '정보재 가치 논쟁'의 원래 해명 대상인 두 번째 단위부터 그 생산에 필요한 노동시간이 영(0)에 가까워지는 특성을 갖는 재화들을 좀 더 엄밀하게 규정하기 위해 제안한 것이다. 자세한 논의는 강성윤(2009)의 2절을 참조하시오.

와 지대 등의 범주를 디지털 정보상품의 가치 또는 가격을 설명하는 데 적용할 수 있는가라는 문제는 부차적인 의미만을 갖게 된다. 왜냐하면 특별잉여가치와 지대 범주의 도입과 이를 둘러싼 논쟁은 디지털 정보상품의 가치가 0에 가깝지 않음을 보이려는 시도에서 촉발되었기 때문이다. 또한 특별잉여가치와 지대는 극히 일부의 예외적인 경우를 제외하고는 경쟁적인 시장가치(『자본론』 1권의 추상 수준에서 파악할 경우) 또는 생산가격의 성립을 전제로 하는데, 디지털 정보상품의 가격을 가치나 생산가격에 의존하지 않는 맑스적 의미의 독점가격으로 설명할 경우 이 범주들의 적용은 거의 불가능하기 때문이다.

그럼에도 불구하고, 그동안 이 두 범주의 적용을 둘러싸고 진행된 논의는 한편으로 논의 대상인 디지털 정보상품의 범위에 대한 편의적 확장이 묵인된 상태로 진행되었으며, 다른 한편으로 특별잉여가치나 지대 범주 자체의 성격에 대한 논쟁에 치중함으로써 애초의 문제 설정에서 벗어나는 양상을 보이고 있다.

따라서 이 글에서는 이 두 범주를 둘러싼 논의를 비판적으로 검토하되, 이미 확인된 사실, 즉 디지털 정보상품의 가치가 카피당 복제에 필요한 노동시간에 의해서만 결정된다는 전제하에서 논의를 진행할 것이다.[2] 또한 두 범주 중 특별잉여가치에 관한 논의는 상대적으로 간략하게 다룰 수 있지만, 지대에 관한 논의는 좀 더 상세하고 철저한 분석을 필요로 한다. 따라서 부득이 지대 문제를 다루는 제3절의 논의가 이 논문의 대부분을 차지한다.

2 우리의 주장에 따르면 한 상품의 첫 번째 단위(버전) 생산에 투입된 연구개발노동이 생산한 가치(이 과정에서 소비되는 생산수단의 가치도 포함)는 두 번째 단위부터의 상품에 가치를 이전하지 않는다.

2. 특별잉여가치

애초에 강남훈(2000, 2002)은 디지털 정보상품[3]의 가격과 가치 사이에 독점이윤 성분뿐만 아니라 다른 성질의 가격 성분들이 함께 존재한다고 주장했는데, 그 중 하나가 특별잉여가치이고, 다른 하나는 지대다. 조원희 · 조복현(2002)은 디지털 정보상품의 가격을 시장가치(또는 사회적 가치)와 독점이윤의 합으로 설명하는데, 시장가치는 다시 '정의상' 평균이윤을 포함하는 생산가격과 일시적 초과이윤, 즉 특별잉여가치로 나뉜다.

디지털 정보상품의 가치 또는 가격이 이와 같은 특별잉여가치를 포함하는가에 대한 논의는 두 가지 측면에서 살펴볼 수 있다. 먼저 특별잉여가치가 상품가격의 일반적인 구성 요소로 될 수 있는가라는 점이다. 채만수(2004b)는 특별잉여가치란 어떤 상품의 개별적 가치가 그 상품의 시장가치 혹은 사회적 가치보다 적음으로써 그 차이만큼 얻는 초과이윤이고, 따라서 그 개별적 가치가 그 시장가치 혹은 사회적 가치와 다르지 않거나 오히려 더 큰 상품의 생산자는 특별잉여가치를 취득할 수 없기 때문에, 디지털 정보상품뿐만 아니라 다른 어떤 상품에서도 특별잉여가치가 상품가격의 일반적 구성 요소로 될 수는 없다고 정확하게 지적한다. 실제로 『자본론』 제1권과 제3권(Marx, 2001, 2004)에서 특별잉여가치에 대한 설명은 하나의 상품에서 하나의 가치, 즉 시장가치 또는 사회적 가치가 성립하는 것을 전제로 한다. 다시 말해 특별잉여가치는 시장가치 또는 생산가격과 별도로 존재하는 것이 아니라, 상품이 시장가치 또는 생산가격대로 판매되는 것을 전제로, 노동생산성이 사회적 평균보다 높은 일부 자

3 논쟁에 참가한 논자들은 '정보재' 또는 '정보상품'이라는 용어를 사용하거나 소프트웨어 등의 구체적인 재화 또는 상품을 적시했다. 이 글에서는 이들의 논지를 왜곡시키지 않는 범위 안에서 이 용어들을 '디지털 정보상품'으로 바꾸어 사용하기로 한다. 이것은 직접 인용에서도 마찬가지다.

본이 개별가치와 시장가치 또는 개별생산가격과 시장생산가격과의 차이 만큼을 초과이윤으로 획득하는 것이다.[4] 따라서 특별잉여가치는 상품의 일반적 가격 구성 요소로 볼 수 없으며, 이는 디지털 정보상품의 경우에도 예외일 수 없다. 이 비판에 대해 조원희(2008)가 뒤늦게 "개별 생산가격 + 특별이윤이라고 해야 할 것을 알 수 없는 이유로 생산가격 + 특별이윤이라고 잘못 표기했다"는 역시 알 수 없는 방식으로 오류를 인정함으로써 적어도 이 문제에 대해서만큼은 합의가 이루어진 것으로 보인다.

그럼에도 불구하고, 적어도 평균이윤율 이상의 높은 이윤을 얻는 일부 기업의 초과이윤은 특별잉여가치로 설명할 수 있다는 주장이 제기될 수 있다. 예컨대, 소프트웨어 산업에서 독점적인 지위를 차지하고 있는 마이크로소프트 사Microsoft Corporation가 획득하는 막대한 초과이윤의 적어도 일부가 높은 노동생산성에 기인한다는 주장이다. 강남훈은 다음과 같은 오피스 소프트웨어의 예를 들고 있다. 오피스의 어떤 버전을 평균적인 경쟁 기업이 생산하는 데 1만 시간이 필요하고 여기에 포함된 잉여노동이 5천 시간일 경우, 마이크로소프트는 우수한 기술력을 가지고 있기 때문에 실제로 오피스를 개발하는 데 1만 시간이 아니라 8천 시간밖에 걸리지 않을 수 있고, 이에 따라 2천 시간만큼의 특별잉여가치를 획득하게 된다. 또한, 경쟁하는 오피스가 존재하지 않기 때문에 1만 시간에 가치대로 판매되는 것이 아니라, 예를 들어 3만 시간에 판매될 수 있으며, 그로부터 2만 시간의 독점이윤을 얻게 된다. 따라서 마이크로소프트의 오피스 가격은 5천 시간의 일반잉여가치, 2천 시간의 특별잉여가치, 2만 시간의 독점

4 또한, 시장가치가 생산가격과 특별잉여가치의 합으로 이루어진다는 조원희 · 조복현의 '정의'는 시장가치와 생산가격의 차이 또는 둘 사이의 관계에 대한 맑스의 논의에서 근거를 찾기 어렵다. 시장가치와 생산가격은 어느 하나가 다른 하나를 포함하는 관계가 아닌 동등한 수준의 개념이며, 그 차이는 부문 내 경쟁과 부문 간 경쟁이라는 분석 범위의 차이에 있다. 자세한 내용은 『자본론』 제3권(Marx, 2004) 10장 참조.

이윤을 포함하게 된다(강남훈, 2004: 245).

일단 이와 같은 주장이 성립하기 위한 전제 조건은 강남훈의 주장대로 디지털 정보상품의 가치를 카피copy 단위가 아닌 버전version 단위로 측정하는 것이다. 즉, 디지털 정보상품의 가치를 버전 단위로 측정함으로써만 그 가치가 영(0)에 가깝지 않은 일정한 크기를 가진다고 주장할 수 있으며, 그에 따라 평균이윤을 포함하는 생산가격이 성립할 수 있고, 평균이윤 이상의 초과이윤의 근거를 특별잉여가치 등으로 설명할 수 있다. 우리는 이미 이와 같은 주장이 타당하지 않음을 확인했지만, 설령 디지털 정보상품의 가치를 버전 단위로 볼 수 있다고 하더라도 이 주장의 근거는 매우 불충분하다.

먼저 마이크로소프트가 우수한 기술력을 바탕으로 동일한 소프트웨어의 개발에 더 적은 노동만을 필요로 한다는 주장은 그 근거가 충분하지 않다. 왜냐하면 동일한 오피스의 개발에 마이크로소프트가 아닌 다른 기업이 더 많은 노동시간을 필요로 한다는 것을 입증하려면, 오피스라는 특정한 소프트웨어의 연구개발에 투입된 인력과 비용을 각 기업별로 비교해야 하지만, 현재까지 공개된 자료만으로는 이것을 확인할 수 없다. 오히려, 마이크로소프트는 소프트웨어 산업에서 가장 많은 연구개발비용을 지출하는 기업인 반면,[5] 마이크로소프트 오피스가 아닌 다른 오피스들은 많은 경우 그 연구개발 과정이 자발적인 참여자들의 기여를 바탕으로 하는 오픈 소스 프로젝트를 통해 이루어지기 때문에, 그렇게 개발된 오피스를 상용화해 판매하는 기업이 결코 마이크로소프트보다 더 많은 연구개발비용을 투입한다고 말할 수 없다. 설령 연구개발노동에 대한 보수를 받

5 2003년 마이크로소프트의 연구개발비 지출액은 매출액의 21%를 차지하는 78억 달러에 달한다(백영란, 2005: 30).

지 않는 자발적 참여자들이 오피스의 개발에 투입한 노동시간이 마이크로소프트 오피스를 개발하는 노동자들의 노동시간보다 더 많다고 하더라도 전자의 노동시간은 결코 그 오피스의 가치에 포함되지 않기 때문이다.

더욱이, 마이크로소프트가 오피스 개발에 다른 기업보다 더 적은 노동시간만을 필요로 한다고 할지라도 이것은 우수한 기술력, 즉 높은 노동생산성 때문이라기보다는 독점자본이 갖는 시장지배력에 기인할 가능성이 높다. 오피스 소프트웨어가 컴퓨터에서 제대로 작동하기 위해서는 운영체제OS 소프트웨어와의 호환성이 중요한데, OS 시장을 마이크로소프트가 거의 장악하고 있는 상황에서 다른 기업은 오피스의 개발에 상대적으로 불이익을 받을 수밖에 없기 때문이다. 대표적인 예로, 오피스와 같은 응용 프로그램이 특정 OS에서 원활히 작동하도록 개발하려면 OS와 응용 프로그램 사이의 정보 교환 규칙인 APIApplication Program Interface를 알아야 하는데, 이미 윈도우즈가 독점적인 OS인 상황에서 그 개발자인 마이크로소프트에 비해 다른 기업이 구조적으로 불리한 위치에 있게 되는 것이다.[6]

또한 채만수(2004b)가 비판하고 있는 것처럼, 강남훈이 가정하는 '경쟁하는 오피스가 존재하지 않기 때문에' 독점이윤을 획득할 수 있는 절대적인 시장 지배를 전제한다면, 시장 점유율이 거의 없다시피 한 '평균적인 경쟁 기업'이 오피스를 생산하는 데 필요한 1만 시간이 오피스의 사회적 가치 혹은 시장가치라는 주장은 성립하기 어렵다.[7] 맑스는『자본론』제3권 10장에서 시장가치의 결정 원리와 특별잉여가치의 존재 가능성을

6 이것은 강남훈(2002: 111)도 인정하고 있다. 마이크로소프트가 이와 같은 유리한 지위를 어떻게 오피스를 비롯한 응용 소프트웨어 시장에서 독점을 확립하는 데 활용했는지는 백영란(2005)을 참조하시오.

7 이채언(2005)도 동일 부문 내부의 경쟁자가 잠재적으로가 아니라 현실적으로 존재하지 않는다면 특별잉여가치는 개념적으로 성립할 수 없다는 점을 지적한다.

다음과 같이 제시하고 있다.

> 시장가치는 한편에서는 특정 생산 분야에서 생산되는 상품들의 평균가치로 간주되어야 하며, 다른 한편에서는 그 분야의 평균 조건 아래에서 생산되며 그 분야 상품들의 대부분을 차지하는 상품의 개별가치로 간주되어야 한다. 예외적인 상황에서만 최악의 조건 또는 최량의 조건 아래에서 생산되는 상품이 시장가치를 규제하게 되는데, 이 시장가치는 시장가격의 변동의 중심이다. 만약 평균가치(즉 두 극단 사이에 있는 대량의 상품의 중간가치)에 의한 상품의 공급이 일상적인 수요를 충족시킨다면, 시장가치보다 낮은 개별가치를 가진 상품들은 특별잉여가치 또는 초과이윤을 실현할 것이고, 시장가치보다 높은 개별가치를 가진 상품은 그들 자신이 포함하고 있는 잉여가치의 일부를 실현할 수 없을 것이다(Marx, 2004: 210-1).

따라서 강남훈의 주장대로 마이크로소프트의 오피스가 특별잉여가치를 갖기 위해서는, 오피스 소프트웨어 부문이 시장 점유율이 거의 없는 1만 시간에 생산되는 소프트웨어가 시장가치를 규제할 정도로 '예외적인 상황'이어야 한다. 그러나 현실은 오히려 시장 지배적인 상품인 마이크로소프트 오피스의 개별가치가 곧 시장가치인 경우에 해당하므로, 시장가치와 개별가치 사이의 차이를 전제로 하는 특별잉여가치 또한 존재할 수 없다.[8]

한편 디지털 정보상품의 가치를 버전 단위로 평가하지 않고 카피 단위

8 한 기업이 시장을 거의 완전히 장악하고 있지 않은 다른 디지털 정보상품의 경우에는 이와 같은 비판을 적용할 수 없다는 반론이 제기될 수 있다. 그러나 이 경우에는 해당 산업 부문에서 과연 평균 수준을 넘는 초과이윤이 존재하는가에 대한 실증적 검토가 우선 필요할 것이다. 여기서 우리의 논의는 소프트웨어 산업의 초과이윤이 특별잉여가치로 설명될 수 있는지에 대한 이론적 가능성에 관한 것이므로 기존에 제기된 주장을 비판하는 것으로 충분하다.

로 평가할 경우에는, 두 번째 단위부터 생산에 필요한 노동시간이 영(0)에 가까운 디지털 정보상품의 가치는 영(0)에 가까워지며, 따라서 특별잉여가치로 높은 초과이윤의 원천을 그 일부라도 설명하는 것이 아예 불가능하다. 그런데, 류동민(2000)은 가치의 측정 단위가 되는 추상적 시간이 "시계의 시간에 기초함으로써 동질적으로 되는 것이 아니라, 현재의 생산성 수준에 기초하는 즉각적 시간의 대상화인 한에서만 동질적으로 된다"고 하면서, 생산성의 증대가 시계로 측정된 사회적 필요노동시간을 감소시키지만, 그 기준에 따라 사회적 노동시간이 재정의되고 나면 추상적 시간은 여전히 일정한 단위로 고정된다고 주장한다. 이러한 류동민의 주장은 디지털 정보상품의 생산에서 시계로 측정한 노동시간이 줄어들더라도 가치의 측정 단위인 추상적 시간은 그대로 유지된다는 의미로 해석할 수 있다.

가치의 실체인 추상적 인간 노동과 그 측정 단위인 노동시간에 대한 류동민의 독특한 해석은 결국 디지털 정보상품의 "카피 생산에 필요한 투하노동량이 가령 0.001시간으로까지 줄어든다 하더라도, 사회 전체적으로 볼 때 그것은 강화된 노동으로 작용하는 것으로 간주해야 한다"(류동민, 2005b: 262)는 주장으로 이어진다. 즉, 디지털 정보상품의 재생산에 아무리 짧은 시간이 들더라도 실제로는 훨씬 많은 가치를 생산하는 것이라는 주장인데,[9] "사실상 누구나 극히 짧은 시간에, 극히 적은 비용으로, 지극히 손쉽고 간단히 해낼 수 있고 또 현실적으로 그렇게 이루어지고 있는 작업인 '디지털 정보상품 카피(복사) 노동'"(채만수, 2007: 233)이 과

9 이와 같은 류동민의 주장은 디지털 정보상품의 가치와 가격을 특별잉여가치로 설명하는 입장으로 해석할 수 있으나, 그는 특별잉여가치라는 개념을 명시적으로 사용하지 않는다. 오히려 그는 자신이 독특하게 해석한 '추상적 시간' 개념과는 별개로 네트워크 경제에서는 잉여가치의 원천이 특별잉여가치에서 지대로 변화되었다고 말한다. 좀 더 구체적인 설명은 류동민(2000: 266-272, 2005b, 2007)을 참조하시오.

연 어떻게 '강화된 노동'일 수 있는지, 또한 얼마만큼 '강화된 노동'으로 작용해 얼마만큼의 사회적 가치를 생산하는지는 전혀 제시하지 않고 있다. 그런데, 사실상 이와 같은 논리는 굳이 디지털 정보상품이 아니라고 하더라도 높은 독점가격과 독점이윤을 획득하는 모든 상품에 사후적으로 동일하게 갖다 붙일 수 있으며, 따라서 노동가치이론에 근거한 상품가치와 가격의 해명이 아니라 독점가격과 독점이윤의 정당화로 귀결되기 쉽다.

요컨대, 특별잉여가치를 디지털 정보상품의 가치 또는 가격의 일반적 구성 요소로 포함시키려는 주장은 개념적으로 성립할 수 없다. 또한 마이크로소프트와 같은 일부 기업이 얻는 초과이윤이 높은 생산성에 기인한 특별잉여가치라는 주장 역시, 버전 단위의 가치 개념을 전제하더라도 그 근거가 매우 불충분하며, 카피 단위의 가치를 인정할 경우에는 아예 성립할 수 없다.[10]

3. 지대 개념의 확장에 대한 검토

'정보재 가치 논쟁'의 논자들 중 상당수는 디지털 정보상품의 가치와 가격을 지대 개념의 확장을 통해 설명하고자 했으며, 논자에 따라 지대에 부여하는 의미와 용어도 각기 다르게 사용하고 있다. 하지만 맑스가 지대를 토지 소유에 근거한 것으로 규정했다는 것은 주지의 사실이다. 따라서 일부 논자들의 주장대로 지대를 토지와 무관한 디지털 정보상품에 적용

10 덧붙여, 이 결론은 최근 강남훈(2008)과 김창근(2008, 2009) 사이에 진행된 특별잉여가치 생산설과 이전설 사이의 논쟁에서 어느 쪽이 올바른가와는 무관하게 도출된 것임을 확인하고자 한다. 굳이 입장을 표명하자면, 특별잉여가치의 성격과 관련해 우리는 생산설을 지지한다.

하기 위해서는 불가피하게 맑스의 지대에 대한 규정을 어떤 형태로든지 변형하고 그 의미를 확대 해석해야 한다. 결국 이러한 일련의 시도에 대한 비판과 옹호가 '정보재 가치 논쟁'의 또 다른 주요 쟁점 중 하나를 구성하게 되었다. 지대 개념의 적용을 지지하는 논자들은 대부분 이러한 변형과 확장에 큰 문제가 없다고 보고 있으며, 논자에 따라서는 이를 중요한 '방법론적 의의'를 갖는 것으로 치켜세우기까지 한다.[11] 그러나 이론의 영역을 넓혀가는 과정은 항상 새롭게 도입되는 규정과 논리가 기존 이론 체계와 일관되는지에 대한 확인 작업을 요구한다. 따라서 지대 개념의 확장이 과연 맑스주의 노동가치이론의 체계에 무리 없이 부합하는가에 대한 검토가 반드시 필요하다. 또한 맑스에 의해 정립된 노동가치이론이 과연 디지털 정보상품의 가치와 가격을 설명하기 위해 기존 개념에 대한 새로운 해석이나 개념의 확장을 필요로 하는지에 대해서도 역시 신중하게 검토할 필요가 있다.[12] 한편 몇몇 논자들은 논의의 대상을 디지털 정보상품과 전혀 다른 특성을 갖는 재화 또는 상품이나 이른바 '네트워크 경제' 일반으로 확장시킴으로써 논의에 혼란을 초래했는데, 이 점이 명시적으로 지적되지 않은 상태에서 원래 제기되었던 것과 다른 대상, 다른 문제에 관해 논쟁이 전개되고 있다.

따라서 우리는 지대 문제에서도 논의의 대상을 일차적으로 디지털 정보상품으로 한정해 다루되, 그 밖의 대상에 대해 전개된 논의는 논지 전개에 필요한 한에서 제한적이고 비판적으로 다루기로 한다. 먼저 맑스의 지대이론을 검토하고, 맑스가 지대를 토지 소유에 근거한 것으로 규정한

11 박성수(2005)의 경우가 그러한데, 그는 동시에 독점가격에 의한 설명을 매우 공격적으로 부정했다. 그러나 그는 나중에 자신의 입장을 기묘하게 수정해 독점가격의 의의를 인정하는 한편, 독점가격 개념을 지대에 근거해 해소하려는 '자본논리학파적' 입장을 보이고 있다(박성수, 2007).

12 우리는 이미 버전과 카피, 재생산과 복제, 연구개발노동의 성격 등에 대한 '새로운' 해석들이 맑스주의 노동가치이론과 양립할 수 없는 무리한 시도임을 확인했다(강성윤, 2009).

이유와 그 의미를 살펴보기로 한다. 다음에는 지대를 토지 소유와 무관한 다른 영역으로 확장할 수 있는 가능성을 맑스주의 노동가치이론의 입장에서 검토하고, 마지막으로 확장 내지는 변형된 지대이론의 적용이 갖는 의미와 설명력에 대해 평가한다.

맑스의 지대이론

『자본론』 제3권 제6편은 지대Ground-Rent를 다루고 있는데, 여기서 맑스는 지대를 자본주의적 생산 과정에서 창조된 잉여가치의 일부가 토지 소유자에게 귀속하는 형태로서 규정하고 있다. 즉, "지대는 토지 소유landed property가 경제적으로 실현되며 가치 증식되는 형태"(Marx, 2004 : 762)다. 지대를 토지 소유에 근거한 것으로 규정하는 맑스의 언급은 이 밖에도 『자본론』 제3권의 제6편과 제7편 곳곳에서 발견할 수 있다.[13]

그렇다면, 맑스는 왜 지대를 토지 소유에 근거한 것으로 규정했는가? 지대 개념의 확장을 지지하는 논자들은 이 문제에 관해 명시적으로 언급하지 않았지만, 아마도 그 이유를 맑스의 역사적 한계에 기인한 것으로

13 그 중 몇 가지만 예로 들면 다음과 같다: "지대의 독특한 형태가 어떻든, 모든 형태의 지대에 공통적인 것은, 지대의 취득은 토지 소유가 자신을 실현하는 경제적 형태라는 점, 그리고 지대는 토지 소유―지구의 특정한 부분을 특정한 개인들이 소유한다는 것―를 전제하고 있다는 점이다"(Marx, 2004: 781); "한 무리의 사람들이 사회의 잉여노동의 일부를 공물로서 취득할 수 있으며 그리고 생산의 발달에 따라 점점 더 큰 비율을 취득할 수 있는 것은 다만 그들이 토지에 대한 소유권을 가지고 있기 때문"(같은 책: 942); "토지 소유는 평균이윤에 대한 하나의 제한이며 잉여가치의 일부를 스스로 노동하지도 않고 노동자를 직접적으로 착취하지도 않으며 그리고 이자 낳는 자본의 경우처럼 자본의 대부에 따른 위험이나 희생과 같은 도덕적인 합리화도 제시할 수 없는 계급에게 이전시킨다. 여기에서는 잉여가치의 일부가 사회적 관계와 결부되어 있는 것이 아니라 자연 요소인 토지와 직접 결부되어 있기 때문에, 잉여가치의 각종 부분들의 상호간의 자립화와 고정화는 완성되고 내적 관련은 결정적으로 파괴되며, 그리하여 잉여가치의 원천은 생산 과정의 다른 소재적 요소들과 결부되어 있는 각종 생산 관계들의 상호간의 자립화에 의해 완전히 은폐되어 버린다"(같은 책: 1010).

간주하는 듯하다.[14] 즉 이들은 지대를 토지 이외의 다른 생산요소로까지 확장시킬 수 있으며, 그러한 확장이 맑스주의 노동가치이론의 체계와 모순되지 않는다고 파악하고 있다. 그러나 사실상 이들의 논의는 맑스의 지대 규정을 토지뿐만 아니라 모든 생산요소에 적용되는 개념으로 취급하는 주류 경제학의 '경제적 지대economic rent'와 별반 차이가 없는 개념으로 변질시키고 있다.

이와 관련하여 채만수는 주류 경제학이 지대를 토지 소유와 무관한 영역으로까지 확대하는 이유는 "지대라는 범주가 갖는 계급성, 그것이 토지 소유자 즉 지주의 소득을 지칭한다고 하는 계급성, 혹은 그러한 계급성에 대한 인식을 제거 · 약화시키려는 것이고, 그럼으로써 이윤, 임금이라는 범주의 계급성 혹은 그 계급성에 대한 인식 또한 제거 · 약화시키려는 것"(채만수, 2005 : 76)이라고 비판한다. 실제로 신고전파 이론에 기반한 현대 주류 경제학의 '경제적 지대' 개념은 맑스뿐만 아니라 고전파 경제학자인 애덤 스미스Adam Smith와 데이비드 리카도David Ricardo의 지대 규정과도 분명히 다르다.[15] 그리고 이러한 차이는 단순히 이론의 확장과 발전의 결과라기보다는 고전파와 신고전파 사이의 분명한 단절을 나타내는 것이다. 고전파 경제학자들이 노동가치이론에 기반해 자본가와 지주가 얻

14 대표적으로 류동민(2005a)은 "토지 소유와 무관한 정보재에 지대 개념을 적용하는 것은 잘못이라는 주장은 맑스의 『자본론』만을 통해 경제학을 공부한 이들이 경제학적 개념에 낯선 나머지 흔히 범하는 실수 중의 하나로서 일종의 해프닝 같은 것"이라고까지 말한다.

15 "임금과 이윤, 지대는 모든 교환가치의 그리고 모든 소득의 3개의 본래적 원천이다. 다른 모든 소득은 궁극적으로 이 가운데 어느 하나나 다른 것으로부터 유래한다. …… 토지land로부터 생기는 소득은 모두 지대rent로 불리고, 지주landlord에게 속한다"(Smith, 2003: 61-2, 채만수, 2007: 225로부터 재인용); "지대rent란 토지earth의 생산물 가운데 토양soil의 본원적이고 파괴 불가능한 힘을 이용하는 대가로 지주landlord에게 지불되는 부분이다. 하지만 그것은 가끔 자본의 이자나 이윤과 결합되며, 대중적인 언어에서는 무엇이든 농민farmer에 의해 그의 지주에게 매년 지불되는 것에 대해 그 용어가 쓰인다"(Ricardo, 1991: 134, 상동); "비옥한 토지가 열악한 토지에 비해 가지는 이점들이 …… 경작자 또는 소비자로부터 지주에게 이전되는 것"(Ricardo, 1991: 141, Marx, 2004: 992로부터 재인용).

는 이윤과 지대의 실체가 노동자가 생산한 것으로부터의 공제, 즉 잉여노동이라는 것을 인정했던 반면, 신고전파 경제학은 노동가치이론을 부정하는 동시에 생산수단의 소유 유무에 따른 계급의 구분을 생산자와 소비자라는 고립된 개인으로 치환함으로써 자본주의적 착취를 부정하는 이론 체계를 구축했다. 이 과정에서 지대는 자본가가 취득한 잉여가치의 일부가 토지 소유자에게 이전되는 형태라는 그 본래적 의미를 잃어버리고, 계급 관계와 무관한 개념으로 변질된 것이다.

또한 우리는 원래 총 6개의 주제로 이루어진 맑스의 정치경제학 비판 계획(플랜) 중 첫 세 권이 자본, 토지 소유, 임금노동의 순서로 예정되어 있었으며, 이는 “현대 부르주아 사회가 나뉘어 있는 세 개의 커다란 계급들의 경제적 생활 조건들을 연구”(Marx, 1994: 474)하려는 의도였다는 사실을 상기할 필요가 있다. 따라서 맑스가 지대를 토지 소유자의 소득으로 규정한 것은 자본주의 사회를 현실의 계급 관계에 입각해 과학적으로 분석하려는 그의 계획에서 필연적으로 나온 것으로 보아야 할 것이다.[16]

이와 관련해 맑스는 “지대의 분석을 모호하게 하기 때문에 지대를 취급할 때 피해야 하는 세 개의 주요한 오류”를 다음과 같이 지적하는데, 그 중 세 번째에 주목할 필요가 있다.

> (1) 사회적 생산 과정의 다른 발전 단계에 대응하는 각종의 지대 형태를 혼동하는 것. …… (2) …… 자본주의적 생산 양식에 대응하는 지대는 항상 이윤 이상의 초과분—상품가치 중 잉여가치(잉여노동)의 일부인 이윤을 넘는 초과분—인데도 불구하고, 잉여가치의 이 특수한 독자적인 구성 부분이

16 미완으로 남아 있는 『자본론』 제3권 제7편은 플랜 중 제1부인 ‘자본’만을 주로 다루고 있는 『자본론』의 수준에서 이를 총괄하려는 시도다. 최초의 플랜과 『자본론』 사이의 관계에 대한 논의는 김성구(1997, 2008), 곽노완(2008)을 참조하시오.

> 잉여가치와 이윤의 일반적인 존재 조건을 설명함으로써 설명될 수 있다고 잘못 생각하는 것 …… (3) 토지 소유의 경제적 실현 또는 지대의 발달에서 나타나는 독특한 특수성은, 지대액이 결코 지대 수취자의 행동에 의해 결정되는 것이 아니라 그와는 무관하며 그는 어떤 역할도 하지 않는 사회적 노동의 발전에 의해 결정된다는 점이다. 이 때문에 상품 생산의 토대 위에서 그리고 특히 자본주의적 생산……의 토대 위에서 모든 생산 분야와 그들의 생산물에 공통적인 것이 지대(와 농산물 일반)의 특수성으로 간주되기가 쉽다. …… 그리하여 한편에서는 지대를 설명하지 않고 그 대신 잉여가치 또는 더 좁게 잉여생산물 일반을 설명하는가 하면, 다른 한편에서는 상품과 가치로서의 모든 생산물에 속하는 성격을 오직 농산물에만 돌리는 오류를 범하고 있다(Marx, 2004: 780-6, 강조는 인용자).

여기서 세 번째 오류는 바로 자본가와 토지 소유자를 명확히 구분하지 않음으로써 발생한다. 즉, 자본주의적 생산이 발전함에 따라 잉여가치와 잉여생산물의 생산도 발달하게 되는데, "이 잉여가치와 잉여생산물의 발전에 적극적으로 기능하는 사람은 …… 자본가다. 토지 소유자는 스스로 아무런 노력도 하지 않고 증대하는 잉여생산물과 잉여가치의 일부를 탈취하기만 하면 된다. 토지 소유자의 지위의 특수성은 바로 이 점에 있는 것"(Marx, 2004: 785)이다.

그런데 이러한 잉여가치와 잉여생산물의 생산이 토지 소유자의 도움 없이 이루어진다는 사실에서 지대 일반을 자본주의적 생산의 발전에 따른 잉여가치와 잉여생산물의 발전으로 설명하려는 시도들, 즉 지대와 이윤의 구별을 모호하게 만들어 버리는 경향이 생겨나게 된다. 그러나 자본가와 토지 소유자는 잉여가치의 생산과 분배에서 명확히 서로 다른 역할을 수행하는, 서로 다른 두 개의 계급이며, 토지 소유자는 자기의 도움 없이 창조된 가치의 취득자일 뿐이다.

여기서 다음과 같은 반론이 제기될 수 있다. 즉, 맑스 당시에는 자본주의가 가장 발달한 영국에서조차 토지 소유자 계급이 수적으로 큰 비중을 차지하고 있었지만, 고도로 발달한 현대 자본주의에서는 토지 소유자의 수가 매우 적거나 자본가와 토지 소유자가 사실상 동일인인 경우가 많기 때문에 굳이 토지 소유자를 독립된 계급으로 취급해야 할 필요성이 약화되었다는 주장이다. 실제로 강남훈(2008 : 244)은 선진 자본주의 국가에서는 지주 계급이 이미 부차적인 계급으로 몰락한 상태라는 이유로 지대에 대한 새로운 해석이 필요함을 주장한다.

그러나 단순히 그 수가 문제라면, 현대 자본주의에서는 토지의 독점보다 더 큰 정도로 생산수단의 독점이 심화되어 있다는 것을 상기할 필요가 있다. 자본가의 수가 노동자의 수에 비해 아무리 적다고 하더라도 자본주의 사회가 유지되는 한 자본가를 하나의 독립된 계급으로 다루어야 한다는 것은 명백하다. 토지 소유자 또한 자본가와 달리 취급되어야 할 이유가 없을 것이다. 발달한 자본주의 사회인 한국에서 토지의 자본주의적 이용을 좀 더 용이하게 하고 자본가적 토지 소유의 집중을 촉진하려는 시도가 이른바 '토지공개념'의 확대 · 강화라는 왜곡된 형태로 진행되어 왔다는 사실은 현대 자본주의 사회에서 토지 소유 또는 토지 소유자가 자본가 계급의 입장에서조차 쉽게 무시할 수 있는 존재가 아니라는 사실을 보여준다.[17]

또한 현실에서 자본가와 토지 소유자가 동일인이라는 사실은 그가 자본가로서 취득하는 이윤과 토지 소유자로서 취득하는 지대의 구별이 현상적으로 모호하게 될 수 있는 가능성을 낳지만, 그것이 결코 토지 소유

17 '토지공개념'의 친자본적 성격에 대한 설명은 채만수(2006: 149-153)를 참조하시오.

자를 자본가와 동일시할 수 있거나, 또는 지대를 이윤 일반과 동일시할 수 있다는 것을 의미하지는 않는다. 왜냐하면, 현실에서 자본가와 토지 소유자가 동일인일 경우, 그 자본가—인 동시에 토지 소유자—는 자신이 획득한 이윤 중에서 토지를 임대했을 경우 지불했어야 할—또는 자신의 토지를 타인에게 임대했을 경우 획득했을—지대를 자신의 '기회비용'으로 간주해 별도로 계산할 것이기 때문이다.

또한 앞서와 같은 주장은 자본주의 경제의 분석에서 토지 소유와 관련된, 중요하고도 고유한 주제들이 존재한다는 사실을 간과하고 있다. 맑스가 『자본론』 제3권 46장에서 지적하고 있듯이, 지대는 결코 농업에만 한정된 개념이 아니며, "어느 경우에나 토지 소유는 공물을 요구한다" (Marx, 2004: 940). 따라서 맑스가 『자본론』 제3권 제6편에서 풍부하게 전개하고 있는 각종 지대의 성립과 그 크기의 결정에 관한 메커니즘은 단지 토지나 주택의 가격만이 아니라 사실상 거의 모든 상품의 가격 형성에 광범위하게 영향을 미치며, 그 근거는 바로 토지 소유자에게 지대가 지불되어야 한다는 데 있다. 따라서 지대에 대한 맑스의 규정과 그의 지대이론은 그 자체로 더욱 발전시키고 현실의 경제 문제를 분석하는 데 구체적으로 적용시켜야 할 이론이지,[18] 결코 그 적용 범위를 토지와 무관한 영역으로 확장하는 것이 곧 이론의 발전이라고 말할 수 없다.

결론적으로 토지 소유에 근거한 맑스의 지대 규정은 결코 쉽게 무시될 수 있는 것이 아니며, 오히려 지대 개념의 확장을 승인하거나 지지하는 논자들이 맑스의 정치경제학 비판 체계에서 지대 개념이 갖는 의미와 현대 자본주의에서 토지 소유가 갖는 의미를 간과하고 있다고 볼 수 있다.

18 국내에서 이와 같은 입장에 기반한 시도로는 황한식(1991), 김홍상(1992) 등이 있다.

지대 개념의 확장 시도

그런데, 지대 개념을 확장해 이를 디지털 정보상품의 가치와 가격을 설명하는 데 적용하려고 시도한 논자들은 이러한 확장의 근거를 맑스에게서 찾을 수 있다고 주장했다.

주지하다시피, 강남훈의 최초 주장은 소프트웨어를 비롯한 디지털 정보상품의 가격에는 특별잉여가치, 지대, 독점이윤이라는 "세 가지 구성 성분이 모두 포함되어 있는 경우가 일반적"(강남훈, 2002: 111)이라는 것이었고, 강남훈에 대한 채만수의 비판 역시 "지대는 어디까지나 자본의 소득이 아니라 토지 소유자의 소득"(채만수, 2004a: 247)이므로, 토지 소유와는 전적으로 무관한 디지털 정보상품, 나아가 '네트워크 효과'나 '브랜드 효과' 등을 지대로 규정하는 것은 오류라는 것이었다. 이와 같은 채만수의 비판에 대해 강남훈은 "지대 개념을 토지 소유와 연관된 현상으로 한정해서 생각할 필요가 없고 그 개념을 확장시키는 것이 정당하다"(강남훈, 2004: 246)고 주장하면서, "비록 디지털 정보상품이 토지 소유와 아무런 관련이 없다고 할지라도 디지털 정보상품으로 인해 자본이 획득하는 초과이윤 중에서 독점이윤이나 특별잉여가치와는 다르고 농업에서의 지대와 같은 성격을 가지고 있는 부분이 있다면 그것을 지대라고 부르는 것이 마땅하다"(강남훈, 2004: 247)고 주장한다. 이때, 강남훈은 지대가 독점이윤, 특별잉여가치와 다른 이유를 토지 소유가 아닌 다른 근거, 즉 "자본(혹은 자본이 고용한 노동)의 생산력과 아무 상관이 없는 생산요소를 독점하고 있기 때문에 발생하는 것"(강남훈, 2004: 246)이라는 사실상 지대에 대한 그의 새로운 규정에서 찾고 있다.

이에 대해 박성수(2005)는 강남훈의 주장을 '방법론적으로' 변호하는 한편, 정보상품이 일반잉여가치, 독점가격, 특별잉여가치, 지대 등을 모두 포함한다거나 또는 어떤 때는 이 구성 요소 중 하나가 지배적이라는 강남훈의 입장이 절충적이라고 비판하면서 "정보상품의 가격이 지대 범주를 통해 어떻게 규정되는가를 좀 더 세부적으로 밝힐 (것)"(박성수, 2005 : 290)을 요구했다. 강남훈(2005)은 이에 대한 응답으로 지대 문제에 국한해 자신의 주장을 수정, 발전시킨 내용을 제시했는데, 그 중에서 지대의 확장 근거를 맑스에게서 찾는 주장에 대해서만 평가하기로 한다.

먼저 그는 맑스가 지대를 토지와 연관된 개념으로 사용했다는 것을 "분명한 사실"로 인정한다. 그러나 바로 뒤이어 "맑스에게서 지대를 토지 이외의 생산요소로까지 확장시킬 가능성은 얼마든지 존재한다"(강남훈, 2005 : 214)고 주장한다. 그 근거로서 제시하는 것은 '차액지대 일반'을 다루고 있는 『자본론』 제3권 38장의 논의인데, 강남훈은 여기서 맑스가 차액지대 일반을 설명하면서 농업이 아니라 폭포를 사용하는 공장의 예를 들고 있다는 점을 강조한다. 그에 따르면, 맑스는 차액지대가 발생하기 위한 조건으로 "자본이나 노동 때문이 아니라 자연력으로 인해 초과이윤이 발생할 것, 그러한 자연력은 자본에 의해 재생산될 수 없고 모든 자본이 공통적으로 이용할 수 없을 것"(강남훈, 2005 : 215)을 제시했다.

그러나 강남훈은 "차액지대의 조건으로 자연력이라든지, 자본에 의해 재생산될 수 없다는 것을 절대적인 조건으로 해석할 필요가 없다. 좀 더 중요한 것은 자본이나 노동에 내재하지 않으면서 모든 자본이 공유할 수 없는 힘이라는 조건이다"라고 주장한다. 그가 이렇게 주장하는 이유는 결국 "토지와 연관되어 있지 않다고 하더라도 …… 차액지대가 발생한다고 보아야 할 것이다"(강남훈, 2005 : 216)라는 결론을 끌어내기 위해서다.

한편 하비(Harvey, 2001, 2002)는 독점지대에 대한 맑스의 규정을 수정해 역시 토지 소유와 무관한 예술품 등의 영역에 확대 적용하고 있는데, 강남훈은 이를 그대로 수용한다. 강남훈은 독점지대가 성립하기 위해서는 독점가격과 지대라는 두 가지 조건이 충족되어야 하는데, "본질적 측면에서 유일하고 재생산할 수 없는 것"은 경쟁이 부재하거나 불완전하기 때문에 독점가격으로 판매될 수 있고, 지대가 되기 위해서는 "초과이윤의 원천이 자본이나 노동에 내재하지 않아야 한다"고 주장한다. 그에 따르면, "폭포나 광산, 어장, 건축지 등과 같이 토지와 관련된 자연력이 독점되거나, 예술품과 같이 자연력은 아니지만 유일하고 자본이 그것을 재생산할 수 없기 때문에 초과이윤의 원천이 자본에 있다고 볼 수 없는 것들이 독점되면 지대를 발생시킨다"(강남훈, 2005: 222).

나아가 그는 정보혁명의 두 가지 구성 요소인 디지털과 네트워크가, 그가 새롭게 규정한 차액지대나 독점지대와 마찬가지의 특성을 가지고 있으며, 범용 소프트웨어와 같은 디지털 정보상품과 지적 재산권 등에 대해서도 지대 개념을 적용할 수 있다고 주장한다. 강남훈의 이와 같은 주장에 대해 류동민(2005b)은 기본적으로 동의를 표하면서, 강남훈이 제시하는 지대의 기준을 다음과 같이 좀 더 명확히 할 것을 제안했다.

> "자본에 내재하는 것" 또는 "자본의 생산력"이라는 표현은 본질적으로는 사회적 노동의 생산력을 자본이 자신의 것으로 만든 것을 의미하는 말이다. 이러한 관점을 분명히 해 둔다면, 강남훈의 주장처럼, 자본의 생산력으로 전환되지 않는 요소들에 대해서는 지대 개념을 적용할 수 있다. 지적 재산권은 결국 자본의 생산력으로 전환되지 않는 요소들에 대해 법적 · 제도적으로 소유권을 부여함으로써, 모든 자본이 공유할 수 없도록 만들고 있다는 점에서 맑스의 차액지대 개념에 부합하는 것이다(류동민, 2005: 264).[19]

19 강남훈에 따르면, 모방이 불가능한 예술품은 대부분 그가 하비(Harvey, 2001, 2002)의 규정을 그대로 받아들이고 있는 '독점지대'에 해당하는데(강남훈, 2007: 192, 주7), 류동민은 이를 차액지대로 해석하고 있다.

류동민의 제안은 결국 지적 재산권 일반을 지대로 파악하자는 것인데, 강남훈(2007)은 이는 잘못된 것이며, 지적 재산권의 범주 속에는 독점가격과 지대라는 두 가지 요소가 들어가 있다고 주장한다.[20] 또한 류동민은 네트워크 효과 중에 "소비자 자신이 해당 네트워크가 제공하는 정보상품의 생산에 기여하는 경우"가 있으며, "이것은 정보의 생산과 소비의 경계가 모호해지면서 소비자의 '노동'이 자본의 생산력으로 전환되는 과정"이므로 "차액지대라기보다는 일종의 특별잉여가치로 이해할 수도 있다"(류동민, 2005b: 264, 265)고 지적한다. 이에 대해 강남훈은 이전의 규정을 "생산력의 원천이 자본이나 그 자본이 고용한 노동에 있지 않으면서 다른 자본이 공유할 수 없는 힘으로부터 초과이윤이 발생할 때 지대가 형성된다"(강남훈, 2007: 195)는 것으로 수정했다.

맑스 지대이론의 변형

이상과 같은 강남훈과 류동민의 주장은 분명히 지대에 대한 새로운 규정이다. 그렇다면 먼저 이와 같은 새로운 지대 규정이 그들의 주장처럼 맑스의 지대이론을 정당하게 확장시킨 것, 또는 맑스의 지대 개념에 부합하는 것인지를 검증해 볼 필요가 있다.

먼저 강남훈이 차액지대 개념의 확장 근거를 맑스에게서 찾기 위해 제시한 폭포의 예를 살펴보자. 일단 맑스가 차액지대 일반을 설명하면서 농업이 아니라 폭포를 사용하는 공장의 예를 들고 있다는 점은 지대 개념의 확장을 정당화하는 근거가 될 수 없다. 왜냐하면, 앞서 확인했듯이 맑스의 지대이론은 농업에만 국한된 것이 아니며, 맑스는 농업 이외의 분야에

20 이 주장이 갖는 자기모순적 성격은 247쪽 이하에서 다룬다.

서 발생하는 지대에 대해서도 그것을 토지 소유에 근거한 것으로 거듭 확인하고 있기 때문이다.

또한 채만수(2005, 2007)가 비판하고 있듯이, 맑스는 문제의 폭포를 단순한 자연력으로만 취급하고 있는 것이 아니라 "지구 표면의 특정한 일부분과 그것의 부속물을 자유로이 이용할 수 있는 사람들만 독점할 수 있는 자연력", "일정한 장소에만 자연적으로 있는 자연 조건", "특정한 토지 조각의 특정한 자연 조건과 결부되어 있는 것"(Marx, 2004: 793, 794, 강조는 인용자)[21]으로 명시하고 있다. 따라서 강남훈이 폭포의 예를 들면서 "맑스에게서 지대를 토지 이외의 생산요소로까지 확장시킬 수 있는 가능성은 얼마든지 존재한다"고 주장한 것은, 어떤 이유에서든 이와같이 명백한 토지 소유와의 관련성을 무시함으로써만 가능하다. 그런데, 토지와 그 부속물인 폭포는 동일한 것이 아니기 때문에 맑스가 반드시 토지 소유를 지대의 필수 요소로 고수한 것은 아니라는 반론이 제기될 수도 있다. 그렇지만 다음과 같은 맑스의 언급은 그가 토지와 그 부속물을 별개의 것으로 구분하지 않았다는 것을 확정해 준다.

> 완벽을 기하기 위해 지적하고 싶은 것은, 우리가 말하는 토지에는 물 등등도—그것이 소유자를 가지고 토지의 부속물로 되어 있는 한— 포함되어 있다는 것이다(Marx, 2004: 759).[22]

21 해당 부분의 영어 번역(Penguin 출판사 간행본)은 각각 다음과 같다: "a monopolizable natural force which is available only to those who have at their disposal *particular pieces of the earth's surface* and their appurtenances", "The condition is to be found in nature *only at certain places*", "It is bound up with particular natural conditions on *particular pieces of land*"(Marx, 1981: 784, 강조는 인용자).

22 이에 대해 강남훈(2008: 244)은 "땅에서 하늘로 올라가는 연기나 하늘에서 땅으로 떨어지는 빗물도 지대 현상을 발생시킬 수 있으므로, 토지나 토지에 붙은 것뿐만 아니라 일반적으로 자연력 때문에 발생하는 초과이윤에 대해서는 지대 개념을 적용시킬 수 있다고 보는 것이 다수의 견해일

한편, 강남훈은 "차액지대의 조건으로 자연력이라든지, 자본에 의해 재생산될 수 없다는 것을 절대적인 조건으로 해석할 필요가 없다"고 주장하기 위해 하비(Harvey, 1995)를 인용하고 있는데, 그 과정에서 원문에 존재하지 않는 '토지'라는 단어를 삽입하고 있다. 즉, 강남훈은 "하비D. Harvey는 지대를 본원적이고 파괴될 수 없는 토지의 힘에 대한 대가로 파악하는 리카도를 맑스가 비판하고 있다고 해석하고 있다"(강남훈, 2005: 216, 강조는 인용자)고 말하고 있다. 하지만, 하비는 본래 다음과 같이 말하고 있다.

> 맑스는 지대를 "본원적이며 파괴 불가능한 힘들"에 대한 대가로 본 리카도의 견해를 반박했다. 왜냐하면 이러한 힘들은 자연적일 뿐만 아니라 역사적 산물이기 때문이다(Harvey, 1995: 445).

물론, 리카도는 "지대란 토지의 생산물 가운데, 토양soil의 본원적이고 파괴 불가능한 힘을 이용하는 대가로 지주에게 지불되는 부분이다"(Ricardo, 1991: 134: 채만수, 2007: 225에서 재인용, 강조는 인용자)라고 말하고 있다. 그러나 하비가 비판하고 있는 것은 리카도가 "자연적일 뿐만 아니라 역사적 산물"이기도 한 토지의 힘을 "본원적이고 파괴 불가능한 힘들"로 보았다는 점이지, 결코 그것이 "토지" 또는 "토양"의 힘이라는 사실 자체를 문제삼고 있는 것은 아니다.[23]

강남훈은 또한 자신의 주장을 뒷받침하는 근거로 하비(Harvey, 2001,

것"이라고 반론하고 있지만, 적어도 맑스 자신이 그 '다수'에 포함되지 않는다는 것은 명백하다.

23 후에 하비(Harvey, 2001, 2002)는 맑스의 지대 규정에서 이탈해 예술품 등에 독점지대를 적용하지만, 적어도 이 저작(Harvey, 1995)의 해당 부분에서만큼은 지대와 토지 소유와의 관련성을 명시적으로 부정하지 않는다.

2002)의 독점지대에 대한 논의를 제시한다. 여기서 하비는 독점지대라는 용어가 자신이 이전 저작(Harvey, 1995)에서 정리한 바 있는 맑스의 지대이론에서 빌려온 것임을 명시적으로 밝히고 있는데, 강남훈의 경우와 마찬가지로, 토지 소유와의 관련성을 의도적으로 무시 또는 누락시킴으로써 독점지대에 대한 규정을 임의로 변형시키고 있다. 이와 같은 변형은 결국 토지 소유와 무관한 예술품의 소유로부터 독점지대를 도출하는 것으로 이어지는데, 예술품의 유일성이 독점가격의 기초를 이룬다고 해서 그 독점가격이 독점지대를 창출한다는 논리는 오직 그가 임의로 변형시킨 독점지대에 대한 새로운 규정에만 근거하고 있으며, 이 역시 맑스의 지대 규정에서 이탈한 것으로밖에 볼 수 없다.[24]

결국 우리는 지대 개념의 확장 근거를 맑스에게서 찾을 수 있다는 강남훈의 주장은 그의 의도와 달리 입증되지 않았으며, 오히려 강남훈을 비롯한 논자들이 맑스의 지대 개념을 토지 소유와 무관한 영역에 적용하기 위해 지대 규정 자체를 변형시켰다는 사실만을 확인했다.

변형된 지대론에 대한 평가

이상의 논의에서 지대 개념을 토지 소유와 무관한 영역에 적용하려는 시도는 적어도 그 근거를 맑스에게서 찾을 수 없음이 확실해졌다. 그러나 이와 같은 새로운, 또는 변형된 지대이론이 맑스의 지대 규정에서 이탈했다고 해서 그 자체로 오류라고 말할 수는 없다. 맑스의 지대이론과는 분명 다르지만, 여전히 노동가치이론에 기반하고 있으며, 동시에 디지털 정보 상품을 비롯한 '정보경제'의 현상들을 제대로 설명할 수 있는 이론이라면

24 좀 더 상세한 비판은 채만수(2007: 222-4)를 참조하시오.

새로운 맑스주의 지대이론으로 성립할 수 있을 것이기 때문이다. 따라서 변형된 지대 규정이 갖는 의미와 그 설명력에 대해 검토해 보도록 한다.

지대 규정 변형의 의도와 적용

맑스가 명백히 규정한 토지 소유라는 근거를 부정하고 강남훈이 제시한 지대에 관한 새로운 기준은 "생산력의 원천이 자본이나 그 자본이 고용한 노동에 있지 않으면서 다른 자본이 공유할 수 없는 힘으로부터 초과이윤이 발생할 때 지대가 형성된다"(강남훈, 2007: 195)는 것이다. 그리고 이와 같은 새로운 규정은 디지털 정보상품의 높은 이윤을 독점이윤으로만 설명하지 않으려는 시도에서 비롯되었다.

먼저 그 지대가 맑스가 규정하고 있는 세 가지 형태의 지대, 즉 차액지대, 절대지대, 독점지대 중 무엇을 의미하는지 밝힐 필요가 있다. 강남훈은 지대를 디지털 정보상품의 가격에 적용할 수 있다고 주장하면서 처음에는 그 지대가 어떤 형태의 지대인가를 뚜렷이 밝히지 않았다. 그렇지만, 이후의 논의에서 그는 차액지대와 독점지대를 '정보혁명' 또는 소프트웨어와 같은 디지털 정보상품에 적용할 수 있다고 주장했다.

따라서 이 두 형태의 지대가 갖는 특징과 디지털 정보상품 등에 적용했을 때 그 가치와 관련해 갖는 의미에 대해 살펴보자. 단, 앞서 살펴보았다시피 강남훈은 지대가 토지와의 필연적인 관련을 갖는다는 점을 부정하고 있으므로, 우리의 논의는 일단 그의 주장대로 토지와 무관한 영역에도 지대가 적용될 수 있다는 것을 전제하도록 한다.

먼저 차액지대는 "독점적 자연력을 자유롭게 이용할 수 있는 특수자본의 개별 생산가격과 해당 생산 분야 일반에 투하된 자본의 일반적 생산가격 사이의 차액에서 발생한다"(Marx, 2004: 795). 다시 말하면 차액지대는 상품의 일반적 생산가격을 주어진 것으로 전제하며, "독점적 자연력"을 이용하는 특수한 개별 자본의 생산성이 같은 분야의 다른 개별 자본보다 높다는 사실로부터 발생한다. 반면 독점지대는 일반적 생산가격을 전제하지 않으며, 구매자의 욕망과 지불 능력에 의해 결정되는 독점가격에서 발생한다.[25]

그렇다면 이와 같은 지대 개념을 어떻게 디지털 정보상품에 적용할 수 있을까? 강남훈(2005)은 표준으로부터 발생하는 독점지대, 네트워크에서 발생하는 차액지대, 범용 소프트웨어에서 발생하는 차액지대와 독점지대, 지적 재산권으로부터 발생하는 독점지대 등을 들고 있다.

GIF나 PDF 같은 파일 형식은 아날로그 형태로 주어지는 정보를 디지털화는 데 필요한 약속이다. 강남훈은 이러한 디지털 표준에 대해 로열티를 징수할 경우, 이런 약속은 "본질적인 의미에서 유일하고 자본에 의해서 재생산할 수 없는 것"(강남훈, 2005 : 224)이기 때문에 독점지대와 마찬가지의 특성을 가지고 있다고 주장한다. 또한 네트워크는 사람들 사이에 의사를 전달하기 위한 약속과 장치인데, 네트워크는 접속하는 사람이 많아질수록 그 (사용)가치가 올라간다는 이른바 '네트워크 효과'를 가지고 있다. 강남훈은 이와 같은 네트워크 효과는 "상업에서의 차액지대가 특정한 현실 공간에 사람들이 밀집함으로써 발생하듯이, 특정한 가상공간에 사람들이 밀집함으로써 가상공간에서의 차액지대가 발생한 것"이라고 말한다. 따라서 이 경우에는 "수요의 집중에 의해 발생하는 차액지대 개념을 적용할 수 있을 것"(강남훈, 2005 : 224)이라고 주장한다.

25 "생산가격을 넘는 가치의 초과분으로부터 생기는 이 절대지대는 단순히 농업상의 잉여가치의 일부이며 이 잉여가치가 지대로 전환되어 토지 소유자가 수취하는 것인데, 이것은 마치 차액지대가 지배적인 일반적 생산가격에서 초과이윤이 지대로 전환되어 토지 소유자가 수취하는 것으로부터 생기는 것과 마찬가지다. 이 두 형태의 지대는 유일하게 정상적인 형태다. 그 이외에 지대는 오직 진정한 독점가격으로부터 생길 수 있을 뿐인데, 이 독점가격은 상품의 생산가격이나 가치에 의해 결정되는 것이 아니라 구매자의 욕망과 지불 능력에 의해 결정되며, 따라서 독점가격에 관한 고찰은 시장가격의 현실적 운동을 연구하는 경쟁이론에 속한다"(Marx, 2004: 929).

이러한 주장은 범용 소프트웨어와 같은 디지털 정보상품에도 적용된다. 많은 사람이 사용하는 소프트웨어는 그것을 사용하는 사람들 사이의 호환성 때문에 '네트워크 효과'를 가지게 되며, 따라서 "유명한 인터넷 사이트와 마찬가지로 수요의 집중에 의한 차액지대"를 가지게 된다. 또한 디지털 정보상품은 디지털화하는 약속을 파일 형식 등과 같은 형태로 자체 내에 지니고 있는 경우가 대부분인데, 이러한 요소가 특허나 법률 등의 형태로 "지적 재산권으로 등록되거나 독점력을 가지게 되면 독점지대가 발생"하게 된다(강남훈, 2005 : 224-5).

마지막으로 지적 재산권은 일종의 법적 독점인데, 그 대상이 되는 지식을 재생산하는 데는 아무런 비용이 들지 않기 때문에 그 가치는 0이 되고, 가격은 전적으로 독점가격이다. 그러나 그것은 "일정한 기간 동안에는 본질적으로 유일한 것이고 다른 자본에 의해 재생산될 수 없다. 따라서 이 기간에는 경쟁이 회복될 수 없는 지대와 같은 성격을 가지고 있다"고 주장한다(강남훈, 2005 : 225).

변형된 지대 규정의 자기모순적 성격

이상과 같이 디지털 정보상품에 지대 개념을 적용할 수 있다는 주장과 관련해 이 '지대'들이 맑스주의 경제학의 다른 개념과 구별되는 특성을 가지고 있는가, 다시 말해 하나의 독자적인 범주로 인정받을 만한 조건을 충족시키는가를 검토해 보기로 하자.

일단 두 가지 형태의 지대 중에서 독점지대는 강남훈 스스로 독점가격에서 발생한다는 것을 인정하고 있다.[26] 그렇다면 이것을 독점가격 또는

26 "독점지대는 독점가격에서 발생한다. 그러므로 그 본질은 독점가격과 동일하다. 따라서 그것은 허위의 사회적 가치가 아니라 독점이윤이 전환된 것이다"(강남훈, 2005: 222-3).

독점이윤이 아니라 굳이 '지대'라고 부를 이유가 없다는 문제가 제기될 수 있다. 이에 대한 강남훈의 대답은 독점가격 또는 독점이윤은 어떤 원인에 의해서든 경쟁이 회복되면 사라지지만, 독점지대는 초과이윤의 원천—또는 초과이윤을 발생시키는 생산력의 원천—이 "본질적인 의미에서 유일하고 자본에 의해 재생산될 수 없는" 것이며, 따라서 경쟁이 회복될 수 없으므로 사라지지 않는다는 것이다.[27] 그러나 채만수(2004b)는 경쟁 기업이 존재하더라도 그 경쟁이 제한적일 경우에는 독점가격이나 독점이윤이 사라지지 않을 수 있으며, 현실에서는 그것이 오히려 더 일반적인 상태라는 점을 지적한다. 더욱이 강남훈이 말하는 '독점지대' 또한 영원불변한 것이 아니라 법률적인 제한 등을 통해 일정한 기간 동안 그 독점력을 보장한 것에 불과하므로, 단지 그 지속성의 여부나 일정한 기간 동안의 안정적 존재 여부를 기준으로 독점이윤과 지대를 구분하는 것은 그 정당성을 인정하기 어렵다.

좀 더 근본적인 문제점은 독점지대의 성립 근거인 "본질적인 의미에서 유일하고 자본에 의해 재생산될 수 없는" 것이라는 규정 자체가 매우 모호하다는 점이다. 실제로 새로운 독점지대 개념을 주장하고 있는 강남훈 스스로도 일관되지 않은 태도를 보이고 있다. 즉, 그는 특허나 저작권을 비롯한 지적 재산권에 독점지대 개념이 적용 가능하다고 주장했다가(강남훈, 2005), 지적 재산권과 지대를 사실상 동일시하는 류동민(2005b)의 제안에 대해서는 지적 재산권 전체를 지대로 파악해서는 안 된다고 주장한다(강남훈, 2007).[28]

> 나는 지적 재산권의 범주 속에는 독점가격과 지대라는 두 가지 요소가 들

27 "독점이윤은 경쟁 기업이 존재하면 사라지지만, 지대는 사라지지 않는다"(강남훈, 2004: 246).

28 239~41쪽의 논의를 참조하시오.

어가 있다고 생각한다. 따라서 지적 재산권 전체를 지대로 파악하는 것은 잘못된 것이다. 예를 들어서, 특허는 대부분 모방 가능한 기술이다. 특허 기간이 끝나면 다른 자본들도 특허 기술을 얼마든지 사용할 수 있다. 따라서 이런 특허에서 발생하는 초과이윤은 법률적인 독점으로 인해 발생하는 독점이윤이지, 지대가 아니다. 그러나 피카소의 작품에 저작권으로 설정되어 있다면 그것은 지대의 범주에 속한다. 모방이 불가능하기 때문이다. 그러나 저작권 중에서도 미키마우스 같은 캐릭터에 대한 저작권은 모방이 가능하고 저작권 기한이 끝나면 모든 자본이 공통으로 이용할 수 있는 것이므로, 그 저작권으로부터 발생하는 초과이윤은 지대가 아니라 독점이윤이라고 보아야 할 것이다(강남훈, 2007: 191-2).

그런데, 위의 인용문에서 강남훈이 지대가 아니라 독점이윤의 원천이라고 주장하는 모방 가능한 대상에 대한 '법률적인 독점'이 바로 그가 이전에 디지털 표준과 지적 재산권에 독점지대를 적용할 수 있다는 근거로 제시한 "일정한 기간 동안에는 본질적으로 유일한 것이고 다른 자본에 의해서 재생산될 수 없는" 조건을 설정하는 것이다. 이것은 분명히 서로 양립할 수 없는 자기모순이다.

만일 모방가능성을 제한하는 법률에 의한 독점력의 부여가 독점지대의 성립을 보장하지 않는다면, 결국 강남훈의 '독점지대'는 하비가 주장한 예술품과 같이 처음부터 모방이 불가능한 물건에만 적용되는 지극히 제한적인 개념일 수밖에 없게 된다. 이것은 지대 개념의 확장을 통해 디지털 정보상품, 나아가 '정보경제'를 설명하려는 애초의 의도와는 전혀 다른 귀결이다.[29] 반대로 모방을 제한하는 법률이 독점지대를 창출한다고 주장한다면, 이것은 곧 독점가격에 의한 부등가교환으로부터 발생하는 초과이윤, 즉 독점이윤을 단지 이름만 바꿔 부르는 것에 불과하게 된다. 결국 새롭게 규정된 독점지대 개념을 '정보경제'에 적용하려는 시도는 독점가격이나 독점이윤으로 설명할 수 있는 대상을 굳이 지대라고 명명함으로써 오히려 혼란에 빠지게 되었음을 알 수 있다.[30]

다음으로 차액지대의 적용 가능성에 대해 살펴보자. 먼저 강남훈이 정보상품에 대해 말하는 지대는 결국 네트워크 효과로 귀결된다는 것을 확인할 필요가 있다.[31] 그에 따르면, "네트워크 효과를 지대라고 부를 수 있는 것은 이것이 소비자의 주목, 혹은 수요의 집중에 의해 생기는 상업지대와 마찬가지 성격을 가지고 있기 때문이다"(강남훈, 2007: 192).

강남훈 스스로 확인하고 있는 것처럼, 네트워크 효과가 창출하는 것은 '가치'가 아니라 '사용가치'다(강남훈, 2002: 36). 더 큰 사용가치의 생산은 그 자체로 더 큰 가치의 생산을 의미하지 않는다. 따라서 네트워크 효과가 반드시 더 큰 가치의 창출, 또는 자본의 더 큰 이윤으로 실현된다는 보장은 없으며, 설령 그렇게 된다고 하더라도 그 초과이윤이 지대라는 결론은 나오지 않는다. 따라서 네트워크 효과를 지대라고 부르기 위해서는 별도의 근거를 제시해야 하는데, 강남훈(2005)은 그 근거를 상업에서 발생하는 차액지대에서 찾고 있다. 그는 상업에서의 차액지대를 운송, 보관 등 상업에 포함되어 있는 생산 행위를 제외한 요인, 즉 순수 유통에 속하는 요인 때문에 생기는 것으로 규정하고 있다. 운송비에 차이가 없는 두 상업지 사이에 지대의 차이가 발생할 수 있는데, 이 때 초과이윤은 생

29 이에 대해 이채언(2007: 353)은 모방 가능한 기술인가 아닌가에 따라 독점이윤과 독점지대를 판별하는 것은 생산관계적 용어, 즉 계급의 세력 관계에 따라 결정되는 범주를 생산력 요소의 물리적 성격을 나타내는 용어로 잘못 해석한 것이라고 비판하고 있다.

30 주 25의 인용문에서 확인할 수 있듯이, 독점지대는 독점가격으로부터 발생한 초과이윤이 토지 소유자에게 귀속되는 형태다.

31 "나는 정보상품과 관련된 지대의 종류로 표준으로부터 발생하는 지대 …… , 네트워크로부터 발생하는 지대, 범용 소프트웨어로부터 발생하는 지대 등을 들었다(강남훈, 2005). 이러한 지대들은 모두 넓은 의미에서 네트워크 효과라고 부를 수 있다"(강남훈, 2007: 192).

산비의 차이 때문에 생기는 것이 아니라 주로 위치의 차이에 따른 판매량의 차이에 의해 생긴다. 그리고 이 초과이윤에서 발생하는 차액지대는 "상업이윤 형태의 잉여가치가 상업자본들 사이에 불균등하게 분배됨으로써 지주들까지도 차액지대의 형태로 분배받을 수 있게 되는 현상"(강남훈, 2005: 220)으로 규정할 수 있다. 즉, 상업자본이 산업자본으로부터 상업이윤이라는 형태로 이전받은 잉여가치의 일부가 다시 지주들에게 이전되는 것이다.

강남훈은 위치의 차이에 따른 판매량의 차이가 생기는 것은 "소비자의 입장에서 본 운송비나 수요의 집중"[32] 때문이며, 이 두 가지 모두 "자본이나 자본이 고용한 노동에 내재하는 요인이 아니기 때문에, 그로 인해 발생하는 초과이윤은 지대의 일종이 된다"고 주장한다. 그리고 이처럼 차액지대 발생의 근거로 규정된 '수요의 집중'이 네트워크 효과에서도 동일하게 나타나기 때문에 네트워크 효과는 지대를 발생시킨다는 주장이 성립한다.

그러면 이와 같은 규정을 디지털 정보상품에 적용해 보자. 먼저 범용 소프트웨어의 네트워크 효과를 수요의 집중에 의한 차액지대, 즉 상업지대와 같은 것이라고 본다면, 그 가격 중 '지대'를 구성하는 부분은 과연 어디에서 온다고 말할 수 있을까?

지대 개념의 확장에 따라 그 '차액지대'를 획득하는 것은 이제 토지 소유자가 아닌 자본가인데, 그렇다면 '차액지대'로 전환되는 초과이윤은 소프트웨어를 생산하는 산업의 이윤이 불균등하게 분배된 결과일 것이다. 따라서 네트워크 효과로부터 발생한 '차액지대'는 소프트웨어의 가치가

32 강남훈은 '수요의 집중'을 주류 경제학에서 빌려온 개념인 소비자의 '주목attention'과 같은 뜻으로 사용하고 있다.

실현된 일부일 것이다. 그러나 이 논리가 성립하려면 추가적으로 우리가 이미 기각한 '버전 단위의 가치'를 필요로 한다. 그렇지 않은 한, 소프트웨어를 비롯한 디지털 정보상품의 가치는 그 재생산(복제)에 필요한 노동시간에 의해 결정되며, 따라서 그 가치는 0에 가깝다. 그럴 경우 이 '차액지대'는 결국 가치나 생산가격과 무관한 독점가격의 일부로서 실현된다. 그리고 그 때 이 '차액지대'의 원천은 디지털 정보상품의 가치가 아니라 독점가격의 일부, 즉 다른 영역으로부터 이전된 가치 또는 잉여가치일 수밖에 없다. 그런데 디지털 정보상품의 가격이 애초에 가치와 무관한 독점가격이라면 굳이 그 일부를 토지 소유와도 무관한 '차액지대'로 설명할 필요가 있을까? 오히려 애초부터 이러한 '차액지대'를 굳이 설정할 필요가 없었으며, 독점이윤이나 독점가격에 기초한 설명만으로 충분했다고 보는 것이 합당하다.

'차액지대'가 적용 가능한 또 다른 예로 제시된 인터넷 사이트의 경우는 어떤지 살펴보자.[33] 유명 포털 사이트가 '네트워크 효과'를 가지고 있다는 것은, 그 '효과'가 직접 가치를 생산한다는 식의 전도된 해석만 논외로 한다면, 누구나 인정하는 사실이다. 여기에 그 포털 사이트를 운영하는 자본이 얻는 이윤에 '차액지대'가 포함되어 있다는 주장을 적용해 보자. 현재까지 알려진 포털 사이트의 주요 수익원은 광고비다. 즉, 포털 사이트 자체가 상품으로 판매되는 것이 아니라, 많은 사람이 주목하는 '네트워크 효과'를 가진 사이트에 광고를 게재함으로써 판매를 좀 더 용이하게 하려는 다른 자본들의 광고비, 즉 순수 유통비용의 일부가 포털 사이트를 운영하는 자본에 투하자본을 보전하고 이윤을 얻게 해 준다.[34]

33 이것은 원래 해명의 대상이 되었던 디지털 정보상품의 범위를 강남훈 등이 임의로 확장한 경우임을 지적할 필요가 있다.

따라서 여기서는 처음부터 '차액지대'가 상품가치의 일부로서 들어갈 여지가 전혀 존재하지 않는다. 단지 포털 사이트는 그 사이트에 광고비를 지불하는 다른 개별 자본들의 순수 유통비용, 즉 사회적 공비로 운영된다는 사실을 확인하는 것으로 충분할 것이다.[35]

요컨대, 네트워크 효과, 즉 주목 또는 수요의 집중에 의해 발생하는 초과이윤이 차액지대라는 주장은 그 실체가 독점가격의 일부이거나 또는 광고비와 같은 비생산적 비용이라는 것을 확인함으로써 기각할 수 있다.

변형된 지대 규정과 '경제적 지대'

이제까지의 논의는 이런저런 형태로 변형되고 재구성된 지대이론이 설명하고 있는 디지털 정보상품의 '가치'는 결국 독점가격 또는 독점이윤과 동의어이거나 아니면 다른 범주에 해당한다는 것을 확인시켜 주었다. 이제 이러한 지대 개념의 확장 시도가 갖는 의미를 평가해 보기로 하자.

맑스의 지대 규정이 토지를 필수적인 근거로 하고 있다는 사실은 이미 확인한 바와 같다. 또한 지대의 세 가지 지대 형태 중 차액지대와 절대지대는 생산가격의 성립을 전제로 하는 개념이며, 독점지대만이 독점가격으로부터 성립한다.[36] 그런데, 디지털 정보상품의 가치는 0에 가깝기 때문에 그 가치 중에 잉여가치가 아무리 큰 비율로 포함되어 있다고 하더라도 역시 마찬가지로 0에 가까울 수밖에 없다. 따라서 소프트웨어 산업 등에

34 독자적인 사이트를 운영하면서도 동시에 자신의 사이트를 대형 포털 사이트에 링크시키는 대가로 상당한 비용을 지불하고 있는 온라인 쇼핑몰의 경우가 대표적이다. 강남훈(2008)은 개인에게 접속료를 받는 사이트를 예로 들고 있지만, 게임 사이트와 같은 경우를 제외한다면, 누구나 자유롭게 글을 올림으로써 '네트워크 효과'가 발생하기를 원하는 사이트 운영자(자본가)가 접속 그 자체에 사용료를 부과하기는 쉽지 않다.

35 좀 더 상세한 비판은 채만수(2004b: 87-88)를 참조하시오.

36 주 25를 보시오.

서 관찰되는 높은 이윤은 독점이윤, 독점가격으로 설명하는 것이 자연스러울 것이다. 그러므로 굳이 지대 개념의 적용을 통해 디지털 정보상품이 또 다른 가치 기초를 가지고 있다고 주장하려면, 먼저 확장 내지는 변형된 지대 범주 자체의 유효성을 입증함과 동시에 새로운 지대 범주에 입각한 설명이 독점이윤이나 독점가격에 의한 설명보다 더 설득력 있다는 것을 보였어야 했다.

그러나 실제로 드러난 것은 독점이윤 또는 독점가격과 구별되지 않는 대상에 지대라는 용어를 무리하게 부여함으로써, 노동가치이론에 입각한 추가적인 설명이 가능한 듯한 외관을 확립하려는 시도였다. 현실에서 독점이윤 또는 좀 더 일반적인 범주인 초과이윤이 발생하는 원인은 매우 다양하다. 따라서 그 다양한 원인을 원래 토지 소유에 기반한 범주인 지대라는 이름으로 억지로 포섭하려는 시도는 무리하거나 혼란스러운 논리 전개로 나타났으며, 이것은 지대 개념의 확대 적용을 지지하는 논자들끼리도 지대의 구체적인 형태를 나타내는 용어를 일관되거나 통일적으로 사용하지 않고 있다는 사실에서도 단적으로 드러난다.

이러한 혼란은 결국 맑스의 지대 개념에서 토지라는 조건을 무리하게 삭제했기 때문에 발생한 것이다. 여기서는 지대로부터 토지라는 조건을 삭제한다는 것이 어떤 의미를 갖는지 살펴보자.

강남훈(2005)은 맑스가 상업에서 발생하는 차액지대에 대해 설명하지 않았다고 말하고 있지만, 실제로 맑스는 『자본론』 제3권 18장에서 상업에서 지대가 발생할 수 있는 가능성에 대해 언급하고 있다.

> 회전 수가 평균보다 많은 것은 개개의 상인 또는 소매상에게는 결정적으로 중요하며, 이 경우 그는 초과이윤을 얻게 되는데, 이것은 산업자본가가 평균 조건보다 유리한 조건에서 생산하는 경우 초과이윤을 얻는 것과 마찬가

> 지다. 경쟁에 의해 강요된다면, 그는 자기의 이윤을 평균 이하로 저하시키지 않으면서 경쟁자보다 싼 가격으로 판매할 수 있다. 더 빠른 회전을 가능하게 해 주는 조건들이 구매될 수 있는 것—예컨대 상점의 위치—이라면, 그는 이 조건에 대해 특별한 지대를 지불해야 할 것이다. 즉 그의 초과이윤의 일부는 지대地代, ground-rent로 전환될 것이다(Marx, 2004 : 380).

강남훈이 산업에서 발생하는 차액지대와 상업에서 발생하는 차액지대를 구분한 이유는 지대 개념을 정보상품에 적용할 수 있는 근거를 상업에서 발생하는 초과이윤과 정보상품의 '네트워크 효과' 사이의 유사성에서 찾고자 했던 것으로 볼 수 있다. 그러나 강남훈이 둘 사이의 형태적 유사성에만 주목함으로써 지대 성립의 근거를 '수요의 집중' 혹은 '주목'에서 찾으려 했던 것과 달리 맑스는 이러한 '수요의 집중'이 발생하는 원인이 바로 상업지(토지)의 위치에 있음을 명시한다.

물론 강남훈은 수요의 집중이 발생하는 원인인 '상업지의 위치'를 초과이윤을 발생하게 하는 "생산력의 원천이 자본이나 그 자본이 고용한 노동에 있지 않으면서 다른 자본이 공유할 수 없는 힘"(강남훈, 2007 : 195)이라는 규정으로 새롭게 파악함으로써 이를 토지 이외의 영역으로까지 일반화시키려고 시도했다. 이와같이 지대 규정으로부터 토지라는 조건을 삭제하는 것은 초과이윤이 발생하게 하는 다양한 원인 중 무엇인가 독점력과 지속성을 가진 모든 조건을 지대라는 규정으로 포섭하려는 시도다. 그것은 곧 그 조건들의 소유자가 획득하게 되는 초과이윤을 모두 지대로 취급하는 것과 같다. 그리고 이것이 바로 강남훈이 정보상품에 적용한 '차액지대'나 '독점지대'가 사실상 독점가격이나 독점이윤과 구별되기 어려운 이유다.

지대—좀 더 엄밀하게는 자본주의적 지대—는 초과이윤이 전환된 형태이지만, 모든 초과이윤이 지대인 것은 아니다. 그리고 지대는 그 초과이윤이 어떤 조건에서 발생하는가와 무관하며, 그것이 안정적인가, 또는 법률적 근거를 가지고 있는가와도 전혀 무관하다. 지대가 성립하기 위한 조건은 오직 한 가지다. 즉 초과이윤을 발생시키는 조건이 토지에 대한 독점적 소유와 연관되어 있으며, 그것을 근거로 토지 소유자가 그 초과이윤을 수취할 수 있다는 것이다. 다시 말해 지대 개념의 확장은 초과이윤의 발생 근거와 그것이 수취되는 형태를 혼동함으로써만 가능하며, 이것이 지대 개념의 확장에 동의하는 모든 논자들이 간과하고 있는 점이다.

그리고 이러한 확장 또는 변형의 결과 이들의 '지대' 개념은 맑스주의 노동가치이론이라기보다는 오히려 주류 경제학의 '경제적 지대'에 가깝게 된다. 최근 강남훈(2008)은 김창근(2008, 2009)과의 논쟁에서 차액지대의 원인과 실체를 구분하면서 사회 전체 이전설이나 공비설의 입장에서는 사회 전체 노동자의 잉여노동에서 차액지대가 충당되므로 문제가 되지 않는다고 주장했다.[37] 즉 초과이윤이 사회 전체로부터 이전된 가치인 한, 그것을 발생시키는 생산력 격차의 원인이 "자본이나 그 자본이 고용한 노동에 있지 않으면서 다른 자본이 공유할 수 없는 힘"이라면 그 초과이윤을 차액지대라고 부를 수 있다는 것이다. 여기서 강남훈의 새로운 지대 규정과 '공급이 제한되어 있는 생산요소로부터 발생하는 추가적 소득'이라는 '경제적 지대' 규정은 별반 다르지 않다.[38] 그러나 앞서 살펴보

37 강남훈(2005)은 차액지대의 본질에 관한 일본 맑스주의 경제학계의 세 가지 입장(유통설, 생산설, 공비설)을 소개하면서 그 중 지대를 자본주의에 고유한 부담, 즉 순수 유통비용의 일종으로 해석하는 '공비설'을 지지하고 있는데, 이는 '생산설'을 지지했던 그의 이전의 입장(강남훈, 2002)에서 변화된 것이다.

38 류동민(2005: 263-4)은 이것을 명시적으로 인정하고 있다. 강남훈(2008, 244)은 자신의 지대 개념과 주류 경제학의 지대 개념과의 차이를 주장하면서, "주류 경제학에서는 토지가 제공하는 서비스의 대가이지만 여기서는 잉여가치가 이전된 것"이라고 말하고 있는데, 이것은 그가 바로 앞 페이지에서 주류 경제학이 모든 생산요소에 대해 지대 개념을 확대한다고 말한 것과 정면으로 배치

았듯이, 주류 경제학의 '경제적 지대' 개념으로는 잉여가치 일반과 그 분배 범주로서의 지대 사이의 관련을 파악할 수 없으며, 나아가 잉여가치가 발생하는 원인조차도 파악할 수 없다.[39]

맑스가 『자본론』 제3권 제6편에서 주로 분석한 것은 자본주의적 지대이며, 이것은 초과이윤이 전환된 형태다. 그러나 지대는 자본주의 사회가 성립하기 훨씬 오래 전부터 토지 소유자의 소득 범주로 존재해 왔다. 즉 지대는 자본가에게 이윤—이것이 반드시 평균이윤을 넘는 초과이윤일 필요는 없다—의 형태로 취득된 잉여가치의 일부가 전환된 형태일 수도 있고, 소생산자나 임금노동자의 재생산비용으로부터의 공제일 수도 있다. 따라서 맑스가 자본주의적 지대를 "평균이윤을 넘는 초과이윤이 토지 소유자 계급의 소득으로 전환된 형태"로 규정한 것은 자본주의 사회가 생산한 잉여가치 중 어떤 부분이 지구의 일부분을 독점하고 있는 특정한 계급의 수중에 분배되는가를 명시한 것이며,[40] 자본주의적 지대가 아닌 다른 지대들이 어떻게 자본주의적 지대와 같거나 비슷한 방식으로 취득되는가를 분석할 수 있는 기준을 제시한 것이다.

마지막으로, 토지를 여타의 생산요소와 크게 다르지 않은 것으로 취급하는 주류 경제학과 달리 맑스는 토지와 여타의 생산수단을 명확히 구분했음을 지적할 필요가 있다. 토지는 가장 중요한 생산수단 중의 하나이지

된다.

39 특별잉여가치의 경우와 마찬가지로 여기서도 중요한 것은 차액지대의 성격이 무엇인가가 아님을 확인할 수 있다. 역시 굳이 입장을 표명하자면, 차액지대의 성격과 관련해 우리는 사회 전체로부터의 이전설을 지지한다. 참고로 김창근(2009: 289, 주 8)이 자본주의 이후의 사회에서 토지 생산물 가격이 어떻게 결정될 것인가에 대해 "맑스가 조금 착각했을 가능성"에 대해 말하고 있는 것은 차액지대가 사회 전체로부터 이전된 것이라는 입장을 취하면 착각이 아니게 된다. 김창근은 자신이 착각했을 가능성에 대해서는 생각해 보지 않은 듯하다.

40 맑스는 한편으로는 토지 소유를 옹호하려는 목적으로, 다른 한편으로는 자본주의적 생산 체제를 대립이 아닌 조화의 체제로 묘사하기 위해 지대를 이자와 동일시하거나 이자를 지대와 동일시한 사례들에 대해 언급하고 있다(Marx, 2004: 766-7).

만, 인간의 노동을 통해 생산된 것은 아니다. 따라서 토지를 제외한 다른 생산수단은 과거 노동의 산물로서 불변자본으로 취급되지만, 토지는 자본가가 일정한 가격을 지불하고 구매하거나 지대를 지불하고 임대했을 경우에도 결코 '생산된 생산수단'으로 취급되지 않는다.[41]

요컨대, 지대 규정에서 토지와의 관련성을 제거함으로써 그 적용 영역을 확장하려는 시도는 한편으로는 초과이윤의 발생 원인과 그 수취 형태를 혼동한 결과이며, 다른 한편으로는 지대 개념이 맑스주의 경제학 체계에서 차지하는 위치를 간과한 결과다.

4. 나오는 말

이상으로 특별잉여가치와 지대를 둘러싼 논의를 검토하고, 두 개념 중 어느 것도 디지털 정보상품의 가치와 가격을 설명하는 데 적합하지 않음을 확인했다. 특히 지대 개념을 디지털 정보상품에 적용하려는 시도는 특정한 생산요소의 독점이 상품의 가치와 가격에 미치는 영향을 노동가치 이론의 기존 범주 중 하나를 변형함으로써 설명하려는 것이다. 그러나 토지와 무관한 영역으로 지대 개념을 확장하려는 강남훈 등의 시도와 맑스 사이에는 다음과 같은 본질적인 차이가 있다. 맑스는 『자본론』 제1권 제7편에서 "경제학적 관점에서 토지는 자연이 인간의 개입 없이 제공하는 모든 노동 대상을 가리킨다"(Marx, 2001 : 831 ; 24장 5절 이른바 노동기금)고 말하고 있다. 그러나 '정보재 가치 논쟁'의 대상인 디지털 정보

41 맑스는 '토지자본'이라는 용어를 토지의 개량에 투하되어 토지와 일체가 된 자본을 지칭하는 것으로 사용했으며, 이를 고정자본의 일종으로 취급했다(Marx, 2004: 762-3).

상품에서 우리가 발견하는 것은 인간이 생산하고 공유할 수 있는 재화나 서비스에 가해진 인위적 제약이다. 따라서 이 문제는 현대 자본주의에서 지배적 현상이 된 독점에 대한 좀 더 심화된 연구를 통해 설명해야 하며, 지대 범주는 맑스의 본래 의도대로 현대 자본주의에서도 여전히 중요한 토지와 관련한 문제들을 설명하는 데 적용되어야 한다는 것이 우리의 입장이다. 최근 세종시 문제가 쟁점이 되면서 불거진 기업에 대한 특혜 논란의 핵심에 바로 '토지'가 있다는 점을 상기했으면 한다.[42]

물론 이 글에서 제기한 비판이 필요 충분한 것이 되기 위해서는 우리가 제안한 독점가격 개념이 어떻게 디지털 정보상품의 가격을 설명할 수 있는지가 더욱 적극적으로 제시되어야 할 것이다. 이는 가급적 빠른 시일 안에 제출해야 할 과제다.

참고 문헌

강남훈, 「정보혁명과 노동가치론」, 『사회경제평론』 제14호: 17-39, 2000.

_____, 『정보혁명의 정치경제학』, 문화과학사, 2002.

_____, 「정보의 가치와 특성: 정보재 가치 논쟁에 덧붙여서」, 강남훈 외, 『정보재 가치 논쟁』, 2002: 179-205.

_____, 「정보상품의 가치와 잉여가치」, 『진보평론』 21호: 239-248, 2004년 가을호.

42 '정보재 가치 논쟁'에서뿐만 아니라 최근 국내외적으로 지대 개념의 확장을 통해 현대 자본주의를 설명하려는 몇몇 시도가 있는 것으로 보인다. 그러나 이러한 시도는 자칫 맑스의 용어로 위장하면서 맑스를 왜곡하는 박태호(이진경, 2004)나 조정환(2009)과 같은 지적 사기 내지는 소부르주아 급진주의로 빠질 위험이 있다.

_____, 「정보혁명과 지대에 관한 소고」, 『마르크스주의 연구』 제2권 제1호: 212-227, 2005.

_____, 「착취와 수탈」, 『마르크스주의 연구』 제12호: 234-249, 2008.

강남훈 외, 『정보재 가치 논쟁』, 한신대학교출판부, 2007.

강성윤, 「디지털 정보상품의 가치와 가격: '버전 단위의 가치'는 성립 가능한가」, 『사회경제평론』 제32호: 269-298, 2009.

곽노완, 「플랜 논쟁의 21세기적 지평: 로스돌스키에 대한 하인리히의 비판을 중심으로」, 『마르크스주의 연구』 제9호: 34-56, 2008년 봄호.

김성구, 「『자본』과 현대자본주의: 세계경제론의 방법에 대하여」, 『이론』 제16호: 9-32, 1997.

_____, 「정치경제학 비판 플랜과 『자본』: 이른바 플랜 논쟁에 대하여」, 『마르크스주의 연구』 제9호: 10-33, 2008년 봄호.

김창근, 「정보재 가치 논쟁에 대한 비판적 평가」, 『마르크스주의 연구』 제9호: 253-299, 2008년 봄호.

_____, 「정보재 가치 논쟁과 마르크스주의 경제학」, 『마르크스주의 연구』 제13호: 273-294, 2009년 봄호.

김홍상, 「현대 토지문제에 대한 지대론적 해명: 마르크스의 지대이론을 중심으로」, 서울대학교 박사학위 논문, 1992.

류동민, 「디지털 네트워크 경제의 특성에 대한 정치경제학적 분석」, 강철규 외, 『21세기 한국 사회경제의 발전전략』, 여강출판사, 2000.

_____, 「디지털 복제시대의 '노동가치'를 어떻게 볼 것인가-논평: 『진보평론』의 정보재의 가치 논쟁에 대하여」, 『교수신문』 2005년 4월 9일자, 2005a. (http : //www.kyosu.net/news/articleView.html?idxno=7413).

_____, 「정보상품의 가치와 지대」, 『진보평론』 26호: 257-265, 2005b.

_____, 「네트워크 경제에서의 착취에 관한 검토」, 강남훈 외, 『정보재 가치 논

쟁』, 한신대학교출판부, 2007.

박성수, 「정보재 가치론 논쟁에 대한 방법론적 시각」, 『진보평론』 23호: 276-292, 2005년 봄호.

_____, 「지대 범주와 독점」, 강남훈 외, 『정보재 가치 논쟁』, 한신대학교출판부 2007.

백영란, 「IT산업 발전과 반독점 이슈」, 『소프트웨어 시장의 반독점 이슈』. 정책연구 04-36. 한국소프트웨어진흥원, 2000.

이진경, 『자본을 넘어선 자본』, 그린비, 2004.

이채언, 「정보재 가치론 논쟁에서의 몇 가지 논점」, 『진보평론』 25호: 216-230, 2005년 가을호.

_____, 「역사유물론으로 바라보는 정보재의 가치」, 강남훈 외, 『정보재 가치 논쟁』, 한신대학교출판부, 2007.

조원희, 「사소한 문제, 큰 소동: '정보재 가치 논쟁'에 대한 논평을 겸하여」, 『진보평론』 35호: 238-256, 2008년 봄호.

조원희 · 조복현, 「디지털 네트워크 경제의 가격형성과 축적 동학」, 한국사회경제학회 편, 『정치경제학의 새로운 방법론 모색』, 『사회경제평론』 제18호: 131-168, 2002.

조정환, 「금융위기와 다중 지성의 코뮌: 절대지대와 절대민주주의 사이에서의 금융」, 맑스코뮤날레 조직위원회 엮음, 『맑스주의와 정치』, 문화과학사, 2009.

채만수, 「과학기술혁명과 상품의 가치 · 가격: 이른바 '정보재' 가격 문제를 중심으로」, 『진보평론』 20호: 221-259, 2004a.

_____, 「정보재의 가치와 관련한 몇 가지 쟁점에 대하여」, 한국노동이론정책연구소 편, 『현장에서 미래를』, 104호: 83-105, 2004b.

_____, 「정보혁명과 지대에 관한 소고: 정보재 가치 논쟁과 관련한 방법론적 시각」, 노동사회과학연구소 편, 『정세와 노동』 제5호: 55-85, 2005년 9월호.

_____, 『노동자 교양경제학』 (전면개정판, 제4판), 노사과연, 2006.

_____, 「지대의 관점에서 본 정보재의 가치 · 가격에 대한 비판」, 강남훈 외, 『정보재 가치 논쟁』, 한신대학교출판부, 2007.

황한식, 「자본의 토지지배와 지대법칙」, 서울대학교 박사학위 논문, 1991.

Harvey, D., *The Limits to Capital*, Basil Blackwell: Oxford, 1982. 최병두 옮김, 『자본의 한계』, 한울, 1995.

_____, *Spaces of Capital: Towards a Critical Geography*, Edinburgh University Press, 2001.

_____, "The Art of Rent: Globalization, Monopoly and the Commodification of Culture," In L. Panitch & C. Leys ed. *The Socialist Register 2002: A World of Contradictions*, 2002.

Marx, K., *Capital Volume I*. Penguin Publishers, 1976. 김수행 옮김, 『자본론』 I(제2개역판), 비봉출판사, 2001.

_____, *Capital Volume III*. Penguin Publishers, 1981. 김수행 옮김, 『자본론』 III(제1개역판), 비봉출판사, 2004.

_____, 「『정치경제학의 비판을 위하여』 서문」. 『칼 맑스-프리드리히 엥겔스 저작선집』 제2권, 박종철출판사, 1994.

Ricardo, D., *On the Principles of Political Economy and Taxation* (1817). (Piero Sraffa ed. with the collaboration of M. H. Dobb. *The Works and Correspondence of David Ricardo*. Vol. I), Cambridge, 1953. 정윤형 옮김, 『정치경제학 및 과세의 원리』, 비봉출판사, 1991.

Smith, A., *An Inquiry into the Nature and Causes of the Wealth of Nations* (1776), R. H. Campbell & A. S. Skinner eds. Oxford: Oxford University Press, 1976. 김수행 옮김, 『국부론』(상), 비봉출판사, 2003.

제3부

디아스포라와 문화 혼종성

카프카의 「재칼과 아랍인」에서 읽는 디아스포라 문제*

김연수

1. 들어가는 말

지구화의 현상으로 국가 간의 교류가 활성화되고 상품과 자본 및 노동력의 이동이 빈번해지면서 근대적인 국민국가에 대한 성찰 및 '초국가적 transnational' 현상에 관한 논의가 활기를 띠고 있다. 이런 논의에서 간과할 수 없는 문제의 대상이 바로 '디아스포라Diaspora'다. '디아스포라'라고 하면, 그 어원이 '이산離散'을 의미하는 그리스어 *διασπορά*에서 유래한 말로서 '팔레스타인 땅 바깥의 세계 각지에 거주하는 이산 유대인과 그 공동체'를 가리킨다. 물론 오늘날엔 지구화 현상과 더불어 유대인뿐만 아니라 다른 민족들의 망명, 난민, 이주노동자, 이주자 내지 이민자 등 그 의미가 포괄적으로 확장되어 보통명사화된 경향이 있다. '디아스포라를

* 이 글은 『브레히트와 현대연극』 제21집(2009년 8월)에 게재된 논문을 수정 · 보완한 것이다.

어떻게 볼 것인가'(윤인진 2006: 159-172)라는 질문을 던지면서 '디아스포라'의 해당 범주에 대해 논란을 벌이기도 한다. 예컨대 재일 조선인 서경식은 "근대의 노예 무역, 식민 지배, 지역 분쟁 및 세계 전쟁, 시장경제 글로벌리즘 등 몇 가지 외적인 이유에 의해 대부분 폭력적으로 자기가 속해 있는 공동체로부터 이산을 강요당한 사람들 및 그들의 후손을 가리키는"(서경식 2006: 14) 경우로 보지만, 제임스 클리퍼드James Clifford는 "모국으로 귀환하려는 희망을 포기했거나 또는 처음부터 그러한 생각을 갖지 않은 이주민 집단"(Clifford, 1994: 303)도 디아스포라로 간주하는 광의의 개념을 제시하기도 한다.

이 글에서는 '디아스포라'라는 개념의 본래 대상인 디아스포라 유대인의 이야기, 혹은 서경식이 말하는 의미의 디아스포라, 즉 외적인 이유에서 폭력적으로 이산을 강요당한 사람들과 그 후손의 이야기와 관련시켜 생각해 볼 수 있는 카프카Franz Kafka의 동물 이야기 「재칼과 아랍인Schakale und Araber」을 분석해 보고자 한다. 카프카의 이 이야기는 우화적인 특성을 지녀서 물론 다양하게 해석될 수 있고 연구도 다양한 각도에서 이루어져 왔다. 예를 들어 원죄 이후 선과 악으로 나뉜 세계의 인간 상황을 표현한다고 해석하는 입장(Eschweiler, 1977: 77-87)이나, 작가의 채식주의 경향, 즉 전기적 관점에서 본 영양 섭취 문제, 예술가 실존 문제 및 여자와의 관계 문제로 보는 입장(Sokel, 1976: 8f.) 등 다양하게 읽을 수 있지만 여기에서는 유대 디아스포라의 콘텍스트에서만 생각해 보고자 한다. 물론 유대 디아스포라 내지는 시오니즘의 콘텍스트에서 해석하는 연구들도 발표되곤 했다.[1] 그러나 이 글에서는 카프카의 이 '동물

1 Botros, Atef, Literarische "Reterritorialisierung" und historische Rekonstruierung – Zur europäischen und arabischen Rezeption von Kafkas *Schakale und Araber*, Dan Diner (Hg.), *Leipziger Beiträge zur jüdischen Geschichte und Kultur*, Bd. III, München, 2005,

이야기'가 20세기 초에 어떻게 유대 디아스포라의 이야기로 읽힐 수 있었는지 당시 시오니즘 콘텍스트에서 살펴보고 이 이야기의 기본 갈등 구조가 21세기에도 여전히 읽힐 수 있는가라는 문제를 제기해 보고자 한다. 왜냐하면 시오니즘의 물결로 인해 아랍인들과의 갈등과 충돌이 불가피했던 팔레스타인 지역의 시대적 콘텍스트가 사뭇 달라졌기 때문이다. 2000년 넘게 이산의 삶을 살 수밖에 없었던 시오니스트들은 디아스포라 유대인으로서의 삶에 종지부를 찍으며 팔레스타인 지역에 이스라엘을 건국하고자 했다면 그와 동시에 역설적이게도 팔레스타인 지역 아랍인들과의 충돌로 아랍의 난민, 즉 지역 분쟁으로 이산을 강요당한 사람들을 낳았던 것이다. 우선 이 이야기가 생성되던 20세기 초의 시대적 콘텍스트에서 상세히 작품을 분석해 보고 오늘날의 독자는 이 이야기를 어떻게 읽을 수 있는지, 아주 다른 이야기로 읽는지, 혹은 결국 본질적으로는 유사한 이야기로 읽는지 등 문학 텍스트가 콘텍스트와의 관계 속에서 어떻게 읽힐 수 있는지 살펴보고자 한다. 그러한 상호작용의 직접적인 원인은 물론 작가의 글쓰기 방식에 있을 것이다. 카프카 텍스트의 특성을 고찰하면서 「재칼과 아랍인」을 디아스포라 문제의 관점에서 살펴보고자 한다.

2. 카프카 텍스트와 콘텍스트, 그리고 독자

카프카의 「재칼과 아랍인」은 마틴 부버Martin Buber가 발행하는 잡지

pp. 215–238; Milfull, Helen, "weder Katze noch Lamm"? *Franz Kafkas Kritik des "Westjüdischen,"* Günter E. Grimm, Hans-Peter Bazerdörfer(Hg.), *Im Zeichen Hiobs: jüdische Schriftsteller und deutsche Literatur im 20. Jahrhundert*, Königstein/Ts. 1985, pp. 178–192; Tismar, Jens, Kafkas "Schakale und Araber" im Zionistischen Kontext betrachtet, *Jahrbuch der deutschen Schillergesellschaft* 19(1975), pp. 306–323 등 참조.

『유대인 *Der Jude*』에 「어느 학술원에 드리는 보고 Ein Bericht für eine Akademie」와 함께 1917년에 발표되었다. 이 작품들에서는 '유대', '유대주의' 등과 같은 단어가 단 한 마디도 나오지 않는다. '유대인'이 등장하는 일도 없다. 그런데 부버는 유대인들의 사회적 · 역사적 문제를 다루는 이 잡지에 막스 브로트 Max Brod의 조언에 따라 유대인들의 문제를 다루는 문학 작품도 싣기로 하면서 카프카의 작품 12편을 검독하고 이 두 작품을 선정했다. 브로트도 "그의 작품에는 '유대'라는 말이 단 한 번도 나오지 않지만, 우리 시대에 가장 유대적인 다큐멘터리"(Brod, 1916: 464)라고 평했다. 또한 부버가 이 작품을 "비유 Gleichnis"로 묶어 게재하려고 하자 카프카는 굳이 "두 편의 동물 이야기"로 소개하길 원했다. 그가 자신의 이야기를 굳이 유대인의 비유로 읽지 않기를 바랐는데도 당시 사람들은 그의 이야기에서 유대인 문제를 떠올렸다. 또한 동일한 작가를 놓고, 특히 「재칼과 아랍인」 같은 작품을 중심에 놓고 카프카가 시오니스트다 아니다로 의견이 양분되는 카프카 논쟁이 아랍 문단에서 벌어지기도 했다(Abboud, 1984: 155ff.). 이런 현상들을 어떻게 설명할 수 있을까?

워낙 다의적으로 해석 가능한 카프카의 텍스트 특성에도 그 원인이 있겠지만, 그의 텍스트적 특성 못지않게 간과할 수 없는 문제는 바로 (문화적) 콘텍스트다. 이 요소가 문학 텍스트의 의미를 생성시키게 하기도 하고 혹은 그 의미를 늘 새로이 생성하게 하거나 달리 읽히게 하는 데 영향을 미칠 수 있을 것이다. 밀란 쿤데라 Milan Kundera가 자신의 소설 미학을 밝힌 글에서 아래와 같은 질문을 던지는 대목이 시사하는 바가 적지 않다.

> 프라하에 살 당시 나는 당 청사를 '성城'이라고 부르는 것을 무척 자주 들었다. (……) 카프카의 소설에는 당도, 이데올로기와 그 어휘들도, 정치국도,

경찰도, 군대도 없다. 그러니까 카프카적인 것이란 차라리 인간과 세계의 원초적인 가능성, 역사적으로 결정된 것은 아니지만 인간을 영원히 따라다닐 수 있는 가능성의 표현처럼 느껴진다.

그러나 이렇게 규명한다고 해서 모든 문제가 다 해결되는 것은 아니다. 어째서 프라하에서는 카프카의 소설이 실생활과 혼동되며, 똑같은 소설이 어째서 파리에서는 전적으로 주관적인 작가가 세계를 신비주의적으로 표현한 것이라고 이해되는 것인가? (쿤데라, 2008 : 152-153)

쿤데라는 카프카의 작품이 프라하와 파리, 즉 카프카의 텍스트가 생산된 문화적 콘텍스트와 그것이 수용되는 문화적 콘텍스트에 따라 상이하게 읽히는 현상을, 그리고 카프카의 텍스트에는 어떠한 역사적인 표현도 담고 있지 않지만 프라하에서는 실생활과 혼동될 정도로 리얼한 작품으로 읽힐 수 있는 현상을 화두로 던지고 있다. 1929년생인 쿤데라가 카프카(1883-1924)와 동시대인이라고 할 수는 없지만, 전혀 다른 문화적 콘텍스트에 서 있는 독자라고 할 수는 없을 것이다. 그도 카프카의 소설 『성城, *Das Schloß*』(1922)의 이야기를 그의 일상에서 접할 수 있는 리얼한 이야기로 읽었을 것이다. 이방인 측량기사 K가 꿰뚫어볼 수 없는 거대한 권력 기관으로서의 '성' 앞에서 무력해지는 카프카의 소설 제목 '성'이 사실 프라하의 사람들에겐 일상적인 표현이었다고 한다면 말이다.

카프카의 동시대인이 그의 작품을 실생활과 혼동할 정도로 리얼하게 읽을 수 있는 까닭을 다음과 같은 연구 결과[2]로도 추정해 볼 수 있다. 1912~14년경 카프카에게 화두가 되었던 주제는 '심판', '소송', '유죄

2 손은주, Kafka의 작품과 유대인 재판사건, 『독일문학』 34집 (1984), 147-165쪽, 특히 152-155쪽; 19세기 말, 20세기 초 러시아의 반유대주의 현상은 노엄 촘스키의 『숙명의 트라이앵글』(최재훈 옮김, 서울: 이후 2008[1998]), 615-620쪽도 참조.

판결' 등이라고 할 수 있는데, 이와 관련해 당시 사회적 반향이 크고 다시금 반유대주의 움직임을 불러일으킨 재판 사건이 있었다. 멘델 바일리스라는 유대인이 러시아의 키예프에서 1911년 3월 투옥되어 결국 1913년 10월에 심판을 받게 된 사건이다. 그는 유대교의 유월절 제의에 쓸 피를 위해 기독교 소년을 죽였다는 이른바 '제의 살해Ritualmord' 혐의를 받고 기소되었다. 이 사건으로 기독교인들의 뇌리에는 그리스도의 수난으로 연상되어 곧 반유대주의 폭동이 야기되었고, 전 유대인 사회에도 큰 반향을 불러일으켰다. 러시아 정부가 결국 그의 처형을 지지하고 이 사건을 이용해 러시아에서 반유대주의 운동을 부추겼다. 프라하의 유대계 신문 『자기방어*Selbstwehr*』는 처음부터 이 사건을 집중 보도했다. 키예프에서 반유대주의 폭동으로 인해 1,800명의 유대 학생들의 학교가 휴교를 할 정도였다고 보도해 프라하에서도 이 사건의 반향을 짐작할 수 있게 했다고 한다. 나중에는 신문 기자들이 아예 이 사건의 피소자 '바일리스'라는 이름을 생략하고 그냥 '소송der Prozess'이라고 기사를 썼고, 그러면 독자는 모두 이 사건을 의미하는 것으로 통했다고 한다. 이러한 맥락에서 카프카의 미완성 장편 소설 『소송*Der Prozess*』(1914, 1915 집필) 역시 이 사건과 무관하게만 볼 수는 없을 것이다. 무고하게 어떤 죄목으로 체포되는지 영문도 모른 채 서른 번째 생일날에 체포된 K가 결국 '개 같은' 죽음을 당한다는 내용을 생각하면 더더욱 그렇다.

카프카의 작품이 프라하의 당대 동시대인들에게 그들 삶의 리얼한 어떤 측면을 연상시킬 수 있다면, 파리의 문화적 콘텍스트에서는 신비주의적으로 읽히는 작품이 카프카 동시대 프라하의 콘텍스트에서는 지극히 현실적인 이야기로 읽힐 수 있다는 쿤데라의 '증언'을 이해할 수 있을 것이다. 그러나 어떻게 그런 현상을 설명할 것인가? 우선 카프카 텍스트의 특성에 주목하지 않을 수 없다. 여기서 카프카 산문의 특성을 '열쇠가 사라진 비유'로 표현한 테오도르 아도르노Theodor W. Adorno의 설명이 도움을 준다.

> 그의 산문은 표현을 통해서가 아니라, 표현의 거부를 통해, 중단을 통해 표현된다. 바로 열쇠가 사라져 버린 비유다. (……) 모든 문장이 나를 '해석해 봐'라고 말한다. 그런데 어떠한 문장도 그것을 참아내려고 하지 않는다. 누구나 '맞아 그래'라는 반응을 보이면서도 동시에 내가 '어디에서 이것을 알게 되었지'라는 질문을 던지지 않을 수 없게 된다. 바로 이 데자뷰, 즉 언제 어디선가 본 듯한 느낌이 영원히 설명되고 있다 (Adorno, 1976 : 251).

카프카의 언어와 표현은 얼핏 보면 상당히 일상적인 듯하다. "모든 문장이 말 그대로이고 모든 문장이 의미를 지니고 있다. (……) 그러나 그 사이의 심연으로부터 눈부신 매혹의 빛이 비친다" (Adorno, 1976 : 251). 이렇게 말하면서 아도르노는 카프카의 산문을 '비유'로 보는 발터 벤야민Walter Benjamin의 평을 타당하다고 인정하고 있다. 벤야민의 표현을 빌리자면, "카프카의 비유는 (……) 봉오리가 꽃으로 피어나듯이 스스로 발전한다" (Benjamin, 1977 : 420). 다시 말해 카프카의 산문을 읽는 독자는 누구나 데자뷰의 느낌을 받고는 "맞아 그래"라는 반응을 보이게 되지만, 동시에 "그런데 이것을 어디서 알게 되었지"라는 질문을 던지지 않을 수 없다는 것이다. "표현의 거부, 표현의 중단을 통해", 예컨대 구체적인 역사적 상황 설정을 삭제함으로써, 카프카 텍스트는 '탈상황성脫狀況性'(이유선, 1990 : 228)을 띠게 되고, 그의 텍스트는 독자 누구나에게 자신이 경험한 바를 읽는 듯한 인상을 남기고 독자가 서 있는 콘텍스트에서 스스로 발전해 그 의미를 생성하는 것이다. 예컨대 '유대인' 내지 '유대주의'와 같은 표현을 사용하지 않았는데도 카프카의 '동물 이야기'는 카프카의 동료들에 의해 "가장 유대적인 다큐멘터리"로 읽힐 수 있는 것이고, 동시에 시간적 · 공간적 콘텍스트가 바뀌면 그에 따라 새로운 의미를 형성하게 되는 것이다. 이렇게 보면, "문화적 과정에서 새로이 생산된 혹은 항상 변화하는 콘텍스트들은 (……) 문학 텍스트의 새로운 혹은 혁신적인 해석을 허용할 뿐만 아니라 항상 어느 정도는 그러한 해석을 촉구한다"(Göller, 2001 : 32)라고 보는 토마스 괼러Thomas Göller의 논지는 설득력이 있다. 카프카 텍스트 자체의 특성 이외에 바로 그 텍스트를 읽는 독자가 서 있는 '콘텍스트' 역시 새로운 의미 형성의 한 요소로 작용한다는 것이다.

3. 시오니즘 콘텍스트에서 읽는 「재칼과 아랍인」: 재칼-아랍인-유럽인의 삼각 구도

'유대인'이라는 말이 한 마디도 나오지 않는 이 동물 이야기를 왜 브로트나 부버는 유대인의 이야기라고 읽었을까? 오늘날의 독자는 우선적으로 이 이야기가 『유대인』이라는 잡지에 실렸기 때문에 (반)유대주의 담론이나 시오니즘의 콘텍스트에 비추어 생각해 보려는 시도를 하게 되는데 말이다. 이 이야기가 실린 『유대인』이라는 잡지, 이것은 카프카의 이 이야기를 소통 가능하게 한 출판 매체로서 일종에 텍스트 외적인textextern 차원의 한 콘텍스트다. 즉 오늘날의 독자는 이 이야기가 유대인과 관련한 이야기로 해석할 수 있음을 일차적으로 이러한 출판 상황에서, 달리 표현하자면 당시 이 잡지의 편집자들의 해석을 통해 알게 된다. 그러면 당시 브로트나 부버 같은 유대인의 입장에서 상상해 본다면, 그들은 텍스트 내적인textintern 차원에서 텍스트 외적인 차원, 즉 (반)유대주의 내지 시오니즘의 콘텍스트를 떠올리거나 해석할 만한 내용을 읽었기 때문일 것이다. 좀 더 구체적으로 당시 콘텍스트를 생각해 보면, 이 이야기가 발표된 시기, '1917년'이라는 시대적 상황을 언급하지 않을 수 없다. 이 무렵 유럽에는 시오니즘 운동이 한창이었고, 바로 1917년에 '맥마흔 서한'과 '밸푸어 선언'을 통해 중동 팔레스타인 지역의 뜨거운 분쟁이 본격화되기 시작했다.

시오니즘 운동과 1917년 중동 지역

브로트나 부버가 이 동물 이야기의 텍스트 내적인 차원에서 어떻게 텍스트 외적인 차원, 즉 시오니즘 콘텍스트를 읽어냈을까를 분석하기 이전에, 당시의 시대적 콘텍스트를 자세히 살펴볼 필요가 있다. 당시 시오니즘 운동이란 무엇이고, '맥마흔 서한'과 '밸푸어 선언'으로 중동 지역의 분쟁이 본격화된 배경은 무엇인가? 19세기 유럽은 민족을 토대로 근대 국민국가를 형성하는 '내셔널리즘의 시대'를 맞아(森戸幸次, 2003 : 176) 민족주의가 팽배한 시기라 해도 과언이 아니다. 이는 뒤집어 보면, 곧 디아스포라 유대인들에 대한 배척과 적대감이 그만큼 증대되고 반유대주의가 팽배한 시대라고도 할 수 있다. 세계 각지에 흩어져 사는 디아스포라 유대인들은 "민족 공동체의 특질을 몸에 지녀 정상적인 경제, 사회 구조, 민족 의식, 영토를 갖춘 고향 그리고 정치적 독립을 획득하는 길"을 모색하게 되었다(森戸幸次, 2003 : 176). 시오니즘은 본래 '시온'으로 회귀하고 메시아를 기다린다는 종교적 사상에서 시작했으나 단순한 종교적 연대 차원을 벗어나 민족주의적 · 정치적 색채를 띠면서 팔레스타인으로 돌아가 유대 민족국가를 건설하자는 유대인들의 움직임이다. 이러한 움직임은 반유대주의에 정치적으로 맞서는 일종의 유대 민족주의로서 '유럽에 기원을 둔 19세기형 내셔널리즘'으로 시작되었다고 보기도 한다. 1896년 테오도어 헤르츨Theodor Herzl이 『유대인 국가*Der Judenstaat*』를 출판해 시오니즘을 체계화하고 국제적인 시오니즘 운동을 활성화했다. 헤르츨의 제창으로 1897년 바젤에서 시온주의 대회가 처음 열리기도 했고 국제적인 조직을 만들어 강대국의 외교 무대에 처음으로 유대주의를 정치 개념으로 끌어들이기도 했다(이유선, 1990 : 234-238). 그는 반유대주의에 대한 시온주의적 공격을 전략상 체코 뵈멘에서 개시했다. 뵈멘의 최초 시오니즘 조직은 '유대민족연합 시온Jüdische Volksverein Zion'으로 위기 구제금융을 만들어 보이콧 당한 유대 상인들에게 단기 자금을 융자해 주기도 했다. 또한 뵈멘 지역의 학생회 성격이 강했던 '바코쉬바Bar Kochba'('별의 아들'이라는 뜻의 히브리어)라는 모임을 중심으로 시오니즘 운동이 주도되었다. 이들은 카프카와 동창이기도 했던 시오니스트 후고 베르크만Hugo Bergmann의 지휘 아래 '문화적 재부흥', 유대 민족의 '정신적 정체성'을 찾고자 하는 문화 시오니즘 운동을 전개했다. 이들은 잡지 『유대인』을 발간하고 베를린에서 유대 출판사를 운영하며 동구 유대인의 하시디즘을 연구하는 부버를 정신적 지주로 삼아 그와 교류하며 시오니즘 운동을 이끌어갔다. 카프카도 1917년부터 히브리어를 배우기 시작했고, 1910년경부터 이디시어로 공연하는 유대인 유랑극단의 이차크 뢰비와 교류하면서 유대 문화와 역사에 관심을 기울인다. 그러나 그는 시오니즘에 대해서는 늘 분열적인 태도를 취했다(바겐바하, 2005 : 127).

유럽의 분위기는 이러한 가운데 1917년 팔레스타인 중동 지역에서는 영국 유대인 공동체 대표였던 로트쉴트 경[3]이 영국의 외무장관 밸푸어James A. Balfour에게 (1) 팔레스타인 전체를 유대민족국가로 재구성하고,

3 영국식 이름으로 로스차일드Nathan M. Rothschild로 더 잘 알려져 있는 가문으로 유대계 국제 금융 자본가 집안이다. 본래 프랑크푸르트 암 마인의 게토 지역에 살았던 마이어 암셸 로스차일드(1744-1812)가 오래된 동전을 수집, 판매하면서 부를 쌓아 금융 재벌 가문의 시조가 되었다. 대를 이어 세계 요지에서 은행업을 했고, 나아가 경제, 정치에까지 영향을 미쳤다. 20세기 초 시오니스트들의 경제적 후원자였을 뿐만 아니라 '밸푸어 선언'도 가능하게 했다.

(2) 유대인들의 이민에 대한 무제한적인 권리를 인정하며, (3) 유대인의 내적 자치제를 이루는 내용의 편지를 보내, 부분적으로 수정되었지만(존스, 1998: 25), 영국이 "팔레스타인에 유대 민족을 위한 국가 건설의 촉진"(촘스키, 2008: 199)을 약속했다. 이 밸푸어 선언은 바로 1915~1916년 사이의 서신 교환으로 이루어진 '맥마흔 선언', 즉 영국이 오스만 터키 제국으로부터 아랍 민족의 독립을 지원하겠다는 약속과 모순되는 내용이다. 유대인들은 예언자 아브라함이 신으로부터 받은 '약속의 땅'에 2천여 년 전에 건국했다는 선조의 땅에 대한 '역사적 권리'를 주장했고, 아랍인은 수세기에 걸친 '토지 소유권'을 근거로 그들의 권한을 주장했다. 문제는 영국이 프랑스 등 유럽 열강 사이의 중동 분할을 획책하려는 의도에 따른 제국주의적이고 '기만적인 외교'를 폈다는 데 있다. 이로써 팔레스타인에서 서구의 이해 관계와 얽힌 채 유대 민족주의와 아랍 팔레스타인 민족주의의 충돌이 불가피했고, 20세기 이후에도 계속 지역 분쟁의 불씨가 가시지 않고 있다.

19세기 말과 20세기 초 특히 러시아의 유대인 대학살 및 배척에 따라 동유럽 유대인들이 팔레스타인으로 몰려오고 있었고 정착지 마련을 위한 기금이 로트쉴트 개인 호주머니에서 나왔다. 그는 계속해서 기금을 제공했고 1900년에 그 몫을 '새 유대인 식민연합회the new Jewish Colonization Association'에 이양했다(존스, 1998: 24-32). 1901년에는 팔레스타인 토지 구입 자금을 모으는 '유대국민기금'이 설립되었고, 1909년에는 최초의 유대 식민지 키부츠kibbutz '도카니아'가 건설되었으며, 1920년에는 팔레스타인의 유대인 노조가 발족한 데 이어 준군사 조직인 '하카나'가 결성되었다. 이렇게 시오니즘 운동은 정치, 군사, 경제면에서 독자 조직을 만들어 가기 시작하고 강대국의 지지와 협력을 얻기 위해 국제 외교를 적극적으로 전개해 나갔다.

이러한 시오니즘 운동은 유럽의 내셔널리즘 및 제국주의 발전에 연동해 생성, 발전해 갔다. 즉 오스만터키 제국에 유럽의 열강이 진출해 팔레스타인 지역도 영국과 프랑스에 의한 영토 쟁탈의 대상지가 되었으며, 여기에 시오니즘 운동도 합세한 것이다. 시오니스트들이 보기에, 유럽에서 동화를 거부한 동유럽 유대인에 대한 고립과 배척은 일종의 반유대주의로 보였지만, 다른 한편 팔레스타인에 사는 아랍인의 눈으로 보면 유대인의 팔레스타인 이주는 유럽 열강에 의한 제국주의 정책에 따라 이루어지는 침략 행위에 연동한 이주의 움직임이었다.

재칼과 아랍인: 내적인 식민화의 관계

브로트나 부버가 위와 같은 시대적 콘텍스트에 서 있으면서 카프카의 이 동물 이야기 텍스트에서 어떻게 유대인 이야기, 즉 시오니즘적인 콘텍스트를 읽어 냈을까? 이 텍스트에서는 사막을 여행하는 유럽인, 그 여행 그룹을 안내하는 아랍인 그리고 아랍인의 지배하에 있는 것으로 보이는 재칼 사이의 삼각 구도가 중심 이야기다. 재칼이 인간과 말을 하는 장면이나 수수께끼 같은 묘사로 이 텍스트의 중심 이야기는 우화성을 띠면서 숨겨진 의미나 상징성을 해석해 내도록 종용하는 듯한 인상을 남긴다. 바로 이 '재칼-아랍인-유럽인'이라는 삼각 구도가 카프카 동시대인들로 하여금 텍스트 외부의 콘텍스트와의 관계 속에서 이 동물 이야기를 해석하게 하는 주요소였을 것이다. 그 이외에 이 이야기의 장소적 배경으로 묘사된 세 단어, "오아시스"[4], "나일강"(123) 그리고 "사막"(123)을 현실의 지리적

4 Kafka, Franz, Schakale und Araber, *Erzählungen*, Frankfurt a. M. 1983, pp. 122-125, 특히 p. 122. (이하 이 작품을 인용할 때는 인용문 바로 뒤에 쪽수를 괄호에 넣어 밝힌다.)

공간 맥락에서 환유적으로 생각해 보면 '중동 지역'을 지시하고 있음을 어렵지 않게 알 수 있다. 나일강이 멀지 않은 중동 지역 어느 사막의 오아시스에서 재칼의 무리와 그들을 지배하는 아랍인 그리고 '북쪽' 유럽에서 여행 온 이방인의 만남이 이루어지고 있다. 여기서 서로가 서로를 바라보는 시선에는 타자에 대한 인종주의적이고 주관적인 인지, 선입견, 고정관념, 긴장감이 내포되어 있다. 무엇보다도 재칼과 아랍인의 대립 구도가 분명하고 그들의 적대 관계를 일인칭 화자인 유럽인의 시선으로 바라보며 이야기를 전하고 있다. 이러한 기본 구조에서 이 동물 이야기가 당시 유대인의 현안 문제를 다루는 이야기로 읽힐 수 있었을 것이다.

그러면 이 동물 이야기의 중심 사건이 팔레스타인에서의 갈등 상황이고 그 상대가 '아랍인'으로 불린다면 '재칼'은 누구라고 보았겠는가? '유럽인'이나 '아랍인'은 현실적으로 혹은 역사적으로 지시할 수 있는 대상으로 명명되는 데 반해 '재칼'은 왜 사람이 아닌 동물로, 그것도 말을 하는 동물로 설정했을까? 이 텍스트에서 '재칼'의 특성으로 사용한 이미지나 표현을 살펴보면, 우선 아랍인이 유럽인을 향해 재칼들에 관해 이야기할 때 재칼을 "우리의 개"라고 하면서 "당신네 개들보다 낫다"(124)고 하여 유럽인의 개들과는 다소 변별성을 부여하고 있다. '유럽의 개'는 누구를 말하는가? 유대인들에 대한 부정적인 이미지로 '쥐'나 '기생충' 혹은 '해충'의 비유를 종종 사용한다(벤츠, 2001 : 37-53). 그러나 그 이외에도 널리 사용되는 비유는 '개'다. 성경에도 유대인을 '개'나 '이리(재칼)'로 표현하는 구절들이 있고(욥기 30, 29/이사야 13. 19-20), 여러 문학 작품에서도 유대인이 '개'의 이미지로 표현되는 경우가 많다. 예를 들어 하이네의 시 〈히브리의 멜로디*Die Hebräischen Melodien*〉에서 유대 민족을 "죽은 이들의 시체를 파헤쳐 게걸스럽게 피를 빨아들이기 위해 무덤을 파는 하이에나, 늑대, 재칼"이라고 표현한 바 있다.[5] 무엇보다 일상 생활 속에서도 이런 경우를 찾아볼 수 있다. 유럽 내의 유대 디아스포라 중에서 유럽의 문화에 동화하고 기독교로 개종해 사회적으로 안정된 삶을 누리고자 하던 (서유럽) 유대인들을 폄하하는 반유대주의자들의 욕설이 '개'다. 아랍인이 '유럽의 개'와 다소 변별해서 말하는 중동 지역의 개인 '재칼'은 아마도 동유럽 유대인을 일컬을 것이다. 왜냐하면 유대의 문화와 전통을 다소 고집스럽게 지키고 있던 동유럽 유대인들이 시오니즘의 물결을 타고 대거 팔레스타인으로 이주해 갔기 때문이다. 게다가 동유럽 유대인들은 '이디시Yiddish'라는 독일어와 비슷하게 들리는 히브리어를 사용하고 유럽에 동화하기보다는 시오니즘을 주장하는 유대인들이라고 할 때 '재칼'의 이미지와 잘 어울린다. 주인에게 충성을 다하는 일반 가정용 개와 '재칼'이 다른 점은 야생의 개과에 속한다는 점이다. 야생 동물은 주인을 갖고자 하지 않고 스스로가 주인이 되고자 하는 속성이 있다. 이러한 이미지는 팔레스타인 땅에 도착한 유대인들이 그곳에 정주하던 아랍인들을 내쫓고 그곳의 주인이 되고자 하는 시오니스트들의 이미지와 상응한다. 1920년 2월과 3월 팔레스타인으로 밀려오는 시오니스트들을 반대하며 아랍인들이 시위할 때 외치던 "팔레스타인은 우리의 땅, 유대인은 우리의 개"(최창모, 2004 : 174)라는 구호가 이 이야기 속의 재칼이 누구를 의미하는지 확실하게 뒷받침해 준다. 그 밖에도 재칼을 수식하는 요소들, 나름 전통이 있어 "오래 전부터 내려오는 가르침"(123), "풍습"(123), "(모계적) 계승"(122), "순수성"(123) 등이 재칼들의 문화적 · 종교적 특징들을 보여 주고, 이런 요소들이 유대교를 암시하고 있다. '정결한koscher' 것을 중시하는 종교적 일상 규약을 연상시킬 뿐만 아

5 Heine, Heinrich, *Sämtliche Werke* Bd.6/I, K. Briegleb (Hg.), München 1975, pp. 158–172, 특히 p.163: "Judenvolk, ihr seid Hyänen, / Wölfe, Schakals, die in Gräbern / Wühlen, um der Toten Leichnam' / Blutfraßgierig aufzustöbern."

니라, 유대인 어머니를 가진 자는 유대인으로 간주되는 점에서도 재칼이 유대인으로 해석될 여지가 풍부하다.[6]

이러한 문헌학적인 조사를 통해 이 동물 이야기의 '재칼'이 당시에 어떤 의미의 이미지인지 알아가는 오늘날의 독자와는 달리, 당시 카프카의 동시대인들은 거의 자동적으로 '재칼'에 유대인을 '연상' 내지 '연결'시키면서 이 이야기를 읽었을 것이다. 이렇게 보면 카프카의 전략은 유대인의 문제를 당시 동시대인들이 바라보는 유대인의 시선 내지 이미지를 적극 자신의 이야기에 도입해 '개'라는 기호를 통해 이 기호에 대한 당대 동시대인들의 표상 내지 내포 의미를 적극 활성화시키는 효과를 노린 것일 수 있다. 이로써 그는 자신의 이야기에 구체적인 현실 상황을 삭제하고 하나의 '동물 이야기'를 씀에도 불구하고 당시 독자들이 이 이야기를 "유대적인 다큐멘터리"로 읽을 수 있었을 것이다.

재칼을 유대인으로, 시오니스트로 봄으로써 재칼과 아랍인과의 갈등 구도는 중동 지역 팔레스타인에서의 아랍인과 유대인의 갈등 관계를 의미하게 된다. 카프카의 학교 동창이자 시오니스트인 베르크만은 팔레스티나에 다녀와서 쓴 '아랍 문제'에 관한 글에서 시오니스트들의 "오류는 팔레스티나가 빈 땅이라고 생각하는 데 있다"고 술회한 바 있다(Bergmann, 1911: 191). 요는 오랫동안 그 지역 땅을 소유하고 정주해 온 아랍인과의 갈등은 이미 시오니스트들의 이주 프로그램에 내재되어 있었던 것이다. 이 동물 이야기의 일인칭 화자인 유럽인은 아랍인과 유대인의 갈등을 종교적인 근원으로까지 되돌려 놓고 보아, "피에 들어 있는", "오랜 싸

6 카프카의 이 이야기에서도 재칼이 북쪽에서 온 그들의 구원자 '유럽인'을 오래 전부터 기다려 왔음을 모계 중심의 전통으로 묘사한다. "(……) 우리는 무한히도 오랫동안 당신을 기다려오고 있습니다. 나의 어머니도 기다렸고 그녀의 어머니도, 더 올라가 모든 재칼의 어머니에 이르기까지 그녀의 어머니들 모두가 기다렸습니다"(122).

움"이고 "피로 끝날 것이다"(123)라고 말한다. 이는 아랍인과 유대인의 갈등은 구약에서 아브라함의 적서자 관계인 이삭과 이스마엘의 싸움, 즉 유대교와 이슬람교의 갈등에 근원을 두고 있음을 이야기한다. 그러나 사실 종교사적으로 보면 디아스포라 유대인들은 이슬람교도들이 기독교로부터 자신들을 보호해 준다고 생각했다. 즉 기독교도들만큼 이슬람교도들은 유대인들에 대해 적대적이지 않았다(노스, 1986 : 287). 팔레스타인에서의 아랍인과 유대인의 갈등은 종교적 차원에서보다는 이미 민족적 · 정치적 차원으로 갈등이 전환되고 있었다. 이 동물 이야기의 재칼과 아랍인 사이의 갈등 역시 종교적인 차원보다는 정치적인 차원으로 넘어가고 있다. 이미 시오니즘이 그저 순수하게 종교적인 이데올로기만이 아니라, 영국의 제국주의와 같은 행보를 보인다는 데서도 짐작할 수 있듯이, 19세기 이후 유럽 전역에 팽배한 민족주의의 흐름 속에서 각지에 흩어져 있던 유대 디아스포라들의 시오니즘은 반유대주의에 맞서는 유대 민족주의로 정치화되어 가는 것이다.

바로 이 동물 이야기에서 재칼이 보여 주는 모순들에서 이런 의미를 읽어 낼 수 있다. 재칼은 '북쪽'에서 온 유럽인을 그들의 구원자로 본다. 아랍인과 재칼의 갈등을 "피에 들어 있는 오랜 싸움"이라는 유럽인의 말에 재칼은 동의하면서 "그들에게서 피를 빼앗아야 싸움이 종식된다"(123)고 한다. 재칼의 이 말에 일인칭 화자 유럽인이 응대하길, 그러면 그들도 무력으로 대응해 총으로 너희 재칼들을 난사할 거라고 하자, "우리는 그들을 죽이지 않을 것이요, 우리를 깨끗하게 정화하기에 나일강의 물이 충분하지 않을 거라고"(123) 정면 대결을 피하고 결국 "오래된 녹슨 재봉가위"를 주면서 유럽인에게 아랍인들을 죽여 달라고 한다. 즉 팔레스타인 땅의 주인이 될 수 있게 아랍인들을 무찔러 달라는 것이다. 그것도 녹슨 가위로. 재칼들이 여기서 보여 주는 그들의 '순수성'이라는 종교적 가치가 비겁한 이기주의적 양상을 띠면서 더 이상 종교적 차원의 '순수성'이 문제되는 것이 아니라, 정치적인 제스처로 넘어가는 것이다. 이 장면에서 '녹슨 가위'라는 허무맹랑한 무기로 아랍인의 압제에서 벗어나려는 재칼의 생각을 조롱하는 비판의 어조가 함께 울리는 듯하다. '녹슨 가위'는 물론 유대교의 할례 의식을 거행하는 '할례용 칼'을 연상시켜서(Rubinstein, 1967: 14), 하나님의 백성임을 증명하는 할례 의식으로 아랍인들의 개종을 시도하는 것이라고 볼 수도 있겠지만, 그러기엔 이미 "오래된 녹슨"이라는 형용사가 지시하듯 그 현실성이 없음을 의미한다. 이런 종교적인 차원에서도 빈약하고 우스꽝스럽기까지 한 재칼의 '녹슨 가위'와 그 가위를 유럽인에게 제공하는 재칼의 행위는 '상황 판단을 잘못하고 있다'는 조롱의 뉘앙스를 담고 있다고 볼 수 있다(Tismar, 1975: 309). 즉 '밸푸어 선언'을 통해 팔레스타인에 유대 민족 국가 건설 촉진을 영국에 부탁하는 시오니스트들에 대한 카프카의 시각이 저변에 깔려 있다. 카프카는 팔레스타인에 새로이 정주하는 유대인을 관심 갖고 관찰하면서도 시오니즘이 서구 제국의 민족주의와 다르지 않는 유대 민족주의로 정치화되어 가는 경향을 회의적으로 바라보고 있었다. 그래서 이 장면을 우스꽝스럽게, 그리고 조롱 섞인 어조로 형상화한다고 볼 수 있다.

그런데 재칼의 이런 그로테스크한 모습을 더욱 부각시켜 주는 부분은 아랍인이 던져 준 썩은 낙타 고기에 재칼이 정신을 잃고 자연의 충동에만 빠져 있는 모습이다. 조금 전까지만 해도 오랫동안 그들의 구원자를 기다려 왔노라며 메시아처럼 '북쪽'에서 온 유럽인에게 아랍인으로부터 해방시켜달라고 부탁해 놓고는 아랍인이 던져 주는 썩은 고기에 넋이 나가 아랍인이 휘두르는 채찍도 아랑곳하지 않는다. 그러나 아랍인은 흡사 충동적인 것처럼 보이는 재칼들의 이 육식 행위를 사회문화적인 지위의 의미를 함축하고 있는, "그들의 직업"(125)이라는 표현을 사용해 말한다. 즉 재칼의 육식 행위를 자연적인 내적 충동으로만 보는 것이 아니라 그들의 사회 조직 내에서의 위상도 동시에 표현함으로써 다시금 아랍인과 재칼의 주종 관계, 즉 "주인과 개의 관계"(Tismar, 1975: 310)를 함축하고 있다. 그런데 이 이야기에서 '아랍인'에 대한 묘사는 재칼만큼 풍부하지도 않다. "더럽고", "악취"가 난다고(124) 아랍인들에 대한 고정 관념 같은 이미지를 재칼의 시선으로 전달하고 있어, '순수성'을 중시하는 재칼과 대립되는 관계 정도로 묘사하고 있을 뿐이다. 재칼의 종교적 특성에 비해 아랍인의 이슬람교적 특성이 뚜렷하게 형상화되어 있지는 않다. 그렇기 때문에 '아랍인'을 실제의 아랍인으로 보지 않고 "주인 민족" (Tismar, 1975: 312)의 일반적인 상으로 해석해 유대 디아스포라들이 유럽의 곳곳에서 접했을 법한 일반적인 상황을 재현하고 있다고 볼 수도 있다. 이렇게 볼 경우 재칼의 모습은 '주인 민족'의 지배 하에 있는 '개 같은 존재' 혹은 '기생충 같은 존재'라는 이미지로 부각됨으로써, 유럽에 동화한 서유럽 유대인과는 달리 게토화된 삶을 살았던 동유럽 유대인의 모습이 더욱 강조된다. 다시 말해 중동 팔레스타인을 연상시키는 '나일강' 근처의 어느 '사막'에서 다시금 위와 같은 동유럽 유대인의 이미지가 오버랩되고 있는 것이다. 이 장면에서 '주인 민족과 개 혹은 기생충 같은 관계'는 달리 표현하면 소수 민족이나 이주 노동자들이 지배 문화에 대해 갖는 관계에서 식민 지배와 피지배의 구조적 유사성을 보이는 "내적인 식민화innere Kolonialisierung"(Uerlings, 2005: 17-44)[7] 관계를 의미한다.

위의 장면에서는 시오니즘 담론에 결여되어 있는 '노동과 직업'의 문제 (Tismar, 1975: 314)[8]를 카프카가 비판적으로 형상화해 놓고 있다고 볼

7 김연수, 카프카의 '유형지'에서 만난 유럽인과 비유럽인, 『카프카연구』 제16집 (2006), 36-37쪽 참조.

수 있다. 유대인들의 "기생충 같다"는 이미지에는 사실상 유럽에서 이방인 유대인들에게 '인간다운 노동'을 통한 자아 실현을 보장하지 않았던 유럽의 사회 제도의 산물이기도 하다. 실제로 동유럽 유대인들은 시오니즘을 디아스포라 유대 민족의 국가 건설을 위한 시도로만 보지 않고 "노동하면서 살아가는 사회적 형식을 약속하는 구체적인 프로그램"으로 보았다. 요는 팔레스타인으로 이주해 오는 동유럽 유대인들은 유대 민족의 자의식 추구 및 국가 건설 추진 이외에 '인간다운 노동'을 통한 자아 실현을 꿈꾸었다고 한다. 디아스포라 유대인으로서의 삶은 '기생충 같은 삶'이라는 부정적 이미지로 각인될 정도로 사회적 · 제도적으로 제약되었기 때문이다. 그러한 삶에서 벗어나기 위해 팔레스타인으로 가고자 하는 디아스포라 유대인들의 이념과 기획, 즉 시오니즘의 담론과 프로그램에 '주인 민족과 개' 같은 '내적인 식민화'의 관계 모델이 다시금 되풀이될 소지가 있음을 카프카가 우화적으로 형상화하면서 시오니즘에 대해 비판적인 거리를 취하고 있다.

유럽인의 방관과 개입

이 동물 이야기에서 유럽인은 이 사막의 격전장에 '여행자'로 등장한다. 자신의 고향과는 다른 풍토와 문화의 타지를 '여행'하는 유럽인은 재칼의 접근에 거리를 취한다. 재칼이 다가와 말을 걸자 재칼들이 가까이 다가오지 못하게 불을 지피는 것을 잊었노라 잠깐 후회를 한다. 그에게 재칼은 먼저 말을 걸어 만나고 싶은 상대는 아니다. 아랍인과 재칼의 갈

8 옌스 티스마르Jens Tismar는 시오니스트이면서 노동자들의 지도자였던 고든A. D. Gordon이 잡지 「유대인」(1916/17)에 쓴 글을 인용하면서 시오니즘의 노동 시스템 자체가 유대인들이 "제2의 자연"으로서의 "노동"을 통한 자아 실현을 이룰 수 있게 되어 있지 않음을 비판한다.

등 관계에 대해 의견을 물었을 때도 "나와 멀리 떨어져 있는 일에 판단을 내리지 않는다"(122-3)고 거리를 둔다. 그러나 재칼이 말을 걸어왔을 때 "무엇을 원하는지"(122) 물을 정도의 예의는 갖추고 있고, 아랍인에 대해 적대적인 감정을 드러내는 재칼에게 "근처에 아랍인들이 자고 있으니"(122) 너무 큰 소리로 말하지 말라고 한다. 또한 아랍인과 재칼의 갈등에 관한 대화 부분에서 유럽인 자신이 "원하는 것보다 더 거칠게 말했다"(123)고 스스로 토로하고 있듯이, 거리를 두었던 이성적인 처음의 자세와는 달리 감정적인 속내를 드러내기도 했다. 둥글게 그를 에워싸고 있는 재칼들 무리를 벗어나고 싶은 심정도 있으나 재칼들에게 꽉 물린 채 "세계를 둘로 가르고 있는"(124) 이 아랍인과 재칼의 싸움을 종식시켜 달라는 재칼의 외침 소리를 "하나의 멜로디"(124)처럼 들었고, 그와 더불어 재칼이 제시하는 "낡고 녹슨 재봉가위"(124)를, 아랍인이 보기엔 한 편의 비현실적인 "연극"에 지나지 않는 재칼의 희망을 관찰했다. 유럽인은 결국 썩은 고기 먹느라 넋이 나간 재칼들에게 채찍을 휘두르려는 "그의 팔을 잡았다"(125).

이러한 유럽인의 태도와 입장을 팔레스타인 지역 분쟁의 콘텍스트에서 생각해 본다면, 이미 밸푸어 선언과 관련해 앞에서 언급했듯이, 영국을 비롯한 유럽 열강이 중동 지역에도 이미 '관심'을 갖고 눈길을 던지기 시작했다. 아랍인과 재칼의 무력 충돌을 이야기하던 순간 이전과는 달리 감정적인 반응까지 드러내고 재칼을 위해 아랍인의 팔을 붙잡은 만큼 중동의 지역 분쟁 문제에 개입했다고 볼 수 있다. 그러한 개입을 바로 '밸푸어 선언'과 같은 역사적인 사건에서 확인할 수 있고, 그 이후 시오니스트들은 계속 영국의 무력을 빌어 아랍인과의 무력 충돌을 계속해 나갔다. 그러나 영국의 모순적인 중동 정책, 즉 밸푸어 선언이 맥마흔 선언과 충돌함에도 자기 모순적인 외교 정책을 폈던 것을 생각하면, 지금 현재까지 이어지는 이 중동 지역 분쟁의 싹을 당시 영국과 서구 열강이 수수방관한 셈이다. 1919년 당시 전체 약 90퍼센트를 차지하는 비유대계 주민들은 시오니스트 프로그램 전체에 대해 단호히 반대했고, 비유대계 주민들에게 시오니스트 프로그램을 따르게 하는 것은 비록 법의 형식 테두리 안에 있기는 했지만, 자결권의 원칙과 민중의 권리에 대한 심각한 침해가 될 것이라는 경고가 있었음에도 불구하고 서구 열강은 이런 경고를 무시했다고 한다(촘스키, 2008: 201). 그 이후 중동 지역에는 새로이 팔레스타인 아랍 난민을 낳았고, 노엄 촘스키Noam Chomsky가 이른바 "숙명의 트라이앵글"로 표현한 민족적 · 종교적 · 문화적 · 정치적으로 복잡한 지역 분쟁을 이어오고 있다.

4. 21세기 콘텍스트에서 읽는 「재칼과 아랍인」

'재칼'을 디아스포라 유대인으로, '아랍인'을 실제의 아랍인 혹은 디아스포라 유대인을 수용하는 '주인 민족'으로 해석하며 이 동물 이야기를 읽는 독법讀法이 오늘날의 독자들에게도 여전히 유효한가? 아니면 카프카의 텍스트는 그의 친구 브로트가 말했듯이 당시에 "가장 유대적인 다큐멘터리", 혹은 하나의 역사적 기록물로만 읽혀야 하나? 그렇다면 카프카가 이 작품을 '다큐멘터리'로 쓰지 않고, 굳이 다가성多價性, Polyvalenz 내지 다의성多義性, Mehrdeutigkeit을 지닌 우화적인 동물 이야기 형태를 취할 필요가 없지 않았을까? 다큐멘터리로만 읽히기를 원했다면 카프카는 굳이 자신의 이야기에서 역사적인 상황성을 삭제하지 않았을 것이다. 이 동물 이야기가 오늘날 독자들에 의해 20세기 초와는 또 달리 읽힌다면, 그것은 물론 기본적으로 그의 텍스트가 지닌 다의적 특성 때문이기도 하겠지만,

오늘날 변화한 팔레스타인의 시대적 콘텍스트 역시 중요한 요인임을 부인할 수 없을 것이다. 최근 연구 중 9 · 11 테러 이후 국제 정세를 카프카의 이 동물 이야기와 니체의 『도덕의 계보*Genealoge der Moral*』에서 다루어진 르쌍티망ressentiment(원한, 복수심)의 이론으로 조명하는 프리드리히 발케Friedrich Balke의 글(Balke, 2002 : 37-50)이 변화된 시대적 콘텍스트에 따라 문학 텍스트를 달리 읽은 사례라고 본다.

밸푸어 선언이 있었던 20세기 초와 9 · 11 테러 사건이 있었던 21세기 초 사이, 거의 한 세기 동안 팔레스타인 지역에는 전쟁이 끊일 날 없이 길고 긴 분쟁의 역사를 써오고 있다. 그 사이 바뀐 것이 많다. 대략적으로만 언급을 해도, 600만 명의 유대인이 나치 인종주의 및 반유대주의 이데올로기에 의해 조직적으로 살해당하는 해명하기 어려운 역사적 사건이 있었고, 그 이후 1948년 UN의 승인하에 유대인이 이스라엘 국가를 수립했고, 수차례의 중동 전쟁, 이스라엘과 레바논 전쟁, 이스라엘과 팔레스타인 전쟁, 이스라엘과 하마스 전쟁이 있었고, 그로 인해 수많은 팔레스타인 아랍 난민을 낳았으며 그의 후손들은 전쟁 속에서 태어났다가 전쟁 속에서 생을 마감하는 경우도 허다했을 것이다. 특히 1967년 '6일전쟁' 이후 전체 아랍권을 군사적으로 제압한 이스라엘이 그 이후 미국의 가장 가까운 맹방이 되고, 매체를 소유하는 거부 유대인들이 등장하면서 유대인들을 '모범적인 희생자', '세계 최악 비극의 희생자'로 묘사하는 '홀로코스트 산업'이 시작되었다. 그와 동시에 아랍 민족이 식민 지배를 받게 되는 상황이 되었다.

이러한 중동 지역 정세의 변화로 1948년 5월 건국을 선언한 이스라엘과 팔레스타인 전쟁(=이스라엘 독립전쟁)에서 팔레스타인 주민 약 72만 명이 12도시, 416곳의 촌락에서 쫓겨난 '난민'이 되었고 그 후 반세기가 지난 시점의 통계에 따르면 그들 난민의 자손이 360만 명에 이르는 것으로 추산된다. 또한 서안 가자 지구가 이스라엘의 점령 아래 들어가게 된 1967년 전쟁에서는 주민 30만 명의 새로운 난민이 발생했고 그들의 자손도 60만 명 이상으로 알려지고 있다(森戸幸次, 2003: 179). 1967년에 채택된 UN 안보 결의에 팔레스타인이라는 지명은 이스라엘과 요르단 사이에 존재해 왔으나 1948년에 소멸되었다고 밝힘으로써 팔레스타인 문제는 단순한 디아스포라, 난민의 문제로 취급되고 국제 정치의 무대에서 자취를 감추게 되었다. 따라서 아랍의 각지에 흩어진 디아스포라 팔레스타인인들은 스스로 민족 투쟁을 통해 완전하게 해방되어 고향으로 귀환할 민족적인 권리를 되찾기 위해 팔레스타인 해방기구PLO를 중심으로 팔레스타인 건국운동을 조직화한다.

로마제국에 성전을 빼앗기고 디아스포라가 되어 유럽과 세계 각지로 흩어져 박해를 받았던 유대인이 유대인 국가를 수립하고자 그들의 '옛 땅'으로 되돌아오고자 시오니즘 운동을 조직한 역사와 강제로 삶의 근거지를 빼앗기고 난민이 되어 각지에 흩어져 사는 디아스포라 팔레스타인인들이 다시금 팔레스타인 건국운동을 조직한 역사 사이에는 본질적인 유사성이 보인다. 그뿐만 아니라 변함없이 지속되고 있는 유대인과 아랍인의 갈등 관계를 '모호하게' 바라보며 개입해 온 서구 세력, 특히 미국의 개입 역시 여전히 있다.

다시 카프카의 텍스트로 되돌아와서 생각해 보면, 밸푸어 선언이 있었던 20세기 초 재칼과 아랍인의 내적 식민화 관계에서 갓 팔레스타인 땅을 밟은 디아스포라 유대인들이 아랍인의 '채찍', 즉 그들의 지배 및 경제적 종속 상태에 있었다면, 21세기에는 아랍인들이 유대인들의 지배하에 있게 되었다. 각각의 종교적 · 민족적 · 문화적 차이를 놓고 충돌하는 집단들이 지루하고 긴 전쟁의 역사를 지나오면서 서로 자기 역할극의 위치를 바꾼 셈이다.

그러나 '채찍'을 휘두르는 자들이 채찍질당하는 이산자들의 복수를 꿈꾸는 저항 내지 저항의 몸짓을 바라보는 시각에서도 유사성을 보인다. 즉 카프카의 텍스트에서 재칼이 오랫동안 그들의 구원자를 기다리고 있다가 여행 중인 유럽인에게 '녹슨 가위'를 주며 아랍인을 죽여 달라는 청을 하는 장면에서 아랍인이 등장해 재칼들의 저항과 해방의 꿈을 현실성 없는 '연극'에 지나지 않는다고 보았다. 그런데 팔레스타인과 이스라엘 유대인 사이의 전쟁 중에 팔레스타인들은 군사적으로 전혀 승산이 없었음에도 불구하고 싸움을 멈추지 않았다. 그래서 팔레스타인 전사자들의 이미지가 제2차 세계대전 바르샤바 게토의 유대인 전사자들의 이미지와 유사하다고 비교되기도 하고(촘스키, 2008: 594) 혹은 미국의 용감한 논평자들은 "연극 같은 과장된 몸짓"과 "게릴라극"이라며 PLO를 조롱하기도 했다(촘스키, 2008: 595). 여기에서 카프카 텍스트의 재칼에게 채찍을 휘두르는 '아랍인'의 시선과 매우 흡사한 심리와 관점이 보인다. 절대적인 힘이 부족한 피지배자들을 바라보는 지배자들의 시선을 카프카가 본질적으로 파악하고 우화적으로 표현하고 있음을 역사의 콘텍스트에서 재확인하는 듯하다.

이러한 시대적 콘텍스트에서 카프카의 텍스트를 읽으면, 20세기 시오니즘의 콘텍스트에서 읽었을 때와는 달리 여기서는 '재칼'이 더 이상 유대인이 아니라 거꾸로 '아랍인'이다. 그들은 서구의 '악'한 세력으로부터 이슬람 문화의 '순수성'을 지키기 위해 무력의 성전聖戰을 수행한다. 카프카 이야기에서 재칼의 파괴적 에너지를 한낱 '연극'으로 치부해 버렸지만, 21세기에는 폭력적인 테러가 실제로 자행되고 있다. 그리고 팔레스타인의 아랍인들은 20세기의 유대인들처럼 '녹슨 가위'를 '유럽인'에게 주면서 대신 자신들의 적을 무찔러달라고 하지 않고, 서구에서 발전한 과학기술과 무기를 '이용해' 그들이 직접 자신의 적을 향해 돌진해 간다. 20

세기 유대인들이 르쌍티망의 감정을 오랫동안 지속, 재생해 오면서 상상 속의 무력한 복수극(Balke, 2002: 38)에 그쳤다면, 21세기 아랍인들은 현실 속의 저항으로 표현했다. 20세기 아랍인의 지배하에 있는 중동 지역의 두 대립각에 대해 유럽인들이 다소 거리를 두었다면, 21세기의 서구(미국 포함)는 '교묘하게' 개입하면서 카프카의 '아랍인' 역할로 미끄러져 들어가 유대인과 함께 거대한 채찍을 휘두르는 듯하다. 20세기와 21세기 사이의 콘텍스트에서 다소 변형태를 보이기는 해도 카프카의 우화 「재칼과 아랍인」에서 구성된, 내적 식민화의 주 · 종 관계와 서구 열강의 개입 구도에는 본질적으로 변함이 없다. 단지 주종의 역할자들이 바뀌었고 그 대립과 열강의 개입 정도가 달라졌을 뿐이다. 여전히 힘과 권력의 싸움에서 밀리고 내쫓긴 이산자들을 똑같이 만들어 낸 역사였다. 카프카의 텍스트는 이 역사에 대한 우화적인 이야기로서 20세기, 21세기에도 여전히 유의미한 텍스트로 읽힐 수 있고, 역사가 동일하게 반복하는 한 그 콘텍스트에 따라 카프카의 텍스트는 계속 새로운 의미를 생성하며 읽힐 것이다.

5. 나오는 말

카프카의 동물 이야기 「재칼과 아랍인」을 디아스포라 문제의 관점에서 살펴보았다. 우선 생성 문화 콘텍스트에서 이 이야기를 살펴봄으로써 카프카의 동시대인들이 어떻게 이 이야기를 유대인의 다큐멘터리로 읽을 수 있었는지를 분석해 보았고, 그러한 해석이 오늘날의 수용 콘텍스트에서는 어떻게 읽히는지 성찰해 보았다. 오늘날 '디아스포라'의 개념은 보통명사처럼 확장되어 포괄적인 의미로 쓰이지만 그 본래의 의미 대상인

'디아스포라 유대'의 문제, 특히 '외적인 이유에서 폭력적으로 이산을 강요당한 사람들의 이야기'를 읽을 수 있었다.

이 동물 이야기는 그 배경 장소가 바로 종교적 · 문화적 · 민족적 · 정치적으로 충돌하는 중동 팔레스타인 분쟁 지역을 연상시킴으로써, '재칼-아랍인-유럽인'의 삼각 구도의 실제 역사적 상황을 암시적으로 함축하고 있다. 물론 재칼과 아랍인의 관계는 20세기의 시오니즘 콘텍스트와 21세기 콘텍스트에서 본질적으로 변함없이 주 · 종 관계로서 '내적인 식민화'의 전형적인 모델을 보여 준다. 시대적 콘텍스트가 변함에 따라 재칼이 지시하는 그룹과 아랍인이 지시하는 그룹을 달리 해석할 수는 있다. 한 세기를 사이에 두고 유대인과 아랍인의 전세는 완전히 역전되었고 그 지역의 분쟁은 여전히 끝나지 않고 있기 때문이다. 그러나 한 사회 내에서, 특히 오늘날 지구화의 현상으로 이동이 빈번해지고 초국가적 현상이 논의될 수 있는 사회 내에서 다양한 소수 민족이나 이주자, 이주 노동자 등 타문화권자들이 이른바 주도 문화 내지 지배 문화에 대해 식민지배자와 피지배자의 관계와 유사한 구조적 특성을 보이는 경우에는 계속해서 다양하게 '재칼'과 '아랍인'이 해석되며 수용될 수 있을 것이다.

이렇게 카프카의 텍스트가 콘텍스트의 시간적 · 공간적 변화와 더불어 새롭게 읽힐 수 있는 것은 콘텍스트 내지 독자의 위치가 텍스트 해석과 수용에 영향을 미치기 때문일 것이다. 문학 텍스트가 시간적 · 공간적 콘텍스트의 경계를 넘나들며 수용될 때는 늘 새로이 해석될 수밖에 없다고 본다. 더욱이 카프카의 텍스트처럼 구체적인 역사적 상황을 삭제해 누구나 경험한 듯한 삶의 현실로 그려낼 경우 그 구체적인 의미 생성은 독자의 위치에 따라 사뭇 달라질 수 있을 것이다. 카프카의 동물 이야기가 지닌 우화적인 특성이 "항상 다시금 새롭게 현실성을 지니게 한다"(Botros, 2005 : 215).

참고 문헌

1. 1차 문헌

Heine, Heinrich, *Sämtliche Werke* Bd.6/I, K. Briegleb (Hg.), München, 1975.

Kafka, Franz, Schakale und Araber. *Erzählungen*, Frankfurt am Main, 1983.

2. 2차 문헌

노스, J. B., 『세계종교사(상)』, 윤이흠 옮김, 현음사, 1986.

바겐바하, 클라우스, 『프라하의 이방인 카프카』, 전영애 옮김, 한길사, 2005.

벤츠, 볼프강, 『유대인 이미지의 역사』, 윤용선 옮김, 푸른역사, 2001.

森戶幸次, 「중동분쟁 100년」, 『민족연구』 제6호: 176-184, 2003.

서경식, 『디아스포라 기행. 추방당한 자의 시선』, 김혜신 옮김, 돌베개, 2006.

손은주, 「Kafka의 작품과 유대인 재판사건」, 『독일문학』 34집: 147-165, 1984.

윤인진, 「디아스포라를 어떻게 볼 것인가」, 『문학판』 봄호, 159-172: 2006.

이유선, 「카프카와 두 도시 - 프라하와 베를린 -카프카 문학의 콘텍스트 설정 시도」, 『독일문학』 제67집: 228-260, 1990.

존스, 폴, 『유대인의 역사 3, 홀로코스트와 시오니즘』, 김한성 옮김, 살림, 1998.

촘스키, 노엄, 『숙명의 트라이앵글』, 최재훈 옮김, 이후, 2008.

최창모, 『기억과 편견, 반유대주의의 뿌리를 찾아서』, 책세상, 2004.

쿤데라, 밀란, 『소설의 기술』, 권오룡 옮김, 민음사, 2008.

Abboud, Aboo, *Deutsche Romane im arabischen Orient*, Frankfurt am Main, 1984.

Adorno, Thodor W., "Aufzeichnungen zu Kafka." *Prismen*, Frankfurt am Main, 1976.

Balke, Friedrich, "Araber, Schakale und Europär," *Das Ressentiment regieren, Navigation* 2.2: 37-50, 2002.

Benjamin, Walter, "Franz Kafka. Zur zehnten Wiederkehr seines Todestages." *Aufsätze, Essays, Vorträge, Gesammelte Schriften* Bd. II · 2, Frankfurt am Main, 1977.

Bergmann, Hugo, "Bemerkungen zur arabischen Frage," Palästina, *Heft* 7-9: 190-195, 1911.

Botros, Atef, "Literarische 'Reterritorialisierung' und historische Rekonstruierung - Zur europäischen und arabischen Rezeption von Kafkas *Schakale und Araber*," Dan Diner (Hg.), *Leipziger Beiträge zur jüdischen Geschichte und Kultur*, Bd. III, München, 2005.

Brod, Max, "Unsere Literate und die Gemeinschaft," *Der Jude*, Nr. 7: 457-464, 1916.

Clifford, James, "Diasporas," *Cultural Anthropology* 9.3.: 302-338, 1994.

Eschweiler, Christian, *Kafkas Erzählungen und ihr verborgener Hindergrund*, Bonn, 1977.

Göller, Thomas, *Sprache, Literatur, kultureller Kontext*, Würzburg, 2001.

Milfull, Helen, "'weder Katze noch Lamm?' Franz Kafkas Kritik des 'Westjüdischen'," Günter E. Grimm, Hans-Peter Bazerdörfer(Hg.), *Im Zeichen Hiobs: jüdische Schriftsteller und deutsche Literatur im 20. Jahrhundert*, Königstein/Ts.: 178-192, 1985.

Rubinstein, William C., "Kafka's *Jackals and Arabs*," *Monatshefte für den deutschen Unterricht*, No. 1: 13-18, 1967.

Sokel, Walter H., *Franz Kafka. Tragik und Ironie. Zur Struktur seiner Kunst*, Frankfurt am Main, 1976.

Tismar, Jens, " Kafkas *Schakale und Araber* im Zionistischen Kontext betrachtet," *Jahrbuch der deutschen Schillergesellschaft* 19: 306-323, 1975.

Uerlings, Herbert, "Kolonialier Diskurs und Deutsche Literatur. Perspektiven und Problem," Axel Dunker(Hg.), *(Post-)Kolonialismus und Deutsche Literatur. Impulse der angloamerikanischen Literatur- und Kulturtheorie*, Bielefeld, 2005.

패싱, 동화와 디아스포라:
이창래의 『제스처 인생』*

이선주

1. 들어가는 말

이창래Chang-rae Lee는 데뷔 작품 『원어민*Native Speaker*』(1995)에서처럼 두 번째 작품 『제스처 인생*A Gesture Life*』(1999)에서도 독자들의 많은 관심과 비평가들의 호평을 받았으며 그에 따른 명예로운 수상도 이어졌다. 두 작품 모두 상업성과 예술성에서 성공했지만 두 작품의 성격은 사뭇 달라, 이창래의 역량과 잠재력을 더욱 돋보이게 한다. 『원어민』은 탐정 소설의 형식을 통해 다민족 이민 국가인 미국 뉴욕 사회의 갈등과 잠재력을 속도감 있는 목소리와 웅장한 스케일로 전달하는 정치 소설이라면, 『제스처 인생』은 뉴욕의 안락한 교외에 사는 은퇴한 동양인 노인의 일상과 과거에 대한 정적인 이야기다. 일본계 미국인 독신 남자인 프랭클린 하타

* 이 글은 서울대학교 미국학연구소의 『미국학』(2008년 11월)에 게재된 논문을 수정 · 보완한 것이다.

Franklin Hata는 친절과 봉사로 의료기기 상회를 성공적으로 운영하다 은퇴한 경제적으로 여유로운 노인이다. 소설 앞부분에서는 70대 은퇴 노인의 단조로운 일상 이야기에서 어떤 소설적 긴장과 변모가 있을 수 있을까라는 의문이 들 정도로 범상한 이야기가 진행된다. 이 소설은 평온하고 순응적인 이야기가 진행되다가 점점 예상치 않은 놀라운 사실이 드러나는 구조를 가지고 있다. 온화하고 품위있는 일본계 노인의 잔잔한 회상은 태평양전쟁과 위안부 언급이 시작되면서 점점 더 경악스러우면서 흡입력 있는 과거를 드러낸다.

몇몇 비평가는 한국인 위안부 끝애Kkutaeh와의 과거와 입양녀 서니Sunny와의 현재를 이루어 온 하타의 심리를 평가 · 분석하면서 하타를 매우 비판적으로 바라본다. 해밀턴 캐럴Hamilton Carroll은 "『제스처 인생』이 끝애와 서니에 대한 비체화abjection를 통해 그 자신의 정체성을 구축하려는 하타의 시도들을 그리고 있다"(600)고 본다. 이어서 캐럴은 "하타가 K[1]와 서니를 비체화함으로써 자신의 존재에 대해 쓰려고 애를 쓰고 미국 시민 주체로 자신의 신분을 다져놓으려 분투하나, 하타의 동화同化, assimilation와 시민권에 대한 서사는 양피지처럼 K와 서니의 이야기에 의해 지워지고 덧씌워진다"(601)고 말한다. 합리화와 모호한 대의명분적 어법으로 전해지는 하타의 인생 이야기를 들으면서 독자들이 하타와 연루된 여인들인 K와 서니의 입장에서 다시 생각하게 됨으로써 하타의 모범적 동화 이야기의 이면을 들춰본다는 점을 지적한 면에서는 캐럴의 평이 매우 타당하다. 그런데 캐럴은 하타가 끝애와 서니 두 여자와의 관계에서 서양 백인의 시선을 의식한 동양 남성의 열등감 때문에 동족인 동양

1 주인공 하타가 일본군 시절에 만났던 위안부 여성 끝애를 마음속으로 K라고 지칭한다. 어떤 비평가는 이 K는 Korean의 약자일 수도 있다고 말한다.

여성을 비체화하는 것으로 본다. 하지만 작품 속에서 이는 그렇게 뚜렷하게 나타나 있지 않다. 특히 끝애와의 관계에서 하타가 명시적으로 그녀를 비하시킨 적은 없다. 도와 주지 않았을 뿐이다. 서니에 대한 하타의 태도도 그렇게 절대 단일하지 않고 양녀에 대한 사랑과 관심이 있는 것 또한 틀림없는 사실이므로 나쁘게 보기 힘들다. 또 다른 비평가 조앤 장Joan C. H. Chang은 캐럴과는 다른 점을 들어 하타를 매우 비판적으로 본다. 장은 하타의 행동을 동양계라는 소수 민족 출신으로서의 콤플렉스에서 나온 일련의 제스처로 본다. 그는 이를 모범 소수 민족 콤플렉스model minority complex라고 호칭하며 다음과 같이 하타의 거의 모든 행동을 주류 사회에 맞추려는 일련의 제스처, 즉 의도적인 거짓된 행위로 본다.

> 하타의 인생은 한 제스처에서 다음 제스처로 차곡차곡 쌓여져 왔다. 은유로서의 제스처는 사회가 그를 용인하거나 거부하는 것에 대한 하타의 의견을 가리키는 색인이다. 즉 그가 주변 환경 속으로 작심하고 참여하는 것과 그 주변 환경으로부터 의도적인 거리두기 사이에 나타나는 패러독스, 또 육체적 · 정신적 고통에 처한 사람을 볼 때 감정 이입은 없는 동정심의 표현, 다른 사람들의 기대에 자신을 애써 맞춰 환심을 사려는 태도, 또 에둘러 말하는 어법과 가식적인 행위, 흠잡을 데 없으면서 실재감이 없는 사람이라는 느낌, 또 말을 삼감과 긴장된 경계적 태도가 그의 특징이다(Chang, 2005 : 143).

하지만 필자는 하타에게 지나치게 비판적인 위의 두 논문에 대해 공감하기 힘들었다. 그 이유는 무엇일까? 필자가 보기에 하타를 적극적으로 비난하기 어려운 이유는 그의 잘못된 행동 결과는 적극적인 악행에서 나온 것이 아니라 그가 소극적으로 행동했거나 혹은 행동했어야 옳았을 때 행동하지 않은 잘못인 경우가 대부분이기 때문이다. 또한 그 잘못은 그만의 유별난 행동이라기보다는 사람들에게서 흔히 볼 수 있는 잘못인 경우가 많고 그가 처한 상황이 그러한 태도를 취하게 했다고 이해되는 측면이 상당히 있기 때문이다. 더군다나 그는 기질상 동정심과 공감력이 상당히 있는 친절하고 부지런한 사람이며 사회와 조화를 이루고 주류 사회에 속하고 싶어 열심히 노력하는 사람이기 때문이다. 그럼에도 불구하고 하타가 머뭇거리면서 해 주는 자신의 인생 이야기를 다 읽고 난 독자는 하타가 결국 어떠한 합리화와 이기적 선택을 감행하는지를 알게 됨으로써 하타에 대해 이해하는 심정과 유보감이라는 양가적 감정을 가지지 않을 수 없게 된다. 이창래는 이와같이 크게 눈에 띄게 명시적으로 그릇된 행동을 하지는 않은 사람이 하는 행동의 진짜 의도와 그 행동이 다른 사람에게 미치는 파장을 『제스처 인생』에서 다룬다. 단순히 옳고 그름의 도덕만을 문제삼고 있는 것이 아니라 사람의 동기나 의도의 순수성을 되짚어보고 행동하지 않음의 도의적 책임까지도 묻는다. 사람들이 살아가면서 비겁해서 혹은 이기적이어서 저지르는 소극적 악행이나 회피를 문제삼고 있다는 점에서 『제스처 인생』은 생존의 속성에 관한 윤리적 딜레마를 탐구하는 소설이다.

『제스처 인생』은 제목 그대로 주인공의 정체성을 탐색하는 소설이다. 근면 · 친절하게 인생을 살아온 하타가 그럼에도 윤리적으로 미심쩍은 삶을 살게 된 첫 단계는 자신의 정체성 부정이다. 이창래는 이영옥 교수와의 인터뷰에서 "하타가 그저 단순히 일본인이 아니라 일본인 행세를 하는 한국인이라는 점"(222)이 이 이야기의 흥미로운 비틀기라고 말한다(222). 만일 그가 일본 군대에 들어간 다른 사람과 마찬가지로 일본인이라면 그의 행적은 일본인 만행의 또 하나의 예에 지나지 않았을 것이다. 작품을 정체성에 대한 심오한 탐색으로 만든 것은 본래의 국적인 조선인이 아닌 일본인으로 행세함으로써 야기되는 그의 갈등과 저버린 도리에 대한 천착 때문이다. 다른 존재로 행동하기, 즉 패싱passing을 수행하고 그렇게 다른 사람에게 인식시키고 받아들여지기 위해 그것에 방해가 되는 가까운 사람에게 어떤 행동을 하거나 하지 않음으로써 어떤 죄를 짓게 되는지를 추적한 것이 이 작품의 심오한 윤리 의식이다.

패싱과 동화는 본래의 자신이 아닌 존재로서 살아간다는 점에서 공통점이 있다. 그러나 패싱은 실제 자신의 인종이나 민족이 아닌 사람으로 '행세하기'라는 속임이 작용하는 반면, 동화는 고향과 고국을 떠난 사람이 거주국의 문화와 가치관을 익혀 거주국 국민으로 소속되고자 하는 삶의 방식이라는 점에서 차이가 있다. 식민 시대 때 일본에 사는 조선인으로서 하타 가족이 한 일본인 행세는 식민 통치 과정에서 살기 위해 자발적 · 비자발적으로 택한 국적 감추기라는 정황을 고려해야만 정당한 평가가 가능하다. 그런데 그 정황을 고려하고서도 하타의 일본인되기는 너무 필사적이고 결연하다고 보인다. 그렇기 때문에 젊은 시절 일본에서의 하타의 행적은 단순히 동화라는 좀 더 포괄적이고 온건한 형태의 정체성 변환과는 다른, 속임이나 위장의 의미가 함축된 패싱의 관점에서 보는 것이 타당하다. 하타가 환멸과 회의감에 일본을 떠나 미국으로 이민을 가서 취하는 삶은 일본에서의 삶과 기본 맥락에서는 일관된다. 그는 여기에서도 미국 백인 주류 사회의 가치관과 행동을 철저히 모방하고 순응하는 동화의 삶을 살기 때문이다.

일본인으로 패싱한 조선인을 주인공으로 설정함으로써 작가가 탐구하려는 것은 무엇인가? 개인의 정체성이란 무엇이고 패싱과 동화에 의한 정체성은 어떠한 형상을 띠는가? 하타가 패싱을 계속하기 위해, 또 동화를 완벽하게 하기 위해 주변 사람에게 어떠한 희생과 강요를 하게 되나? 과거의 그릇된 행위에 대한 자신의 연루와 책임을 인정하는 하타는 마지막에 어떠한 방식으로 자신이 디아스포라임을 인정하는가? 이러한 점을 살피기 위해 이 글은 "제국 국가로의 패싱" "미국 주도 문화로의 동화" "디아스포라로의 커밍아웃"이라는 세 부분으로 나누어 논의를 펴나가고자 한다.

2. 제국 국가로의 패싱

하타는 미국 뉴욕의 중상류 교외 지역에 사는 70대 현재 모습에서 글을 시작해 어떤 단서에 의해 생각날 때마다 태평양전쟁에 일본 군의관으로 참전했던 이십대 초반의 자신과 위안부 여자 끝애와의 사건으로 되돌아간다. 서술자 하타가 소설을 여는 첫 문장은 "여기 사람들은 다 나를 안다PEOPLE KNOW ME HERE."(1)[2]다. 그는 계속해서 "이곳의 모든 사람이 내가 누구인지 완전히 안다"(1)라고도 하고 사람들이 나에게 "비우호적"이지 않다는 말을 계속한다. 자신이 주체가 되어 이 지역이 어떻고 이 사람들이 어떠하고라고 서술하는 능동적 시각이 아니라 그들이 "나를 알아보고" 나에게 "비우호적이지 않고"라는 피동적 시각으로 일관한다. 처음 몇 페이지만 읽고서도 알아챌 수 있는 그의 특징은 타인의 시선에 대한 지나친 의식과 주체성과 자신감의 결여다.

전체에 자신이 속하느냐에 연연하는 피동적인 사회 인식과 더불어 책의 서두에서부터 알아챌 수 있는 또 하나의 중요한 특징은 회피적 서술 방식이다. 작품의 화자로서 자신의 과거의 의미를 되새겨 보고자 하는 이 소설에서 하타는 과거에 왜 그렇게 행동했는지를 설명하기란 어려운 것이고 무엇이 승리이고 실패인지 확실하게 말하기란 어렵다고 한다. "왜냐

2 Chang-rae Lee, *A Gesture Life*, New York: Riverhead Books, 1999. 이후 쪽수만 기입함.

하면 과거는 흔히 너무 가혹하기도 하고 너무 아첨적이기도 해서 가장 불안정한 거울이며 사람들이 믿고 싶은 것처럼 진실을 반영하는 게 전혀 아니라는 게 새로운 사실이 아니기 때문이다"(5)라고 한다. 혼합된 국적과 민족성을 가진 그가 자신의 과거를 반추해 서술하는 소설인데 과거는 가장 불안정한 거울이며 절대 진실을 반영하지 못한다는 언급을 소설 시작에 하는 이유는 무엇일까? 이는 마지못해서 과거를 내키지 않지만 말할 수밖에 없는 상황에 처한 그가 앞으로 말할 과거에 대해 미리 연막을 피우고 사실이 아닐 수도 있다고 회피적인 태도를 취하는 것이다. 이 회피적 서술은 패싱과 동화로 자신의 정체성을 형성하려 무진 애를 써온 사람이 취하는 태도로서 매우 일관성이 있다. 책 서두 다섯 페이지 내에서도 눈치챌 수 있는 주류 사회에의 소속에 매우 연연해 하는 결여된 주체 의식과 회피적인 서술 방식이 현재 하타의 지배적인 특징이다.

현재의 하타는 과거의 가장 트라우마trauma적인 사건, 즉 조선 위안부 여자 끝애의 죽음에 의해 형성된 것은 아니다. 몇몇 비평가는 끝애와의 관계로 인한 심리적 트라우마가 결정적인 원인이 되어 결과적으로 하타가 그렇게 회피적이고 제스처적인 삶을 살게 된 것으로 본다. 이소희 교수는 "하타의 젠더화된 트라우마가 그가 '제스처 인생'을 영위하게 된 가장 중요한 원인을 제공하는"(138) 것으로 보고 발레리 세이어스Valerie Sayers도 "위안부들을 감시 · 희생시키도록 명령받은 군인에게 미치는 그 잔혹 행위의 여파를 탐색"한 것으로 이 작품을 본다. 그러나 한 치명적인 사건이 가장 중요한 영향이 되어 하타의 인생이 그러한 형태를 띠게 되었다고 보는 것은 하타의 인생을 타당하게 본 것이 아니다. 그는 세상을 조금 알게 되기 시작하던 어린 시절부터 이미 일본인으로 행세하고 있었고 유리한 것을 선택하는 패싱 심리가 그 뒤의 일상 생활 속에서, 또 인생의 고비고비마다 일관되게 나타나고 반영되었다고 보는 것이 더 타당하다.

이창래는 이 소설은 하타가 자신의 인생과 정체성을 어떻게 구축하는가에 초점을 두었다고 하면서 하나의 죄가 그의 전 생애를 어떻게 변화했느냐가 아니라 그 하나의 죄가 인생의 다른 국면에서 어떻게 반영되고 있는가를 보여 주고 있다고 말한다.

> 그게 이 책이 진정 관심을 두는 것입니다. 이 책은 그 남자가 자신의 인생과 정체성을 구축하는 방식에 관심을 둡니다. 위안부와의 관계와 전쟁 당시의 경험만이 그를 현재의 그가 되게 한 유일한 원인은 아니지요. 그렇게 간단하지 않습니다. 나는 사회 속의 강력한 당파에 속하고자, 일본인에 속하고자 군대에 속하고자 필사적인 사람, 그 결과 그것이 그로 하여금 어떤 것을 하지 않게 하는 요인이 되고 사람을 위하는 편에 서지 않게 되고 옳은 것에 서지 않게 하고 사람을 보호하는 쪽에 서지 않게 하는 것에 초점을 둡니다. 말하자면 그의 실패지요. 내가 볼 때 이 책은 그가 저지른 한 가지 죄와 그 죄가 그의 전 생애를 어떻게 변화시켰는가에 대한 것이 아닙니다. 이 책은 그의 전 생애에 대한 것이고 그 한 가지 특정 죄가 어떻게 전 생애를 반영해 주고 있는가에 대한 것이지요. 원인-결과의 관계가 아닙니다(이영옥 인터뷰, 221-222).

위키피디아의 정의에 따르면 패싱은 본디 "일반 사람들이 자신을 분류하는 것과는 다른 인종으로 자신을 동일시하기로 선택한 어떤 인종 그룹을 지칭한다. 특히 미국에서는 백인과 유사한 신체적 특징을 지닌 흑백혼혈들이 자신의 흑인 정체성을 숨기고 백인으로 행세하는 것을 뜻한다" (Wikipedia). "넬라 라슨Nella Larsen의 『패싱*Passing*』(1929)이라는 소설이 나온 1920년대는 특히나 흑인들의 패싱 인구가 급격하게 팽창했던 시기였다"(라슨, 2006: 222). 외면상으로는 백인과 구별이 안 되는 하얀

피부를 가진 혼혈 뮬라토들에게 백인 행세를 하여 인종의 경계를 패싱하고 싶은 유혹은 위험천만하면서도 강력한 것이었다. 패싱은 인종 차별 사회 속에서 흰색이 갖는 신분적 · 물질적 특권뿐 아니라 자유와 보호를 누리는 완전히 격상된 존재로 넘어감을 의미하기 때문이다. 이 막강한 유혹에 빠져 백인 행세를 한 흑인을 다룬 많은 소설과 영화는 한편으로는 흑인을 저버린 배반 행위라는 비판적 시각으로, 다른 한편으로는 인종 체제에 반항한 의미 있는 저항이라는 진보적 시각으로 나뉘었다. 미국의 인종 혼합의 역사와 아프리카계 미국인을 차별하는 역사의 산물로서 이해되는 패싱은 오늘날 구식의 용어로 들릴 수도 있지만 패싱을 둘러싼 사회적 불안 중 많은 것이 아직도 존재한다. 현재의 다민족 · 다문화 사회에서 패싱은 인종을 넘어 민족과 종교와 젠더 등의 영역으로 확장된다.

하타의 패싱은 피식민지인에서 제국 국민으로의 패싱이다. 그는 자신이 본래 속하는 민족이 식민지가 된 불리한 상황 때문에 유리한 정체성을 위해 일본인으로 패싱한 경우다. 본디 그는 1930년대에 일본에 거주하는 조선인 가죽무두장이의 아들이었다. 피식민 조선인인 그의 가족은 식민국인 일본에 거주하면서 일본의 차별성과 폭력적 억압성을 처절히 인식했다. 하타의 부모는 멸시와 억압을 당하지 않기 위해 조선인임을 감추고 살아 하타의 한국어 이름을 한 번도 불러본 적이 없다. 그의 가족의 패싱은 일차적으로는 조선인에 대한 멸시와 억압을 피하기 위한 생존적 필요에서 비자발적으로 생긴 것일 수 있다. 일본 제국에 살면서 조선인임을 드러낼 경우 당할 억압과 역경을 생각하면 조선인임을 숨기고 산 것을 비판하기란 쉽지 않다. 그러한 간단치 않은 역사적 상황을 배경으로 하여 이창래는 하타의 패싱 심리와 그것의 여파를 그린다. 하타는 생존을 위해 패싱을 하는 것이고, 그러면서도 생존을 위한 패싱이라고 이해하고 넘어가기에는 그의 경우 너무 적극적인 패싱이고 자기 민족에 대한 혐오가 너무 지나치다. 현재의 하타 자신이 어린 시절의 일본인 행세를 여러 번에 걸쳐 자세히 언급하는 것도 그만큼 민족 배반의 죄책감이 깔려 있기 때문이다.

그는 정복당한 조선인임을 수치스럽게 여기고 그 시절을 자기 인생에서 없는 부분으로 치부했다. 그가 열심히 공부에 매진해 일본인 사업가 구로하타Kurohata의 가문에 수양아들로 들어가게 된 열두 살 즈음부터를 그는 "진정한 내 인생의 시작"(72)으로 본다. 이 때에야 자신은 "진정한 자아의 위안"과 "자아와 사회 간의 조화로운 관계"를 획득했다고 말한다. 그가 말하는 자아와 사회 간의 조화란 벽회칠과 무두질을 하는 가족과 "사양길의 사람처럼"(72) 수치스러운 한민족이 사는 게토 지역을 벗어나는 것이다. 그는 일본인에게 입양되기 전부터 일본인으로 행세했고 조선인을 게토, 사양길의 사람들처럼 수치스러운 종족으로 단호히 생각한다. 그가 자기 민족을 이토록 수치스러운 낙오된 족속으로 여기는 것은 일본 식민 담론과 인종주의를 그대로 내면화했기 때문이다. 19세기 후반 봉건 체제를 청산하고 근대 국가를 형성 중이던 일본에 성공적인 근대 국가의 표본은 영국이나 프랑스와 같은 강력한 서구 제국들이었다. 제국주의는 일본의 일종의 세계관이 되었고 "우승열패의 자연도태에 따른 국가 간의 침략은 피하기 어려운 것으로" 보였다(박지향, 272). 일본은 서구에 대해서는 아시아의 인종적 열등을 인정하면서 동시에 다른 아시아 국가에 대해서는 근대화에 뒤처진 미개한 국가라고 멸시했다. 일본 식민 사상에서 일관되게 발견되는 것은 인종주의 이데올로기다. 일본은 서양에 대한 생리학적 열등감을 극복하기 위해 각 종족의 근대화 능력을 척도로 하는 새로운 인종론을 주창한다. 근대화에 뒤떨어진 중국인, 한국인, 버마인 등은 열등한 인종이며 일본은 "스스로를 대표할 수 없는 아시아를 대신해서 그들을 대표해야 한다는 도착된 자부심"(박지향, 272)이 그것이다.

일본 식민주의의 인종주의는 일본 '대동아전쟁' 당시 하타의 상관이던 오노 대위Captain Ono의 태도에서 명시된다. 군의관인 그는 당시 인종주의에 근간한 제국주의에 사로잡힌 일본 지식인을 상징한다. 근대화의 정도로 유전적 우열성을 구분해 민족을 등급화하는 인종주의를 주장한 대표적인 사람들이 고고학자, 심리학자와 의사들이었다(Weiner, 58). 오노 대위는 본토인인 버마의 구두장이를 도둑질에 대한 죄목을 들어 산 채로 배를 갈라 심장을 드러낸 뒤 심장을 맨손으로 마사지하는 시범을 보인다. 결국 버마인은 죽어 실려 나가게 되고 이는 식민지인의 산 육체가 생체 실험 대상이 되는 현장이다. 일본인으로 패싱한 하타가 일본 제국적 시각을 그대로 답습하고 있음은 전혀 예기치 않은 그의 반응에서 보인다. 이 생체 실험을 지켜본 하타는 전혀 부당하고 끔찍한 폭력이라고 느끼지 않고 "거의 마술 같았고", "어떤 다른 것보다도 더 학구적"(76)이었다며 경외심을 표현한다.

본래의 민족을 배신하고 자기에게 이롭다고 본 민족 국가로 패싱한 하타는 이로 인해 계속 심리적 분열과 합리화를 겪는다. 앤 쳉Anne A. Cheng이 "이 책에서 패싱은 사회적 제스처로서만이 아니라 "정신적 프로세스psyche process로 나타난다"(Cheng, 557)고 한 말은 이런 의미로 이해될 수 있다. 앞서 하타가 자아 의식의 확립과 자아와 사회 간의 조화로 해방감을 얻었다는 거창한 추상어로 표현한 것의 구체적인 실재는 한국 민족임을 버리고 확실하게 일본인이 되었다는 것이었다. 그는 자신이 몸담고 충성할 국가를 일본으로 자발적으로 선택했다는 말을 이렇게 추상적 목적과 대의명분으로 표현한다. 이번만 그런 것이 아니라 자신의 행동에 대한 거의 모든 이유는 이와 같은 국가와 사회를 위한 대의명분으로 숭고화된다. 이것이 바로 패싱의 '정신적 프로세스'다. 패싱의 진짜 목적은 자신의 안위와 성공이라는 지극히 개인적인 차원인데 이 이기심을 인정하지 않고 동료와 민족과 사회와 의무라는 거대 담론으로 철저히 사고하는 것이 그의 거의 무의식적인 사고 방식이 된 것이다. 다음의 인용도 이러한 사고 편향의 예다.

> 저명한 가문 구로하타(알다시피 그 뒤로 나는 그 이름을 축약했다). 나는 그들을 내 친부모만큼이나 따뜻하게 생각하지만 양부모나 친부모 어느 쪽도 나를 양육하는 임무를 했다고 할 수는 없다. 나의 양육은 목적을 가진 사회가 한 일이고 그 밖의 어느 것도 어느 누구도 그 임무를 한 게 아니라는 것은 자명하기 때문이다. 나는 그 점을 감사해 마지않는다. 열두 살 소년이었을 때도 나는 항상 국가의 불침번으로 나 자신을 바쳐야 하고 내가 알고 있고 바라는 모든 것을 국가의 보호에 맡겨 신탁해야 함을 알고 있었다(72-73).

그는 부모와 자식 간의 사적인 은혜도 공공 사회라는 대의명분으로 변모시킨다. 자신을 키워 준 것은 수양 부모도 친부모도 아니며 오직 "목적을 가진 사회"라는 것이다. 그러므로 고마워할 곳은 사회이지 개개 부모들이 아니라고 한다. 이는 자신이 일본인으로 패싱한 것도 자신과 같은 인재를 쓰기 위해 사회가 의도했다는 말이 된다. 자신에게 이렇게 고맙게 해 준 사회와 국가에 대한 의무감에 자신은 항상 '불침번'을 서겠다고 한다. 이렇게 강박적으로 국가에 매어 있는 생각은 자기 이익을 위해 국가를 버리고 식민 종주국에 패싱한 자의 회피 의식에 다름아니다. 자신이 주체가 되어 자기에게 이롭게 의도하고 행동한 것에 대해 자신의 작용agent은 모두 지우고 "사회가, 혹은 국가 때문에"라고 생각한다. 하타는 자신의 이기적인 저변의 의도에 스스로 눈을 멀게 한다.

> 진짜 의사는 아니었지만 나는 야전과 비상시에 동료를 돕고 격려하며 가

능한 한 그들의 생명을 구하도록 충분히 훈련을 받았고 국가와 황제를 위해 내 의무를 완수해 왔다. 나는 우리 민족[3]의 좀 더 큰 운명과 지령이라고 모두들 생각하는 것의 한 부분이 된 데 고마웠고, 내 준비된 훈련이, 아무리 어렵고 끔찍한 것일지라도 현장 경험을 통해 시험을 받고 인정받기를 희망했다. 좀 더 구체적으로는 내 최대의 용기가 전쟁터의 도가니 속에서 발현되어 나를 내 비천한 혈육의 거주지로부터 빼내온 것이 가치 있는 일인가를 의심했을지도 모르는 사람들에게 그것이 옳았음을 증명해 보이고 우리 민족 내의 본질적인 정신을 발현해 보여 주고 싶었다. 그러면서도 아직도 나는 항상 훈련이나 양육이 우리가 물려받은 순전히 흙이나 재나 피보다 더 많은 것을 말해 준다는 것이 과연 맞는지 궁금했고 혹은 이러한 사회적 단련이 결국에는 죽은 자를 감싼 옷처럼 떨어져 나가 그 밑의 뼈를 드러내 보이는 것은 아닌지 항상 두려웠다(120).

자신이 의도자였고 행위자였음에 의도적으로 눈을 멀게 하고 목적을 가진 국가가 그렇게 한 것이라고 함으로써 생기는 치명성은 맹신적 국가주의다. 그는 내 비천한 민족과 혈육의 수렁에서 자기를 건져 준 제국 국가의 크나큰 은혜에 이 한 몸 다 바치고 국민의 지령에 충직하게 살겠다고 결의한다. 자기의 진정한 용기를 전쟁터의 '도가니crucible'에서 불태우겠다고 한다. 자기 본래 민족에 대한 수치와 배반은 맹목적인 일본제국에 대한 감사와 충성으로 일관되게 이어진다. 심지어 혹시 지금까지 연마해 온 일본인으로서의 양육이 한순간 벗겨져 나가 본래의 혈통이 발각되는 것은 아닐까라고까지 두려워한다. 이렇게 자신이 채택한 민족 국가에 대한 목적 의식으로 스스로를 다지는 하타에게 군의관으로 참전한 태평

3 여기서 민족은 하타가 동일시하고 싶은 일본제국민을 의미한다.

양전쟁에서 조선인 위안부 끝애와의 만남은 그의 생의 목표와 의지를 뒤흔들어 놓는다.

끝애와의 만남은 하타가 자신이 의도하거나 선호하던 것보다 어떤 사람과 훨씬 더 심정적으로 연루되었을 때 결국 어떻게 처리하는지를 보여준다. 한 집단의 한국인 위안부 여성들이 버마의 일본군 기지에 끌려오면서 "그 위안부들이 부딪히는 성노예화와 인종차별주의는 그의 평정을 급격히 위협하는 일련의 사건을 촉발시킨다"(Cheng, 2005 : 558). 일본군 군의관으로 위안부의 검역을 지령받은 그는 그 위안부에게 박해자이면서 동시에 '숨은' 조선인 동포다. 하타가 끝애를 K라고 부르는 것은 이 난감한 갈등 상황에서 캐럴의 지적처럼 "두 사람이 공유한 민족 · 국가를 발설하고 싶지 않고 자신이 K에게서 느끼는 강한 동일시를 차단하고 싶은 욕망의 표지다"(Cheng, 603).

감시자인 하타는 양반의 자제로서 품위와 자존심을 지닌 아름다운 K에게 매료된다. 그는 그녀가 사용하는 표준 한국어에도 호감을 느낀다. 하타에게 K는 거의 사랑한다는 느낌이 생길 정도로 강한 욕정을 느끼게 하는 여자다. 한편 위안부로 끌려온 K에게 하타는 절체절명의 위기 속에서 마음을 터놓고 부탁할 수 있는 유일한 사람이다. 인간으로서는 견딜 수 없는 일본군의 성노예가 된 상황에서 K가 선택할 수 있는 길은 죽음뿐이고 그녀는 그에게 자살을 도와달라고 부탁한다. K는 하타의 뜻대로 자기 몸을 내주어서라도 도움을 받고자 한 것으로 추론된다. 두 사람의 성접촉은 자살만이 유일한 희망이며 갈구인 K가 상대방이 자기 뜻을 받아들이도록 하기 위해 자기 몸을 가지게 놔두는 것으로 보인다. 그가 성관계 후 K에게 "사랑한다"(260)고 말하는 것은 진짜로 그런 마음이 순간 우러나서이기도 하고 다른 한편으로는 부도덕한 동료와 자신이 똑같게 되는, 욕정에의 끌림을 인정하고 싶지 않은 마음에서 사랑이라는 명분이 환기되었을 수 있다. 다른 사항에 대해서도 습관적으로 대의명분을 환기시키던 그는 욕망 대신에 사랑이라는 명분을 무의식적으로 발동하는 것이다. 죽음밖에 선택이 없으면서도 그 죽음을 얻기 위해 자기 육체를 내주어야 하는 여자, 죽음밖에 없는 절망적인 사람을 보호해 주면서 동시에 그녀의 육체를 탐하는 남자, 이 관계 속에서 먹이사슬과 자연도태를 떠올리는 게 전혀 무리가 아니다.

사랑한다는 명분은 자신에게 도움을 요청하는 그녀에게 해서는 안 될 성관계를 가능하게 한다. 첫 관계 후 울고 있는 그녀를 보며 그는 불만스럽게 생각한다. "내가 그녀에 대한 내 헌신을 고백하지 않았던가. 전쟁이 끝나면 내가 어떻게 할 작정일지를 그녀가 알도록 말해 주지 않았던가?" (261) 그녀의 현재 감금 상황과 전적으로 모든 권한이 하타에게 놓여 있는 상황을 고려할 때 앤 챙의 말대로 "하타의 용어는 강간을 사랑으로, 강제를 약속으로"(Cheng, 559) 바꿔 놓은 것이고 그는 "로맨스"라는 보편적 용어로 폭력과 지배의 권한을 휘두른다. 이 점은 첫 번째와 두 번째 성관계에서 그의 태도의 차이를 비교해 보면 명확하다. 위의 사랑 운운하던 것은 K가 다른 군인들에게 아직 보내지지 않아 자신이 첫 남자이고 유일한 남자임을 알고 있기에 가능한 일이다. 그러나 오노 대위에게서 그녀가 임신했다는 말만 듣고도 모든 게 달라져 그의 말과 행동은 미묘하게 그러나 확실히 돌변한다. 두 번째 성관계는 임신 여부를 알아보기 위한 몸 검색이다. 그녀는 첫 번째 성관계 때보다도 훨씬 심각하게 순전히 물체로 즉 조각상으로, 지붕으로, 방으로 묘사된다(258). 성관계 묘사에서 그는 그녀의 감정에 대해서는 생각해 본 적이 없어 당연히 묘사하지 않고 오노 대위에게 맞은 상처로 인한 성교 중의 자기의 통증만 언급한다. 이 성관계는 순전한 배설 행위이며 그의 의심과 분노가 배출된 강간임을 하타 자신도 뚜렷이 인식하고 있다는 점이 관계 직후의 장면에서 암시된다.

> 나는 그녀를 힐끔 건네다 보았고 그녀가 무릎을 세우고 그 위에 모아 잡은 팔 위에 얼굴을 묻은 채로 있는 모습만이 보였다. 비록 그 때의 나는 젊고 심각하고 겁에 질려 있었지만 그녀가 그렇게 얼굴을 감추고 있는 것은 나를 피하기 위해서만은 아니라고 확신하고 있었다. 그 장소와 시간, 그 모든 전체적 그림과 세부들로부터 얼굴을 숨기고 싶었던 것으로, 즉 우리 주변의 남루하고 거무스름한 구조물, 칙칙한 공기의 불결함, 완전히 감금된 데 대한 답답함과 불안감, 비현실적으로 멀리에서 벌어지는 전쟁과 같은 그 모든 것으로부터 숨고 싶었던 것일 게고 그리고 물론 나로부터도 숨고 싶었을 것이다. 왜냐하면 내 나름대로도 나의 갈망과 소망과 헛된 희망 같은 온갖 것이 결국은 순전히 실현성 없는 공수표가 될 것임을 짐작하고 있었기 때문이다. 결국 그녀가 할 수만 있다면 피하고 싶었던 것은 언제고 닥쳐올 게 뻔한 참상과 공포는 아니었다. 그녀는 젠틀한 소년의 얼굴, 즉 그 자신의 떨리는 욕망에 따라서만 행동할 용기밖에 가지지 않은 사람의 부드럽고 평온한 그 얼굴로부터 할 수만 있다면 정말 숨고 싶었던 것이다(295).

회고하는 그는 그녀가 구부린 다리 사이에 얼굴을 묻고 있는 것은 불결한 공기와 지겨운 감금과 전쟁을 잊고 떨쳐버리고 싶어서라고 생각하고 싶지만, 자신을 물리치고 싶은 마음이 가장 컸음을 이제는 어쩔 수 없이 인정하는 것이다. 젊은 남자가 자신의 떨리는 욕망을 안고 곁에서 떠나지 않는 것을 물리치고 싶었던 것이라고 묘사함으로써 그녀와 자신의 관계의 실체를 이제는 본다.

『제스처 인생』이 제기하는 생존의 속성에 대한 윤리적 딜레마는 하타가 어떤 작용을 하는가에서 정점에 이른다. K와의 러브 스토리의 절정에서 하타는 선택을 할 기회가 주어진다. 오노 대위를 죽인 K가 다른 군인들에게 살인이 발각되기 전에 자비의 행동으로 자신을 죽여 줄 것을 간곡히 요청한다. 그러나 하타는 행동을 하지 않는다. 그녀의 목숨을 그대로 놔두는 하타는 훨씬 더 잔혹한 관계 속에서 K가 죽게 되는 것을 선택한 것이다. 실제 K는 곧 발각되어 공터로 끌려가 십여 명에게 윤간당한 뒤 난도질로 죽임당한다. 여기에서 행위자는 절대 단순하지가 않고 어떤 결심을 하지도 않는다. 군인들에게 끌려가는 K는 하타가 자신을 버렸다고 생각할 것이고 독자는 그가 비겁하다고 혹은 이기적이라고 비난할 수 있다. 그러나 겉으로 보기에 하타는 손가락질을 당할 악행을 저지르지는 않았다. 그는 나쁜 행동을 행한 것이 아니라 그냥 행동을 안 한 것이다. 무행위를 선택한 것이다. 그럼으로써 모면하고 싶었던 '참혹한' 죽음을 그녀는 결국 당하고, 그는 안전해진다. 그의 난감한 상황을 고려할 때 그저 상황이 되어 가는대로 놔둔 그의 선택은 생존하는 동안 나약한 인간이 흔히 저지르는 비겁한 죄다. 독자 자신도 그러한 죄에서 자유롭기 힘듦을 알고 있기에 그의 죄를 보고 독자가 느끼는 섬뜩함과 파장은 그만큼 크다.

하타가 제국으로의 패싱을 지속하기 위해서는 그녀를 동료 일본군에게 넘겨 주어야 했다. 물질적 · 사회적 이익을 좇아 선택한 패싱 안에는 이러한 인간적 저버림이 이미 다 포함되어 있었다. 패싱이 함축하는 것들을 그가 다 알지 못했을 뿐이고 그는 지금껏 가장 외면하기 힘들었던 K를 저버리는 것으로 패싱의 시험을 통과했다. 왜냐하면 쳉의 말처럼 "불쌍히 여겨 자신을 죽여 달라는 K의 호소는 그의 인간성에 딜레마를 제기한 것만이 아니라 그의 민족적 국가적 충성에 대해 딜레마를 야기한 것"(Cheng, 560)이기 때문이다. K의 요청을 들어 주는 것은 지금껏 만들어 온 자신의 신분을 깨뜨리는 것이고 그토록 원해 왔던 일본 국적과 일본 군대를 위반하는 것이다. 그는 자신이 그녀의 죽음을 초래한 자가 되려 하지 않았고 가장 처참한 능욕과 난자질이 될 것임을 예측하고서도, 국적의 노출과 일본 군의관의 신분을 상실하지 않기 위해 그녀를 내준 것이다. K를 위해 오노 대위에게 한 번은 반항도 했지만 일본군의 규정을 위반하지는 않는다. 하타가 '대동아전쟁' 동안 실천한 패싱은 일본 군대에 자신을 맞춘 정도에 그치지 않는다. 전시 동안 하타가 실천한 패싱은 잔혹한 범죄에의 깊은 공모까지를 요구한다.

여기까지 보면 서두에 반박한 바 있는 캐럴의 말처럼 오히려 하타는 자기 동포 여자를 의도적으로 비체화한 사악한 사람으로 보일 우려도 있다. 그러나 하타는 자신의 입지를 위해 의도적으로 동포 여성을 비체화해 온 사람은 아니고 도와 줄 수도 있는 행동을 하지 않은 사람이다. 그런 의미에서 앞서 이 소설은 단순한 도덕이 아닌 생존의 윤리를 다루고 있다고 했다. 그는 위안부들을 "조센삐"(249)로 여기며 윤간한 뒤 기분 좋은 나른함을 즐기는 동료들처럼 절대 도덕에 둔감하지 못하며 자신이 저버린 K의 유령에 평생 시달린다. 청년 시절 참전의 상흔으로 그토록 주도면밀하게 얻은 일본인임을 버리고 염원이던 의학 공부도 포기한 채 그는 미국으로 이민을 간다. 평생 독신으로 살면서 K와 동족인 한국인 여자아이를 입양해 키운다. 그러면서도 K와의 사건이 함축하는 윤리적 의미를 그는 숙고하지 않고 인정하지 않기 때문에 미국에서의 생활에서도 마찬가지의 윤리적 과오를 되풀이하게 된다. 명백한 악행이 전혀 아닌 이런 복잡한 정신적 프로세스가 패싱과 동화 속에 얽혀 있다.

3. 백인 주도 문화로의 동화

서두에서도 언급했듯이 이창래가 이 작품에서 초점을 두는 하타의 정체성 구축은 하나의 죄가 그의 전 생애를 어떻게 변화시켰느냐가 아니라 그 하나의 죄가 인생의 다른 국면에서 어떻게 반영되고 있는가다. 그는 패싱의 이기성과 K 사건에 자신도 공모자였음을 인정하지 않는다. 유리한 것을 선택하는 패싱 심리와 비참한 사건에 자신도 공모자였음을 부정하는 태도는 하타로 하여금 계속해서 똑같은 상황을 재생산하게 만든다. 패싱을 하면서 K를 저버렸던 하타는 미국에 동화하면서 입양녀 서니를 자신의 뜻대로 재단하고 강제하게 된다.

피식민지인 조선인을 일본군의 '사기 진작'을 위한 성노예로 차출한 일본제국의 만행과 일본 군인들의 잔혹함을 목격한 하타는 일본 국민임에 어떤 회의를 느끼게 되었는지를 전혀 서술하고 있지 않다. 본디 독자에게 다 말해 주지 않고 속을 있는 그대로 서술하지 않는 그는 그의 인생 행로를 완전히 바꾸게 한 그 사건에 대한 소감을 직접 말하지 않는다. 다만 자신의 결연한 작심과 인생에서 일정 부분의 포기를 다음과 같이 간단히만 말한다. "내가 일본을 영원히 떠나기로 결심한 이후로는 나는 여자들이나 친밀한 관계나 우정에 대해서는 생각하고 싶지도 않았다"(48). "변명처럼 들릴지도 모르지만 그리고 아마 조금은 씁쓸하게 들리겠지만, 새로운 땅에 도착하는 것이 얼마나 기운을 소진시키는지, 얼마나 마지막 원기까지 소모시켜 버리는지를 다른 사람들은 잘 모를 거다"(49).

국가의 강제성과 야만성에 회의를 느낀 그는 일본을 버리고 자유과 민주주의를 상징하는 미국에서 살고자 이주한 뒤 미국에서 어떤 삶의 방식을 선택하는가? 그가 이주할 당시인 1950, 60년대의 미국은 일본인에게 매우 비우호적인 시대다. 1941년 일본이 하와이의 진주만을 공격한 뒤 미국 사회에 일본인에 대한 적대감이 치솟았고 대중 매체를 통해 일본인들은 부정직하고 사악하며 열등한 민족이라는 이미지가 확산되었다. 루스벨트 대통령에 의한 포고령 9066호가 발동되어 태평양 연안 7개 주의 일본인들은 며칠 준 말미 안에 재산과 땅을 다 처분하고 지정된 수용소에 집단 수용되었다. 그 뒤 약 20년 동안 일본인 이민자들은 철저히 사회적 규칙에 순응, 동화해 미국 사회에 받아들여지는 길을 택하든가, 일본인에 대한 미국 정부의 강제적 참전 요구에 'No'를 함으로써 전과자가 되어 『노노 보이*No-No Boy*』의 이치로Ichiro와 같은 반항적 삶을 살고 있었다.

사회학자 존 베리John Berry는 소수민족 집단 이민자들이 미국과 같은 다인종 · 다민족 사회에서 어떤 문화 변용을 겪는가를 통합, 동화, 고립의 세 가지 형태로 분리한다(Berry, 72). 통합은 소수민족 이민자들이 거주국의 주류 사회에 활발히 참여하면서도 자신들의 고유한 전통과 문화를 유지하는 경우로 가장 바람직한 형태의 문화 변용이라 할 수 있고 고립은 『노노 보이』의 주인공들처럼 미국 사회 내로 들어가지 못하고 소수민족 집단으로 고립 · 정체되는 것이다. 동화는 이민자들이 주류 사회에 활발히 참여하는 과정에 자신들의 고유한 문화와 정체성을 상실해 주류 집단에 흡수되는 경우다. 동화라 할 때 통상 사용되는 은유는 "미국은 하늘이 내린 신의 용광로God's crucible이며 이곳에서 모든 인종과 민족이 용해되어 새로운 형태의 인간이 만들어진다"는 것이다(Gordon, 121). 이 용광로설 배후에는 미국 주도 문화 세력 즉 "비非히스패닉 백인 미국인non-Hispanic White Americans"에로의 순응과 일치를 함축하고 있다. 일본에서의 비밀스러운 삶을 가슴에 묻고 더 이상 잃을 게 없는 상태로 온 하타에게 미국에서의 생활은 동화에의 투신이다. 일본에서의 삶을 비밀로 하고 싶고, 미국에 이민해 삶을 다시 시작하려 하는 그에게 "가장 제한된 종류의 친밀함"(44)이 예의인 미국인들의 개인주의적 성향은 오히려 자신에게도 반갑게 느껴진다. 미국 중산 계층 백인들이 여유롭게 살고 있는 뉴욕 교외 지역 베들리 런Bedley Run에서 "특별히 외국인, 그리고 일본인임에도 불구하고"(44) 하타가 어렵지 않게 받아들여지게 된 이유는 중산층 미국인들이 싫어하는 지나친 접근이나 개입을 삼감으로써 얻어진다. 형식상 보내 준 초대 카드 하나 받았다고 "포장한 선물과 초대장을 들고 달려와 기대에 부풀어 매달리듯 포옹하지 않는 데에 그들은 모두 특히 놀라워하며 만족해하는 것 같았다"(44).

하타의 노력과 마을사람들의 수용 과정은 그러므로 결코 긍정적인 것이 아니다. "여기 사람들은 다 나를 안다"(1)는 하타의 주장과 그 사회 사람들에게 인정과 존경을 받고 있다는 그의 주장에도 불구하고 독자는 곧 하타의 세계가 그가 믿고 싶어하는 만큼 그에게 우호적이지는 않음을 안다. 하타는 미국에 오면서 프랭클린 하타Franklin Hata라는 이름을 사용했지만 사람들은 그를 이 이름으로 불러 주지 않는다. 그가 의사가 아님에도 "Doc Hata"라고 부르는 지역 사람들의 행동에서 그를 자신들과 동등한 미국 시민으로 인정하지 않는 태도가 드러난다. 그를 이 호칭으로 통용하는 것에는 의료기기 상회를 하면서 일상적인 의료에 대해 조언을 친절히 해 주는 그를 단지 역할자로만 바라보는 '모범 소수민족model minority' 담론에 대한 선입견이 존재한다. '모범 소수민족' 신화는 하타처럼 근면 · 성실하며 고학력 출신의 아시아계 특히 중국, 일본, 한국계와 같은 태평양 연안 아시아계 출신 사람들의 성공적인 정착이 두드러지면서 그들을 '모범'적 이주민이라고 추켜세우는 용어다. 하지만 이 용어 속에는 노력해 성공한 아시아계 미국인들의 성공담을 통해 미국이 기회의 땅이라는 것을 인지시키고 다른 소수민족을 비교 · 차별하는 경향을 담고 있다. 그런 점에서 데이비드 리David L. Li는 "아시아인들을 동화 가능한 존재로 놓으면서 동시에 근본적으로 미국 바깥에 위치시키는" 모범 소수민족은 비체화[4] 담론이라고 본다(Li, 6).

4 데이비드 리는 아시아계에 대한 미국 주류 사회의 태도에 따라 1960년대 경까지를 소외alienation의 담론이 지배한 시대로, 그 이후를 '비체화' 담론이 지배한 시대로 지칭한다. 그는 아시아계를 완전히 배제하던 소외의 담론 때보다는 차별이 조금은 나아졌지만 현재도 계속되는 미국 내의 아시아계에 대한 차별적 경계짓기를 설명하면서 'abjection'이라는 줄리아 크리스테바Julia Kristeva의 용어를 차용한다. 그는 '모범 소수민족'이라는 일견 칭찬의 의미의 용어도 사실은 아시

하타의 동화 실천은 거의 자기 자신에 대한 비체화 수준이다. 퇴원하는 하타를 태워다 주던 병원 직원인 인디언 혈통의 젊은이 레니Renny가 베들리 런의 지역 분위기가 점차 유색 인종에 대해 비우호적이고 반감적으로 변해 가고 있다고 우려한다. 레니는 마을 사람이 이전에는 가게 주인들이 이탈리아인이나 아일랜드인이었는데 이제는 "불어를 쓰는 흑인"이나 베트남인이 되었다고 불평하면서 "타운의 방향"(134)에 대해 걱정하더라는 말을 하타에게 우려와 불만조로 전한다. 이에 하타는 "한 장소에서 가정처럼 느끼는 것에 대한 거라면"(135) 그렇게 안 되었을 때 "그 대체적인 부담은 자신이 져야 한다"고 말한다. 즉 이주한 곳이 자신의 '고향'으로 느껴지지 않을 때 이는 그 사회의 폐쇄성 탓이 아니라 자신의 적응과 순응이 미흡한 걸로 본다는 것이다. "그렇기 때문에 시민과 동료와 파트너로서 칭찬받는 데 필요한 것을 나는 한다. 그건 전혀 성가신 게 아니다"(135)라고 말한다. 앞서 서론에서 조앤 장이 하타의 태도를 모범 소수민족의 콤플렉스라고 보았던 언급이 미국 생활에서의 그에게는 정말 타당하다. 조앤 장은 하타의 전 생애를 모범 소수민족 콤플렉스로 해석해 모든 행동을 거짓된 제스처로 보는 점에서 타당하지 않다고 앞서 비판했는데 하타의 미국 생활에서는 콤플렉스라고 할 만하다. 그의 동화는 미국 주류 사회에 기꺼이 순응하고 지나치다 할 정도로 봉사하고 그게 잘 받아들여지지 않으면 자신을 탓하는 자책하기이기 때문이다.

하타가 가장 이타적인 사랑의 실천이라 할 수 있는 아기 입양을 하는 데는 이타적인 동기가 아주 없었던 건 아니지만, 가장 중요한 이유는 지역 사회에 안정적으로 받아들여지기 위해 가족을 만들 필요가 있었기 때

아계를, 미국 사회에 동화는 할 수 있으되 절대 중심이 될 수는 없는 존재로 구별짓는다는 점에서 비체화 담론이라고 말한다.

문이다. 앤 쳉은 "『제스처 인생』의 어두운 논리를 감싸고 있는 것은 평범한 것과 사악한 것 사이의 모면하기 힘든 공모성이다"(Cheng, 561)라고 말한다. 하타의 선택은 그전에 K에게서도 그러했듯이 그것이 의도적으로 사악해서 윤리적 실패를 담고 있는 것이 아니라 정상성과 선한 의도라는 진지한 포장 속에 윤리적 실패가 숨어 있다. 입양한 서니를 그가 무엇으로 보는가, 하타에게 서니는 어떠어떠해야 하는가를 살펴보면 그 선한 의도 속의 이기적인 욕심이 들춰진다. 서니는 하타의 성공의 수혜자이면서 그 성공의 징표가 되어 주어야 한다. "나는 나 자신의 가족을 만들기를 희망했다"(204)고 그는 가족 형성에의 소망을 피력한다. 그 '편부모 가정'이 "베들리 런의 하타 가문으로 좋은 평판을 얻고 좋게 알려"(204)지기를 바랐다. 독신 동양 남성의 신분으로는 아무리 경제력이 있어도 백인 중산 계급 가정에 받아들여질 만한 신뢰와 안정이 부족하다고 느꼈기 때문에 더욱 입양을 소망했다. 혹은 하타는 한 번도 발설한 적 없지만 죽은 K에 대한 속죄의 마음에서도 그러했다. 그는 그렇게 입양한 서니를 그 자신의 성공적 동화의 상징으로 사회에 보여 주기를 원했다.

미국 시민으로 자신을 확고히 구축되고자 하는 하타의 필요성에 사로잡혀, 서니는 그의 가부장적 존재를 굳건히 해 주는 딸이 되어야 한다. 모범적 가정의 가장으로 그를 구축시켜 주기 위해 서니는 순종과 순결을 체현해야 한다. 하타에게 서니는 그 자신의 성공적인 동화에 대한 시금석이다. 하타는 서니가 피아노를 배워서 완벽의 경지에 이르는 연주를 하기 원했고 사다 주는 양서들을 읽고 학업에 열중하며 불량한 친구나 사회악으로부터 차단되어 "영원히 청순하고 더럽혀지지 않기를"(114) 바란다. 그가 부여한 순결한 딸로서의 역할을 서니가 해내지 못할 때 그의 문제점이 드러난다. 서니는 남들의 시선을 지나치게 의식해 가식적으로 보이는 하타에 대한 반발심에서, 또 애초부터 아버지가 원하던 아이가 아니었고 기대에 절대 부응하지 못한다는 좌절감에서 빗나간다. 하타가 원하는 피아노를 치거나 컨트리클럽에 참석하기보다는 서니는 하류층이 모여 사는 지역에서 마약과 환락을 즐기는 히피적인 남자들과 어울린다. 서니가 마약 거래상인 흑인 남자와 난잡한 몸짓을 하는 모습을 훔쳐본 하타는 마음에서 서니를 버린다. "그 때 나는 그녀가 그저 나에게 어떤 한 소녀나 여자이기를, 더 이상 나의 혈연이나 내 딸이나, 내 피부양인이 아니기를 바랐다"(116). 이전에도 자신이 조선인임을 발각되게 하여 모든 패싱 노력을 수포로 돌아가게 만들 뻔했던 K를 저버렸듯이, 서니가 자신의 기대에 전혀 부응하지 않고 오히려 자신의 평판에 흠을 내는 존재가 되어 버리자 마음으로 그녀를 저버린다.

서니는 사실 처음부터 그의 눈에는 실패한 존재였다. 입양 기관으로부터 자신이 원하는 한국인 가난한 집안의 딸을 건네받을 것으로 생각했던 그에게 서니는 실망이었다. 입양 기관은 "소박하게 가난하지만 근면한 한국인 가정의 자식"(204)을 보내 준다 하더니 "그보다 훨씬 덜 점잖은 환경의 산물"을 보내 주었다고 말한다. 연이어 즉 "주한 미군과 기지촌 술집 여자애 간의 하룻밤의 방종한 성접촉"(204)의 산물이라는 평소의 점잖은 그가 하지 않을 것 같은 말을 딸에 대해 내뱉는다. 더욱이 아이의 머리와 피부색에서 "어떤 다른 컬러(혹은 컬러들)가 그녀 속에 깊이 흐르고 있다는 것을"(204) 자명하게 볼 수 있다는 이러한 말은 더욱 불온하게 들린다. 한국인 순혈 혈통이 아닌 데 대한 그의 실망은 부계가 흑인이라는 사실로 인해 더욱 악화되는 것이다. 백인 중산 계층이 사는 쾌적한 교외에 튜더풍의 고풍스러운 이층집을 짓고 사는 데에서 나타나듯 백인 주류 사회 속에 편입되고 싶어하는 하타에게 딸이 흑인 혈통이라는 사실은 떨쳐지지 않는 불만이다. 하타의 강박적 불만은 입양의 표준적인 수사학을 되뇌는 의식적인 하타와 그 서술 밑에 웅크리고 있는 기이하고 섬뜩한 언어 사이의 괴리를 통해 곳곳에서 감지된다.

> 나의 서니도 내 생각과 매우 흡사할 거라고 생각했다. 그녀가 나에게 반드시 그렇게 감사하거나 은혜를 입었다고 생각하지 않을 수도 있다. 하지만 최소한 그녀는 자신을 불결한 고아원으로부터 미국의 질서정연한 환영받는 교외의 가정에로 데려다 주어 그녀와 비스끄름한 인종의 희망적인 아버지와 충분한 재산이 있는 가정, 최선의 경우 오직 너무 행복할 것 같은 그런 가정에 보내 준 사회 제도의 섭리에 감사할 것이다(73).

입양에 대해 예상할 수 있는 적합한 언어와 정서를 말하다가 갑자기 어울리지 않는 기이한 단어가 튀어나온다. 서니는 자기를 불결한 고아원에서 빼내 미국 교외의 쾌적한 환경으로 데려온 제도의 섭리에 감사할 것이고 자신과 "비스끄름한 인종like-enough race"(73)인 아버지에게 감사할 것이라고 말한다. 마크 제른Mark Jerng은 하타의 꾸민 목소리와 단어 사이의 분열split을 지적하며 그가 느낀다고 생각하는 것과 인정하고 싶어하지 않는 것 사이의 간극이 끈질기게 그의 서술 목소리 속에 담겨 있음을 지적한다(Jerng, 60). 입양의 고마움을 말하는 중에 서니의 혈통이 순혈이 아님이 마음에서 떠나지 않는 듯 불쑥 섬뜩한 단어가 튀어나온다. 이는 항상 서니의 흑인 피에 대한 특히 방종한 매춘부와 흑인 미군 간의 정사에 의한 자식임을 의식하고 꺼림칙하게 생각하는 그를 보여 준다. 흑인 혼혈이어서 원하지 않았던 아이라는 그의 억누른 불만이 서니의 방황과 비행을 초래했다. 동양의 순수 혈통 여자아이를 입양해 평판 좋은 미국 중산 가정을 이루고 싶었던 하타는 미국의 인종 차별 관습을 내면화해 서니를 마음으로 받아들이지 않았던 것이다.

주류에 소속되고자 하는 동화에의 과욕은 서니의 동의 없이 임신 중절까지 감행하게 한다. 가출한 서니가 만삭이 다 되어 나타났을 때 그는 의사에게 거의 중절을 종용하며 자신이 직접 간호사 역할을 한다. 하타가 필사적으로 중절하고자 한 것은 흑인 혼혈 자손의 탄생이다. 그는 슬프고 두려운 서니의 감정을 전혀 생각도 하지 않고 "서로의 실패를 뜻하는 깃발처럼 집 주위에 걸릴 임박한 치욕과 당혹감만을 느꼈다"(340). 서니에게의 임신 중절을 하타가 어느 정도 강제적으로 했느냐는 중대한 문제이고 하타의 이전의 간접적인 악행이나 묵인처럼 이는 미묘하게 나타나 있다. 가출한 지 일 년쯤 지나서 십대 소녀 서니가 임신 중반이 이미 넘어선 몸을 이끌고 아버지에게 전화를 한 것은 자신도 임신 중절에 대한 생각이 없었던 것은 아니라고 생각할 수 있다. 그런 점에서 딸이 확실하게 결심을 못한 일에 대해 부모가 딸의 미래를 생각해서 힘든 결정을 내려 처리를 한 일로 볼 수도 있다. 하지만 하타는 회상 마지막 부분에서 자신이 강제로 했음을 시인하지 않을 수 없음을 어렵게 은유적으로 고백한다. "그 순간의 자기 자신의 삶의 정확한 모드와 의미를 인식하는 것은 매우 힘들고 회피하고 싶은 것이다"(284). 그러나 "아무리 밀치고 밀쳐도 튕겨 올라오는 횃불처럼"(284) 튀어 올라오는 진실은 "내가 그녀에게 그것을(임신 중절) 강제로 했다"(283)는 사실이다. 행동하지 않음으로써 자신의 안녕을 이전에 고수한 적이 있던 하타는 이번에는 서니의 신체를 강제로 통제하면서까지 자신의 안녕을 고수한 것이다.

4. 디아스포라로의 커밍아웃

하타가 일본인으로 행세하기와 미국 주류 사회로 편입하기라는 패싱과 동화에 지나치게 애씀으로써 자기 삶에서 진솔함을 빼낸 자기 착취적인 제스처 인생이 되었음을 지금까지 살펴보았다. 하타에게 서니는 혼음과 전쟁을 연상시켜 수시로 과거의 K를 상기시켜 주는 존재다. 하타는 그의 특징적인 죄 즉 자신의 이기적 의도를 대면하지 않고 어떤 악행에의 자신의 공모성을 보지 않으려 함으로써 인생의 다른 국면에서 되풀이해 도의적 죄를 저지르고 있다. 이 점이 나타나는 인생의 국면은 K와 서니로 집약된다. 그 두 여인이 그에게 어떻게 보이는지, 그 두 여인을 그가 왜 저버리는지에서 공통된 패턴이 보인다. 하타에게 K는 물론 여러 면이 있지만 최종적으로는 버리고 싶은 민족의 여자다. 한국 기지촌 여자와 흑인 미군 사이에서 태어난 서니는 잊고 싶은 인종이다. 동시에 두 여인은 자신과 가장 가까운 사람이다. K는 사랑한다고까지 느껴지는 여자였고 서니는 모든 물질적 · 정신적 지원을 아끼지 않는 딸이다. 이 두 가지 상충되는 감정이 평소 그의 마음속에 동시에 내재하다가 첨예한 갈등의 순간 그는 두 사람을 저버린다. 그는 K를 일본인으로의 패싱의 모든 노력이 수포로 돌아가게 될까봐 위기의 순간 저버린다. 그는 서니를 미국 주류 사회에의 성공적 동화라는 목표를 위한 공동 요원처럼 조종하다가 계속 빗나가는 그녀를 결국 마음으로 저버린다. 아니 오히려 남의 시선만을 의식하며 행동하는 아버지에 대한 반발심에서 딸이 더 강하게 아버지를 마음으로 저버린다.

하타가 그의 인생의 가장 중요한 두 여자를 저버리게 되는 심리 작용이나 요인은 무엇일까? 그는 자신이 취한 국가가 일본이었을 때든 미국이었을 때든 '입양된adoptive' 사회 환경 속에 항시 자신을 맞추려는 데 몰두하기 때문이다. 끊임없이 인정과 승인을 추구하면서 그는 항시 자신을 변두리의, 주변의 사람으로 생각하기 때문이다. 자신을 취약한 주변 존재로 보고 중심을 향해 가는 구심력을 추종하기 때문에 그 방향을 막아서는 소중한 사람을 보호하지 못하고 저버린다. 그 자신도 이 회고록 마지막에 이르러서는 그러한 깨달음을 자기 변명조이지만 확실히 보여 준다.

> 내가 원하는 모든 것은 덩어리의 일부가 되는 것이었고(비록 백만분의 일일지라도), 그래서 제스처의 인생보다 더한 것을 겪어내어 왔다. 그러나 이제 내가 K나 다른 소녀나 군인들과 마찬가지로 사건들의 핵심적인 부분에 있었음을 알게 되었다. 진정 끔찍한 것은 우리들이 정말 중심에 있었고, 비록 우리가 더 넓은 과정에 연루되지는 않았더라도 우리가 모든 것을 소모하는 전쟁의 엔진에로 거리낌 없이 번번이 우리 자신과 서로서로를 잡아먹히도록 갖다 바쳤다는 것이다(299).

그는 자신을 항상 '덩어리'의, 즉 주류의 한 부분 속에 속함으로써 힘을 얻는 그런 미약한 존재로만 생각했는데, 이제는 자기가 그 모든 일의 핵심적인 부분이었음을 깨닫는다. 자신은 물론이거니와 K와 군인 한 명 한 명도 그 잔혹상에서 중심에 서 있었음을 깨닫는다. 왜냐하면 한 사람의 용기, 한 행위자의 주체적 행동으로 그 상황이 다르게 흘러갔을 수도 있었음을 이제는 인정하기 때문이다. 그렇게 중대한 능동성을 각자가 잠재하고 있었음에도, 결국에는 파괴적인 전쟁 엔진 속으로 우리들 서로는 더 약한 상대를 밀어 넣고 그 잔혹한 흐름에 자신을 내맡기며 살아남는 선택을 한 것이라고 전쟁 당시 상황을 파악한다. 이창래는 이 대목에서 사람들을 전쟁의 수동적 피해자가 아니라 우리 스스로 서로를 잡아먹는 관계 속에 몸을 내맡긴 행동의 주체로 본다. 이창래는 인간의 의지나 행동과는 관련 없는 어떤 초절적인 힘의 작용을 믿는 자연주의적 역사관과는 달리, 전쟁이라는 대단히 맹목적이고 무자비한 힘조차 인간이 작용해 그렇게 흐르는 것이라는 인간 에이전시, 즉 인간 행위 주체 역사관을 보여 준다. 동시에 행위의 주체인 인간 중 대부분의 많은 사람이 하타처럼 자연도태와 적자생존의 자연 법칙을 따른 삶을 살고 있다는 점을 하타의 미묘한 죄를 통해 보여 줌으로써 냉정한 현실 인식을 보여 준다.

이창래는 이영옥 교수와의 인터뷰에서 "당신 소설에는 아주 다양한 에스닉 출신의 인물들이 살고 있는데 이것이 어떤 사회 비전을 암시하는가"(224)라는 질문에 그게 자신의 비전인지는 모르겠으나 그러한 다양한 에스닉이 있는 사회에서 더 편안하다는 말을 한다. "나는 항상 어느 것도 당연한 것으로 받아들이지 않는 사람들, 절대적으로 안락하다고 느끼지는 않는 사람들, 절대적으로 뿌리박힌 존재라고 느끼지는 않는 사람들을 대하는 게 좋다"(224)고 말한다. 이창래가 바로 본국에서 타국으로 이주한 사람이나, 기존 사회의 주도 세력에 속하지 않는 소수민족에게서 더 편안함을 느끼며 어떤 가능성을 보는 것은 이들의 당연시하지 않는 소속감과 기득권 부재에서 어떤 공동체 의식의 확장과 좀 더 비이기적인 윤리 의식 확장을 보기 때문이다. 하타가 자기 만족과 자신감이 가장 고조되어 있는 때가 윤리적으로 가장 위험하고, 자신의 취약성을 알고 겸손해진 때가 윤리적으로 가능성이 있는 때인 것도 같은 맥락이다. 마지막의 하타는 바로 디아스포라로의 커밍아웃을 그의 방식대로 조용히 보여 주는 것이라 할 수 있다.

> 그것은 순례는 아닐 것이다. 나는 내 운명이나 숙명을 찾으려는 것은 아니다. 나는 창조주의 얼굴이나 용서해 주는 죽은 자에게서 위안을 찾으려고 추구하는 것은 아니다.
>
> 그저 나로 하여금 내 육체와 피와 뼈를 지니게 해 주시오. 나는 깃발을 날리겠다. 내일, 이 집이 살아 있고 충만할 때 나는 밖에서 안을 들여다볼 것이다. 나는 이미 이 도시든 아니면 다른 도시든 혹은 5천 마일 밖의 어느 곳을 벌써 걷고 있을 것이다. 한 바퀴를 다 돌고 다시 도달할 것이다. 흡사 집과

같은 곳으로 오게 될 것이다(356).

디아스포라는 애초 바빌론 유수 이후 유대인이 고국에서 추방되어 유랑하게 된 것을 지칭하는 용어다. 디아스포라 개념을 구체화한 윌리엄 사프란William Safran은 디아스포라의 특성을 여러 가지를 말하는데 그 중에서도 모국에 대한 집합적 기억이나 거주국 사회에서의 소외 의식은 디아스포라의 기본 정서로 면면히 흐른다. 하타는 일본 식민제국에 사는 조선인일 때도, 미국에 이민 온 일본인일 때도, 고국을 떠나 타국에서 떠도는 디아스포라다. 그런데 하타는 자신이 디아스포라적 존재임을 인정하지 않았고 자신과 같은 처지의 사람에게서 공동 의식을 느끼려고도 하지 않고 오직 주류 사회를 향한 구심력만을 추종해 왔다.

이제 비로소 그는 자신이 주류 사회에 들어가려 부단히 노력해야만 하는 한낱 변두리적 존재였던 것이 아니라 모든 국면의 핵심적 부분이었음을 깨닫는다. 자기뿐 아니라, 떠나온 소외된 개인 한 명 한 명이 능동적 주체임을 새삼 깨닫는 것이다. 디아스포라에 대한 최근의 연구도 바로 디아스포라의 능동적 주체성, 비주류층 간의 초국가적 연대성에서 어떤 가능성을 찾는다. 아브타 브라Avtar Brah는 디아스포라란 "단순한 이주와는 달리 흩어져 이주하게 된 집단의 다양한 성분들 사이에서 어떤 공통성commonalty을 구축하게 하는 경제적 · 정치적 · 문화적 상호관련성의 매트릭스를 지칭한다"(Brah, 196)고 말한다. 그녀는 "고국에 돌아가고 싶은 욕망homing desire"도 자신의 본래 고국에로의 귀환 욕망이 아니라 이주하는 주체가 "고향으로 느끼게 되는 여러 장소multi-placedness"의 의미로 확대한다(197). 이는 현대의 한 조건인 이주를 삶의 조건으로 인정하고 거주국에서 '고향 만들기' 같은 공동체 의식이며 현대의 한 조건인 다민족성을 받아들여 민족을 넘나들며 '이웃 만들기'와 같은 결속 의식이라 할 수 있다.

그토록 열심히 노력해서 안정된 노년을 이루었지만 실패한 삶임을 자인하지 않을 수 없었던 노인 하타는 마지막에는 자신의 성공적인 정착과 동화를 가시적으로 보여 주는 저택을 팔아 서니와 심장 이식을 기다리는 지인의 아들에게 유산을 나누어 준다. 그가 이제는 다른 사람을 위해 적극적으로 개입하는 책임감 있는 행동인이 되었음은 해변에서의 구조 장면에서 이미 보인다. 해변에서 지켜보던 그는 순간 흑인 손자 토머스 Thomas[5]가 물 속에서 사라져 버린 것을 깨닫고 그를 구하기 위해 바다 속에 뛰어든다. 그 때 마찬가지로 사라진 아이들을 구하러 뛰어든 이웃 청년 레니Renny가 심장마비로 허우적대고 있는 모습을 본 순간 그는 두 사람을 다 구하지는 못할 거라는 직감이 든다. 그렇지만 그는 토머스를 물 위에 띄워만 놓고 다른 구조원에게 맡긴 채 시간을 놓치지 않고 레니에게 달려가 그도 구조해 낸다. 목숨을 걸고 죽을 힘을 다해 손자만이 아니라 이웃 레니를 구해 낸다. 이번에는 그가 사람을 포기하지 않은 것이다.

하타는 위의 끝맺는 말에서 자신이 디아스포라임을 인정하는 즉 디아스포라로의 커밍아웃을 그의 독특한 조용한 방식으로 한다. 그것은 지금까지의 피동적인 자아 의식과 이기적인 선택에서 돌아서서 가진 것을 나누고 집착을 버리고 유랑을 떠나고 궁금해서 다시 와 들여다보는 삶을 살겠다는 꼭 하타다운 온건한 정적인 디아스포라 선언이다. 악행도 전혀 적극적인 악행을 하는 게 아니고 이기적인 동기를 대면하지 않고 합리화하는 성향의 하타다운, 그렇지만 진실된 디아스포라 커밍아웃이다. 과거 행동의 많은 부분을 작동했던 수동적인 공격성이 아니라 더 이상 나쁜 믿음

5 임신 중절 사건 이후 하타와 단절하고 살아간 서니가 동일한 남자이나 지금은 헤어진 남자와의 사이에서 두 번째로 낳은 아들이다.

을 따라 행동하기를 적극적으로 거부하는 마음가짐인 것이다. 또한 자신을 주변적 존재로 파악하고 주류 사회의 구심력을 쫓아가며 소중한 사람들의 마음을 잃던 것으로부터, 자신보다 취약한 사람에 대한 관심에 다시 와서 돌아보며 지속적 관계를 유지하는 바람직한 디아스포라가 된다. 더 이상 확고한 기득권층에로 동화되려 연연해 하지 않고 어느 국적도 고향도 자신의 것이 아닌 디아스포라로서의 본래의 자신의 위치를 받아들이며 사회적 약자이지만 그에게 소중한 사람들의 필요에 반응하는 커밍아웃인 것이다.

참고 문헌

라슨, 넬라, 『패싱』, 서숙 옮김, 서울: 이화여대출판부, 2006.

박지향, 『제국주의: 신화와 현실』, 서울: 서울대학교출판부. 2007.

이선주, 「미국 이주 한국인들의 디아스포라적 상상력: 이창래의 『네이티브 스피커』」, 『미국소설』 15-1, 2008.

이소희, 「『제스처 인생』에 나타난 젠더화된 트라우마」, 『현대영미소설』 13-1, 2006.

Berry, John, "Acculturation and Adaptation in a New Society," *International Migration*, vol.30, 1992.

Brah, Avtar, *Cartographies of Diaspora: Contesting Identities*, London: Routledge, 1996.

Carroll, Hamilton, "Traumatic Patriarchy: Reading Gendered Nationalisms in Chang-rae Lee' s *A Gesture Life*," *Modern Fiction Studies*, vol.51, no.3, 2005.

Chang, Joan Chiung Huei, "A Gesture Life: Reviewing the Model Minority Complex in a Global Context," *Journal of American Studies*, vol.37, no.1, 2005.

Cheng, Anne Anlin, "Passing, Natural Selection, and Love's Failure: Ethics of Survival from Chang-rae Lee to Jacques Lacan," *American Literary History*, vol.17, no.3, 2005.

Chu, Patricia, *Assimilating Asians: Gendered Strategies of Authorship in Asian America*, Durham: Duke University Press, 2000.

Chuh, Kandice, " Discomforting Knowledge, or Korean 'comfort women' and Asian Americanist critical practice," *JAAS(Journal of Asian American Studies)*, vol.6, no.1, 2003.

Gordon, Milton, *Assimilation in American Life: The role of Race, Religion, and National Origins*, Oxford: Oxford University Press, 1964.

Grewal, Inderpal, *Transnational America: Feminisms, Diasporas, Neo-liberalisms*. Durhum & London: Duke University Press, 2005.

Jerng, Mark C., " Recognizing the Transracial Adoptee: Adoption Life Stories and Chang-rae Lee's *A Gesture Life*," *MELUS(Multi-Ethnic Literature of the United States)*, vol.31, no.2, 2006.

Lee, Chang-rae, *Native Speaker*, New York: Riverhead Books, 1995.

_____, *A Gesture Life*, New York: Riverhead Books, 1999.

Lee, Young-Oak, "Gender, Race, and the Nation in *A Gesture Life*," *Critique: Studies in Contemporary Fiction*, vol.46, no.2, 2005.

_____, "Language and Identity: An Interview with Chang-rae Lee," *Amerasia Journal*, vol.30, no.1, 2004.

Li, David Leiwei, *Imaging the Nation: Asian American Literature and*

Cultural Consent, California: Stanford University Press, 1998.

McGowan, Miranda Oshige & James Lindgren, "Testing the 'Model Minority Myth'," *Northeastern University Law Review*, vol.100, no.1, 2006.

Safran, William, "Diasporas in Modern Societies: Myths of Homeland and Return," *Migration, Diasporas and Transnationalism*, Steven Vertovec & Robin Cohen(eds.), Massachusetts: Edward Elgar Publishing, 1999.

Sayers, Valerie, " Little Comfort Given," *Commonweal*, vol.126, no.22, 1999.

Weiner, Michael, *Race and Migration in Imperial Japan*, London: Routledge, 1994.

http://en.wikipedia.org/wiki/Passing_(racial_identity)

19세기를 사는 21세기의 그녀들:
개신교 도시 미혼 여성의 젠더 의식과 문화 혼종성*

백소영

1. '가족 이데올로기'의 재등장과 한국 교회의 '가정 회복 사역'

새 천년을 지나며 새롭게 세계 질서를 구축하고자 하는 정치적 · 경제적 움직임이 전 지구적으로 진행 중이다. 1990년대 이후 본격화된 이 문화 변혁의 기획 속에는 오랜 냉전 체제의 한 축을 감당했던 소비에트 연방이 무너지면서 서구 자유주의의 승리감 넘치는 목소리와 함께, '신자유주의'의 이름으로 재등장한 자유주의적 경제관이 지배력을 과시한다. 더불어 '가족' 특히 '전통적'(19세기 · 서구 · 근대적 의미에서) 가정 회복을 외치는 국내외적 운동성도 눈에 띄게 활발하다. 손익 계산이 빠른 할리우드가 이 흐름을 재빠르게 읽어냈고 1990년대 초부터 가족 시장을 겨냥한 영화 상품들을 대거 생산, 전 세계적으로 흥행을 기록했다.[1] 우리나

* 이 글은 『한국기독교신학논총』 제68집(2010.4)에 실린 논문을 수정 · 보완한 것이다.

라도 영화 〈마더〉, 소설 〈엄마를 부탁해〉, 연극 〈친정엄마와의 2박 3일〉 등, 자기를 잊기까지 가족을 위해 희생하는 엄마들을 이상화하고 추억하기에 여념이 없다.

왜 하필 지금일까? 시대에 뒤진, 한 세대 전 추억의 가정 형태를 다시 현재로 불러오는 이유는 무엇일까? 가정은 "민족주의라는 패권적 기획의 보충적 자리가 아니라 그 기획이 시작되는 최초의 자리"라는 파르타 차테르지Partha Chatterjee의 지적을 기억한다면,[2] 1990년대 이후 우리가 체감하는 새로운 문화 변동이 왜 '가족'이라는 상징에 다시 주목하는가를 물어야 한다. 이 상징을 통해 새롭게 구축하거나 혹은 유지하려는 세계 질서는 무엇일까? 이를 기획하는 이들은 누구이며 어떤 집단이 열렬한 전달자인가?

1990년대 이후 가시화된 가정 회복에 대한 국제적 운동성은 바로 그 이전 세대에 어떠한 담론과 운동들이 등장했었는가와 무관하지 않다. 페미니즘과 여권 운동, 동성애자들의 공민권 운동, 낙태 허용 운동 등 미국에서는 1960년대 말에 시작해 70년대 말에 활발했으며 한국에는 80년대 이후 본격화된 이 담론과 운동들은 현대인이 문화적 '보편'으로 받아들여왔던 이성애적 핵가족 질서를 근본부터 흔들었다. 더구나 고도로 전문화된 후기 자본주의 사회 자체가 모순 속에서 점차 근대적 형태의 핵가족 구조를 와해시켜 왔다. 신자유주의적 경쟁 구도를 갖는 후기 자본주의 사회가 요구하는 '개인'은 언제 어디서든 최상의, 최고의 생산(그것이 기술

1 1989년 〈인어공주〉를 시작으로 〈알라딘〉, 〈라이언 킹〉, 〈주라기 공원〉, 〈나 홀로 집에〉, 〈포레스트 검프〉, 〈미세스 다웃파이어〉 등이 90년대 세계화된 문화 시장을 통해 전 지구적인 흥행몰이를 책임졌다(윌리엄 로마노프스키, 『대중문화전쟁』, 신국원 옮김, 예영커뮤니케이션, 2001, pp. 338–340).

2 '서발턴연구회' 구성원인 차테르지의 글 *The Nation and Its Fragments: Colonial and Postcolonial Histories* (Princeton University Press, 1993)을 태혜숙, 『한국의 탈식민지 페미니즘과 지식생산』(문화과학사, 2004), p. 113에서 재인용했다.

이든 지식이든 물건이든)을 제공할 수 있는 전문 기계여야 한다. 그래야 구조 조정의 위협 속에서도 살아남을 수 있다. 보살피고 관여하며 시간을 할애해야 하는 가족이 있다는 것은 경쟁성을 떨어뜨리는 삶의 조건이 된다. 이렇게 변화하는 외부 환경은 19세기적 기획으로서의 핵가족 구조를 점차 와해시킬 수밖에 없다. 즉 19세기적 의미에서의 '전통적' 가정은 21세기 후기 자본주의적 삶의 조건을 사는 개인에게는 맞지 않는 제도다.

그러나 한편으로 자본주의 시스템을 기반으로 하는 이 문명은 사적 가정의 비임금 노동 없이는 유지 불가능하다는 체제적 모순을 지닌다. 봉건 사회에서 노예나 노비들이 담당했던 노동력 중 가사와 육아의 영역을 누군가는 감당해야 공적 영역의 임금 노동이 가능해진 상황에서 그 누군가의 '근대적 기획'은 전업주부였다.[3] 울리히 벡Ulich Beck이 선언했듯이 자본주의라는 근대적 제도는 인류의 반, 즉 여성의 봉건화 없이는 불가능한 "근대적 봉건 사회"다:

> 부르주아 산업 사회의 이미지는 인간 노동력의 불완전한, 또는 좀 더 정확히 말해서, 분리된 상업화에 기초하고 있다. 총체적 산업화, 총체적 상업화, 그리고 전통적 가족 형태 및 역할은 서로 배제적 관계다. 한편에서 임노동은 가사를 전제하고 시장을 통해 매개되는 생산은 핵가족의 형식과 귀속 역할을 전제한다. 그 점에서 산업 사회는 남녀의 불평등한 지위에 의존한다. 임노동이 가사를 전제로 한다는 의미에서, 그리고 19세기에 생산 영역 및 형태와 가족이 분리되어 창출된다는 의미에서 이것은 자본과 노동 사이의 적대와 마찬가지로 산업 체제의 산물이며 기초다. (……) 이런 점에서 남녀는 근대적

3 이에 대해서는 부족하지만 필자의 책 『엄마되기, 아프거나 미치거나: 21세기 한국 개신교 기혼 여성의 '모성' 경험』(대한기독교서회, 2009), 12장 "현대 여성으로 사는 법: 현대적 제도 장치" 부분을 참조하라.

> 신분 계급이라는 신기한 잡종이 된다. 생산 영역에서 요구하는 개인적 경쟁과 이동성은 가족의 상반되는 요구, 즉 타인을 위해 희생하고 가족의 집합적 공동 생활에 열중하라는 요구와 충돌한다(벡, 1997 : 181-182).

동등한 제도 교육과 양성 평등적 법률을 통해 여성이 전문인일 수 있는 가능성을 열었으나, 그러나 다수 여성이 전문인이면, 그래서 가정이 약화되거나 와해되면 유지 곤란한 체제가 바로 21세기 후기 자본주의 사회다. 이 제도를 '유지'하고 '보수'하려는 사람들이 19세기적 가정의 이상을 21세기에 다시 강조해야 할 절실함이 이해되는 지점이다.

더구나 개인적 차원으로 볼 때, 낭만적 가정에의 이상, 즉 "평화의 장소이며 모든 상처로부터의 피난처일 뿐 아니라 모든 테러와 의심, 분열로부터의 피난처인 가정"[4]은 21세기적 문화 상황을 살아가는 사람들에게는 상당한 흡인력을 가지는 담론이 된다. 이동성이 고도로 발달하고 증가한 이 사회에서, 버스 터미널이나 공항, 현금 인출기와 같은 비장소적 · 기계적 만남이 대부분의 생활을 이루는 삶 가운데,[5] 또한 '노동의 유연화'라는 이름으로 불안정한 고용 시장이 끊임없는 자기 계발과 치열한 경쟁을 공적인 삶의 필수 조건으로 만드는 신자유주의적 경제 구조에 위치지어진 개인은 그 보상으로서의 '가정'을 그 어느 때보다도 심정적으로 필요로 할 테니 말이다.

4 조수아 메이로비츠Joshua Meyrowitz가 인용한 존 러스킨John Ruskin의 말이다. 메이로비츠는 이러한 낭만적 가부장주의의 정치적 의도를 비판한다(존 톰린슨, 『세계화와 문화』 김승현 · 정영희 옮김, 나남출판사, 2004, pp. 168-169).

5 프랑스 인류학자 마르크 오제Marc Augé는 초근대성supermodernity이 지배하는 세계화 시대에는 관계적이지 않은 비장소들이 넘쳐난다고 지적했다. 이는 "고독과 침묵과 익명성의 장소이며, 소외와 일시성의 장소다. 그것은 게젤샤프트Gesellschaft에 대한 숭배로 상호 작용이 도구적이고 '계약적인' 장소들이며, 시간을 통한 지속성 안에 존재하는 공동체와의 어떤 유기적 관계도 제거해 버리는 장소들이다"(톰린슨, 같은 책, pp. 157-160).

이러한 개인적 정서를 지지 기반으로 삼아, 와해되거나 약화되는 19세기적 핵가족의 이상을 다시 강화하려는 이 '복고풍 회복 운동'의 열렬한 전달자 중에는 단연코 국제적인 운동성을 보이며 활동하는 개신교의 움직임이 선두에 있다. 미국에서는 이미 1980년대를 시발점으로 '도덕적 다수Moral Majority', '전통적 가치를 위한 미국연합American Coalition for Traditional Values', '미국의 사려 깊은 여성들Concerned Women for America', '가족연구회Family Research Council', '약속을 지키는 사람들Promise Keepers' 등의 기독교 신우파The New Christian Right 단체들이 등장해 세속화된 미국 문화의 방향을 '다시' 전통적인 미국으로 회복시키자는 운동을 활발히 전개해 왔다. 반공주의, 군사력 강화주의, 자유경제주의와 함께 전통 윤리 회복을 강조하는 이 기독교 신우파 단체들은 미국의 레이건 정부에 실질적 힘을 실어 주었을 뿐 아니라 국제적 단위의 문화운동을 전개했다.[6] 피터 버거Peter Berger도 서구 자본주의적 자유주의의 제도와 가치를 '전 지구적으로 동질화'시키는 전략으로서 '세계화globalization'의 주요 전달자로 국제적 대중운동의 선두에 이 '기독교 복음주의적 우파'가 있음을 지적한 바 있다(버거, 2005 : 22). 이 운동의 지도자들은 자본주의, 자유민주주의적 가치 존속에 필수적인 가정 회복의 메시지를 신적 소명의 이름으로 전달하고 있는데, 혁명적으로 발달한 매체, 이동성의 전지구화와 더불어 이 '미국발' 보수적 신앙운동은 한국의 대형 교회들과 긴밀한 네트워킹을 보여 주고 있다. 특히 1990년대 이후에 급성장한 초교파적 대형 교회들은 너나없이 이 '미국발' 가정 회복 사역의 콘텐츠를 주된 선교 사업으로 강조하고 있다. 꽤나 유명해져서 이제는 비신자들도

6 1980년대 이후 미국의 신우파 기독교 단체들의 성장 배경과 성격, 정치 과정에 대해서는 최명덕, 「레이건 시대의 기독교 신우파의 정치 참여」, 『미국학논집』 36, 2004, pp. 265–286와 류대영, 『미국종교사』, 청년사, 2007, pp. 512–517을 참조하라.

이름을 들어보았을 '아버지학교'를 비롯해서 '새 가족 세미나', '행복한 가정', '부부 세미나' 등이 후기 산업사회 탈인격화되고 개인화된 사회에서 의미를 상실하고 가정적 불화를 경험한 신자 개인들에게 큰 호응을 얻고 있다.[7]

'21세기에 새로이 강조되는 19세기적 기획'으로서의 '가정'이라는 문화적 상징화가 기독교 신우파 운동을 중심으로 한국 교회에서 활발한 정황을 포착하며, 필자는 결혼이라는 선택지를 앞에 두고 문화적 전제들을 내면화해 가는 개신교 미혼[8] 여성들의 일상 생활, 특히 성 · 결혼 · 가정생활의 의미를 형성하는 젠더 질서를 파악해 보고자 했다. 이는 21세기 자본주의 문화와 개신교 신앙이 맞물려 들어가며 생산한 '가정 회복 사역'이 얼마만큼 개신교 미혼 여성들의 신앙관이나 성, 결혼관 등에 영향을 미치고 있는지 확인하고자 함이다. 그녀들의 젠더 의식이 과연 보수적 · 복음적 개신교 운동가들의 '기획'대로 '19세기적' 동질성—보편, 진리, 신적 질서의 이름으로—을 가지는지, 만약 동시대의 세속적 문화 가치와 혼재되어 있다면 어떤 방식으로 섞여 있는지, 그러한 혼종성은 어디서 기인한 것인지를 파악해 보고, 이에 대한 윤리적 평가와 전망을 제시하려 한다.

7 이에 대해서는 필자의 졸고 「지구화시대 도시 개신교 신자들의 '의미 추구': 1990년대 이후 수도권 신도시 지역 '복음주의적 초교파 교회'로 이동한 개신교 신자들을 중심으로」, 『탈경계인문학』 2권 1호, 2009. 2, pp. 77-110을 참조하라.

8 최근에 결혼을 문화적 '당연'으로 여기는 것에 대한 저항으로 '비혼'이라는, 즉 자유 의사에 의한 선택지를 부각하는 용어가 쓰이고 있음을 알고 있다. 그러나 이 글에서는 응답자들의 결혼에 대한 답변 분석에 기반해 그녀들이 결혼을 신앙적 질서 안에서 해석하고 있으며 '비혼' 논의에는 대부분 익숙지 않음을 확인하면서 선택한 용어다. 연구자의 편견이나 전제가 반영되어 있지 않음을 밝힌다.

2. 21세기 한국 · 도시 · 개신교 미혼 여성들에 대한 '상황적 지식' 얻기

'그녀들'을 만났다. "우리에게 말을 걸지 않고 우리와 함께 말하지 않고 우리에 대해 말하는 사람들이 무섭다."(Hooks, 1990 : 152 ; 태혜숙, 2004 : 222에서 재인용)는 벨 훅스Bell Hooks의 고발을 염두에 두며 개신교 미혼 여성들의 젠더 인식을 알기 위해 먼저 그녀들을 이야기를 듣고자 했다. 문화 변혁에 실질적 힘을 가지는 인문학적 지식이란 "역사적 구체성과 차이"에서 비롯되는 "상황적 지식situated knowledge"이라는 태혜숙의 말에 공감한다(태혜숙, 2004 : 448). 책상 앞에 앉아 이론서를 뒤지면서 객관적이고 거리를 둔 외부자적 관찰로는 '구체적 현재'인 '그녀들'의 다양하고 중층적인 의미망을 읽어 내고 그에 근거한 '상황적 지식'을 얻을 수 없다고 판단했기에, 연구자는 동시대(21세기) · 한국 · 도시 · 개신교 · 미혼 여성의 조건을 만족하는 사람들에게 설문지를 돌리고 인터뷰를 시도했다.[9] 계층 제한을 둔 것은 아니었으나 20~30대 대학생들과 직장 여성을 주요 대상자로 진행하는 과정에서 도시 빈민 혹은 노동자 계층의 젠더 의식이 배제되었음을 고백한다. 그러나 굳이 표본 집단을 '중산층'이라고 제한하기는 힘들다고 본다. 대학생이거나 직장인이라는 상황에도 불구하고 학비를 위해 반복적인 휴학을 단행해야 하고, 집안에서 유일한 소득원인 처지에 있는 이들도 다수 있었기 때문이다. 인터뷰는 설문지를

9 2009년 2월 27일부터 3월 31일까지 1차 설문 및 인터뷰를 진행했다. 설문지는 총 200부를 준비했는데, 문항이 많고 주관식 서술형이 많아, 짧은 시간에 받아낼 수 없다고 판단해 연구자와 연구자의 지인들을 통해 직접 소그룹 성경모임이나 개인별 응답을 받았다. 설문지 배포와 수거를 위해 도움을 주신 분들—사단법인 '아름다운 동행' 식구들(특히 박명철, 박성희 기자님), '기독교와 세계' 2009년 1학기 학생들(특히 김영선, 박상희, 이윤희), 학교 동료 선생님들(특히 이은애, 박일준 박사님), 그리고 기독교학과 대학원 조교들(특히 임영은 조교)—에게 각별한 감사를 전한다.

토대로 묻고 답하면서 진행했는데, 이 때 중복 답안을 상당 부분 허용하고 그 경우 우선순위를 명시하도록 부탁한 이유는 경험과 의미 해석의 중층성, 혼종성을 파악해 내기 위한 장치였다. 물론 52명의 인터뷰 내용만으로 '동시대(21세기) · 한국 · 도시 · 개신교 · 미혼 여성'의 젠더 의식을 일반화시킬 수는 없을 것이다.[10] 그러나 질적 연구의 목적이 일반화나 법칙성의 발견이 아니라 의미 분석과 현상 설명에 있음을 생각할 때, 개신교 미혼 여성들의 자기 서술 안에서 '동질성'의 기획으로서 가정 이데올로기의 영향력을 읽어내고 또한 그 '동질성'의 기획에 포섭되지 않는 설명들을 발견하는 선행 작업이 없는 상황에서는 이 자체로 유의미한 작업이라고 본다.

설문지 응답의 상세한 읽기를 통해 표본 집단을 선정했고,[11] 응답 분석을 기초로 분석 코드를 개발했다.[12] 먼저 구원관, 성서관, 예수 그리스도 이해, 동정녀 탄생설에 대한 믿음, 기독교인의 사회 참여 문제에 대한 응답 분석을 통해 응답자들의 신앙 성향을 네 개의 신앙'군group'으로 분류했다: (1) '근본주의적/전통적 성향(36/52명) (1신앙군),[13] (2) '열려진 복음주

10 표본 집단의 수를 늘릴 경우 어떤 다른 지형도가 그려질까 궁금해 추가 인터뷰를 진행 중이다. 상세 인터뷰를 통한 응답 수집 과정이라 향후 몇 년의 시간이 소요되리라 예상한다. 이를 바탕으로 한 결과가 지금의 연구 결과와 어떤 유사점 혹은 차이를 보일지 연계 연구를 진행하겠다.

11 회수된 설문지(137부) 중 연구자가 파악하고 싶었던 주요 변수들을 충분히 알아낼 수 있을 만큼 상세하고 성실한(무응답 문항이 없는) 답안을 작성한 설문 응답자 수는 그리 많지 않았다. 결국 인터뷰를 병행해 연구자가 직접 수집한 응답을 합해 총 52명의 사례만으로 분석을 시도했다. 20대 34명, 30대 18명, 신앙 연륜은 모태 신앙이 31명, 20년 이상이 6명, 10년에서 20년 사이가 8명, 10년 미만이 7명이었다. 기타 상세한 정보는 논문 말미의 부록 '응답자 정보'를 참조하라.

12 사실 이러한 연구방법론은 순수하게 '질적 연구방법론'으로 보기 어렵다. 굳이 말한다면, 양적 접근과 질적 접근 '사이에 낀' 방법론이다. 설문지 문항 자체가 양적 수량 통계를 위해 고안된 질문들이 아니었고, 수집 방법 역시 소집단 성서 공부 등에 참여해 함께 읽고 나누면서 적어 내려가는 등의 방법을 적용함으로써 인터뷰의 형식도 중첩되었던 점은 질적 연구의 시도였다. 그러나 이 연구 분석에 사용한 52명이라는 숫자는 양적 접근의 표본 수(보통 200여 사례를 상회하는 것이 상례인)로는 너무 적고, 질적 접근의 표본 수(5~25 사례 정도를 심층 연구하는)로는 너무 많다. 그러나 신앙, 젠더 의식, 모성 이해의 다양한 양상을 비교, 분석하기 위해 어느 정도의 양적 표본 수가 필요했다. 동시에 개인적 선택의 의미가 가지는 복잡하고 세부적인 중첩과 혼종의 결을 읽어내

의적' 성향(8/52명) (2신앙군),[14] (3) '자유주의적/합리적' 성향(7/52명) (3신앙군),[15] (4) '후기기독교적/급진적' 성향 (4신앙군)[16]으로 분류했는데, 이는 이러한 신앙 성향이 젠더 의식, 결혼관, 가정관과 어떻게 맞물리거나 혼종되어 있는지를 파악하기 위한 분석 코드였다(〈표〉 참조).

기 위해서는 수량 통계적 설문이 아닌 심층 인터뷰가 요구되었다. 결국 연구자가 하고자 하는 것은 미시적 접근법으로 알아본 층위들을 거시적인 맥락 속에서 평가하는 작업이다. 섣불리 '통합적'이라고 부르기는 부끄러운, '사이에 낀' 듯한 방법론과 표본 집단의 수는 연구 과제 수행을 위한 현실적 선택이었고, 그 때문에 도전이요 모험임을 고백한다. 기술적인 지식은 질적 연구방법론에 대한 사회학적 책들의 도움을 받았다. 주된 도움을 얻은 책은 존 크레스웰의 『질적 연구방법론 다섯 가지 전통』(조흥식 외 공역, 학지사, 2005), 제니퍼 메이슨의 『질적 연구방법론』(김두섭 옮김, 나남출판사, 2008), A. 타사코리와 C. 테들리의 『통합연구방법론: 질적 · 양적 접근 방법의 통합』(염시창 옮김, 학지사, 2001)이다.

13 구원관에서 "예수 그리스도가 유일한 구세주"이며 "그를 통한 구원만이 영생에 이르는 길"이라는 주류 교회의 신앙 고백을 그대로 계승하는 신자들이다. 이들은 예수가 "하나님의 성령으로 잉태되어 처녀 마리아에게서 태어났음"을 믿어 의심치 아니하는, 그 때문에 예수는 "완전한 신이며 완전한 인간이시고 동정녀 탄생은 기독교적 신앙 고백의 핵심이 된다"고 고백하는 사람들이다. 이들은 또한 성서의 축자영감을 믿고 있었고, 현재 세상에서 그리스도인으로서 행해야 할 가장 시급하며 긴박한 과제에 대해 대부분 "개인의 영혼 구원"과 "세계화를 적극 활용한 전 지구적 차원의 선교운동 전개"를 꼽았다. 사례 1, 2, 4, 5, 6, 11, 12, 14, 16, 17, 19, 20, 21, 22, 23, 26, 28, 29, 30, 31, 33, 34, 35, 36, 37, 39, 41, 42, 44, 45, 47, 48, 49, 50, 51, 52의 36명. 표본 집단의 수(52명)를 고려할 때 압도적인 수다.

14 자신들의 신앙 고백에서는 첫 번째 성향의 신자들과 다를 바가 없었으나, 타인이나 타종교를 대하는 태도에서 열린 태도를 보이는 신자들이다. 자신들은 "예수 그리스도가 유일한 구세주임"을 고백하지만, "하나님의 창조 질서 안에 나타난 계시를 통한 구원 가능성"을 부정할 수는 없다는 '열린' 태도를 보였다. "종교적 인간은 하나님을 갈망하고 알아가려는 능력이 있는 것을 인정하므로 타종교의 종교성도 인정하지만, 그 완성은 예수께서 하셨다"는 '포괄주의자적' 입장이다. 그녀들이 보여 준 개방성 혹은 융통성은 성서 이해에도 반영되어 있어서 성서의 축자영감적 접근보다는 유대적 환경의 제약을 인정하면서, 특히 "구약의 생활에 대한 법들은 현재의 상황에 맞추어 재해석이 필요하다"고 보았다. 그러나 예수의 그리스도성에 대한 이해나 동정녀 탄생에 대한 믿음에서는 1 신앙군, 즉 '근본주의적/전통적' 신앙 성향의 신자들과 같은 입장을 취했다. 응답자들은 기독교인의 사회 참여로서 가장 시급한 우선순위를 "개인의 영혼 구원"과 "세계화를 적극 활용한 전 지구적 차원의 선교운동"이라고 꼽고 있었으며, 아울러 "도시 빈민과 기아 난민 구호"의 필요성도 동감하고 있었다. 사례 10, 18, 24, 25, 32, 40, 43, 46. 첫 번째 근본주의적/전통적 유형과 그 수를 합한다면 대부분의 응답자들의 신앙 성향이 보수적 · 복음적임을 알 수 있다.

15 "하나님이 창조하신 세계는 어느 정도 하나님을 알 수 있는 능력을 부여받았다"고 믿으며, 따라서 "타종교나 다른 구도를 통한 구원의 가능성을 인간이 판단할 권리가 없다"고 생각하는 이들이다. 성서는 "이스라엘 사람들이 자신들의 역사 안에서 하나님을 만나고 알아간 과정을 신앙 고백적으로 서술한 책"이라고 보았고, 그 때문에 성서는 "기독교인으로서 하나님에 대한 신앙 고백의 제일 중요한 자료로 받아들여야 하나 그 내용을 축자영감적으로 실생활에 적용할 필요는 없으며," 또한 "성서가 가지는 유대의 환경적 제약을 인정하고 특히 생활에 관한 법들은 현 상황에 맞춰 재해석

연구 참여자들을 신앙적으로 유형화하기는 비교적 용이했다. 신앙관을 알아보기 위한 질문에 비대칭적 응답이 전무했기 때문이다. 예를 들어, 성서관에 '근본주의적/전통적' 성향의 답을 한 사례는 예수 이해나 구원관을 예측할 수 있을 정도로 동질화되고 일치된 선택을 했고 무엇보다 그들의 신앙 성장 배경과 전적으로 들어맞는 신앙 내용을 고백하고 있었다.[17] '제국성'은 기본적으로 '동질성'을 지향하며 '동질성'으로서의 제국성을 신적 교리의 이름으로 역사상 가장 강력하게 전했던 것이 기독교라더니(이충범, 2008: 81), 1, 2신앙군으로 분류된 '동질적' 신앙 고백의 압도적 수(44/52)는 분명 '기독교의 제국성'에 포섭당한 '그녀들'의 현주소를 드러낸다고 하겠다. 물론 52명의 작은 표본 집단에 기초해 이러한

해야 한다"고 보았다. 예수는 "피조물로서의 인간이 하나님을 자신의 마음 안에 담을 수 있다는 것을 안 처음 사람"임을, 그래서 "하나님을 '압바'라 부르며 하나님과 인격적 연합이 가능함을 보여 준 첫 인간"이라고 해석했다. 동정녀 탄생에 대해서는, "해석상의 문제도 있고 어쩌면 위대한 인물에게 부여하는 신적 탄생 설화일지도 모른다"는 이성적 입장을 보였으며 "중요한 것은 그가 누구에게서 어떤 방법으로 태어났느냐보다는 어떤 일을 했느냐"이며, "그의 행한 일로 인해 예수는 자신의 그리스도"라고 고백했다. 이들이 그리스도인의 사회 참여로서 가장 시급한 우선순위를 부여한 것은 "하나님 나라의 질서에 위배되는 신자유주의 경쟁 논리와 제도 변혁," "도시 빈민과 기아, 난민 구호 및 궁극적인 원인 해결" "창조 세계의 보전을 위한 지구 환경운동" "전 지구적 인구 이동으로 인한 이주민, 외국인 처우 개선"과 같이 시의적인 문항들이었다. 사례 3, 7, 8, 9, 13, 15, 27이 이에 속한다.

16 이에 속한 응답 참여자는 단 한 사례(사례 38)에 불과했다. 그녀는 "기독교에만 구원이 있다는 선포는 독선"이라고 생각하며 "종교적 인간은 어떻게든 하나님을 알아가려는 갈망과 능력이 있음"을 인정했다. 그 급진성은 성서 이해에도 반영되어, "성서는 다른 종교 경전들과 마찬가지로 종교적 인간이 신을 찾아가는 고백적 기록을 담은 책"이라고 보았다. 따라서 성서는 자신의 영적 성장을 위한 참고 자료일 뿐, 삶에 절대성을 가지는 권위의 근거가 아님을 밝혔다. 예수는 "신앙심 깊은 사람으로서, 유대교의 타락에 저항한 종교적 개혁자"이거나, "유대 민중의 한 사람으로서, 당시 로마의 식민 압제와 유대 정치, 종교적 기득권자들에게 저항한 민중운동가"로 비춰졌다. 동정녀 탄생설에 대해서도 "믿을 수 없는 신화적 요소"이며 "주몽이 알에서 나왔다거나 석가모니가 어머니의 옆구리에서 나왔다는 것과 같은 기능을 하는 영웅 설화"라고 보았다. 그녀가 그리스도인들의 긴박한 사회적 과제로서 우선성을 갖는 것으로 지적한 항목들은 그 선택지에서 세 번째 유형인 자유주의적/합리적 유형과 맥을 같이했다.

17 예수전도단(사례 1, 4, 5, 16, 49), CCC(사례 6, 42, 50), IVF(12, 23, 30, 33), 그 외 보수적인 선교단체나 신앙 훈련 참가자들(사례 14, 19, 29, 32, 35, 36, 39, 40, 46, 52)은 단 세 사례(32, 40, 46)만이 "열려진 복음주의"의 2신앙군이었을 뿐, 모두 1신앙군에 해당하는 응답을 했다.

〈표〉 응답자 정보

사례	연령 및 직업	신앙 연수	교단 배경	신앙 훈련
사례 1	34세/	5년	성결교회	예수전도단
사례 2	29세/ 교사	8년	감리교회	
사례 3	21세/ 대학생	3년	감리교회	UBF
사례 4	30세/ 신학대학원생	모태 신앙	감리교회	예수전도단
사례 5	29세/ 대학생	25년	감리교회	예수전도단
사례 6	27세/ 학원 강사	21년	감리교회	CCC
사례 7	27세/ 대학원생	12년	기독교장로회	
사례 8	27세/ 대학원생	모태 신앙	기독교장로회	
사례 9	24세/ 대학생	16년	기독교장로회	
사례 10	39세/ 목사	30년	기독교장로회	
사례 11	23세/ 대학생	모태 신앙	기독교장로회	
사례 12	20대/ 대학생	모태 신앙	기독교장로회	IVF
사례 13	24세/ 신학대학생	모태 신앙	예수교장로회	
사례 14	26세/ 직장인	모태 신앙	기독교장로회	순장 공부
사례 15	24세/ 대학생	모태 신앙	기독교장로회	
사례 16	30대/ 신학대학원생	모태 신앙	감리교회	예수전도단
사례 17	26세/ 피아노학원 강사	24년	예수교장로회	
사례 18	21세/ 대학생	9년	예수교장로회	
사례 19	22세/ 대학생	모태 신앙	예수교장로회	꿈장마루
사례 20	22세/ 대학생	모태 신앙	예수교장로회	
사례 21	24세/ 대학생	8년	성결교회	
사례 22	20대/ 대학생	모태 신앙	성결교회	
사례 23	23세/ 대학생	4년	성결교회	ESF, IVF, 예수제자훈련학교
사례 24	20대/ 대학생	최근에 다님	예수교장로회	
사례 25	28세/ 기자	모태 신앙	예수교장로회	
사례 26	20세/ 대학생	모태 신앙	침례교회	

사례	연령 및 직업	신앙 연수	교단 배경	신앙 훈련
사례 27	20대/ 대학생	모태 신앙	예수교장로회	
사례 28	23세/ 대학생	모태 신앙	예수교장로회	
사례 29	33세/ 학원 강사	모태 신앙	예수교장로회	씨마마-아프리카선교회
사례 30	20세/ 대학생	모태 신앙	예수교장로회	IVF
사례 31	34세/ 의사(레지던트)	20년	예수교장로회	직장인 성경 공부
사례 32	20세/ 대학생	모태 신앙	예수교장로회	
사례 33	32세/ 직장인	모태 신앙	예수교장로회	IVF(대학 시절)
사례 34	33세/ 박사과정	25년	예수교장로회	
사례 35	35세/ 직장인	30년	예수교장로회	네비게이토
사례 36	38세/ 치과 의사	모태 신앙	예수교장로회	직장인 성경 공부
사례 37	20대/ 대학생	모태 신앙	예수교장로회	찬양선교 사역
사례 38	20세/ 대학생	모태 신앙	기독교장로회	
사례 39	32세/ 공무원	모태 신앙	예수교장로회	성경공부반
사례 40	22세/ 대학생	15년	예수교장로회	합심기도부
사례 41	26세/ 사시 준비 중	20년	예수교장로회	
사례 42	28세/ 초등학교 교사	모태 신앙	예수교장로회	CCC
사례 43	26세/ 실용음악	모태 신앙	예수교장로회	
사례 44	31세/ 소아 물리치료사	모태 신앙	예수교장로회	
사례 45	23세/ 대학생	모태 신앙	예수교장로회	
사례 46	22세/ 대학생	모태 신앙	예수교장로회	꿈장마루, PLT
사례 47	32세/ 직장인	15년	예수교장로회	
사례 48	35세/ 직장인	모태 신앙	예수교장로회	
사례 49	31세/ 공무원	모태 신앙	예수교장로회	예수전도단
사례 50	33세/ 대학 졸업 후 직장생활 8년, 현재 유학 준비 중	모태 신앙	감리교회	CCC (대학 시절)
사례 51	37세/ 대학 강사	20년	감리교회	
사례 52	34세/ 직장인	15년	침례교회	에스더 선교회

결론을 도출하는 것은 성급한 일반화일 수 있다. 그러나 한 지역에서 세 명 이상의 응답자를 피하는 방식으로 서울과 신도시 지역에 위치한 대학, 직장, 교회에서 무작위 추출한 52명의 표본 집단 안에 44명이 '근본주의적/전통적' 성향의 응답을 했다는 것은 신앙에서는 적어도 '복음적/근본주의적 기독교'의 지배적 영향력을 말해 준다고 볼 수 있다.

신앙관과 비교할 때, 젠더 의식에 대한 응답들은 훨씬 복잡하고 중층적이며 비대칭적이었다. 성 · 젠더 의식을 분석하기 위한 분석 코드로 첫째, '전통적/낭만적[18] 성향, 둘째, 합리적/평등적 성향, 셋째, '실용적'/자본주의적 성향을 설정했다. 그러나 분석 과정에서 앞의 두 유형 모두 '실용적/자본주의적' 유형과 중첩되는 것을 발견했다. 결국 젠더 의식에서 크게 구별되는 차이는 그녀들의 선택이 '전통적/낭만적' 이유에서냐 합리적/평등적 이해에 기초를 두느냐다. 역사적으로 '귀족의 검열'과 '대중적 부도덕함'을 극복하고자 일종의 국제적 엘리트 문화운동으로 전개된 것이 '19세기 가정성에 대한 예찬'이었으며 기독교적 에토스가 이 운동의 중심 기반으로 작용하고 있었다는 것"(래쉬 · 래쉬, 2004 : 102)을 상기한다면, 그리고 또한 1990년대 이후 미국발 기독교 신우파운동이 한국

18 '전통적'이라는 코드와 '낭만적'이라는 코드를 함께 묶은 것에 대해서는 설명이 필요하겠다. 여기서 '전통적'이라 함은 물론 한국 문화의 전통적 가치를 배제하지 않으나 '19세기 서구 근대사회가 만들어 낸 가정 이데올로기'라는 '전통' 또한 염두에 둔 것이다. 근대성을 연구하는 사회학자들은 19세기~20세기 초에 확립된 근대적 가정관이 "낭만적 사랑"이라는 이상과 자유, 자아 실현이라는 계몽주의적 덕목, 그리고 부르주아 자본주의적 장치의 "복합 결합체"라고 말한다. 중세의 열정적 사랑이 대부분 혼외 정황에서 발생하고 비극적 결말로 치닫는다면, '19세기적 낭만적 사랑'은 해피엔딩으로서의 결혼을 지향한다. "결혼의 '정숙한' 섹슈얼리티와 혼외 정사의 에로틱한 또는 열정적인 특성을 구분하는 것은 유럽뿐만 아니라 다른 귀족 사회에서도 공통적으로 나타나는 현상이다. 유럽에 특수한 점이 있다면 기독교의 도덕적 가치들과 밀접히 연관된 사랑의 이상이 출현했다는 것이다. 신을 알기 위해 신에게 헌신하고 이 과정을 통해 자신에 대한 앎이 성취된다는 관념이 남자와 여자 사이의 신화적 통일성의 일부를 이루었다. 이러한 통일성은 열정적 사랑의 또 다른 전형적 특징인 일시적 이상화가, 사랑하는 대상에 대한 좀 더 영구적인 관여와 결합됨으로써 나타난 것이다"(앤서니 기든스, 『현대사회의 성 · 사랑 · 에로티시즘』, 배은경 · 황정미 옮김, 새물결, 2003, pp. 60, 76–79).

교회에 영향력을 미치고 있는 상황을 고려할 때, 이러한 개신교 윤리의 에토스를 성실히 내면화해 온 응답자들의 젠더 의식에 다분히 "19세기적 전통적/낭만적 사랑" 코드가 강하게 작용하리라고 예상해 볼 수 있다. 그러나 한편으로 합리성과 평등한 젠더 인식이라는 근대적 가치가 문화적 전제로서 힘을 발휘하고 있는 동시대 문화는 응답자들의 가치 선택에 얼마만큼의 힘으로 어떠한 영향을 주고 있는지, 이러한 가치들이 어떤 형태로 결합되고 혼종되는지, 이러한 결합과 혼종에서 신앙관과는 일관성, 대칭 구조를 보이는지를 살펴보려 한다.

3. 동질화된 복음의 내면화와 보수적 젠더 의식

신앙관에서 보수(1, 2신앙군), 진보(3, 4신앙군)의 성향이 뚜렷하게 나뉘던 응답자들은 성 · 젠더 의식에서는 신앙군 간의 배타적 경계가 희미해지면서 상당수가 전통적 · 보수적인 입장을 보였다. "결혼 후 배우자와의 결혼 내 성관계만이 하나님께서 정해 주신 아름다운 성관계"라는 입장에 동의하며(33/52) "결혼 약속을 전제로 키스나 애무 정도만을 허용하는" 성적 대응이 대다수(41/52)였다는 점은 "합류적 사랑"[19]이 지배적인 현금의 성문화에서는 상당히 구별되는 '보수성'이었다. "결혼을 약속한 사이라면 혼전에도 상관없다"는 단 한 사례(15), "결혼 약속을 떠나서 사

19 새로이 부상하는 사랑의 제도적 형태로서 기든스가 명명한 '합류적 사랑confluent love'은 "능동적이며 우발적인" 사랑이다. 그래서 "낭만적인 사랑 복합체가 가진 '영원한' '하나뿐이며 유일한' 특성과 어긋나는" 사랑이요 "관능의 기술을 결혼관계의 핵심에 도입한 최초의 사랑 형태"다. 그리하여 "성적 쾌락의 상호적 성취를 결혼 관계의 유지 또는 해소를 좌우하는 핵심 요소"로 만들었다. 이는 "성적 배타성에서 반드시 일부일처적일 필요도, 이성애와 특수한 연관을 맺을 근거도 약화된 그런 사랑"이다(기든스, 앞의 글, pp. 109-110).

랑하는 사이라면 상관없다"에 답한 '리버럴'한 응답자들은 네 사례(3, 9, 13, 15)에 불과했다(그나마 사례 13은 "타인에게는 용납되나 자신은 그럴 수 없겠다"는 부연 설명을 통해 '머리'로만 받아들일 수 있는 성개방성임을 밝힌 셈이다). 더 급진적으로 "성인으로서 자신의 행동에 책임을 질 수 있는 한 성관계는 어느 경우든 가하다"고 본 경우(7, 9, 10, 15)는 사례 10을 제외하면 모두 제3신앙군의 응답자들이었다. 결과를 기초로 본다면, 신앙적 진보성과 성개방성은 함께 맞물려 있다고 볼 수 있다.

호감이 가는 남성과의 관계에서 "하나님은 여성에게 기다리고 응답하는 수동적인 성품을 주셨다. 기도하고 기다리다가 프러포즈하는 남자에게 수락한다"는 입장을 긍정한다거나,[20] "시대가 바뀌기는 했지만 어찌 여자가 먼저 프러포즈를 하나"[21] 혹은 "내가 하지는 않더라도 남자가 먼저 프러포즈하도록 여러 방법을 간접적으로 동원해 보겠다"[22]는 입장이 압도적이었는데, 이는 가부장적 문화가 생산해 낸 여성의 '수동성 이미지'를 내면화한 결과로 볼 수 있겠다. 여성으로서 갖추어야 하는 성품, 덕목, 능력에 대한 주관식 질문에서 가장 많이 나온 답들은 섬김, 사랑, 온유, 인내, 포용력, 따듯함, 모성애, 배려 등이었고, 1, 2신앙군에서 주로 발견되었지만[23] 진보적인 신앙관을 가진 응답자들 역시 젠더 의식은 상당히 보수적인 사례가 많았다.(이에 대해서는 혼종성을 다루는 4절에서 자세히 논의하겠다.)

20 1, 2신앙군에서 사례 1, 11, 16, 31, 33, 35, 37, 38, 47, 48, 50, 51 그리고 4신앙군인 사례 38.

21 1, 2신앙군에서 사례 4, 11, 19, 20, 25, 28, 29, 30, 32, 34, 39, 44, 52, 3신앙군인 사례 8,

22 1, 2신앙군에서 사례 1, 2, 3, 5, 6, 10, 11, 12, 14, 17, 18, 21, 22, 23, 24, 26, 27, 32, 40, 43, 46, 51. 3신앙군에서 8, 9, 15. "상관없다. 좋은 사람 놓치면 나만 손해다. 기회가 될 때 재빨리 프러포즈하겠다"는 단 네 응답자(7, 13, 45, 37)만 선택했다.

23 글의 분량상 몇 가지 사례만 소개하자면, "여성으로서 갖춰야 할 성품은 어머니와 같이 긍휼히 여기는 마음에서 나오는 성품이다. 이것은 사랑의 능력으로 나타난다"(사례 10). "배우자의 말에 순종하는 태도"(사례 12), "정숙함, 다소곳함, 드러내지 않음. 말을 크게 하지 않고, 옷차림을 단정하게 해야 한다"(사례 16). "주고 또 주는 희생적인 어머니의 마음"(50) 등이다.

수동적 여성상과 짝을 이루며 남성의 능동적 · 주도적 이미지를 긍정하는 사례는 네 신앙군에 모두 분포되어 있었다. 신앙에 대해 '합리적/이성적' 사고를 하는 응답자나 현대인으로서 주체적 여성상을 긍정한 사례조차 남자와의 관계에서는 '낭만적 사랑'의 이유로 수동적 · 보조자적 위치를 선호하고 있었다. 예를 들면 "데이트 일정 등을 다 계획하고 늘 주도적으로 이끌어 주는 남자", "깜짝 이벤트 등으로 언제나 나를 감동시키는 사람"[24]을 이상적 남성이라고 말했으며, "자신의 진로에 대해 확고한 비전을 가지고 늘 정진하는 남자라면 그 계획 때문에 나에게 다소 소홀해도 견딜 수 있다"[25]고 답했다. 주관식으로 물은 이상적인 남성의 성품, 덕목, 능력에 대해, "포용력 있는 리더십"과 "책임감," "굳건한 신앙" 등이 가장 빈번하게 답해졌고, 그 밖에도 사회 생활을 해 나가는 데 필수적인 덕목인 "인맥을 넓히는 쾌활한 성격," "긍정적인 마음," "그릇이 크고 도전적인 성품," "센스," "결단력" 등을 꼽았다. 기독교적으로 이상적인 남편상에서는 "영적 리더십"을 강조했는데, "가정의 머리로서 도덕적 · 신앙적 중심이 될 수 있는 사람. 하나님을 경외하고 아내와 아이들에게는 그리스도가 교회에 하듯 진정어린 사랑을 베풀 수 있는 사람"이라는 '자애로운 가부장적 남편 이미지'를 선택한 응답자 가운데에는 1, 2신앙군뿐만이 아니라 신앙 성향면에서 자유주의적/합리적 유형이었던 3신앙군의 응답자 상당수와 유일하게 후기 기독교적 급진 성향의 신앙관을 보였던 사례 38까지 포함된다.[26]

24 1, 2신앙군에서 사례 4, 5, 11, 21, 23, 26, 28, 30, 37, 43, 44, 46, 47, 48, 52, 3신앙군에서는 사례 9, 13, 15.

25 1, 2신앙군에서 사례 2, 6, 10, 20, 21, 22, 23, 24, 26, 49, 44, 48, 50, 52, 3신앙군에서 사례 9, 13, 15, 27, 그리고 4신앙군인 사례 38도 이에 답했다. 스무 살인 사례 38은 어머니와 외할머니를 가장 이상적인 여성상으로 꼽고 있었는데, 신앙관이나 사상적 측면은 진보적인 아버지의 영향 아래서 형성된 반면, 그 밖의 일상 문화적 가치에서는 전통적 입장의 어머니로부터 무의식적인 학습화를 거친 경우였다.

결혼과 독신에 대한 응답은 비교적 신앙 코드와 대칭 구조를 이루고 있었다. 1, 2신앙군 응답자들은 결혼을 신성한 질서로 고백했다. "30을 넘기기 전에" 그리고 "내 일을 접더라도" 반드시 결혼한다는 입장은 모두 1, 2신앙군에서 나왔다. 결혼을 하나님의 창조 질서 안에서 "신성한 의무"로 이해하는 문항에 3, 4신앙군에 속한 응답자는 단 한 명도 없었으며, 그녀들은 "결혼을 하는 것이 기독교인으로서 좋은 선택이겠으나, 개인의 직장이나 비전, 계획 등에 따라서 독신도 은사로 여길 수 있다고 보는 입장"을 보였다. "그리스도의 신부로서 정결하고 헌신된 삶을 살기 위해 독신이 더 좋은 선택"이라는 문항에는 응답자가 전무했다. 가정관 역시 주류는 보수적이었다. 하나님이 기뻐하시는 아내의 역할로, '창세기'에 묘사된 대로의 '돕는 이'나 '조력자'의 역할을 꼽은 응답자들[27]은 백 프로 1신앙군에서 나왔고, 현대 사회의 공사 이분 구조를 인지하면서 가정 영역에서 내조의 역할을 전문적으로 전담하겠다는 취지를 밝힌 사례[28] 역시 모두 1, 2신앙군에서 나왔다.

1, 2신앙군에 속한 응답자들은 모성 이해에서도 보수적인 선택을 했다. "모성은 하나님께서 창조하신 자연적 질서로서, 보살피고 포용하고 길러내는 성스러운 품성이다. 이는 여성들에게 창조 때에 부여된 특성이다"는 문항에 전적으로 동의했다. 아이 양육과 관련해서도 자신의 일과 배치, 갈등 상황이 되었을 때 "아내와 엄마의 역할은 하나님이 정해 주신 성스럽고 독자적인 여성의 의무이므로, 이에 충실하기 위해 내 일을 접겠다"는 입장은 모두 1신앙군의 여성들[29]이었다.

26 1, 2신앙군에서 사례 1, 5, 6, 11, 12, 19, 20, 22, 23, 26, 39, 47, 48, 49, 50, 52, 3신앙군에서 사례 9, 13, 4신앙군인 38의 19명.

27 사례 1, 5, 11, 20, 28, 37, 39, 47, 48, 52.

28 사례 12, 15, 16, 18, 20, 30, 32, 37.

29 사례 1, 12, 16, 17, 19, 29, 31, 33, 37, 47, 50, 52.

그러나 응답 결과를 분석하면서 발견한 간과할 수 없는 한 현상은 신앙적으로는 진보적이어도(3신앙군) 성적으로는 보수적인 선택을 하는 사례가 상당수 발견되었다는 점이다. 이는 응답자들이 이상적인 여인상을 가지게 된 경로에 대해, "어머니나 할머니 등 양육자로부터"라는 응답이 가장 많았으며 "목사님, 선교단체의 자매들, 성경이나 교회의 가르침"을 가장 큰 영향력으로 꼽았던 것과 무관하지 않다. 부차적인 인터뷰를 통해 확인된 바 "어머니나 할머니"로 대변되는 문화적 가치의 전달자들은 한국의 전통적 유교 사상이 내면화해 온 여성 이해를 심어 주었으며, "목사님, 선교단체의 자매들, 성경이나 교회의 가르침"으로 대변되는 전달자들은 이미 가부장적 색채가 농후한 성경적 메시지를 근대적 가정관과 접목시킨 청교도적 여성 이해를 가르쳐 왔음이 확인되었다. 종교개혁 이후 이상화된 여성의 역할, 즉 남자를 완성시키는 조력자로서 아내의 역할과 소명으로서의 모성 이해는 현대 공사 이분적 핵가족의 현실과 맞물리면서 친화력을 가지고 더욱 강화되어 개신교 가정 윤리를 양산했다.[30] 응답자들이 기독교적 젠더 의식을 갖는 데 도움을 받았다고 언급한 '데이트 스쿨', '결혼준비학교', '예비부부 세미나' 등의 교회나 선교단체 프로그램, 그리고 『우리 사랑할까요?』, 『우리 결혼할까요?』, 『우리 결혼했어요』, 『하나님이 기뻐하시는 여성』, 『백마 탄 왕자님을 만나려면』 등의 서적은 바로 이러한 개신교적 가정 기획의 21세기적 강화를 목적으로 한다. 이는 서론에서 언급한 바 '21세기적 상황에서의 19세기적 기획'으로 가정 이데올로기가 지배적 효력을 발휘하고 있는 현장이다. 19세기적 젠더 질서를 사는 21세기 그녀들에게 '보편적'인 젠더 질서는 수동적 여성성으로 남성의 보호 아래 삶을 영위하며 영적 리더십을 가진 남편에게 순종하며

30 이 맞물림에 대해서는 연구자의 졸저 『엄마되기, 아프거나 미치거나』, pp. 224-235를 참조하라.

그를 사회에서 완전한 개인으로 성공시키기 위한 조력자의 역할을 감당하는 한편, 육아를 자신의 일차적 신적 소명을 다하는 것이다. 이는 여성에게 '보편적'이다. 하나님이 여성을 그리 지었기 때문이다. 그녀들의 고백이다.

4. 문화 혼종성의 실재들, 21세기 문화적 가치와 기독교 신앙 사이에서

물론 응답자들이 보여 준 지배적 모습은 보수적 신앙과 보수적 젠더 의식, 이에 기반한 보수적 가정 이데올로기 간의 긴밀한 접합성과 내용면에서의 동질성이었다. 그러나 이 동질화된 젠더 질서에 담을 수 없는 혼종적 선택들 또한 존재했다. 최근 학계에서 문화적 혼종성 담론이 활발한데 이 글에서 사용한 '혼종성' 역시 크게 문화적 혼종성 담론에서 언급되는 혼종성의 개념 이해와 다르지 않다. 동질적 가치로 분류되는 일련의 성향이 군집되어 있는 것이 이른바 획일적이고 단일화된 '제국성'의 특징이라면, 이에 반해 이질적 요소들이 혼재되어 공존하는 것을 '혼종성'이라 불렀다. 존 톰린슨John Tomlinson도 레나토 로살도Renato Rosaldo의 '혼종성' 개념에 기대어 혼종성을 "문화 간에 쌍방향적으로 빌려 주고 빌리는 지속적 과정으로 인해 어떤 순수성의 지대도 가지고 있지 않은 모든 인간 문화의 진행 중인 조건"이라 보았다(톰린슨, 2004: 205). 즉 응답자들이 살아가는 21세기 후기 자본주의적 도시 문화와 그녀들이 절대 의미 체계의 이름으로 신앙하고 있는 개신교 젠더 질서 사이에도 지속적인 상호 관계 속에서 이질적인 것들이 출현되고 있음을 보여 주는 셈이다.

자유주의적 신앙과 전통적 젠더 의식, 근대적 자아 의식과 전통적 모성 이해의 혼종성(혼종성 1)

물론 수동적 여성 이미지를 보인 것은 대부분 1, 2신앙군에 속한 응답자들이었지만, 자유주의적 · 급진적 신앙색을 보였던 3, 4신앙군 중에 '전통적/낭만적' 젠더 이미지를 선택하는 이들이 있다는 점은, 지적인 면에서는 진보적인 현대성의 영향 아래 있으면서도 여성관은 전통 · 보수적인 혼종형의 실재를 보여 준다.[31] 이는 현대의 공사 이분법적 제도 속에서 다르게 작용되는 덕목, 즉 공적 영역에서는 합리성과 이성, 사적 영역에서는 감정적 정서와 전통적 가치가 응답자들의 의미망 안에서 통합되지 않은 채 '혼종적'으로 공존하고 있기 때문이라고 본다.

'모성' 이해는 응답자 간의 신앙관 사이의 경계가 가장 철저하게 와해된 지점이었다. 성서 해석에서는 비판적 이성을 기초로 자유주의적 해석을 하던 3, 4신앙군의 응답자 상당수가 "모성이 천성"이라는 데에는 이의를 제기하지 않았다. 특히 여성상에서 리더십, 적극적 주체성을 강조했던 3신앙군의 응답자들조차 어머니의 이상형은 "자애로우면서 엄함"(사례 3), "온유함, 오래 참음, 사랑"(사례 7), "친구 같은 마음"(사례 8), "기다림과 눈높이 맞추기"(사례 9), "온유와 사랑, 배려와 인내"(사례 3), "참을성과 헌신"(사례 27)이라는 '전통적' 이상을 들고 있다는 점이다. 그녀들이 부정적인 어머니상으로 꼽는 것은 "자기를 주장하는 이기심", "욕심", "고집"이었다. "결혼을 했으면 자녀를 낳는 것은 당연한 의무"라는 입장이 대다수였고,[32] "내 아이는 내가 키워야 한다고 믿는다. 특히 아이의 도덕적 · 영적 · 심리적 기본을 형성하는 영 · 유아기에는 특히 그러

31 사례에 대해서는 각주 21, 24, 25의 정보를 참조하라.

하다. 인격 형성의 기본 골격을 위한 첫 선생은 어머니여야 한다"는 항목에도 역시 3, 4신앙군이 포함되어 있었다.

육아와 직장이 양립 불가능한 상황에서는 '육아'를 선택지로 본다는 데에 3, 4신앙군의 응답자 전원이 동의했다는 것은 놀라운 결과다. 물론 일을 그만둘 수는 없고 무슨 수를 쓰든지 아이 양육을 대행할 수 있는 곳을 알아보겠다는 입장도[33] 있었으나, 그 '대행'이라는 것은 대부분 "친정어머니나 시어머니처럼 믿을 만한 분"—탁아 시설에 맡기겠다는 사람은 사례 13 하나뿐—이어서, 아이 양육에서 일차적 책임을 자신이나 어머니, 즉 '여성'으로 돌리는 것에서는 21세기 신인류인 그녀들조차 거의 한 목소리로 '전통적'인 성역할을 선택한 셈이다.

그녀들의 답안은 아직 모순을 대면하지 않은 '미혼'이라는 현실을 그대로 반영하는 것이다.[34] 직업은 소명이다. 나됨을 위해 일을 하겠다. 그러나 모성은 천성이므로 아이도 낳겠다. 아이는 엄마가 키워야 한다. 양립해 보련다. 안 되면 대안을 마련하겠다. 대안은 친정어머니 아니면 시어머니다. 이렇게 말하는 그녀들의 결혼 후 전략은 친정어머니와 시어머니

32 물론 이유는 다르다. 그것이 "생육하고 번성하라"는 하나님의 명령이기 때문에 "피임 없이 주시는 대로" 낳아야 한다는 11사례로 모두 1신앙군이었으며, 그래도 현대 생활이니 "계획해서 한두 명"을 낳겠다는 28사례 중 3, 8, 13, 15, 27은 3신앙군, 나머지는 1, 2신앙군이었다. "아이 낳지 않을 수도 있다"는 두 사례(8, 37)에 불과했으며 "시부모님이나 친정 부모님이 맡아 주시면 낳겠다"가 두 명(7, 9)인데 3신앙군이다.

33 사례 13, 21, 23, 25, 28, 38, 39, 44, 46.

34 응답자들이 적어 준 "가장 이상적으로 생각하는 결혼 후 본인의 일상적인 하루 스케줄"을 보면 그간 연구자가 품었던 의구심을 한눈에 확인할 수 있다. 그녀들의 일상에는 구체적으로 아이가 부재한다. 응답자들 거의 모두 출생과 육아가 신적 임무임을 인정하면서도, 그녀들의 일상에 아이의 흔적을 발견하기 힘들다. "아침 묵상과 식사, 남편과 함께 출근하고 아이는 (아마도 스스로 알아서) 학교를 가고, 다섯 시에 퇴근해서 (어느 누가 준비했는지 모를) 저녁을 행복하게 먹겠다"는 그녀들의 단순한 일상 계획 속에 매일매일 벌어지는 치열한 육아 전쟁에 대한 선지식은 없다. 육아는 오로지 "아침 8시"와 "잠자기 전 한두 시간 숙제 봐주기"로 해결하겠다는 그녀들의 계획이 얼마나 실천 가능할까? 차라리 어머니들의 전형적인 전업주부 모델을 이상으로 삼아 일상표를 짠 응답자들(모두 1, 2신앙군)이 훨씬 더 현실감이 있어 보인다. 물론 그녀들의 만족감은 남편과 아이들이 응답자들의 곁에서 충분히 의미 있는 존재감을 제공하는 경우까지지만이다.

의 의식 구조조차도 근대화되고 있는 이 문화에서 과연 얼마나 실질적이고 안정적인 대안일까? 어찌 보면 전통적 여성상을 기반으로 '가정'과 '육아'라는 선택지를 택한 1, 2신앙군의 개신교 미혼 여성들이—비록 근대 자본주의 제도의 근대성과 봉건성의 교묘한 공존을 파악하지 못했을지언정—가장 실용적이고 현실적인 선택을 하고 있는 것일지도 모른다. 안타까운 현실은 "아내의 내조가 우선해야 함을 믿으나, 나의 전공이나 직업도 소명이라고 생각한다."며 최선을 다해 양쪽 다 병행하겠다는 입장의 신자들(28/52)이다. 3신앙군의 일곱 사례와 4신앙군이 모두 이런 입장을 선택했다는 것은 시장의 보편주의가 야기한 "산업 사회의 개인화된 모순"이 전통적 젠더 의식과 충돌하는 현장이다(벡, 1997 : 178). 사실 지속적으로 업그레이드되는 전문성을 요구하는 신자유주의적 자본주의 체제의 무한 경쟁 시스템이 궁극적으로 바라는 개인은 "홀로 살아가는 개인"이다. 적어도 남편이나 아이들로 인해 직업 경력이나 이동성이 방해받지 않는 개인이어야 한다. 이는 명백히 응답자들이 가진 이상적 가정관의 가치들과 모순된다. 이 모순은 아이를 낳기 전까지만 은폐되거나 망각 혹은 연기될 뿐이다.

전통적 신앙과 합리적 젠더 의식 사이의 혼종성(혼종성 2)

반면에 반대 현상, 즉 신앙적으로는 보수성을 보였으나 개인으로서의 주체적 품성, 리더십이라는 현대적 가치를 높이 평가하는 1, 2신앙군에 속한 여성들도 발견된다는 점이 흥미롭다. 지혜나 판단력, 독립심, 자신감, 도전 정신 등 현대성이 요구하는 주체적인 품성을 지적한 응답자들 중에는 3신앙군뿐만 아니라 1, 2신앙군에 속하는 이들이 포함되어 있었다.[35] '진보 신앙과 전통적/낭만적 젠더 의식의 혼종적 결합' 유형(혼종성 1)과 비교할 때, 오히려 그 역으로 '보수 신앙과 합리적/평등적 젠더 의식의 혼종성'(혼종성 2)은 현대 사회제도 안에서 공교육을 받는 동안 근대성의 가치들을 내면화한 개신교 미혼 여성들의 문화적 상황을 반영한다. 신앙면에서는 축자영감을 받아들이며, 이성적 · 비판적 의식을 잠재우면서도 현대 문화적 요구를 내면화해 오는 과정에서는 어느덧 근대성이 요구하는 진취적 여성상에 가치 부여하게 된 경우라 할 수 있다.

'보수적 신앙과 합리적/평등적 젠더 의식의 혼종성'을 보인 응답자들은 남편과 아내의 평등한 관계를 인정하는 부분이나, 가정 내 의사 결정 시에 합리적 제안이 받아들여져야 한다는 의견에서도 역시 '합리적/평등적' 유형의 응답을 선택했다.[36] 이는 전 세대가 '신성' 혹은 '보편'의 이름으로 강요한 '전통적' 가치를 비록 신앙의 지점에서 따르려 해도 부지불식간에 이를 해체, 약화시키는 너무나 다른 21세기 문화적 전제 속에서 살고 있는 그녀들의 현재 상황을 반영한다. 가부장적으로 내면화된 덕목을 기독교적 신앙과 결부시킨 한 글을 소개하며 응답자의 가치관에서 평가를 부탁했던 주관식 문항에,[37] 3신앙군의 여성들뿐만 아니라,[38] 보수적 신앙군에서도 '합리적/평등적' 시선으로 접근하려는 사례들이 상당수 발

35 예를 들어, "사회의 리더로서 하나님의 마음으로 섬기기"(사례 14) "여성과는 관계없이 인간 각 개인이 부여받은 달란트가 중요합니다"(사례 18). "비전을 품고 부르심에 순종하여 세상에 영향력 있는 사람이 되어야 한다. 또한 사랑으로 품으며 약자를 돕고 하나님 나라를 위해 영혼 구원을 위해 힘써야 한다. 보통 여성이 자신과 자신의 가정을 위해 애를 쓴다면, 기독교 여성은 이에 더해 하나님 나라를 위해 애써야 하고 그러기 위해 세상에서 좀 더 큰 사람, 영향력 있는 사람이 되어야 한다"(사례 23). "어떤 일에서도 항상 신앙심 있게, 리더십을 발휘하고 행동하는 큰 이모가 내 역할 모델이다."(사례 40) 등이다.

36 물론 3신앙군에 속하는 응답자들 대부분이 여기 속했지만, 1, 2, 4, 5, 11, 14, 16, 18, 20, 21, 22, 23, 24, 25, 26, 27, 29, 30, 32, 33, 37, 39. 44는 1, 2신앙군이었다.

37 "그 날 아침 헤어 드라이어로 젖은 머리를 말리고 있었다. 그런데 남편이 무엇을 찾아 달라는 것이다. 내게 떠오른 첫 번째 (육적인) 생각은 '이 소리 안 들려요? 나 지금 머리 말리고 있어요'라는 것이다. 그러나 하나님께서 가장 덜 이기적인 최선의 생각을 주셔서 즉시 헤어 드라이어를 끄고 '그래요'라고 했다"(엘리자베스 조지, 『하나님이 기뻐하시는 여성』, 안보현 옮김, 생명의말씀사, 2001; 2007, p. 96). 이 글을 읽고 난 소감을 자유롭게 주관식으로 서술할 것을 요청했다.

견되었다.[39] 그녀들은 내 세대가 가진 '분노'보다는 좀 더 여유로운 자세의 합리적 · 관계적 접근으로 갈등 상황을 해결하려 하고 있었다. '보수 신앙과 합리/평등적 성의식 결합의 혼종성'은 보수적 · 복음적 개신교 운동의 '동질화된(보편적) 여성성' 기획에 이질적인 것들이 끼어들어 있음을 드러낸다. 비록 현재 수적인 면에서 집단 역학적 힘을 발휘해 제도적 전복을 가져올 만큼은 아직 아니지만, 젊은 신앙인들의 젠더 의식에서 이런 이질적인, 혼종의 것들(혼종성 2)이 발견된다는 것은 21세기에도 여전히 지배력을 행사하고 있는 '19세기적 · 가부장적 · 기독교 젠더 질서'라는 커다란 제국 안에서 이를 전복시킬 힘[40]으로 자라날 가능성을 기대

38 "기독교에서 말하는 이기적이라는 말은 하나님의 일에 반하는 나의 욕망을 말하는 것이라고 생각합니다. 직장 여성으로서의 내가 출근 준비로 바삐 머리를 말리고 있는데 남편의 일=하나님의 일이라고 생각하는 것은 상당히 거북하고 불합리하게 들립니다. 나의 직업도 하나님이 주신 나의 소명이라면 나의 일을 다 끝내고 여유가 있는 한에서 남편의 요구를 들어 주는 것이 맞다고 봅니다"(사례 3). "남편이 찾을 생각도 안하고 무조건적으로 찾아달라고 한 것이면 알아서 찾아보라고 얘기한다. 그 후에도 못 찾았다면 함께 찾을 수 있지 않을까"(사례 8). "자신의 것까지 못 챙기면서 뭐든지 남들을 향한 '내려놓음'은 올바르지 않다고 생각한다. 이런 간단한 상황에서야 '그래요' 하며 해결할 수 있지만, 상황에 따라 함께 서로가 배려하고 나아가야 한다고 생각한다"(사례 13). "이 글 속에는 여성의 역할과 남성의 역할이 전통적인 성역할에 고정되어 있는 것 같다. 이 글의 상황 속에 기본적으로 집안일은 여성이 한다는 점에서…… 그리고 두 가지 갈등이 있었던 것에서 유추할 수 있듯이 남편이 할 수 없었던 상황이라고는 보기 어렵다"(사례 9). "그래요. 머리 다 말리고 즉시 도와 줄게요. 이게 제일 현명한 대답인 것 같다. 다만 한두 번일 뿐 자꾸 그런 식이면 얘기해야지! 못 느끼고 부탁하는 것일 것이니……"(사례 15).

39 이에 해당하는 사례를 몇 개 소개하자면, "남편의 배려 없음이 실망스럽다"(사례 4). "일단 돕고 앞으로는 혼자서 할 수 있도록 하거나, 내가 드라이어를 하고 있는 중이었음을 말해 줄 것이다"(사례 10). "남편의 이기심이 강하게 드러난다. 아내의 상황에 맞게 대처하는 것이 옳다고 본다. 머리만 말리고 즉시 도와 줄게요"(사례 11). "내가 하던 일을 무조건적으로 그만두고 남편의 필요를 채워 주는 것이 하나님께서 기뻐하시는 행동이라고 생각하지 않는다. 하나님께서는 내 자신도 귀한 딸인 존재라고 생각하시기 때문이다"(사례 22). "상황이나 성품에서 비롯된 결정이지 그것을 '육적이다.' '하나님이 주신 것이다'라고 판단내리는 것은 잘못이다"(사례 26). "말리고 돕는 것이 가장 합리적이다"(사례 32). "머리를 말리고 도와 주겠다고 말할 것이다. 남편에 대한 배려와 나에 대한 존중을 함께 성취할 수 있기 때문이다"(사례 44) 등이다.

40 혼종성이 가지는 전복적 가능성은 호미 바바Homi K. Bhabha가 강조한 바다. 바바에 따르면, 식민자들이 자신의 문화로 피식민자들을 동질화 · 동일시시키려는 의도는 언제나 실패하는데, 피식민자들이 가지는 태도, 즉 교섭과 혼종성 과정 때문이라고 한다. 식민/피식민, 지배 문화/피지배 문화, 중심/주변, 지구성/지역성 등의 이항 대립적 구도를 해체하며 그 사이에 낀 수많은 중첩성이 존재하는 것이 식민지적 현실이며, 이 "사이에 낀 변종"이 그 역동성 속에서 저항의 계기를 품고

하게끔 만든다.

'영적 신앙'과 '육체적 미의 추구' 사이의 혼종성(혼종성 3)

응답 분석에서 흥미로웠던 한 부분은 외적 아름다움을 기독교적인 여성상의 이상적인 한 요소로 평가하고 있는 응답자들이 많았다는 점이다. 닮고 싶은 여성상을 소개하는 부분에서 어머니와 할머니, 선배 언니 같은 지인들과 더불어 가장 많이 등장한 인물이 대중 스타들(힐러리, 오프라 윈프리, 오드리 헵번, 정혜영, 신애라, 김주하 등)이었다는 점도 매체를 통한 이상적 여성상의 형성을 확인할 수 있는 점이었다. 그간 교회는 할리우드발 대중 문화에 격렬한 대항의 몸짓을 보여 왔는데, 그럼에도 불구하고 문화 전반을 지배하고 있는 대중 문화와 매체의 영향력을 무시하기는 힘든 모양이다.[41] 대중 매체가 전하는 이미지는 확실히 영향력이 크다. 텔레비전 이전 세대는 사는 동안 몇 번 보지 못했을—어쩌면 한 번도 못 보았을—가장 이상적인 몸매와 얼굴을 우리는 매 시간 보며 산다. 그리고 그녀들이 표준이 된다.

신앙군의 경계 없이 가장 많은 응답자들(18/52)이 이상적인 여성으로

있다 한다. 호미 바바, 『문화의 위치』 나병철 옮김(소명출판, 2005)을 참조하라.

41 사실 현재 교회는 대중 매체에 대해 상당히 양가적 입장이 있는 실정이다. 1990년대 이후 대중 문화가 동시대 전반을 지배하기 시작했을 때, 교회는 "할리우드는 우리가 가장 귀하게 생각하는 가치관을 공격하고 우리 아이들을 타락시키는 막강한 적, 이국적 세력"(1992년 메드베드의 책 『할리우드와 미국』)이며 이는 "우리 사회의 도덕을 와해시키는 일"(1993년 미국 남침례교단 발표)이기에 "유대 · 기독교적 가르침과 화해할 수 없는 적대적 문화"(공화당 대통령 경선 후보 팻 뷰캐넌Pat Buchanan)라고 비판했다. 그럼에도 불구하고, 교회는 한편으로 대중 매체의 수단적 힘 자체는 무시할 수 없었나 보다. 이미 단파라디오 시절부터 매체의 힘을 이용해 성장한 초교파적 교회 세력들(빌리 선데이Billy Sunday, 찰스 풀러Charles D. Fuller, 빌리 그레이엄Billy Graham)이었거나, 1980년대 이후에는 CCMContemporary Christian Music 산업을 비롯해 텔레비전 전도자 팻 로버트슨Pat Robertson의 위성방송 네트워크 CBNChristian Broadcasting Network에 이르기까지 대중 매체의 힘을 빌리고 있다(로마노프스키, 2001: 51-52).

꼽은 성서상의 인물은 에스더였다. 성모 마리아를[42] 예상했는데 의외의 결과였다. 에스더가 가장 이상적인 이유로 "강인한 믿음", "지혜로움", "믿음으로 국가를 구한 여인"이라는 언급도 있었으나 가장 많은 지적은 그녀의 "영적 순수함"과 더불어 "외모적 뛰어남"이었다. "영적 · 육적 아름다움을 모두 갖춘" "아름답고 신앙적으로 충만한" 여인이었다는 점을 응답자들은 높이 평가했다.[43] 외모를 중시하는 21세기 문화 변동의 현장을 실감하는 순간이었다.

사실 기독교 여성의 외모 관리에 관한 응답은 신앙군의 경계가 가장 뚜렷하게 허물어진 지점이었다. "외모가 중요한 세상이므로 성형, 보톡스, 박피 수술 등의 현대 의료 기술, 과학 기술을 활용해 더욱 예뻐지는 것"이 중요하다고 응답한 사례들[44]의 경우 신앙군 1, 2, 3의 유형이 골고루 분포되어 있었다. 그리고 상당수의 응답자(29/52)가 "하나님이 창조하신 그대로를 보존하는 것이 중요하므로 성형은 반대다. 그러나 이미 주어진 대로의 내 외모를 최선을 다해 가꾸는 것은 기독교 여성이 마땅히 해야 할 덕목 중 하나"라고 생각했다. 외모 가꾸기가 신앙 생활에 방해가 된다고 본 입장은 오직 한 사례(사례 38)에 불과했으며, 외모와 신앙은 별개의 문제라고 본 입장[45]도 많은 수가 아니었다. 결혼을 위해 중요하게 준비해

42 물론 예수의 어머니 마리아는 20~30대 젊은 미혼 여성들에게도 여전히 이상적 여인이었다. 에스더 다음으로 많은 응답자들(12/52)이 성모 마리아를 이상적인 성서상의 여인으로 꼽았다.

43 응답자들의 글을 읽으며 개신교 미혼 여성들에게 인기 강사라는 필로미나 버니 윌슨의 글이 연상되었다. "에스더는 [신부의] 두 가지 자격 조건을 만족시켜야 했습니다. 아름다울 뿐 아니라 순결한 처녀여야 했습니다. 에스더처럼 우리도 하나님의 로열 패밀리가 되기 위해서는 이 두 가지 자격 요건을 갖추어야 합니다. …… 에스더는 미래의 남편을 맞이하기 위해 내면뿐 아니라 외적인 준비도 병행했습니다. 그녀는 왕비다운 풍모를 위해 미용 수업도 받았습니다." 영적으로 육적으로 "백마 탄 왕자님" 같은 배우자를 만나기 위한 6개월 코스 준비 기간을 제안하는 윌슨의 이 책은 외모, 머리, 화장, 체중, 복장, 신발에 이르기까지 세세한 조언을 아끼지 않는다. 이 모든 외모 가꾸기의 사명을 "성령님과 더불어 매일 진도 나가자"는 격려와 함께(필로미나 버니 윌슨, 『백마 탄 신랑감 만나기』, 나침반, 1997: 47, 55).

44 사례 8, 11, 13, 15, 17, 23, 37, 46.

야 하는 것 중 "내가 원하는 배우자감을 만났을 때 그의 마음에 들 수 있도록 나를 잘 가꾸기"라는 항목에 16명[46]이 응답한 점도 외모에 대한 관심을 입증한다. 배우자의 외모에 대해서도 "호감이 가는 인상에 체격도 좋고 키도 커야 한다"는 항목에 가장 많은 응답자(28/52)가 답했는데 "몸매", "근육", "꽃미남", "깔끔한 사람", "키 178cm 이상" 등 외적 조건에 대한 인터뷰 시의 언급 역시 신앙군이 와해된 상태로 답변되었다.[47] "예뻐야 주목받는 세상"에서는 미도 선교의 도구가 될 수 있기에 신앙의 이름으로 외적 아름다움을 가꾸는 일이 정당화된다고 본 응답자들 역시 1, 2, 3신앙군이 모두 섞여 있었으나,[48] 수적으로 1신앙군이 압도적이었음은 연구자의 호기심을 자극했다. 영/육 갈등 구조의 대명사인 기독교가 아니던가! 더구나 교리면에서 근본주의적 입장을 보인 신앙인들임에도 불구하고, 육에의 관심은 그녀들의 신앙과 어떻게 조화를 이룰 수 있는 것인지.

사실 이는 '아름다움'에 대한 관심과 가치 부여에 대해, "육체 사회 somatic society"[49]로 접어든 동시대 문화의 영향력을 입증한다. 20세기 후반에 와서야 '몸' 그 자체가 대중 문화의 주요 관심 대상이 되고 심지어

45 사례 2, 7, 8, 11, 16, 18, 19, 20, 23, 24, 25, 26, 27, 39, 43, 47, 50, 52. 부정적 입장은 한 사례("쾌락을 추구하는 세상의 모습에 동조하는 것으로 보이며, 이는 오히려 반신앙적인 모습이라고 생각한다." 사례 38)뿐이었다. 신앙적 기준으로 볼 때 가장 '불신앙'적인 응답을 했던 4신앙군의 응답자(사례 38)가 가장 영적인, 대조적 삶으로서의 기독교 이해를 핵심 의미로 잡고 있다는 것이 아이러니다. 물론 한 사례를 통한 일반화는 피하겠다. 나머지는 관용적 허용의 입장으로서 말릴 일도 추천할 일도 아니며 그저 요즘 트렌드를 따라가는 모습일 뿐이라는 입장에 동의했다.

46 사례 6, 11, 15, 17, 22, 25, 29, 31 ,32, 33, 37, 45, 47, 50, 51, 52.

47 특히 사례 27(3신앙군)의 응답은 그 모든 현대적 가치에 '외적 뛰어남'이 더해진 결정체다: "똑똑하고 학벌 좋고 나를 존중해 주며 자신과 타인에 대해 책임감 있는 사람. 시간 약속 잘 지키며 이해하고 배려하는 따듯한 사람. 성실하고 집중력과 끈기 있고 변덕스럽지 않고 때와 장소에 알맞은 말과 행동을 할 줄 아는 사람. 의지되고 도움이 되는, 같이 있고픈 친구, 게다가 키 178cm 이상이고 뚱뚱하면 안 되고 잘생겨야 한다."

48 사례 1, 8, 11, 15, 16, 19, 20, 21, 22, 23, 29, 37, 43, 45, 46.

49 터너B. S. Turner의 용어다(크리스 쉴링, 『몸의 사회학』, 임인숙 옮김, 도서출판 나남, 2006: 20).

학계에서도 구체적인 연구 대상이 된 가장 큰 이유는 무엇보다 1990년대 이후에 이루어진 소비/금융 자본주의 사회의 구조 변화일 것이다. 이른바 "소비 영역에서는 절약과 자제를, 생산 영역에서는 근면성"이라는 근대화 초기의 문화적 기대가 변화했다. "저축, 투자 지향성 및 노동력에 근거했던 경쟁자본주의가 쇠퇴한 반면, 노동 시간의 단축과 생산성의 급증으로 여가를 지향하게 되면서 현대인들은 재화와 용역을 생산하는 것은 물론 열심히 소비하도록 장려받는" 소비 문화 속에서, 몸은 점점 중심부를 차지한다. 더구나 몸을 통제할 수 있는 과학적 가능성들(이식 수술, 인공 수정, 성형 수술, 지방 흡입 수술, 보톡스 등)이 증가함에 따라 "기계와 같은 몸"[50]은 21세기 소비 자본주의 문화 중심에 서서 타자화되고 대상화된 우리 몸을 표현하는 가장 적합한 비유가 되었다.

이는 개신교 노동 윤리에 비추어 볼 때 새로운 전환이다. 신앙적 · 윤리적 절제를 통해 몰두하는 것은 노동의 합리화가 아니라 '몸의 합리화'다. 그래도 연속성을 가지는 하나는 '금욕주의적 태도'다. 그동안 생산을 위해 자신의 노동 수단을 금욕주의적으로 합리화해 온 개신교도들은 몸 통제에도 이제 금욕주의 전통을 적용해 '육체 자본physical capital'[51]을 생산한다.

> 하나님께서 우리에게 절제의 은사를 주신 것에 대해 감사하자! 그러므로

50 이른바 "규칙적인 운동, 개인적인 건강 프로그램, 고섬유 식이요법, 그리고 색상의 조화가 이루어진 옷차림을 통해 조율하고 보살피며 개조하고 주도면밀히 전시해야 할 일종의 기계로서 몸을 취급한다"(쉴링, 2006: 61). 여기서 몸과 살의 비교 재미있다. 몸에서 제거되어야 하는 잉여가 살이란다. 1973년 『보그』지에 처음으로 등장한 개념이 '지방 노폐물'이라는데, 매체들에 의해 전파되면서 문화 전반에 급속도로 수용된 이 개념 덕분에, 아주 "일상적이고 자연스러우며 불가피한 지방질"은 이제 "경멸받아 마땅한", 제거되어야 할 것으로 전락했다(발트라우트 포슈, 『몸 숭배와 광기』, 조원규 옮김, 여성신문사, 2001: 185).

51 부르디외의 용어인데, 이는 푸코(1980: 57)가 "새로운 투자 양식"으로서의 몸이라고 언급한 것과 일맥 상통한다.

우리는 "안 돼"라고 말할 수 있다. 해보라! 어떤 유혹적인 음식을 엄청나게 먹고 싶거나 혹은 한 그릇 더 먹고 싶을 때, 당신의 몸에 "안 돼"라고 말하고 넘어서라. 자명종이 울리고 나서도 이불 속에서 뒹굴고 싶을 때, 당신의 몸에 "안 돼"라고 말하고 일어나라…… 그렇게 경주를 시작하라! 경주를 해서 승리하라![52]

21세기 자본주의적 교환 경제와 이 경제가 양산한 소비 문화에서, 잘 구성된 합리적 몸은 다른 자본의 형태로 전환될 수 있는 일차적이고 기본적인 재화이기 때문에 이제 계급이고 권력이다. 귀족과 성직자 계급에 이어 제3의 세력, 즉 시민의 등장이 근대 문명을 열었다면, 21세기 전 지구적 자본주의적 '육체 문화'는 제4의 세력 즉 '아름다운 몸'을 가진 이를 탄생시켰다. 그리고 그 권력에의 유혹은 "미는 선교의 수단"이라고 외치는 신실한 개신교 신앙을 가진 젊은 육체에도 예외가 아닌 듯하다.

5. 개신교 젠더 의식에 대한 윤리적 질문들, 그리고 새롭게 시작하는 과제에 대해

21세기 · 한국 · 도시라는 같은 시 · 공時 · 空을 살아가는 20~30대 개신교 미혼 여성! 부인할 수 없었던 것은 '19세기적 · 개신교 · 낭만적 사랑 · 가부장적 · 자본주의 복합체'의 흔적과 '21세기 소비/금융 자본주의 문화와 친화력을 가진 신앙 해석'이 '지배적'이었다는 점이다. 이는 근본

52 미국과 한국에서 여성용 나눔 교재로 가장 많이 쓰이는 책이라는 엘리자베스 조지, 『매일 성공하는 여자』, 김은희 옮김, 인피니스, 2005: 74-75.

주의적 신앙과 정치적 보수주의, 자본주의적 장치를 결합시켜 전파하는 국제적 엘리트 집단의 새로운 기획이 개신교 미혼 여성들의 의식을 사로잡고 있음을 보여 준다. 그럼에도 불구하고 결과는 언제나, 항상, 모두에게 '기획'된 대로만 나타나지는 않는 법이다. 이번 연구에서 발견된 혼종적 현상들은 기독교적 젠더 질서의 "동질화 기획"이 비의도적으로 양산한 이질적 실재를 보여 준다.

물론 이 혼종성의 양태들 중에는 '영적 신앙과 육체적 미의 추구 사이의 혼종성'(혼종성 3)의 경우처럼 '21세기의 19세기적 기획'인 기독교 젠더 질서를 무너뜨리지 않고도 공존할 수 혼종성도 있다. 아니, 오히려 매력적 육체가 선교와 기독교적 가정을 이루는 도구나 매체가 된다는 믿음은 기존의 기획, 낭만적 사랑과 이성애적 결혼, 그리고 공사 이분법적 가정 생활을 더욱 공고화하는 기제로 작용할 수 있을 것이다. 그러나 이 실용적이기 그지없는 혼종적 실천은 과연 '윤리적'으로 바람직한 것인가? 자본주의가 만들어 낸 타자화 · 대상화된 몸을 보는 시선은 공동체의 시선을 상실한다. 모리스 메를로 퐁티 Maurice Merleau-Ponty는 우리가 회복해야 할 진정한 시각으로서 '공동체의 시선'을 말한 바 있는데, 이는 할아버지가 손녀딸을 바라보듯 하는 '우리'의 시선이다. 생활 세계에서 벗어난 몸은 익명적인 살이지만, 할아버지의 시선은 손녀의 몸이 가진 잉여의 살을 주목하지 않는다. 그녀는 몸이 불거나 말거나 언제나 항상 예쁘고 소중한 '나'의 손녀다. 메를로 퐁티는 이 공동체의 시선이 "이데올로기적 파괴적 시선에 대한 대안으로 작용하는 타자의 세계에서 객체로서 자신을 경험하는 주체가 세계를 바라보는 시선의 윤리"라고 말한다(김종갑, 2006 : 241). 하물며 "외모가 아니라 마음의 중심을 보시는 하나님"을 신앙하는 그리스도인이라면, 인간을 대상화하고 타자화시키는 21세기 육체 문화의 시선에 대항해 '공동체의 시선'을 회복하도록 힘써야 함이 마땅하다. 이리 본다면 미인 대회에서 높은 성적을 얻어 이를 통해 선교에 힘쓰겠다는 '영적 신앙과 육체적 미 추구의 혼종성'은 진지하고 심각한 윤리적 판단을 요청한다고 보겠다.

한편, '진보 신앙과 전통적 · 낭만적 젠더 의식, 근대적 자아 의식과 전통적 모성 이해 사이의 혼종성'(혼종성 2)과 같이 결국에는 지배적 젠더 질서에 포섭되고 말 성질의 혼종성도 있다. 본문에서도 언급했지만, 현대의 공사 이분적 공간과 생활 환경은 현대 여성이 충분히 의미 있는 방식으로 전문인이면서 아내요 엄마이기 힘든 상황을 만들었다. 이렇게 분열된 사회 구조 속에서 살아가는 그녀들이 비록 신앙과 자아상에서 근대적 · 진보적 의식을 가지고 있을지언정 보수적 · 전통적 젠더 의식을 내면화하고 있다면 그녀들이 당면할 경험은 자아 분열 그 자체다. '전문' 직업인이거나 '전문' 주부이거나 어느 한 역할을 양자택일해야 하는 21세기적 전문화 경쟁 사회에서 신앙의 이름으로 가치 선택의 상황에 직면했을 때, 이 혼종적 실재를 사는 개신교 미혼 여성들이 결국 돌봄과 희생과 사랑의 덕목을 실천하며 머물기로 선택하게 되는 공간은 사적 영역으로서의 '가정'이기 쉽다. 그러나 우리 삶의 반쪽에서만 실천되는 돌봄, 희생, 사랑의 덕목. 그도 생물학적 성에 따라 오로지 여성에게만 부여되는 가치들이라면 이를 택한 기독 여성도, 전문 기계이기를 택한 기독 여성도 통전적 인간성을 실현하는 과제는 실패하는 것이다.

결국 제국 안에서 모태된 저항과 전복의 가능성을 보유한 혼종성은 '근본 · 복음적 신앙과 합리적 젠더 의식 간의 혼종성'(혼종성 2)이다. 아직까지도 "우리 사회가 모호하게 장소지어져 있다는 점, 즉 그곳에서 전통은 아직 사라진 것도 아니고 근대성이 완전하게 도래한 것도 아니라는 점" 그래서 "이 사회는 전통과 근대성이 모든 종류의 수준에서 복합적으로 힘을 갖고 공존하는 사회"라는 멕시코 문화이론가 가르티아 칸클리니

Gartia Canclini의 말은 우리의 실재를 정확히 묘사한다(톰린슨, 2004: 98-199).[53] '보편'의 이름으로 '동질화'시키려는 제국주의적 노력에도 불구하고 그 '동질성의 기획' 사이에는 수많은 작은 균열과 이질과 틈새가 있어 왔으며 이 이질과 틈새가 사회적 힘을 얻었을 때 제국을 무너뜨려 왔다. 혼종성 2는 개신교 '제국'이 생산해 낸 '동질성'의 지배적 영향력 안에서 희망의 끈을 쥐어 보게 만드는 지점이다. 즉 전복과 저항이 시작될 수 있는 가능성을 발견하는 지점이다. 신앙에서는 제국성에 온전히 포섭당한 상황에서도(1, 2신앙군임을 기억하자), 그 신앙이 함께 '패키지'로 전하는 19세기적 젠더 질서의 21세기적 기획(신적 계시의 이름으로 여성에게 부여해 온 전통적 가치들)에는 포섭당하지 않은 까닭이다. 오히려 현대성이 '그녀들'에게 가져다 준 이성적 · 성찰적 능력을 통해 전통적 젠더 질서에 대한 의심과 회의를 가지고 근대적 자아상, 합리적 젠더 질서를 추구하게 만들지 않았던가!

비록 혼종성 2가 곧바로 저항과 전복을 가져올 만큼의 집단 역학적 힘이나 담론적 응집력을 보이는 것은 아니지만, 또한 연구 결과에서 보이듯 아직까지는 19세기적 젠더 질서의 21세기적 기획이 더욱 커다란 제국적 힘을 발휘하고 있지만, 그 때문에 평등한 젠더 의식과 질서가 확립되기 위한 새로운 기독교 '보편' 담론을 만들어 내는 일은 아직 요원하지만, 결국 이러한 혼종적 실재에 신학 담론을 제공하는 것이 실천적 신학자, 윤리학자의 몫이 아닐까 한다. 주디스 버틀러Judith Butler는 『젠더 트러블 *Gender Trouble*』에서 "보편성의 예기적proleptic 성격"을 언급한 바 있다.

53 같은 계열에서 문화적 본질주의를 거부하는 학자들인 몰리David Morley와 로빈슨Kevin Robinson을 인용하며 톰린슨은 말한다: "우리는 순수하고 내적으로 균질하며, 진정한 그리고 자생적인 문화에 대한 모든 이미지를 거부해야 하며, 모든 문화가 사실은 외부로부터 들어온 낯선 요소들을, 그 안에서 서서히 자연스럽게 되는 다양한 요소들로 소화시키고 있다는 것을 인식해야 한다는 점이다" (톰린슨, 2004: 186).

이 때 '프로렙틱'하다는 것은 "존재하지 않는 현실을 불러내고, 서로 만난 적 없는 문화 지평들의 수렴 가능성을 제기"하는 방식으로 작용하는 보편성을 말한다(버틀러, 2008 : 60). 결국 경쟁하는 것은 '보편성들'이라는 버틀러, 슬라보예 지젝Slavoj Žižek, 에르네스토 라클라우Ernesto Laclau의 지적에 동의한다. 하나의, 절대적인, 닫힌 보편성은 없다. 그동안 '보편'의 이름으로 우리를 학습하고 내면화해 온 가치들은 특정 집단의 시각과 가치를 반영할 뿐이다.[54] 21세기 한국 교회가 재강조하는 19세기적 젠더 질서 역시 창조 질서가 아닌, 서구 근대 남성 중심의 가부장적 · 자본주의적 시각과 가치를 '보편'이라, '절대'라, '신적 계시'라 이름했을 뿐이다. 이에 맞서 일어나는 것은 기존의 '보편'이 배제하는 '보편적인 것들'을 포함시키는 새로운 보편성이어야 한다. 그리고 그것은 '보편'의 이름이 배제하는 이들을 계속 포함해 가기 위해 끊임없이 열려 있는 보편성 담론이 되어야 한다. 예를 들어, 근대 초기 "만인은 법 앞에 평등하다"는 보편적 가치를 선포하며 만들어 간 근대 제도가 흑인 노예, 노동자, 여자들을 배제해 왔지만, 바로 그 보편적 가치는 이 배제를 깨닫고 자신들을 그 만인에 포함시키는 담론과 운동을 전개해 나간 흑인, 여성, 노동자들에 의해 보편성의 지경을 넓혀 나갈 수 있었다. 이와같이 '21세기에 재등장한 19세기적 동질화 기획'으로서의 가정 회복의 담론과 운동이 근대적 보편 가치(자유, 평등, 독립)와 기독교적 보편 가치(창조적 자기 실현을 통한 하나님 형상의 회복)로부터 여성을 다시 배제시키려 할 때, 우리가 할 수 있는 것은 끊임없이 보편성의 지경을 가능한 "밀어내는"(버틀러 · 라클라우 · 지젝, 2009 : 71) 작업일 것이다. 근대 사회를 연 부르주

54 이 세 명의 좌파 지식인이 말하는 '열린' 보편성들 간의 헤게모니 투쟁에 관해서는 이들의 대화를 엮은 책 『우연성 헤게모니 보편성 좌파에 대한 현재적 대화들』, 박대진 · 박미선 옮김(도서출판b, 2009)을 참조하라.

아 혁명은 한순간에 일어나지 않았다. 수세기에 걸쳐 전통성과 근대성이 공존하고, 혼종되고, 부딪히고 갈등하면서 그렇게 새로운 제도를, 서로에게 의미 있는 같이 살기의 방식을 만들어 간 것이다. 이와같이 현금 개신교 안에서 제국성의 힘을 발휘하는 '19세기적 젠더 질서'를 무너뜨리고 새로운 '보편적 젠더 질서'를 만들어 가는 과정에서 그 동질적 신앙 고백과 함께 공존하면서도, 부딪히고 갈등하는 혼종적 실재들의 역할이 중요할 것이다.

그렇다면 기독교인으로서 윤리적 삶의 질서를 기획하는 데 '보편'의 이름으로 새로이 주장해야 하는 기독교적 젠더 질서는 무엇인가? '19세기적 젠더 질서'가 여성에게 강요하는 삶의 불평등한 조건들을 전복시킬 힘을 가지는 보편 담론의 내용은 무엇이어야 하는가? 신앙적 · 신학적 다양성에도 불구하고 결국 기독교인으로서 동의해야 하는 기독교적 '보편' 고백은 결국 예수의 선포와 초대 교회의 이상에서 찾아야 하지 싶다. 성서신학자 게르하르트 로핑크Gerhart Lohfink는 예수가 원한 공동체는 "누구에게도 아비 노릇, 선생 노릇 하지 않는", "누구든 하나님의 뜻대로 행하는 자가 내 형제요 자매인" 새로운 가족 관계로서의 하나님 나라라고 이해했다. 십자가 아래 남자와 여자의 구분이 없이 서로 평등하게 서로를 건설하며oikodomein 서로 소유도 나누고 권위도 나누며 그리 사는 공동체가 하나님 나라라고 했다(로핑크, 2004 : 특히 71, 75-83, 85-88, 102). 이러한 기독교적 '보편'에 근거해 볼 때, 인류의 반을 봉건화시켜서만 유지될 수 있는 근대 자본주의 사회에 대한 비판 없이, 전 지구적으로 강화되는 부익부 빈익빈의 구조적 모순에 대한 근본적 저항 없이, 또한 무한경쟁과 적자생존의 세계에서 살아남는 전문 기계가 되어가는 인간성에 대한 비판적 성찰 없이 진행되는 19세기적 젠더 질서의 21세기적 확산은 '기독교적'이지도 '윤리적'이지도 않다. 돌봄과 사랑, 희생을 통해 '서로를 건설하는' 삶이 공적 영역에서도 도래하도록 만들려는 노력, 창조적 노동이 남성뿐만 아니라 여성에게도 서로를 건설할 기회로 제공되고 보장되도록 제도를 개선하려는 노력, 무엇보다 후기 자본주의 사회가 당면한 이 구조적 모순을 사적 가정의 낭만화로 해결을 볼 것이 아니라 창조적 노동과 돌봄의 삶이 통합되는 제도를 만듦으로써 해결하려는 노력, 그것이 하나님 나라를 이미 시작한 예수 이후 기독교 공동체가 추구해야 하는 '보편'이 아닐까.

참고 문헌

기든스, 앤서니, 『현대 사회의 성 · 사랑 · 에로티시즘』, 배은경 · 황정미 옮김, 새물결, 2003.

김종갑, 『타자로서의 몸, 몸의 공동체』, 건국대학교출판부, 2006.

래쉬, 크리스토퍼 · 엘리자베스 크리스토퍼, 『여성과 일상생활: 사랑, 결혼 그리고 페미니즘』, 엘리자베스 래쉬 엮음, 오정화 옮김, 문학과지성사, 2004.

로마노프스키, 윌리엄, 『대중문화전쟁』, 신국원 옮김, 예영커뮤니케이션, 2001.

로핑크, 게르하르트, 『그리스도 신앙의 사회적 차원: 예수는 어떤 공동체를 원했나』, 정한교 옮김, 분도출판사, 2004.

바바, 호미, 『문화의 위치』, 나병철 옮김, 소명출판사, 2005.

백소영, 「지구화 시대 도시 개신교 신자들의 '의미 추구': 1990년 이후 수도권 · 신도시 지역 '복음주의적 초교파 교회'로 이동한 개신교 신자들을 중심으로」, 『탈경계인문학』 2권 1호, 2: 77-110, 2009.

_____, 『엄마되기, 아프거나 미치거나: 21세기 한국 개신교 기혼 여성의 '모성' 경험』, 대한기독교서회, 2009.

버틀러, 주디스, 『젠더 트러블』, 조현준 옮김, 문학동네, 2008.

버틀러, 주디스, 에르네스토 라클라우, 슬라보예 지젝, 『우연성 헤게모니 보편성 좌파에 대한 현재적 대화들』, 박대진 · 박미선 옮김, 도서출판b, 2009.

베버, 막스, 『프로테스탄티즘의 윤리와 자본주의 정신』, 박성수 옮김, 문예출판사, 2004.

벡, 울리히, 『위험사회』, 홍성태 옮김, 새물결, 1997.

쉴링, 크리스, 『몸의 사회학』, 임인숙 옮김, 나남, 2006.

윌슨, 필로미나, 『백마 탄 신랑감 만나기』, 도서출판 나침반, 1997.

이충범, 「변종들의 탄생: 교회사에 나타난 다문화 속 여성들의 전략과 그 모델」, 『다문화와 여성신학』, 한국여성신학회 엮음, 대한기독교서회, 2008,

조지, 엘리자베스, 『매일 성공하는 여자』, 김은희 옮김, 인피니스, 2005.

최명덕, 「레이건 시대의 기독교 신우파의 정치 참여」 『미국학논집』 36 : 265-286, 2004.

태혜숙, 『한국의 탈식민지 페미니즘과 지식 생산』, 문화과학사, 2004.

톰린슨, 존, 『세계화와 문화』, 김승현 · 정영희 옮김, 나남출판사, 2004.

포슈, 발트라우트, 『몸 숭배와 광기』, 조원규 옮김, 여성신문사, 2001.

Baik, Soyoung, "The Protestant Ethic Reversed: A Study in the 'Elective Affinity' between Neoliberalism and Christian Fundamentalism," *Madang* vol. 9: 29-48, June 2008.

| 찾아보기 |

| 저자 소개 |

강성윤: 서울대학교 대학원에서 맑스주의 경제학을 전공하고 「소프트웨어의 가치와 가격에 대한 연구」로 박사학위를 받았다. 현대 이화여대 한국문화연구원 HK연구교수로 정보혁명이 초래한 거대하고 다양한 변화들이 자본주의 경제에 미치는 영향과 인간과 인간 사이의 소통 가능성에 대해 갖는 의미에 관한 연구를 하고 있다.

고유경: 이화여자대학교와 대학원에서 서양사를 전공하고 독일 튀빙겐대학교에서 박사학위를 받았다. 저서로 *Zwischen Bildung und Propaganda. Laientheater und Film der Stuttgarter Arbeiterkulturbewegung zur Zeit der Weimarer Republik*, 『서양문화사 깊이 읽기』(공저), 역서로 『부르주아전』 등이 있다. 현재 이화여자대학교 한국문화연구원 HK연구교수로 재직 중이다.

김수자: 이화여자대학교 대학원에서 한국현대사를 전공하고 「대한민국 정부 수립 초 이승만의 권력기반 강화과정 연구」로 박사학위를 받았다. 저서와 역서로는 『이승만의 집권 초기 권력기반 연구』, 『한국 근현대 대외관계사의 재조명』(공저), 『현대 정치사상의 파노라마』(공역) 등이 있다. 그리고 대표적인 논문으로는 「이승만의 일민주의의 제창과 논리」, 「1948~1953년 이승만의 권력 강화와 국민회 활용」, 「대한민국 정부 수립 직후 민족주의와 반공주의의 형성 과정」 등이 있다. 현재 이화여대 한국문화연구원 HK교수로 지구지역성 관련 연구를 하고 있다.

김수환 : 서울대학교 노어노문학과와 동 대학원을 졸업하고 러시아 과학아카데미 문학연구소에서 박사학위를 받았다. 저서로 『기호계: 문화연구와 문화기호학』 등이 있다. 이화여자대학교 이화인문과학원 HK교수를 거쳐 현재 한국외국어대학교 노어과 조교수로 재직 중이다.

김연수 : 이화여자대학교 독어독문학과 및 동 대학원을 졸업하고, 독일 쾰른에서 우베 욘존의 역사소설 연구로 박사학위를 받았다. 역서로 엘프리데 옐리네크의 『내쫓긴 아이들』, 하인리히 뵐의 『카타리나 블룸의 잃어버린 명예』, 슈테판 츠바이크의 『체스 이야기 · 낯선 여인의 편지』가 있으며, 대표 논문으로는 「유럽의 오리엔탈리즘에 대한 카프카의 문학적 유희」, 「상호문화적 작품에 나타난 문화 번역의 문제」 등이 있다. 현재 이화여자대학교 이화인문과학원 HK교수로 재직 중이다.

백소영 : 이화여자대학교 대학원과 미국 보스턴대학교 신학대학원에서 기독교사회윤리학을 전공했다. 한국 무無교회 운동에 대한 박사학위 논문 이래 주된 관심 영역은 공동체운동으로서 현대 교회의 특성 연구다. 현재 이화여대 이화인문과학원 지구지역성 분과의 HK연구교수로, 지구화 시대 한국 현대 교회의 지역적 반응 양상 분석과 대안 모색을 고민 중이다. 주요 저서로 『우리의 사랑이 의롭기 위하여 : 한국 교회가 무교회로부터 배워야 할 것들』, 『씨알 생명 평화』(공저) 등이 있다.

이선주 : 이화여자대학교 영문과를 졸업하고 동 대학원에서 「디킨즈의 소설에 나타난 근대성」으로 박사학위를 받았다. 저서로는 『디킨즈와 신분과 자본』(2007 문화관광부 우수학술도서)이 있고, 역서로는 I. A. 리처즈의 『문학비평의 원리』(2007 학술원 우수학술도서)와 노라 옥자 켈러의 『여우소녀』가 있다. 현재 이화여대 이화인문과학원에서 HK연구교수로 지구지역성 관련 연구를 하고 있다.

장윤재 : 연세대학교 사학과를 졸업하고 미국 뉴욕 유니온신학대학원에서 목회

학 석사와 철학 박사학위를 받았다. 저서로는 『세계화 시대 기독교 신학』 등이 있고, 역서로는 샐리 맥페이그의 『풍성한 생명』 등이 있다. 현대 이화여대 인문과학대학 기독교학부 교수로 재직하면서 신학과 경제, 과학, 생태학을 아우르는 연구를 하고 있다.

진은영 : 이화여자대학교 대학원에서 서양철학을 전공하고 「니체와 차이의 철학」으로 박사학위를 받았다. 저서로 『순수이성비판, 이성을 법정에 세우다』, 『니체의 영원회귀와 차이의 철학』 등이 있다. 현재 이화여대 이화인문과학원 HK연구교수로 지구지역성 관련 연구를 하고 있다.

차옥숭 : 독일 프랑크푸르트대학에서 종교학으로 철학 박사학위를 취득했다. 저서로 『한국인의 종교 경험: 巫敎』, 『한국인의 종교 경험: 천도교, 대종교』, 『한국인의 종교 경험: 증산교, 원불교』, 『한국 생명사상의 뿌리』(공저), 역서로 『오늘날의 신학이란 무엇인가?』(위르겐 몰트만) 등이 있다. 한일장신대 교수를 역임했으며, 현재 이화여대 HK연구교수로 이주, 생태, 종교 관련 연구를 하고 있다.